Penelope

Das Böse ist dem Tod geweiht

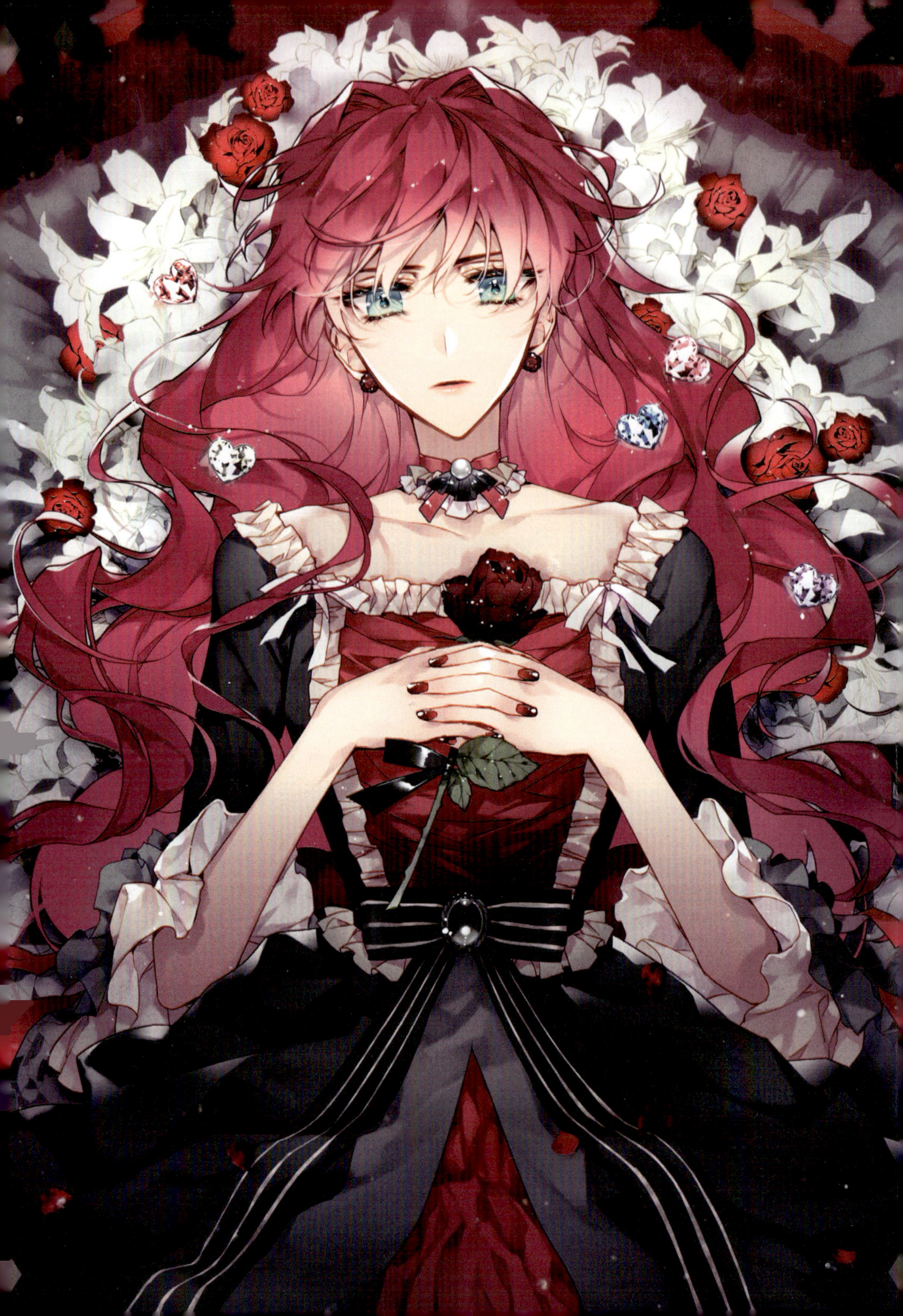

Penelope
Das Böse ist dem Tod geweiht

1

SUOL

Original Story: Gwon Gyeoeul

Prolog

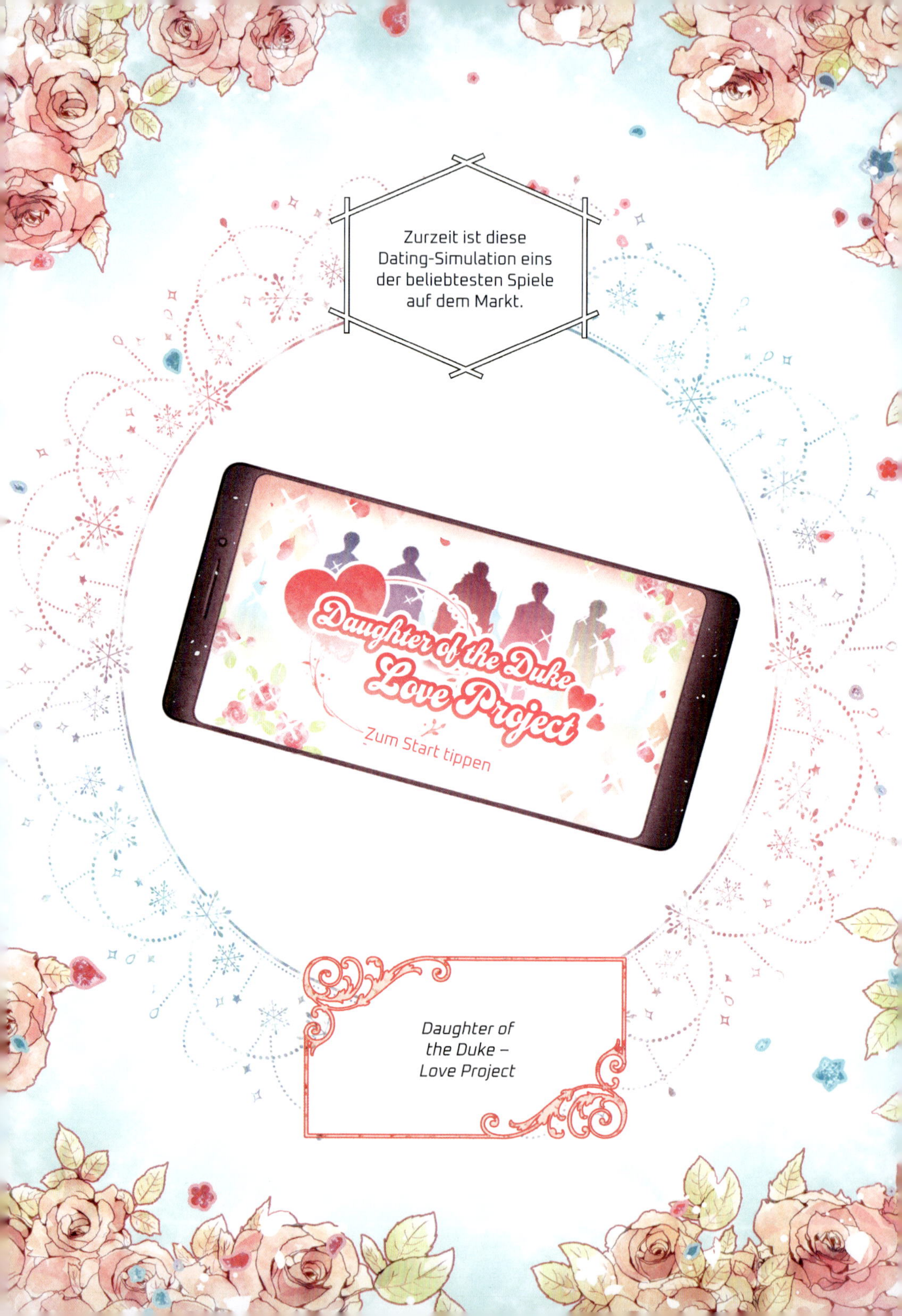
Zurzeit ist diese Dating-Simulation eins der beliebtesten Spiele auf dem Markt.
Daughter of the Duke Love Project
Zum Start tippen
Daughter of the Duke – Love Project

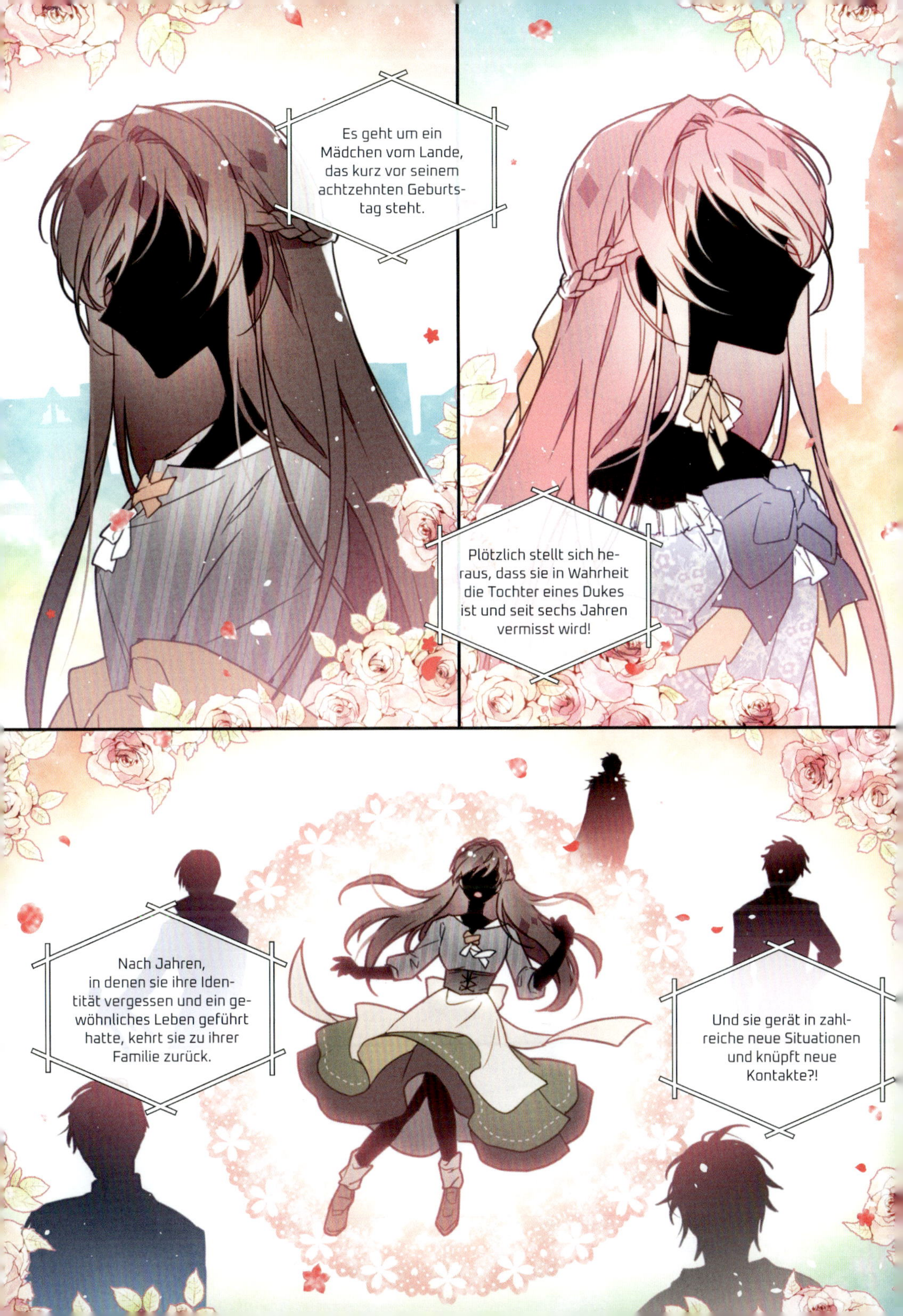
Es geht um ein Mädchen vom Lande, das kurz vor seinem achtzehnten Geburtstag steht.
Plötzlich stellt sich heraus, dass sie in Wahrheit die Tochter eines Dukes ist und seit sechs Jahren vermisst wird!
Nach Jahren, in denen sie ihre Identität vergessen und ein gewöhnliches Leben geführt hatte, kehrt sie zu ihrer Familie zurück.
Und sie gerät in zahlreiche neue Situationen und knüpft neue Kontakte?!

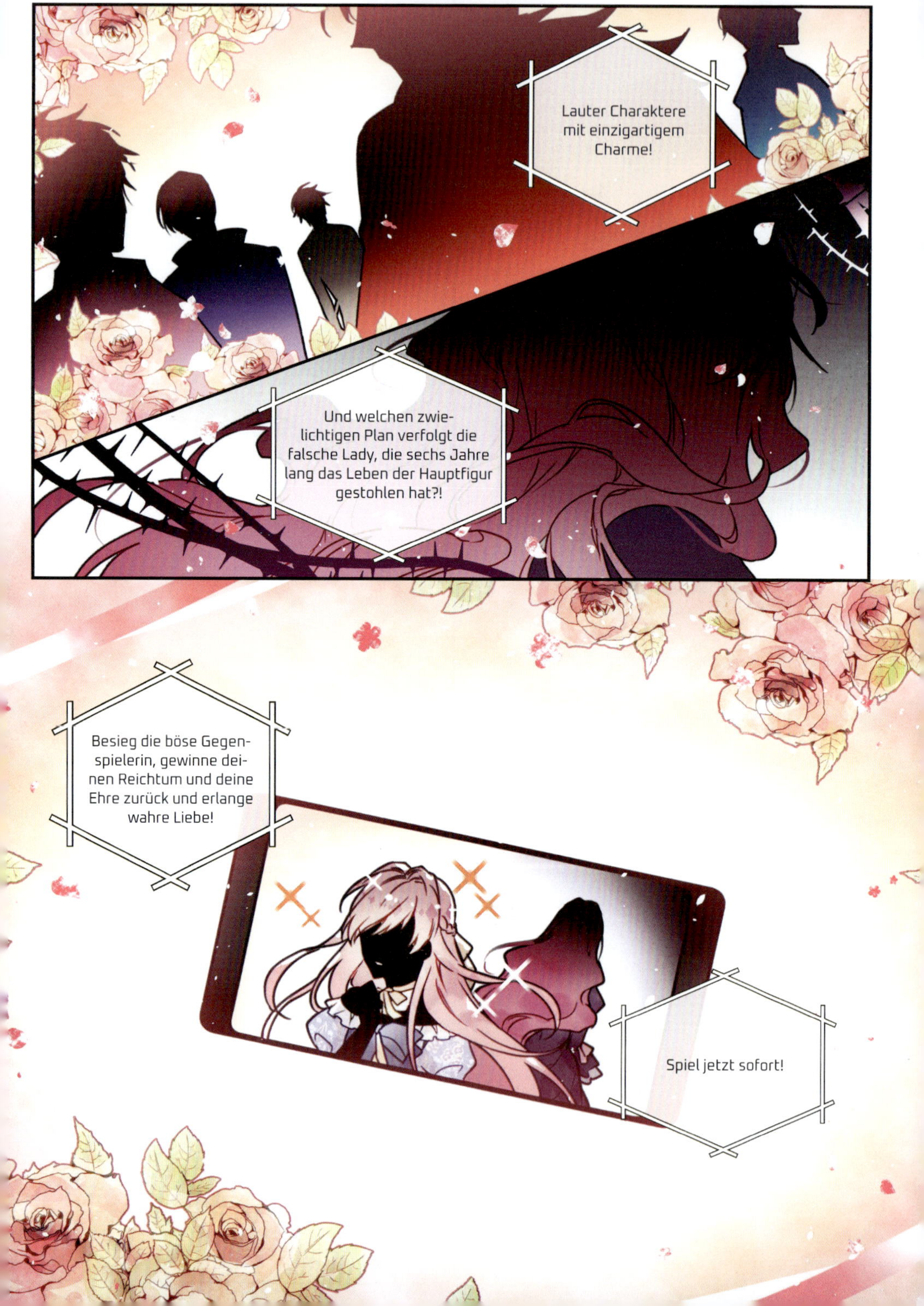
Lauter Charaktere mit einzigartigem Charme!
Und welchen zwielichtigen Plan verfolgt die falsche Lady, die sechs Jahre lang das Leben der Hauptfigur gestohlen hat?!
Besieg die böse Gegenspielerin, gewinne deinen Reichtum und deine Ehre zurück und erlange wahre Liebe!
Spiel jetzt sofort!

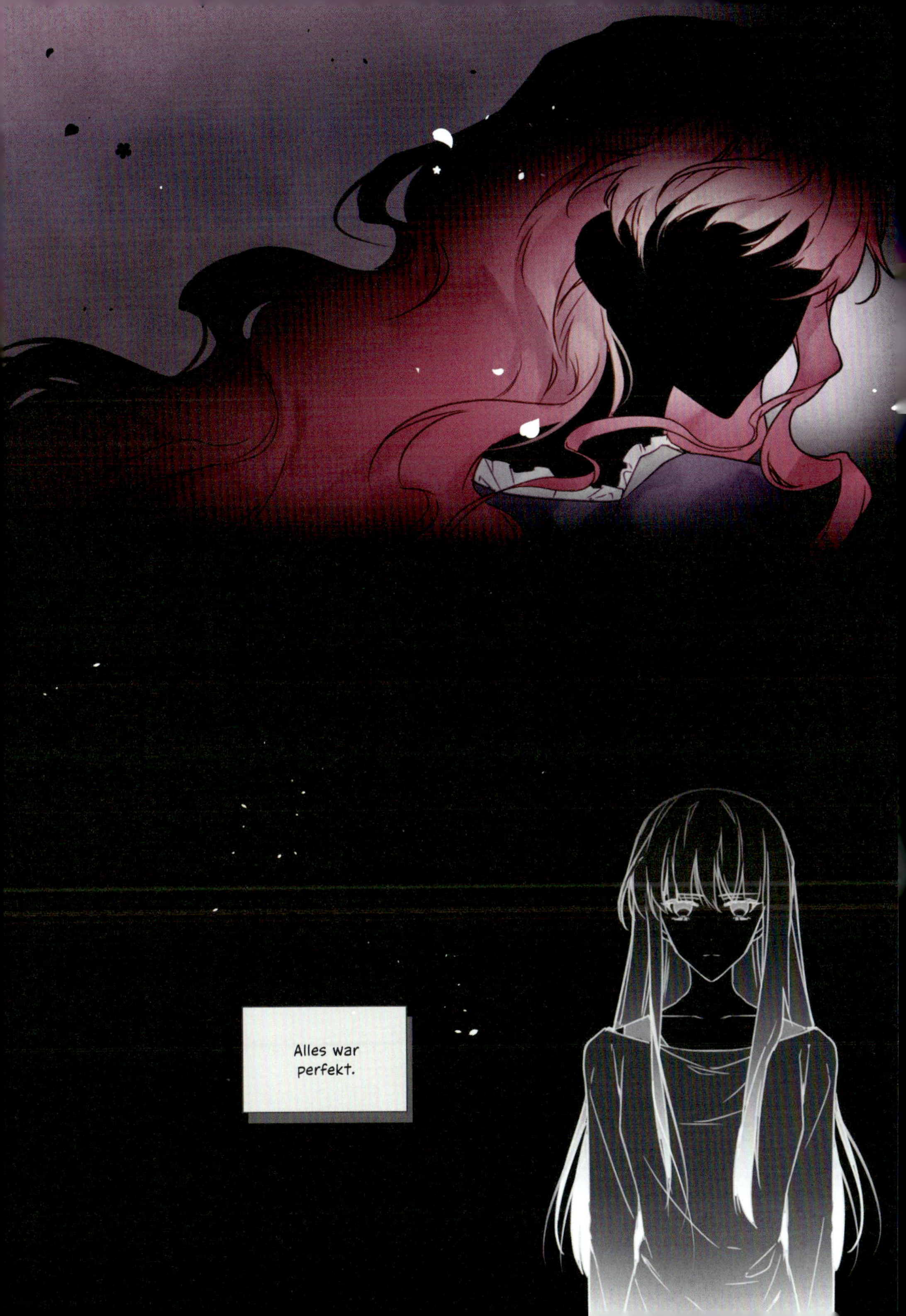
Alles war
perfekt.

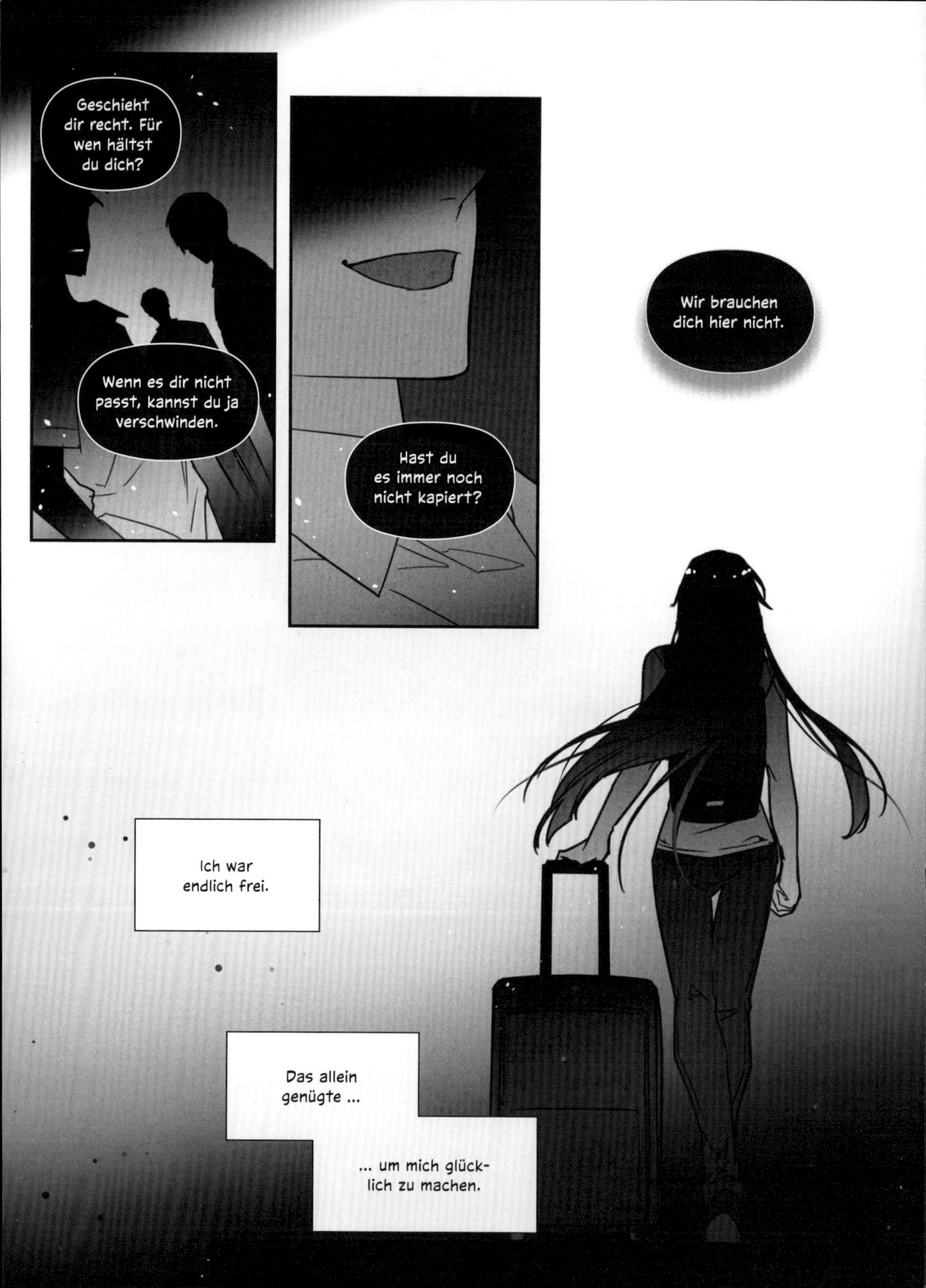
Geschieht dir recht. Für wen hältst du dich?
Wenn es dir nicht passt, kannst du ja verschwinden.
Hast du es immer noch nicht kapiert?
Wir brauchen dich hier nicht.
Ich war endlich frei.
Das allein genügte ...
... um mich glücklich zu machen.

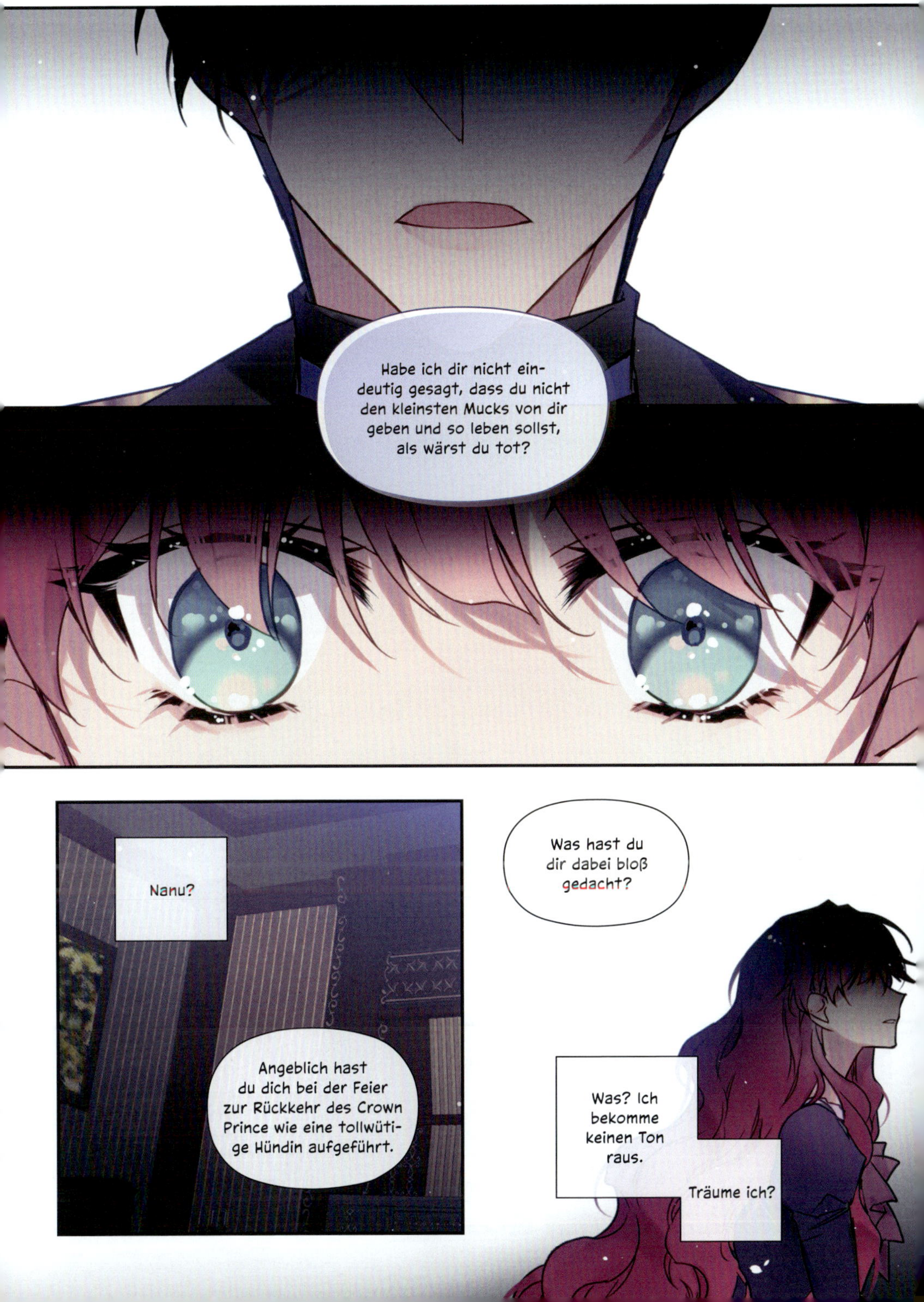
Habe ich dir nicht eindeutig gesagt, dass du nicht den kleinsten Mucks von dir geben und so leben sollst, als wärst du tot?
Nanu?
Angeblich hast du dich bei der Feier zur Rückkehr des Crown Prince wie eine tollwütige Hündin aufgeführt.
Was hast du dir dabei bloß gedacht?
Was? Ich bekomme keinen Ton raus.
Träume ich?

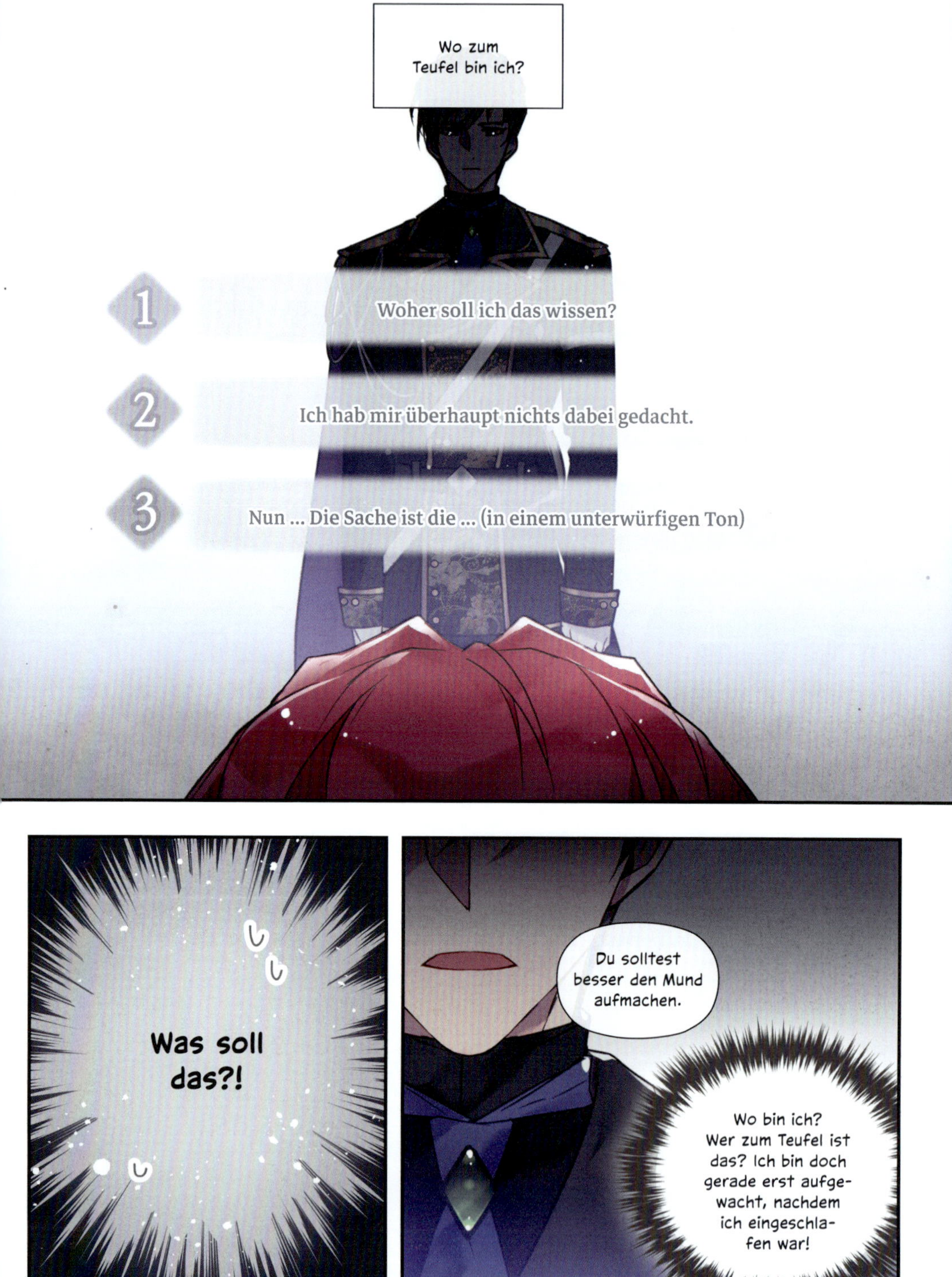

Wo zum Teufel bin ich?
1 Woher soll ich das wissen?
2 Ich hab mir überhaupt nichts dabei gedacht.
3 Nun ... Die Sache ist die ... (in einem unterwürfigen Ton)
Was soll das?!
Du solltest besser den Mund aufmachen.
Wo bin ich? Wer zum Teufel ist das? Ich bin doch gerade erst aufgewacht, nachdem ich eingeschlafen war!

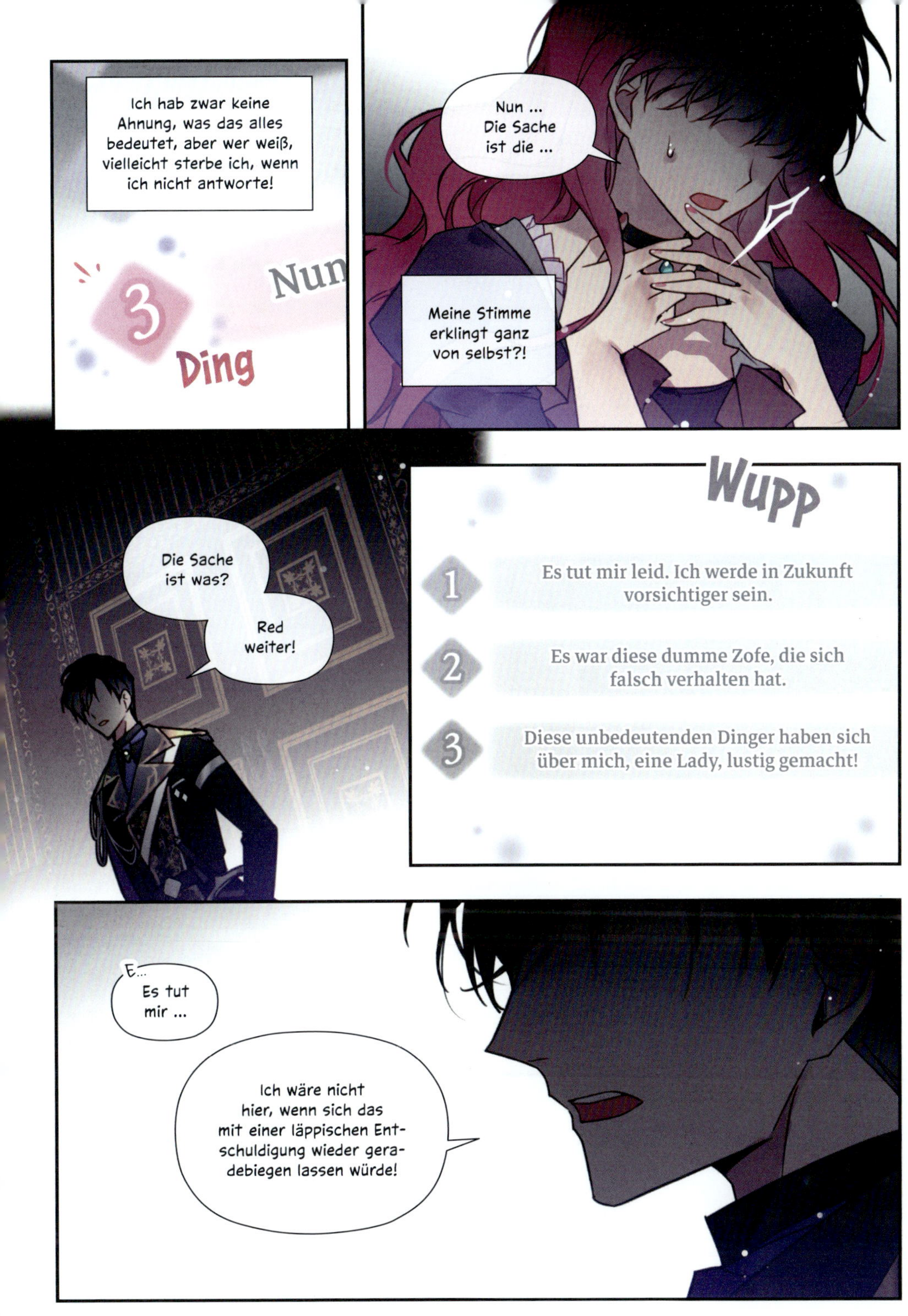
Ich hab zwar keine Ahnung, was das alles bedeutet, aber wer weiß, vielleicht sterbe ich, wenn ich nicht antworte!
3
Nun
Ding
Nun ... Die Sache ist die ...
Meine Stimme erklingt ganz von selbst?!
Die Sache ist was?
Red weiter!
Wupp
1 Es tut mir leid. Ich werde in Zukunft vorsichtiger sein.
2 Es war diese dumme Zofe, die sich falsch verhalten hat.
3 Diese unbedeutenden Dinger haben sich über mich, eine Lady, lustig gemacht!
E... Es tut mir ...
Ich wäre nicht hier, wenn sich das mit einer läppischen Entschuldigung wieder geradebiegen lassen würde!

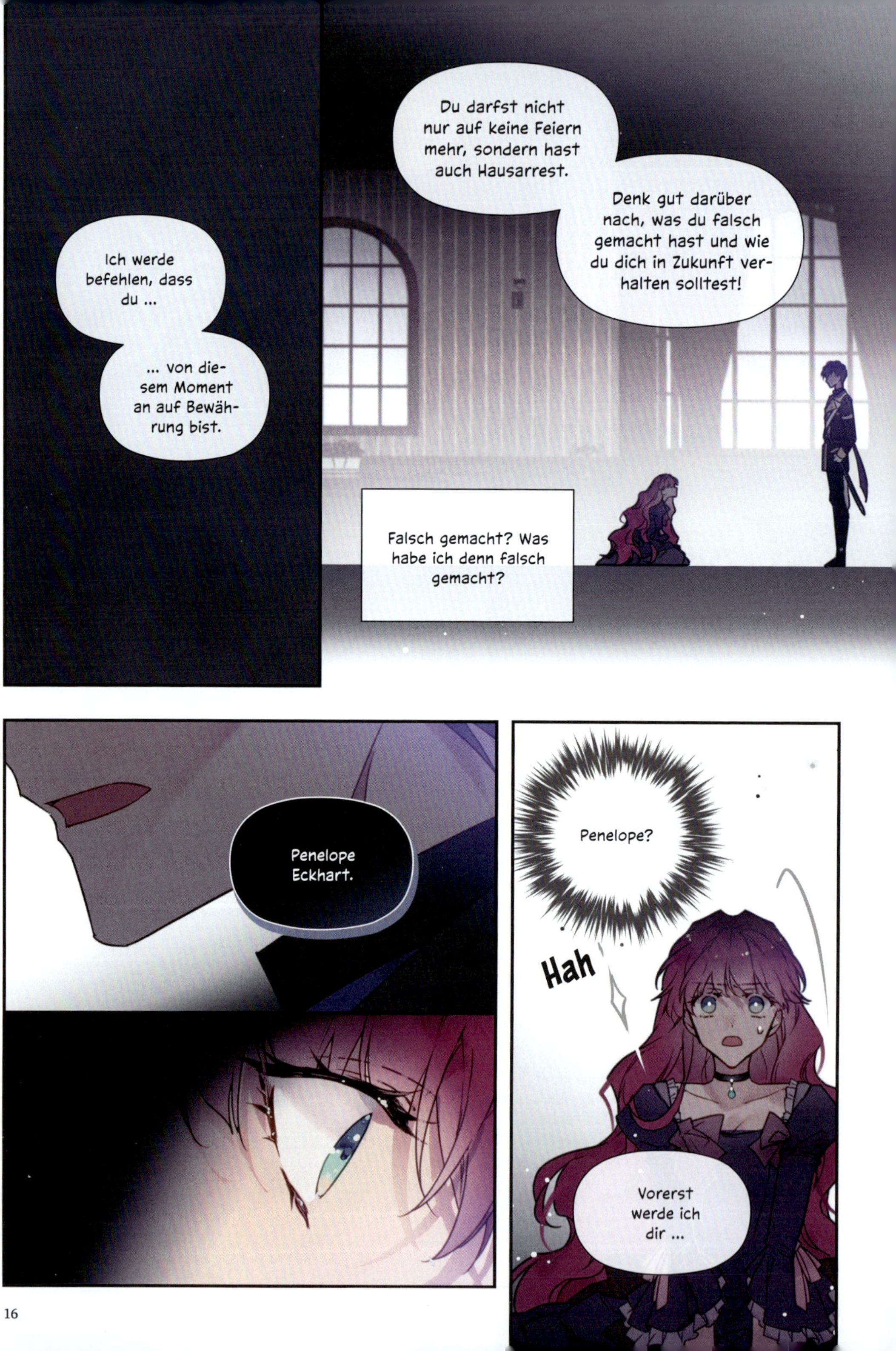
Ich werde befehlen, dass du ...
... von diesem Moment an auf Bewährung bist.
Du darfst nicht nur auf keine Feiern mehr, sondern hast auch Hausarrest.
Denk gut darüber nach, was du falsch gemacht hast und wie du dich in Zukunft verhalten solltest!
Falsch gemacht? Was habe ich denn falsch gemacht?
Penelope Eckhart.
Penelope?
Hah
Vorerst werde ich dir ...

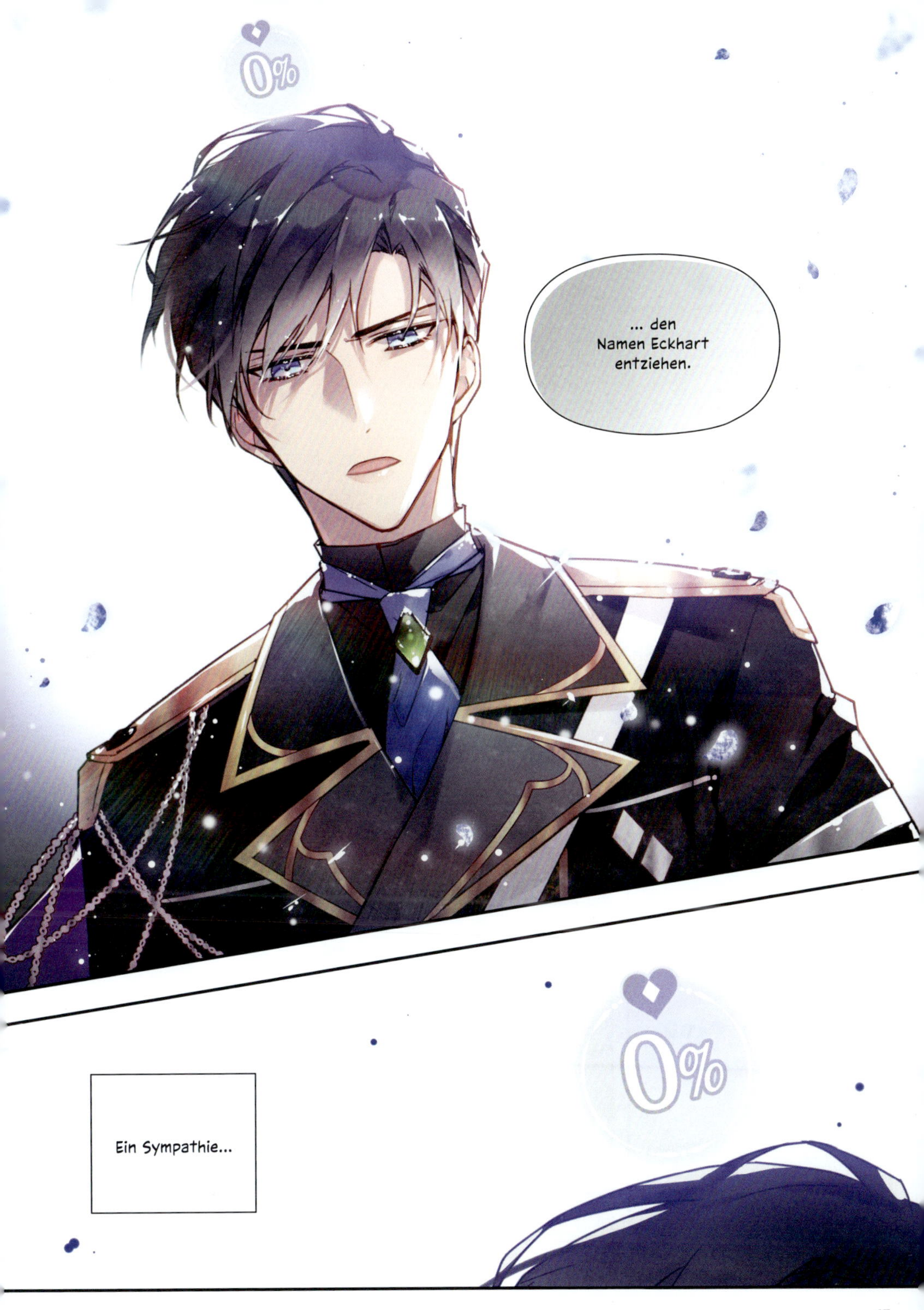
0%
... den Namen Eckhart entziehen.
0%
Ein Sympathie...

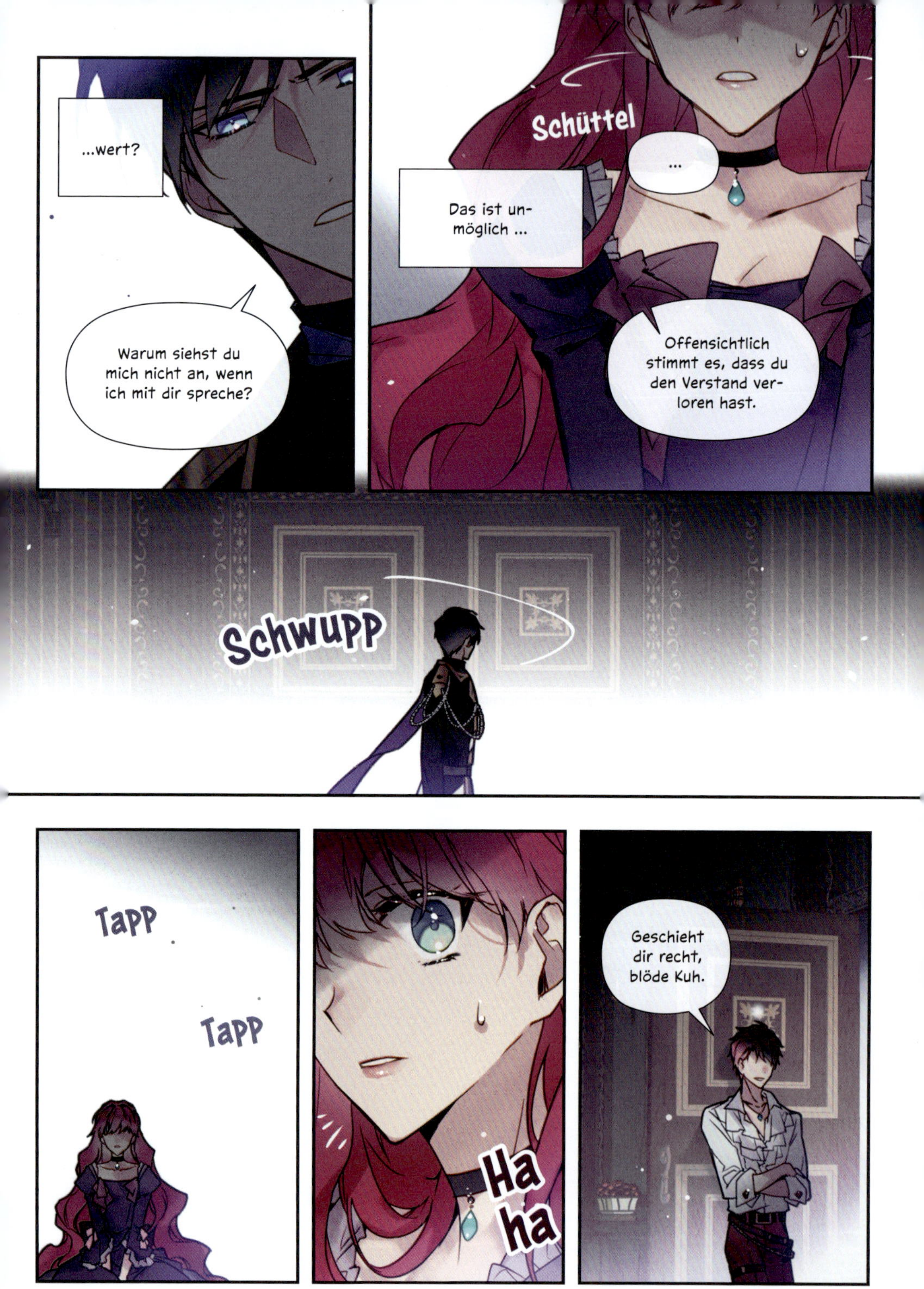
...wert?
Warum siehst du mich nicht an, wenn ich mit dir spreche?
Schüttel
...
Das ist unmöglich ...
Offensichtlich stimmt es, dass du den Verstand verloren hast.
Schwupp
Tapp
Tapp
Haha
Geschieht dir recht, blöde Kuh.

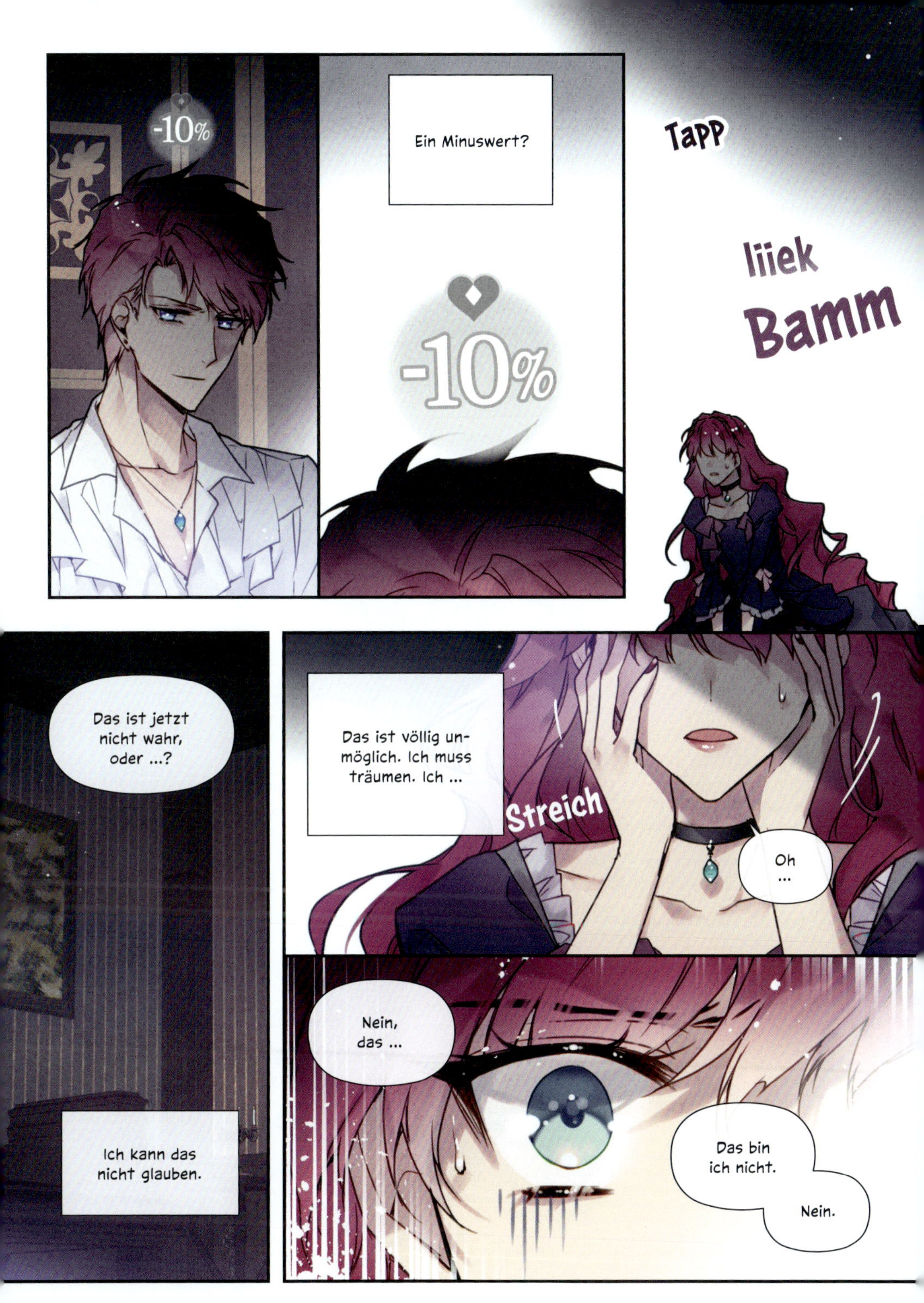

-10%
Ein Minuswert?
-10%
Tapp
Iiiek
Bamm
Das ist jetzt nicht wahr, oder ...?
Das ist völlig unmöglich. Ich muss träumen. Ich ...
Streich
Oh ...
Nein, das ...
Ich kann das nicht glauben.
Das bin ich nicht.
Nein.

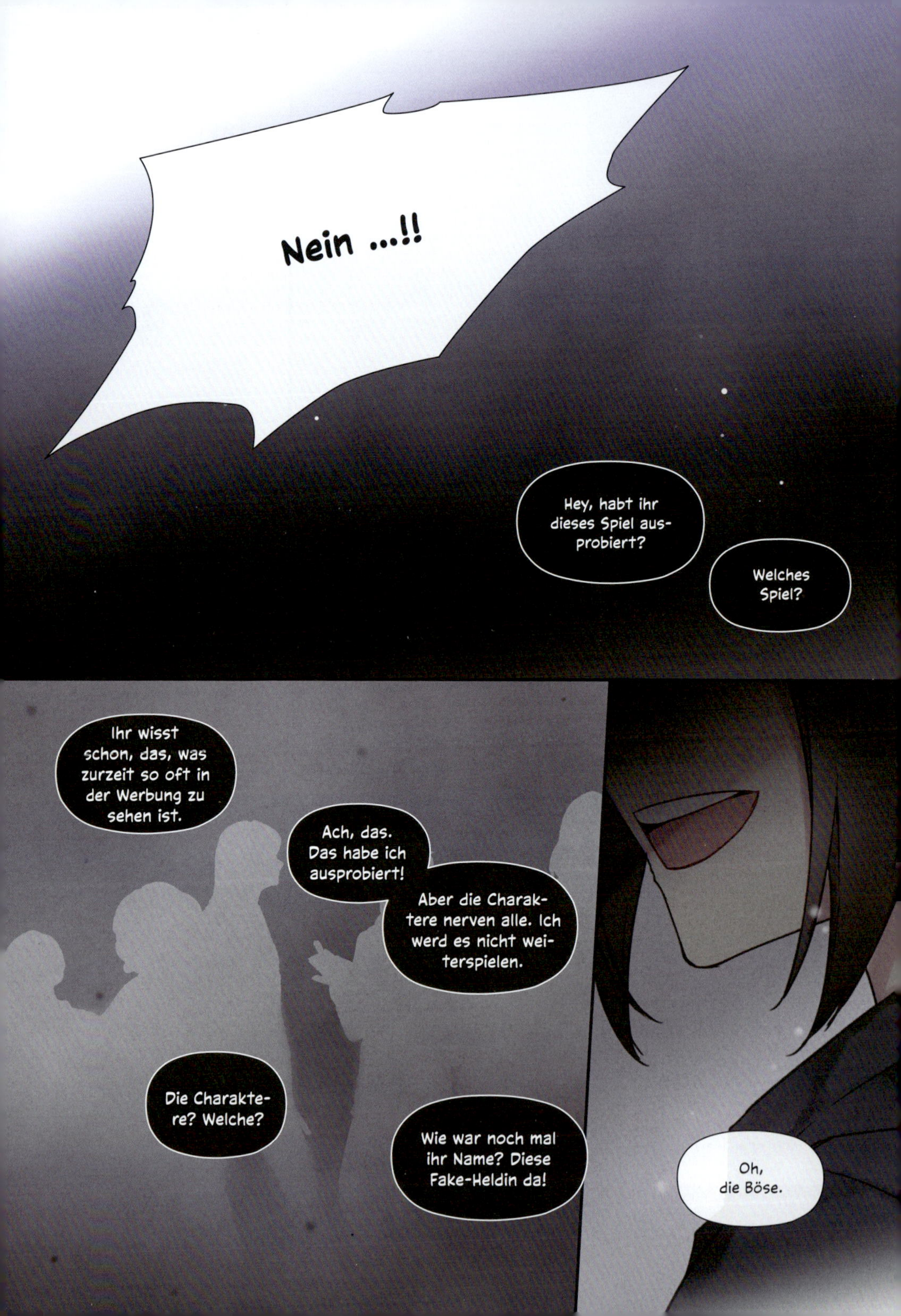
Nein ...!!
Hey, habt ihr dieses Spiel ausprobiert?
Welches Spiel?
Ihr wisst schon, das, was zurzeit so oft in der Werbung zu sehen ist.
Ach, das. Das habe ich ausprobiert!
Aber die Charaktere nerven alle. Ich werd es nicht weiterspielen.
Die Charaktere? Welche?
Wie war noch mal ihr Name? Diese Fake-Heldin da!
Oh, die Böse.

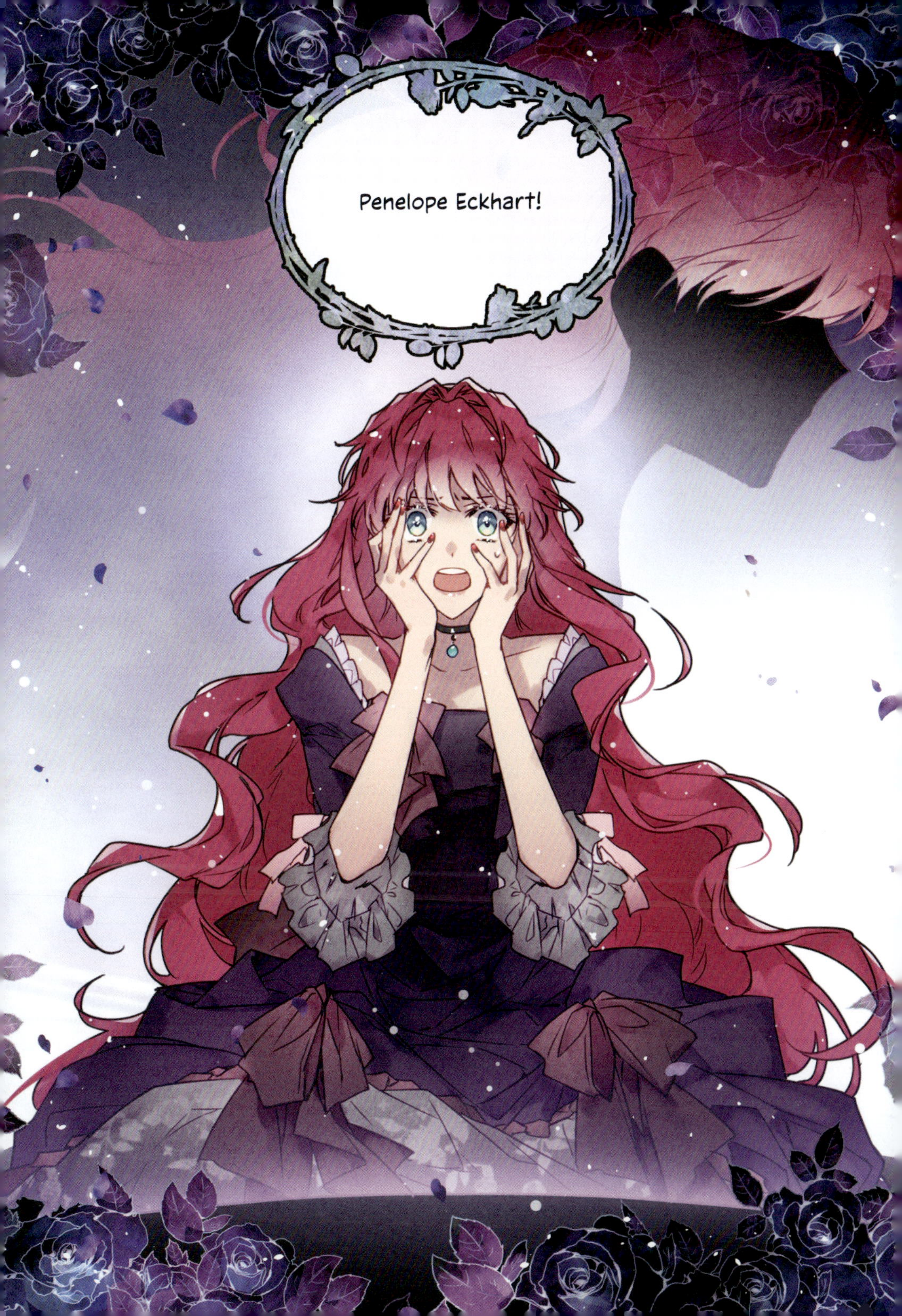
Penelope Eckhart!

Kapitel 1

Die Böse: Penelope Eckhart

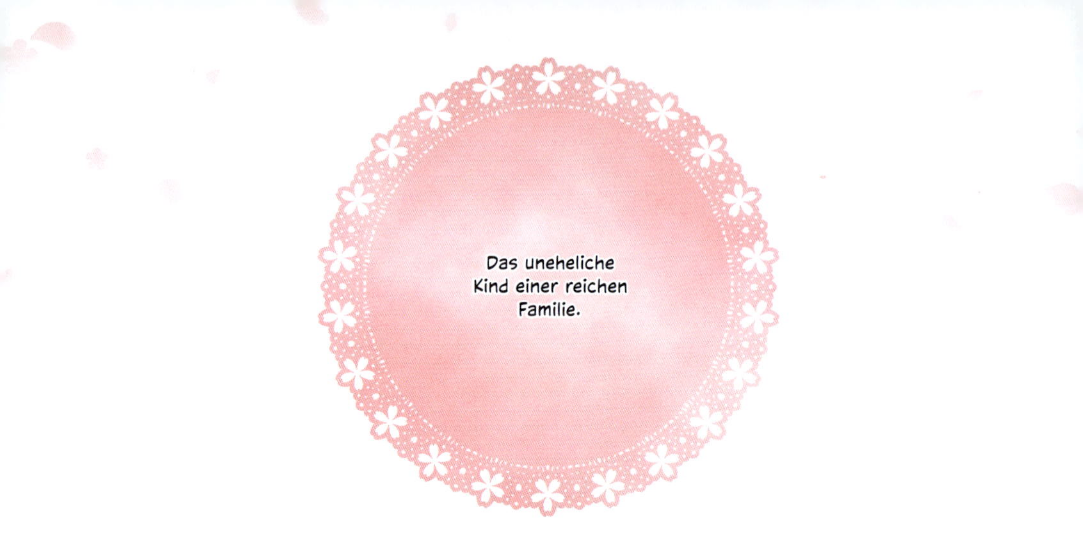
Das uneheliche Kind einer reichen Familie.

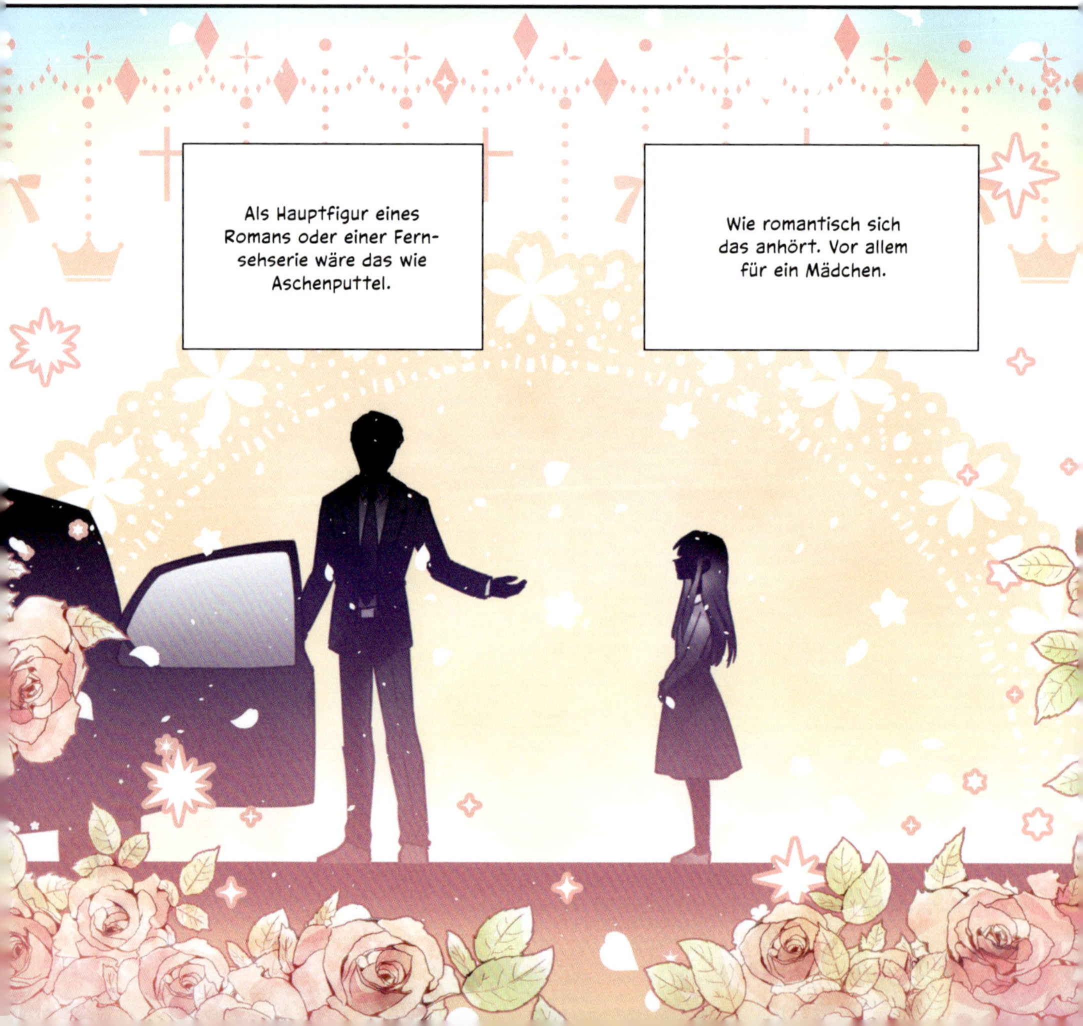
Als Hauptfigur eines Romans oder einer Fernsehserie wäre das wie Aschenputtel.
Wie romantisch sich das anhört. Vor allem für ein Mädchen.

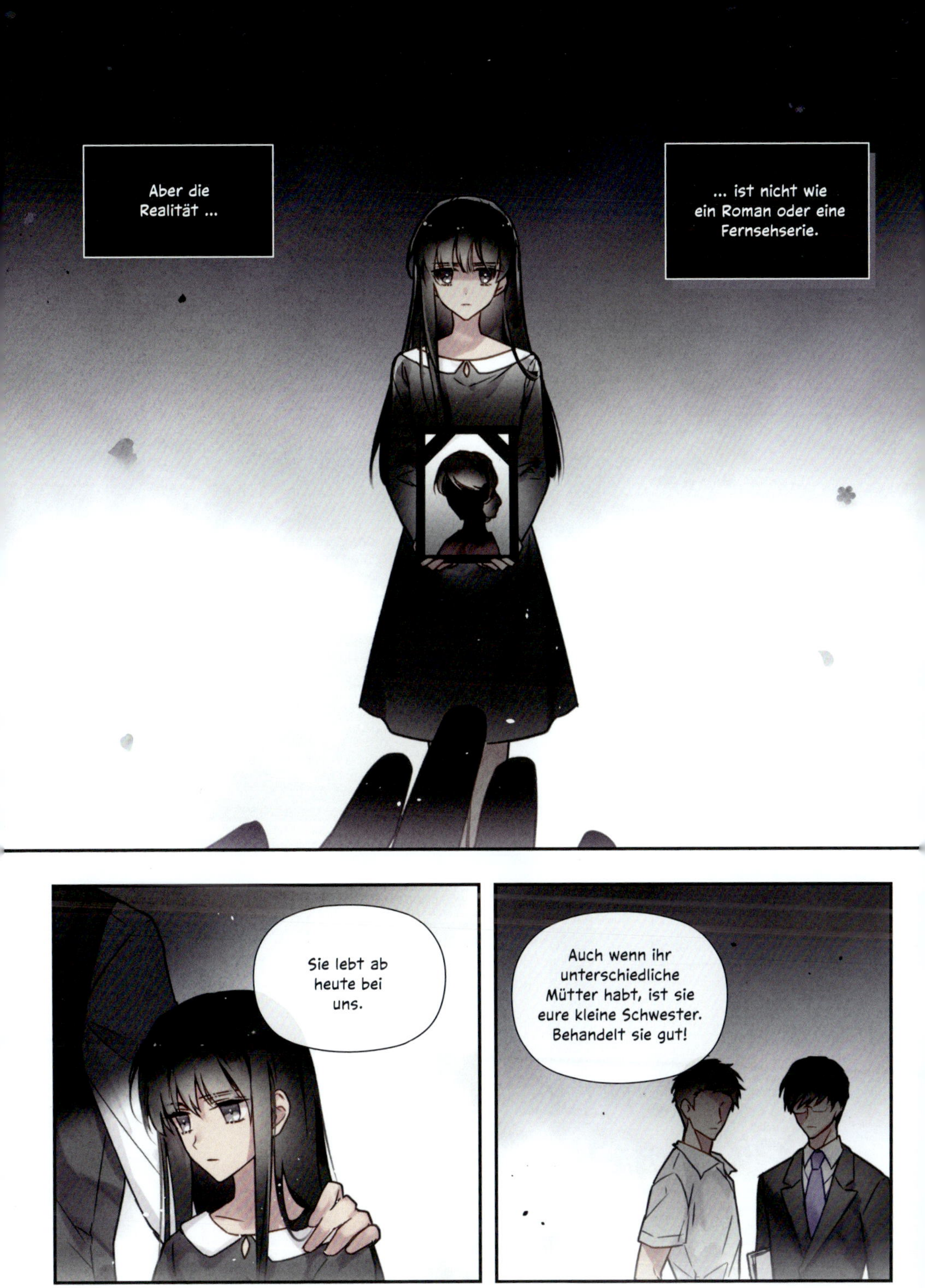
Aber die Realität ...
... ist nicht wie ein Roman oder eine Fernsehserie.
Sie lebt ab heute bei uns.
Auch wenn ihr unterschiedliche Mütter habt, ist sie eure kleine Schwester. Behandelt sie gut!

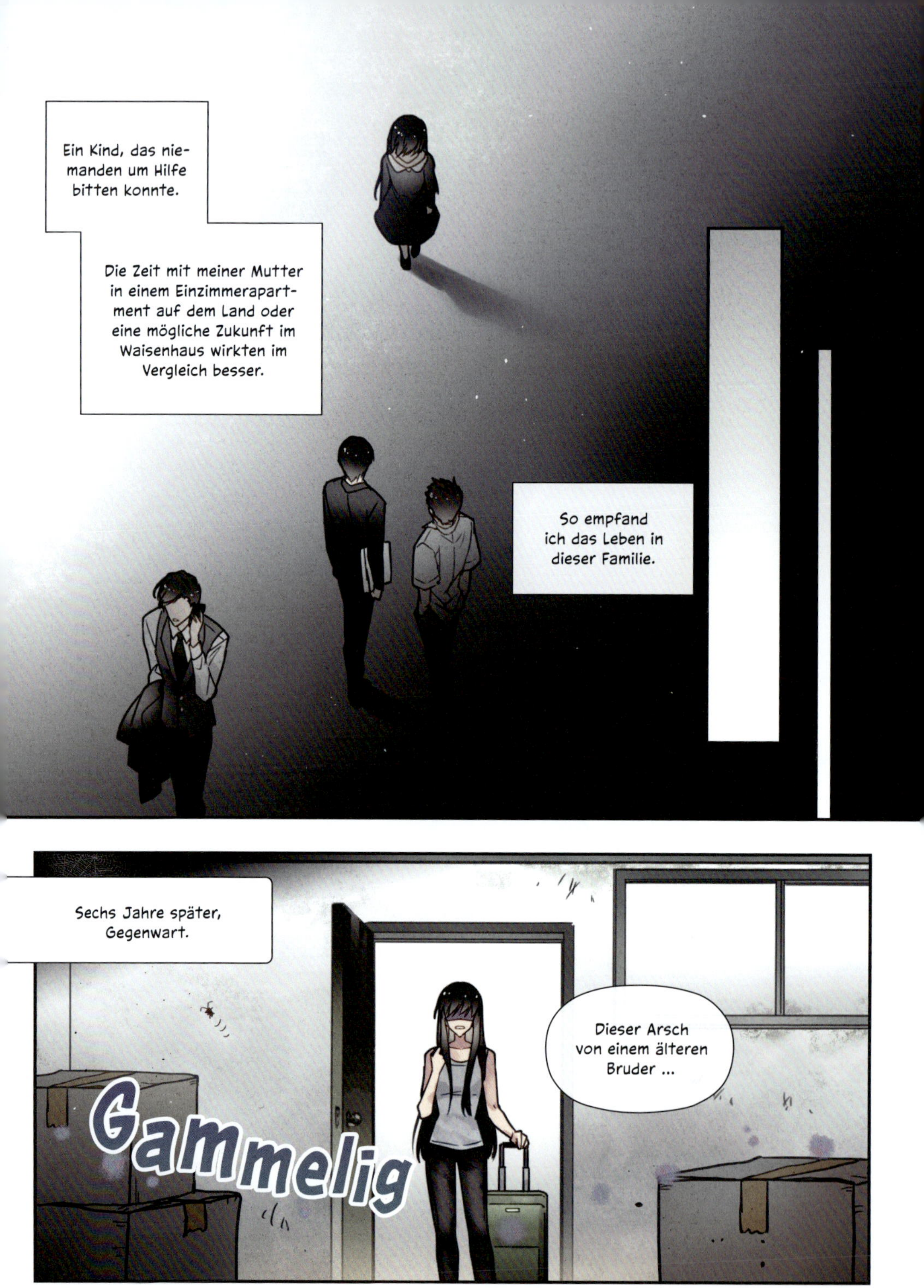
Ein Kind, das niemanden um Hilfe bitten konnte.
Die Zeit mit meiner Mutter in einem Einzimmerapartment auf dem Land oder eine mögliche Zukunft im Waisenhaus wirkten im Vergleich besser.
So empfand ich das Leben in dieser Familie.
Sechs Jahre später, Gegenwart.
Gammelig
Dieser Arsch von einem älteren Bruder ...

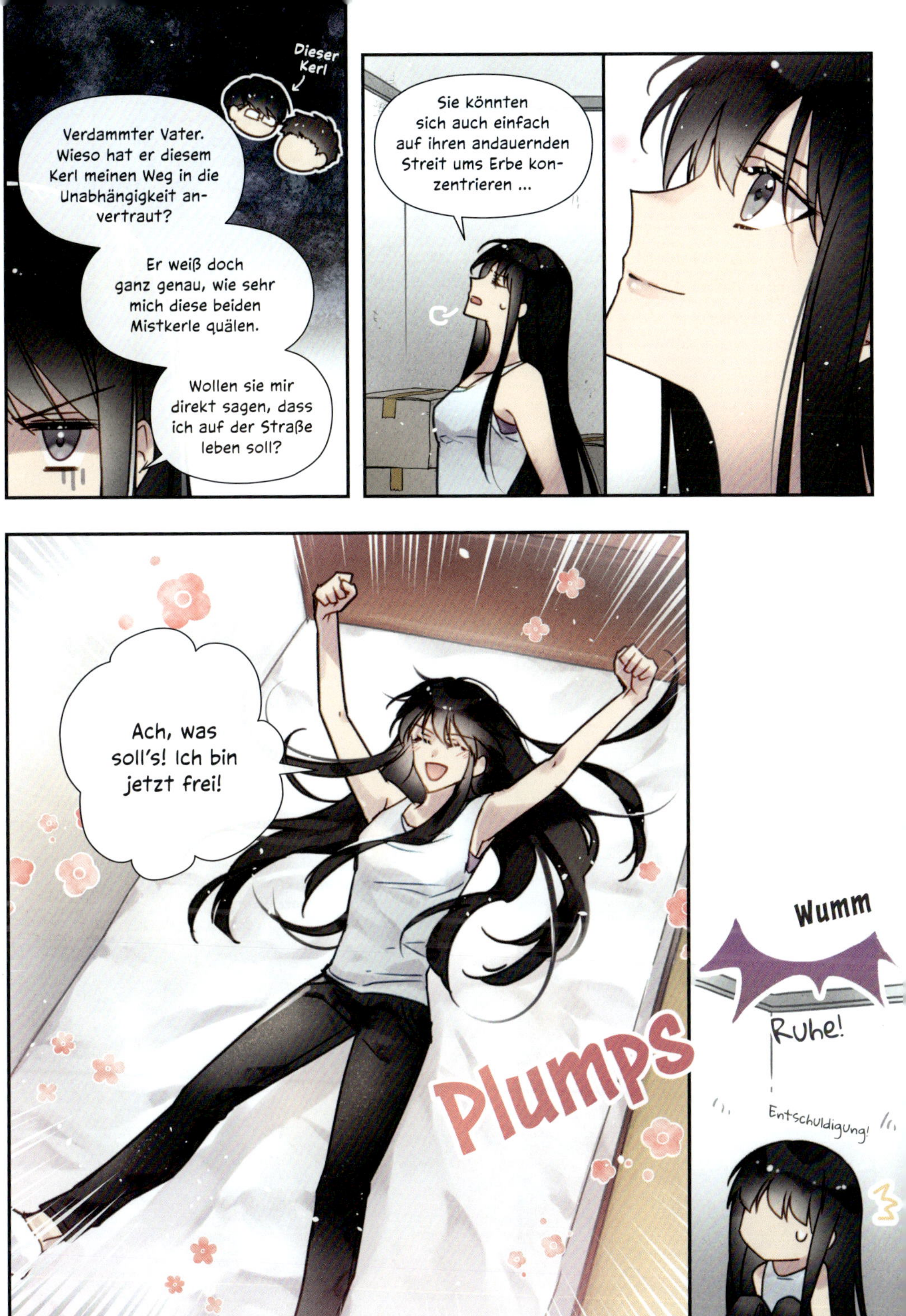
Dieser Kerl
Verdammter Vater. Wieso hat er diesem Kerl meinen Weg in die Unabhängigkeit anvertraut?
Er weiß doch ganz genau, wie sehr mich diese beiden Mistkerle quälen.
Wollen sie mir direkt sagen, dass ich auf der Straße leben soll?
Sie könnten sich auch einfach auf ihren andauernden Streit ums Erbe konzentrieren ...
Ach, was soll's! Ich bin jetzt frei!
Plumps
Wumm
Ruhe!
Entschuldigung!

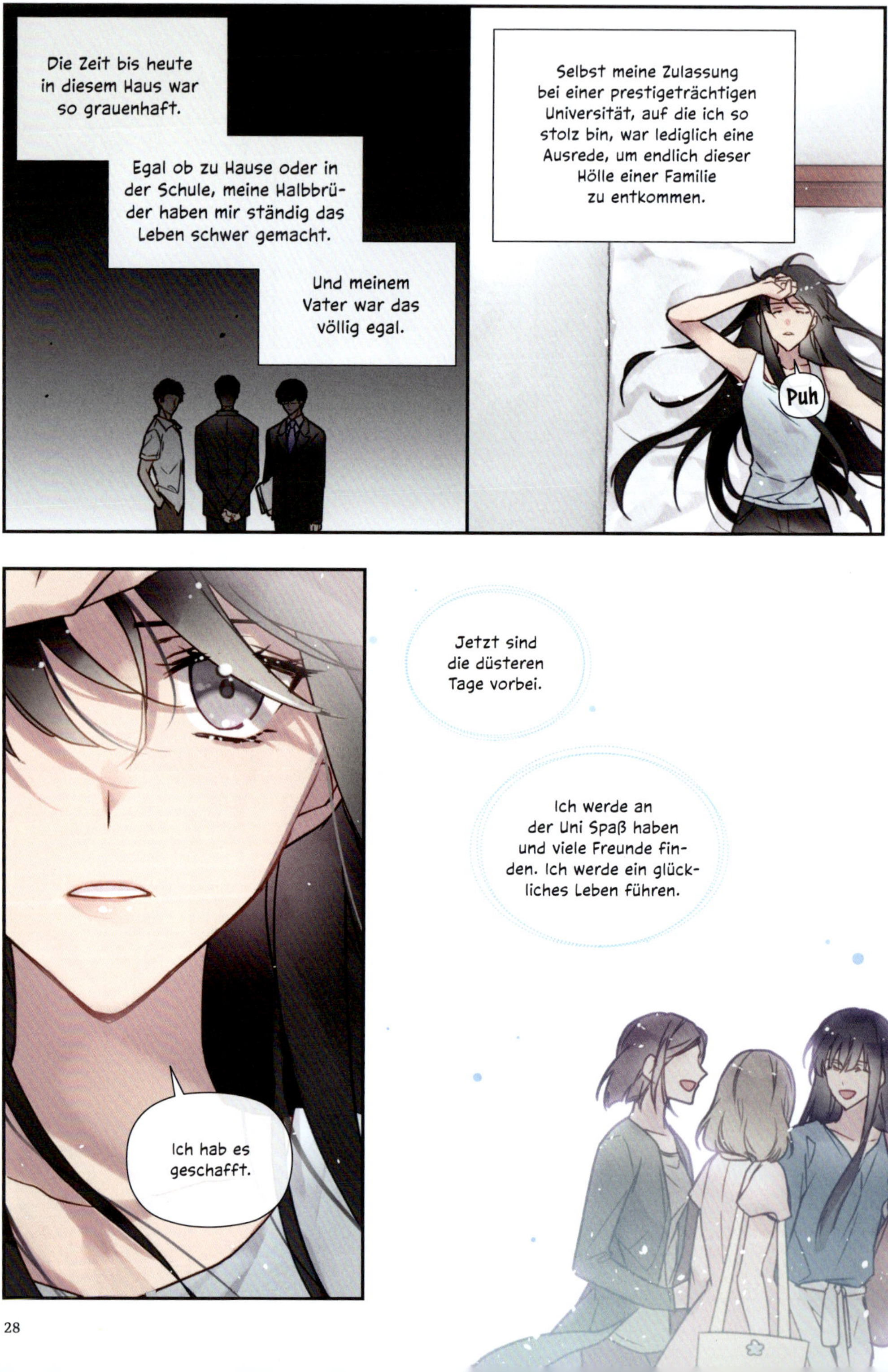
Die Zeit bis heute in diesem Haus war so grauenhaft.
Egal ob zu Hause oder in der Schule, meine Halbbrüder haben mir ständig das Leben schwer gemacht.
Und meinem Vater war das völlig egal.
Selbst meine Zulassung bei einer prestigeträchtigen Universität, auf die ich so stolz bin, war lediglich eine Ausrede, um endlich dieser Hölle einer Familie zu entkommen.
Puh
Ich hab es geschafft.
Jetzt sind die düsteren Tage vorbei.
Ich werde an der Uni Spaß haben und viele Freunde finden. Ich werde ein glückliches Leben führen.

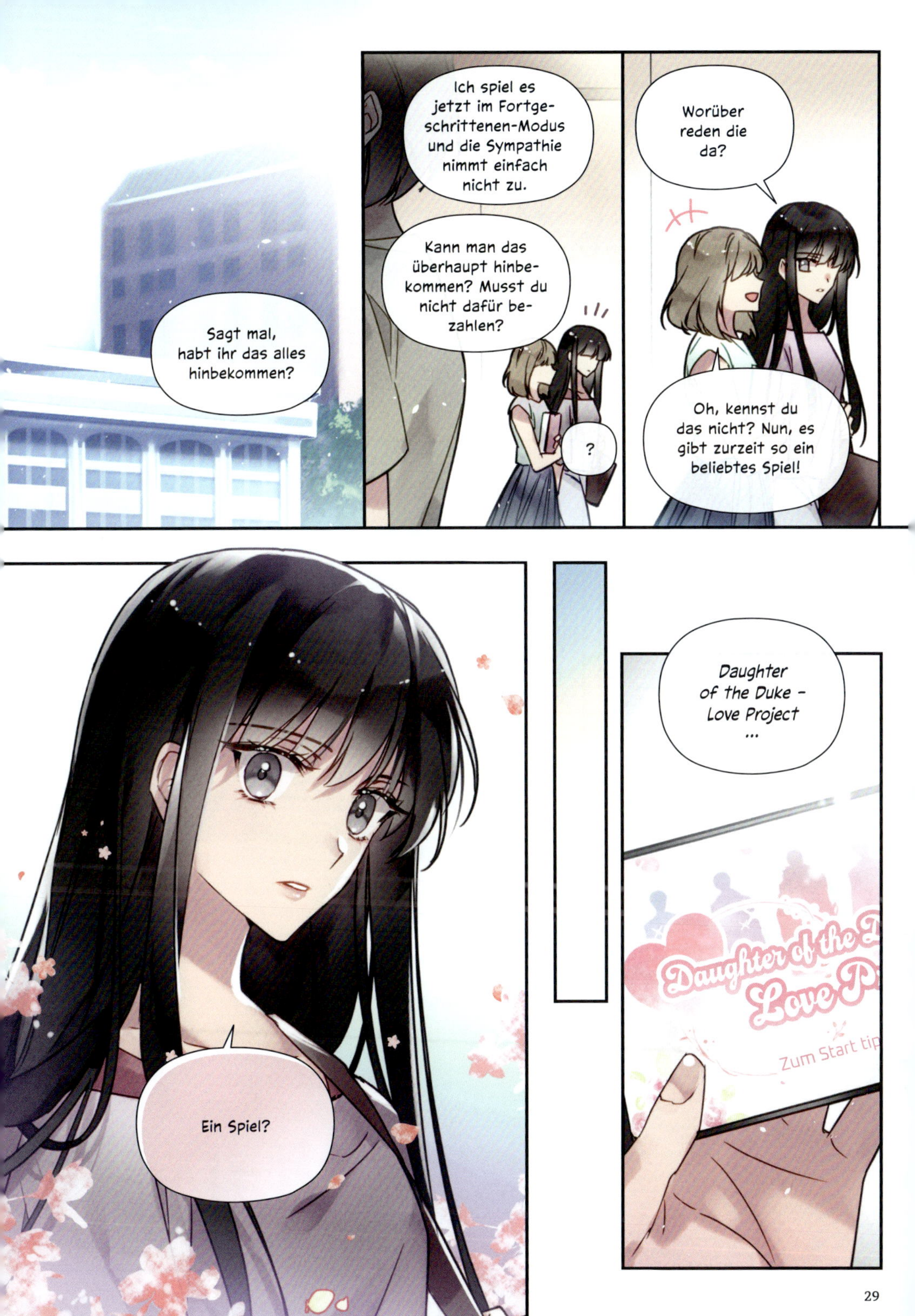
Sagt mal, habt ihr das alles hinbekommen?
Ich spiel es jetzt im Fortgeschrittenen-Modus und die Sympathie nimmt einfach nicht zu.
Kann man das überhaupt hinbekommen? Musst du nicht dafür bezahlen?
?
Worüber reden die da?
Oh, kennst du das nicht? Nun, es gibt zurzeit so ein beliebtes Spiel!
Ein Spiel?
Daughter of the Duke – Love Project …
Zum Start tip

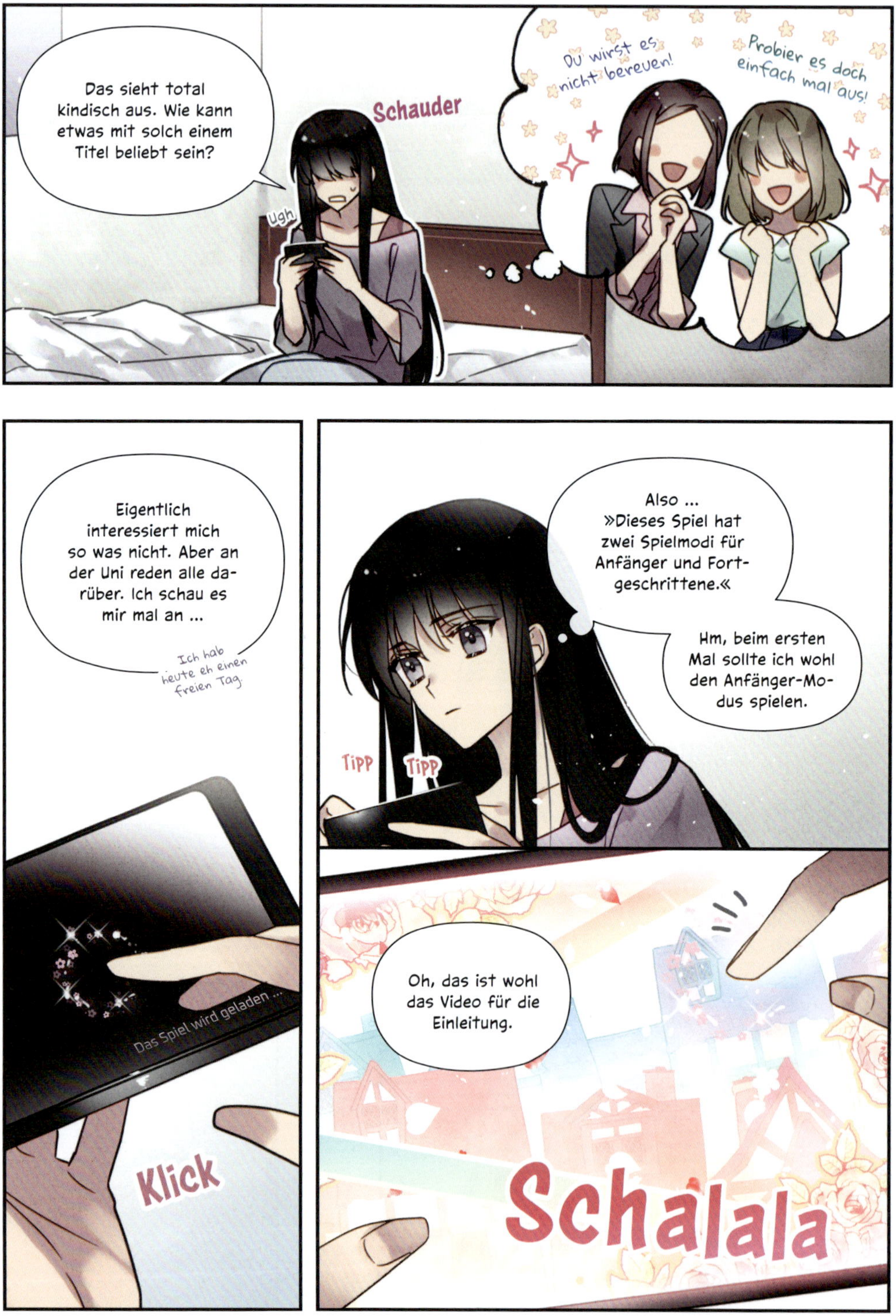
Das sieht total kindisch aus. Wie kann etwas mit solch einem Titel beliebt sein?
Schauder
Ugh
Du wirst es nicht bereuen!
Probier es doch einfach mal aus!
Eigentlich interessiert mich so was nicht. Aber an der Uni reden alle darüber. Ich schau es mir mal an ...
Ich hab heute eh einen freien Tag.
Also ... »Dieses Spiel hat zwei Spielmodi für Anfänger und Fortgeschrittene.«
Hm, beim ersten Mal sollte ich wohl den Anfänger-Modus spielen.
Tipp
Tipp
Das Spiel wird geladen ...
Klick
Oh, das ist wohl das Video für die Einleitung.
Schalala

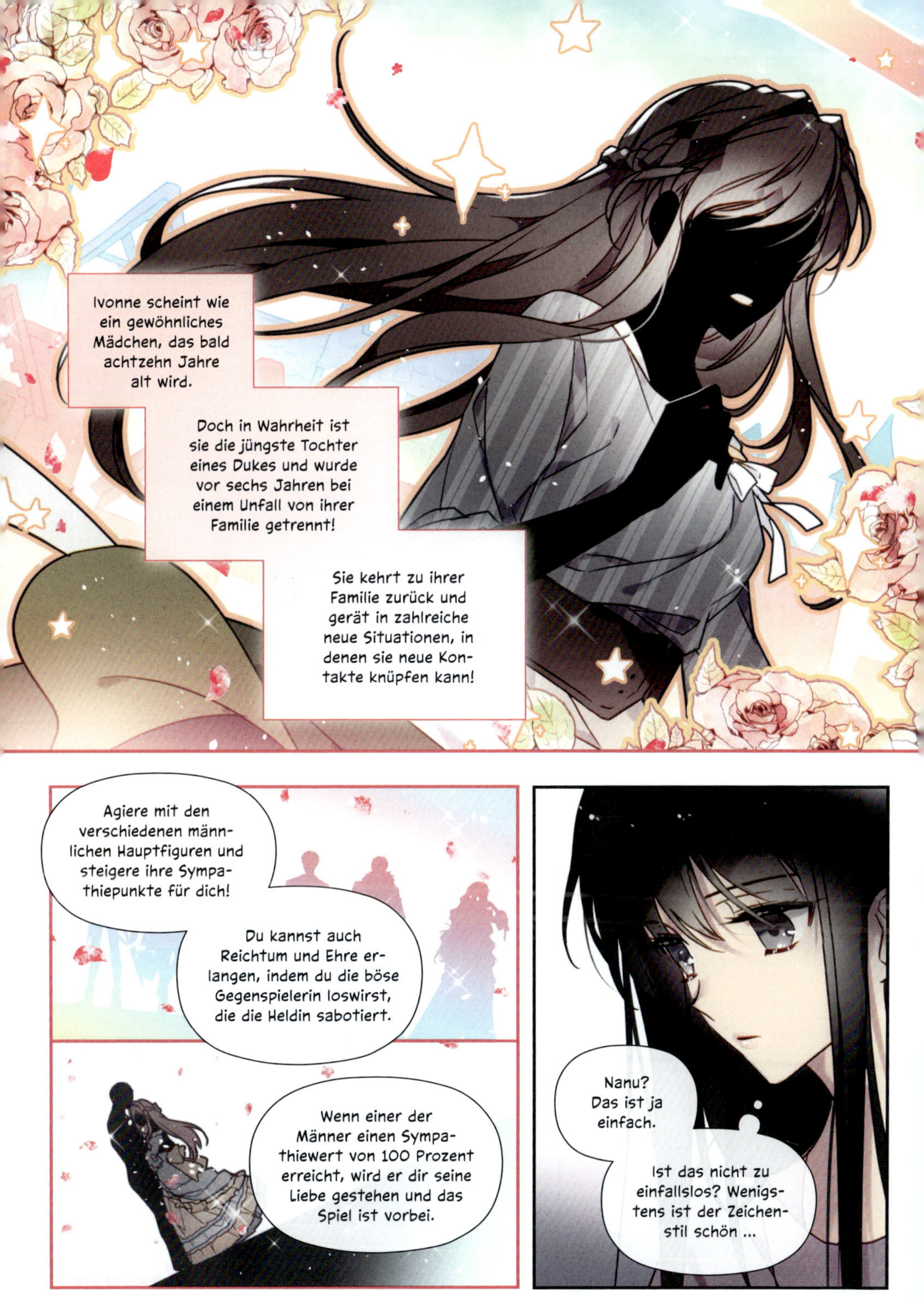
Ivonne scheint wie ein gewöhnliches Mädchen, das bald achtzehn Jahre alt wird.
Doch in Wahrheit ist sie die jüngste Tochter eines Dukes und wurde vor sechs Jahren bei einem Unfall von ihrer Familie getrennt!
Sie kehrt zu ihrer Familie zurück und gerät in zahlreiche neue Situationen, in denen sie neue Kontakte knüpfen kann!
Agiere mit den verschiedenen männlichen Hauptfiguren und steigere ihre Sympathiepunkte für dich!
Du kannst auch Reichtum und Ehre erlangen, indem du die böse Gegenspielerin loswirst, die die Heldin sabotiert.
Wenn einer der Männer einen Sympathiewert von 100 Prozent erreicht, wird er dir seine Liebe gestehen und das Spiel ist vorbei.
Nanu? Das ist ja einfach.
Ist das nicht zu einfallslos? Wenigstens ist der Zeichenstil schön ...

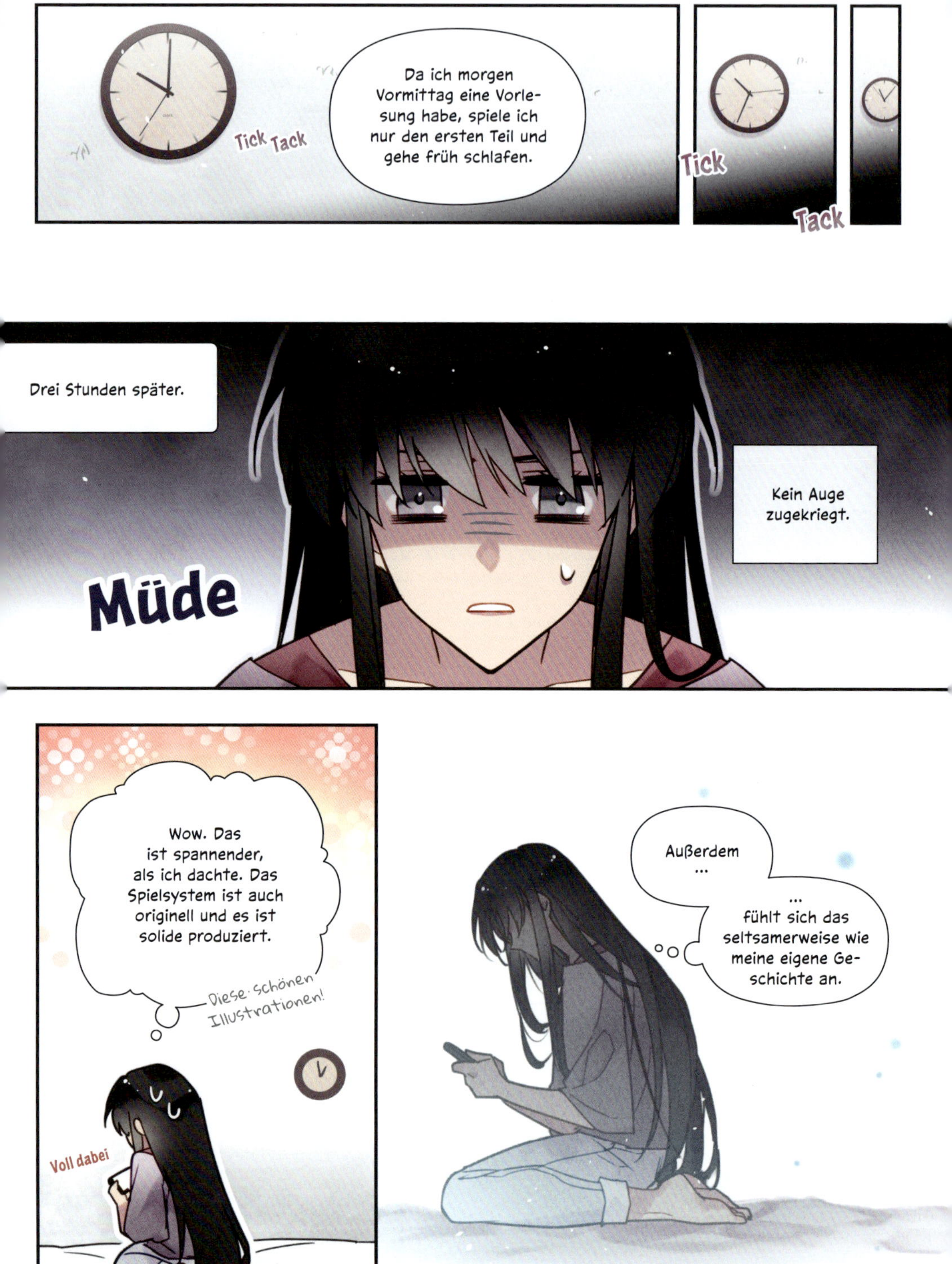
Tick Tack
Da ich morgen Vormittag eine Vorlesung habe, spiele ich nur den ersten Teil und gehe früh schlafen.
Tick
Tack
Drei Stunden später.
Müde
Kein Auge zugekriegt.
Wow. Das ist spannender, als ich dachte. Das Spielsystem ist auch originell und es ist solide produziert.
Diese schönen Illustrationen!
Voll dabei
Außerdem …
… fühlt sich das seltsamerweise wie meine eigene Geschichte an.

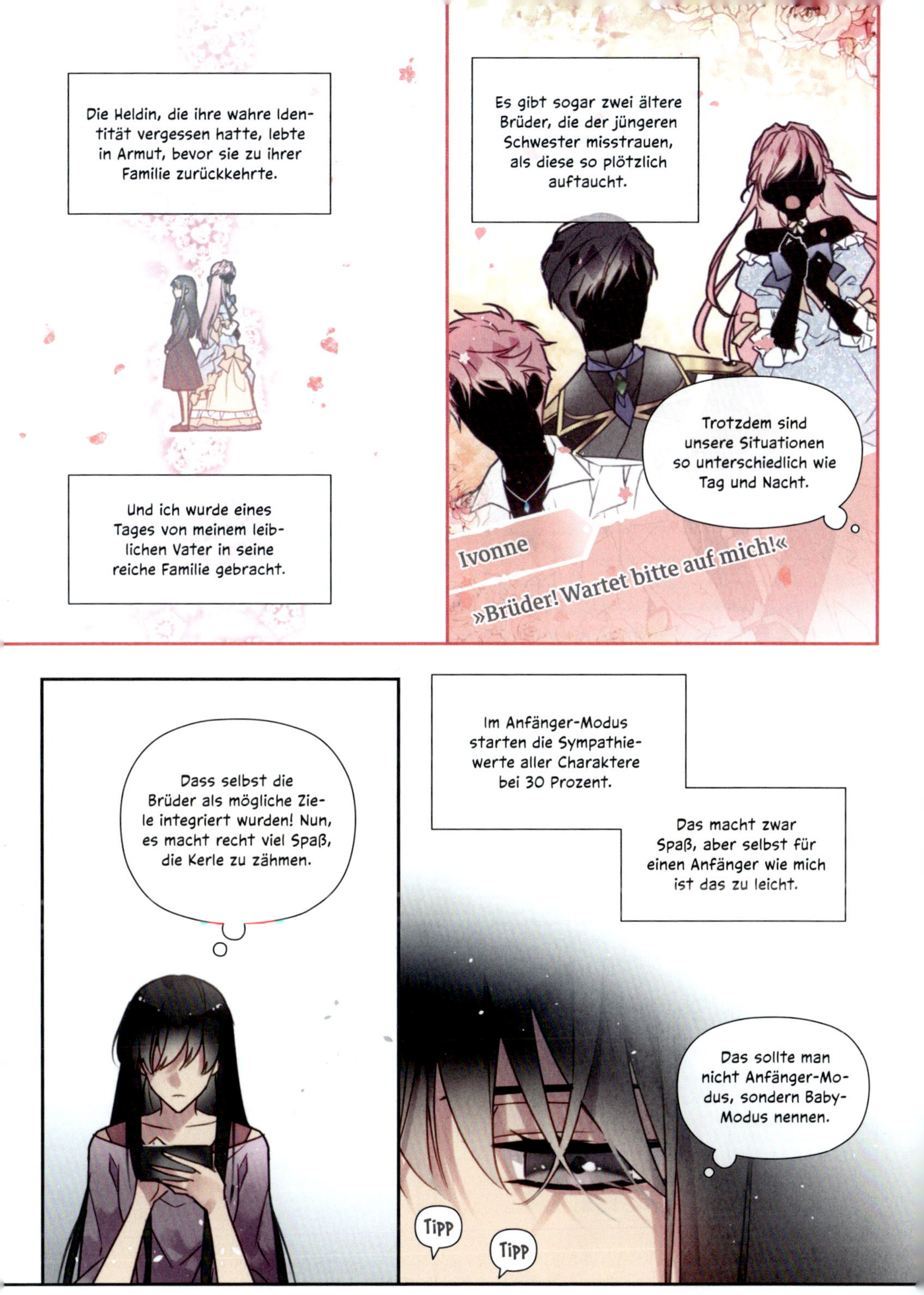
Die Heldin, die ihre wahre Identität vergessen hatte, lebte in Armut, bevor sie zu ihrer Familie zurückkehrte.
Und ich wurde eines Tages von meinem leiblichen Vater in seine reiche Familie gebracht.
Es gibt sogar zwei ältere Brüder, die der jüngeren Schwester misstrauen, als diese so plötzlich auftaucht.
Trotzdem sind unsere Situationen so unterschiedlich wie Tag und Nacht.
Ivonne
»Brüder! Wartet bitte auf mich!«
Dass selbst die Brüder als mögliche Ziele integriert wurden! Nun, es macht recht viel Spaß, die Kerle zu zähmen.
Im Anfänger-Modus starten die Sympathiewerte aller Charaktere bei 30 Prozent.
Das macht zwar Spaß, aber selbst für einen Anfänger wie mich ist das zu leicht.
Das sollte man nicht Anfänger-Modus, sondern Baby-Modus nennen.
Tipp
Tipp

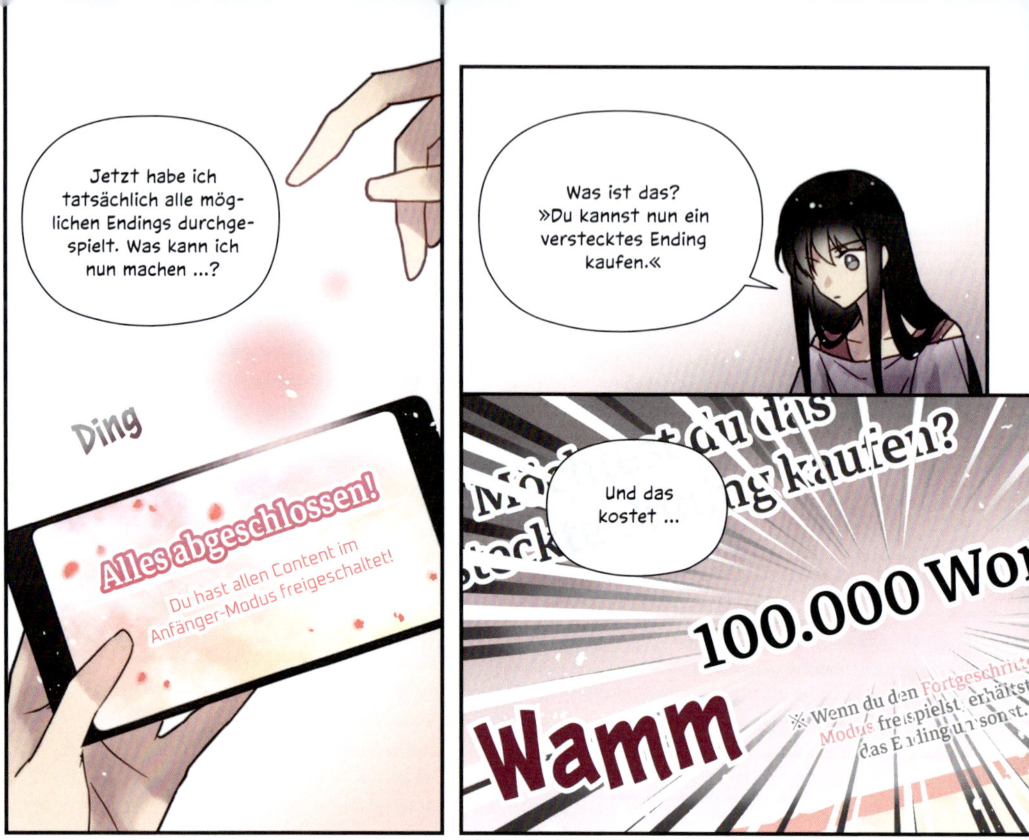
Jetzt habe ich tatsächlich alle möglichen Endings durchgespielt. Was kann ich nun machen ...?
Ding
Alles abgeschlossen!
Du hast allen Content im Anfänger-Modus freigeschaltet!
Was ist das? »Du kannst nun ein verstecktes Ending kaufen.«
Und das kostet ...
100.000 Won
Wamm
※ Wenn du den Fortgeschritt Modus freispielst, erhälts das Ending umsonst.

* Etwa 73 Euro.

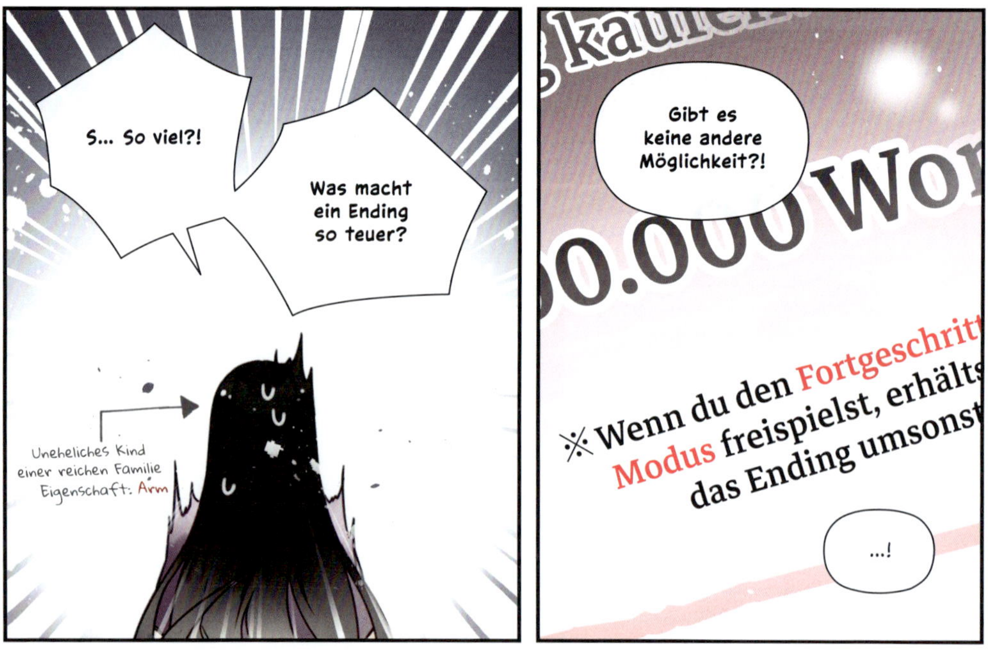
S... So viel?!
Was macht ein Ending so teuer?
Uneheliches Kind einer reichen Familie Eigenschaft: Arm
Gibt es keine andere Möglichkeit?!
※ Wenn du den Fortgeschritt Modus freispielst, erhälts das Ending umsonst
...!

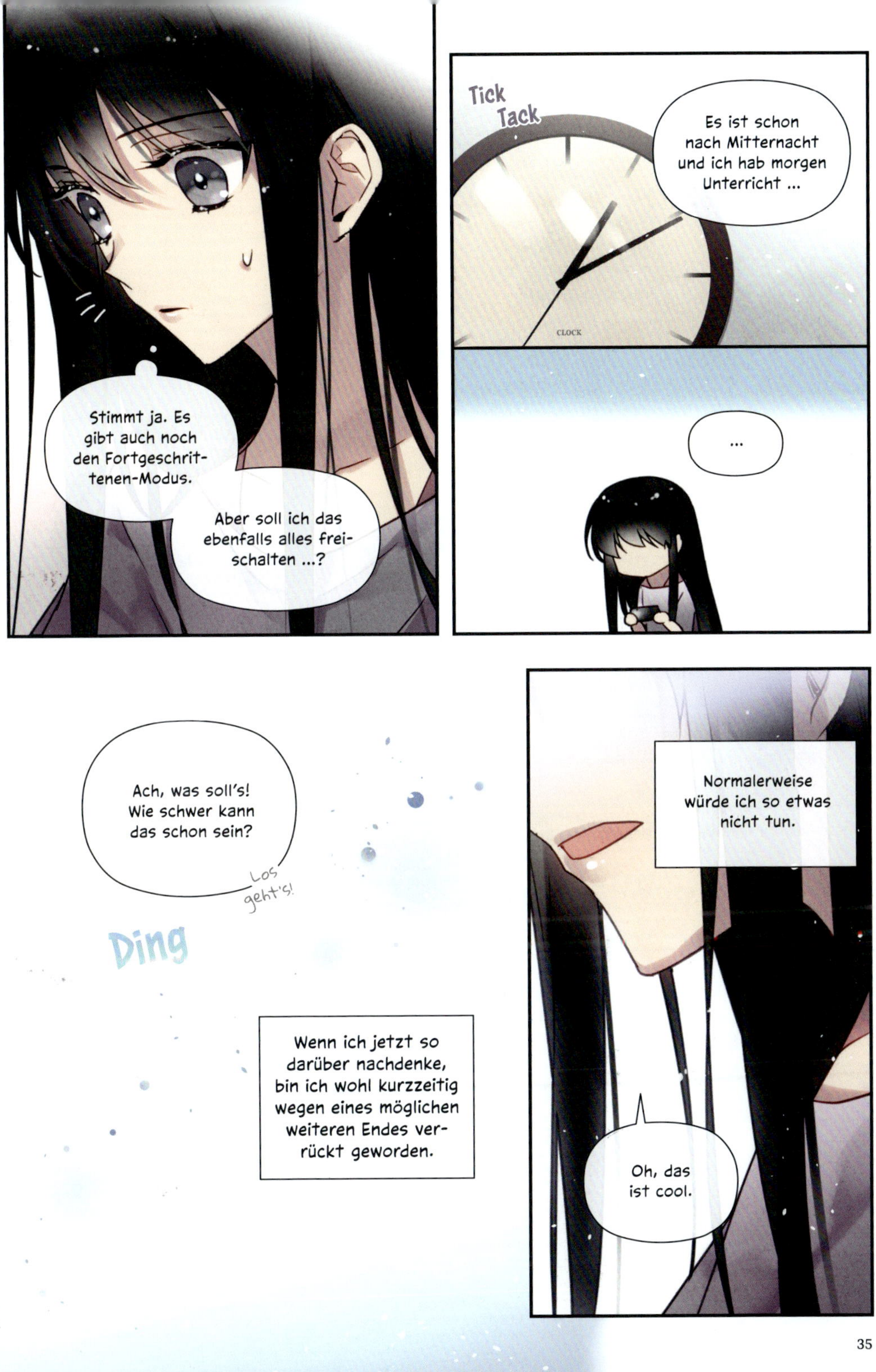
Tick
Tack
Es ist schon nach Mitternacht und ich hab morgen Unterricht ...
CLOCK
Stimmt ja. Es gibt auch noch den Fortgeschrittenen-Modus.
Aber soll ich das ebenfalls alles freischalten ...?
...
Normalerweise würde ich so etwas nicht tun.
Ach, was soll's! Wie schwer kann das schon sein?
Los geht's!
Ding
Wenn ich jetzt so darüber nachdenke, bin ich wohl kurzzeitig wegen eines möglichen weiteren Endes verrückt geworden.
Oh, das ist cool.

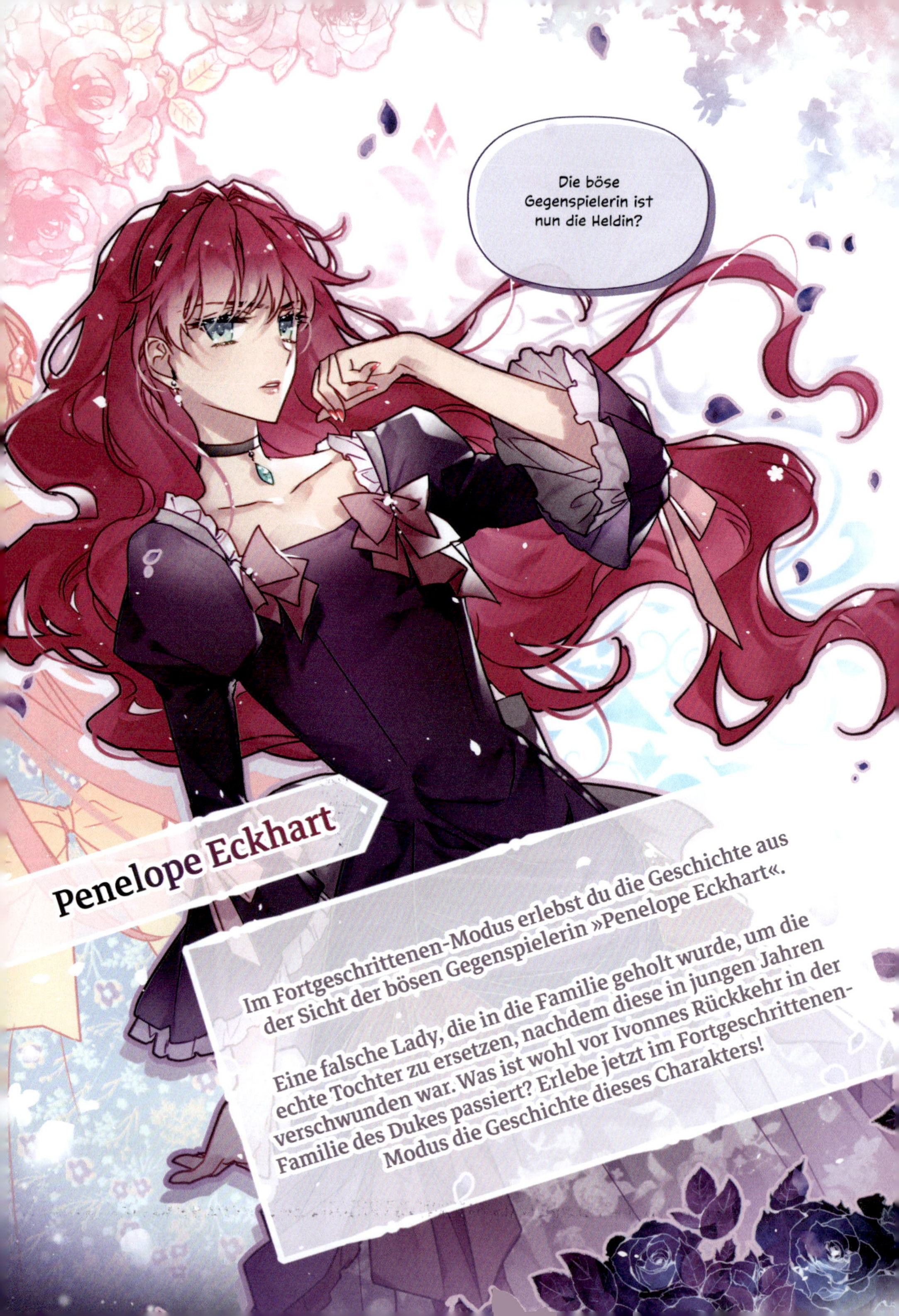

Penelope Eckhart

Im Fortgeschrittenen-Modus erlebst du die Geschichte aus der Sicht der bösen Gegenspielerin »Penelope Eckhart«.

Eine falsche Lady, die in die Familie geholt wurde, um die echte Tochter zu ersetzen, nachdem diese in jungen Jahren verschwunden war. Was ist wohl vor Ivonnes Rückkehr in der Familie des Dukes passiert? Erlebe jetzt im Fortgeschrittenen-Modus die Geschichte dieses Charakters!

Penelope

Das Böse ist dem Tod geweiht

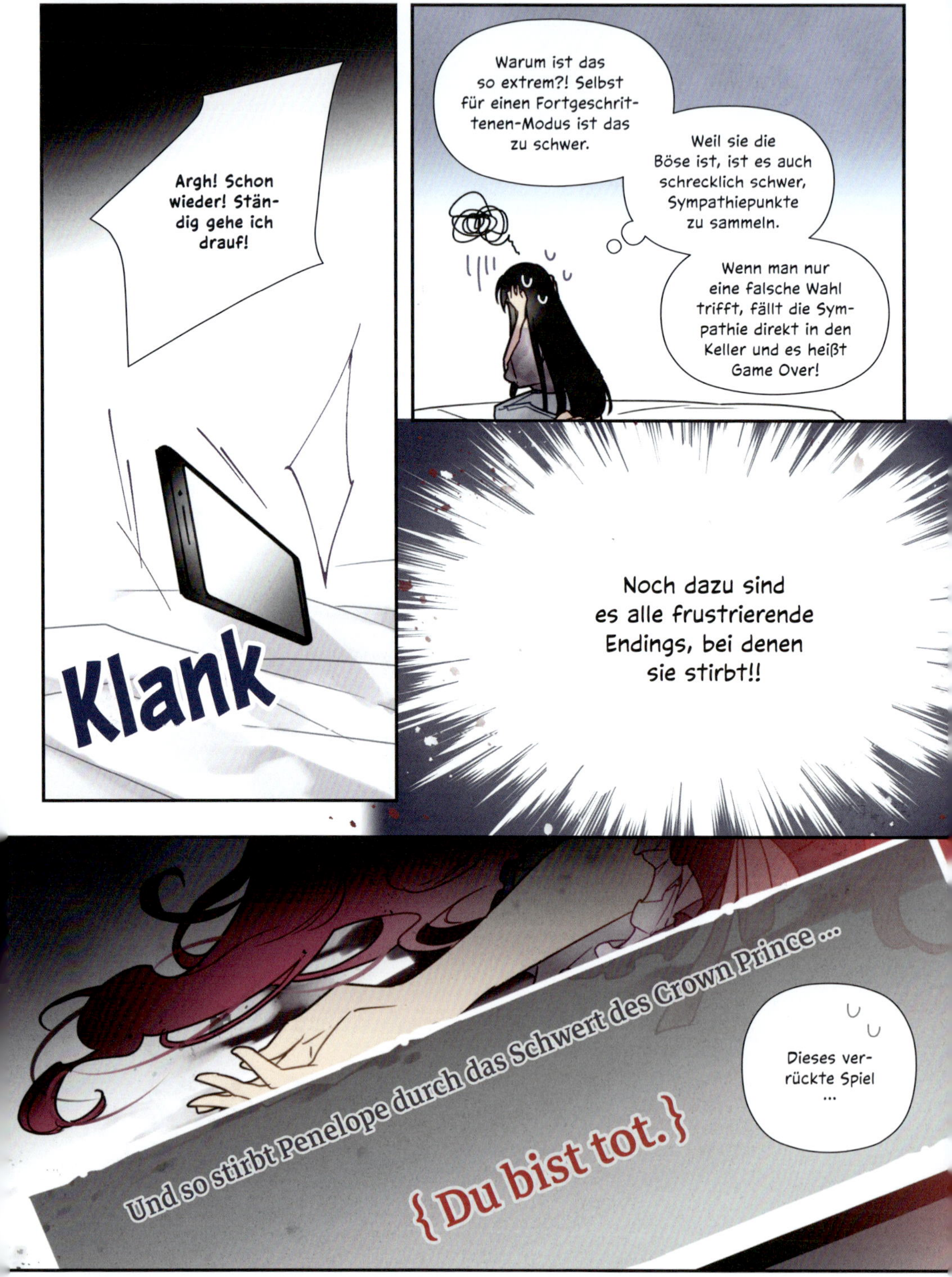
Argh! Schon wieder! Ständig gehe ich drauf!
Warum ist das so extrem?! Selbst für einen Fortgeschrittenen-Modus ist das zu schwer.
Weil sie die Böse ist, ist es auch schrecklich schwer, Sympathiepunkte zu sammeln.
Wenn man nur eine falsche Wahl trifft, fällt die Sympathie direkt in den Keller und es heißt Game Over!
Klank
Noch dazu sind es alle frustrierende Endings, bei denen sie stirbt!!
Und so stirbt Penelope durch das Schwert des Crown Prince ...
{ Du bist tot. }
Dieses verrückte Spiel ...

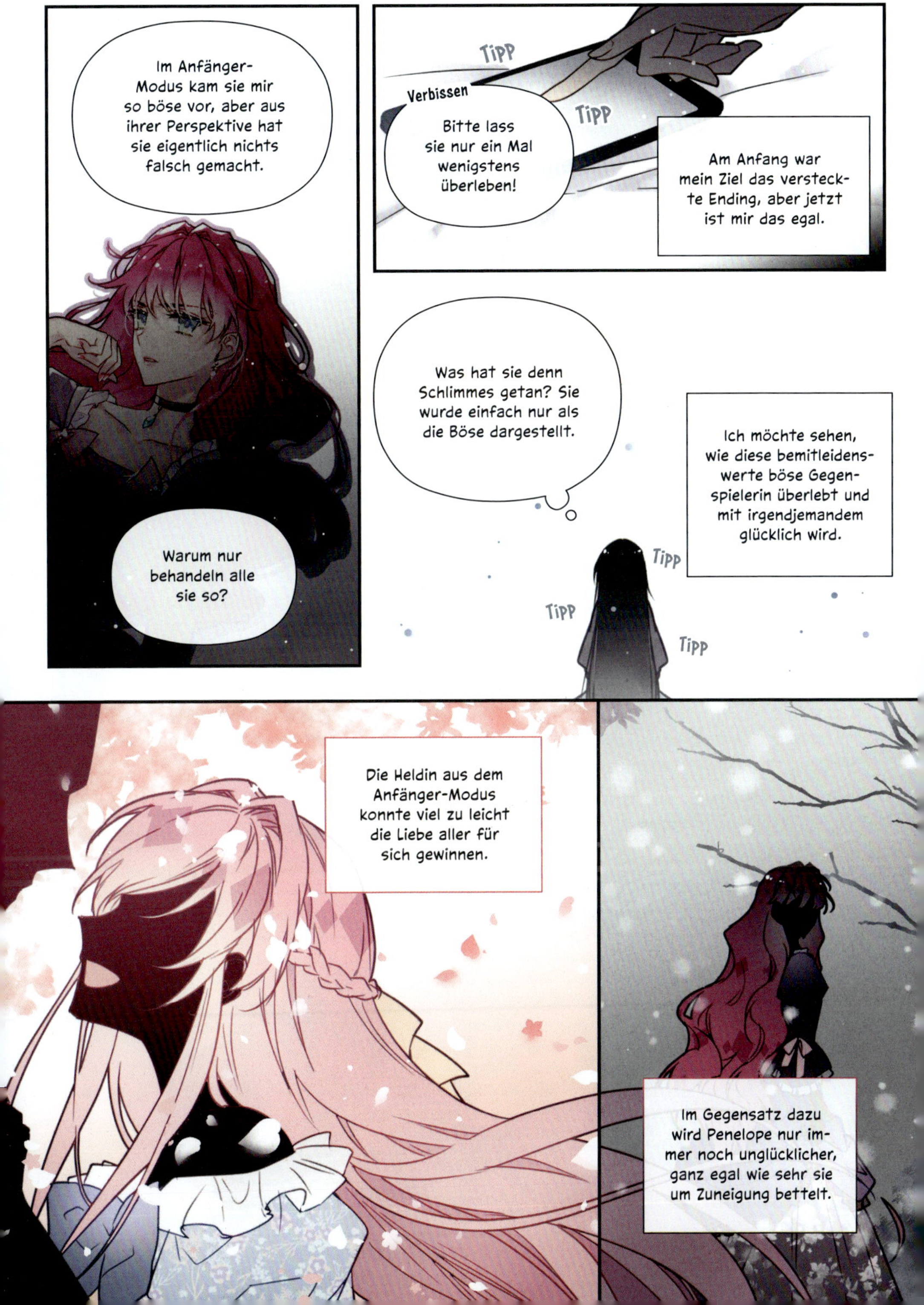
Im Anfänger-Modus kam sie mir so böse vor, aber aus ihrer Perspektive hat sie eigentlich nichts falsch gemacht.
Warum nur behandeln alle sie so?
Tipp
Tipp
Verbissen
Bitte lass sie nur ein Mal wenigstens überleben!
Am Anfang war mein Ziel das versteckte Ending, aber jetzt ist mir das egal.
Was hat sie denn Schlimmes getan? Sie wurde einfach nur als die Böse dargestellt.
Ich möchte sehen, wie diese bemitleidenswerte böse Gegenspielerin überlebt und mit irgendjemandem glücklich wird.
Tipp
Tipp
Tipp
Die Heldin aus dem Anfänger-Modus konnte viel zu leicht die Liebe aller für sich gewinnen.
Im Gegensatz dazu wird Penelope nur immer noch unglücklicher, ganz egal wie sehr sie um Zuneigung bettelt.

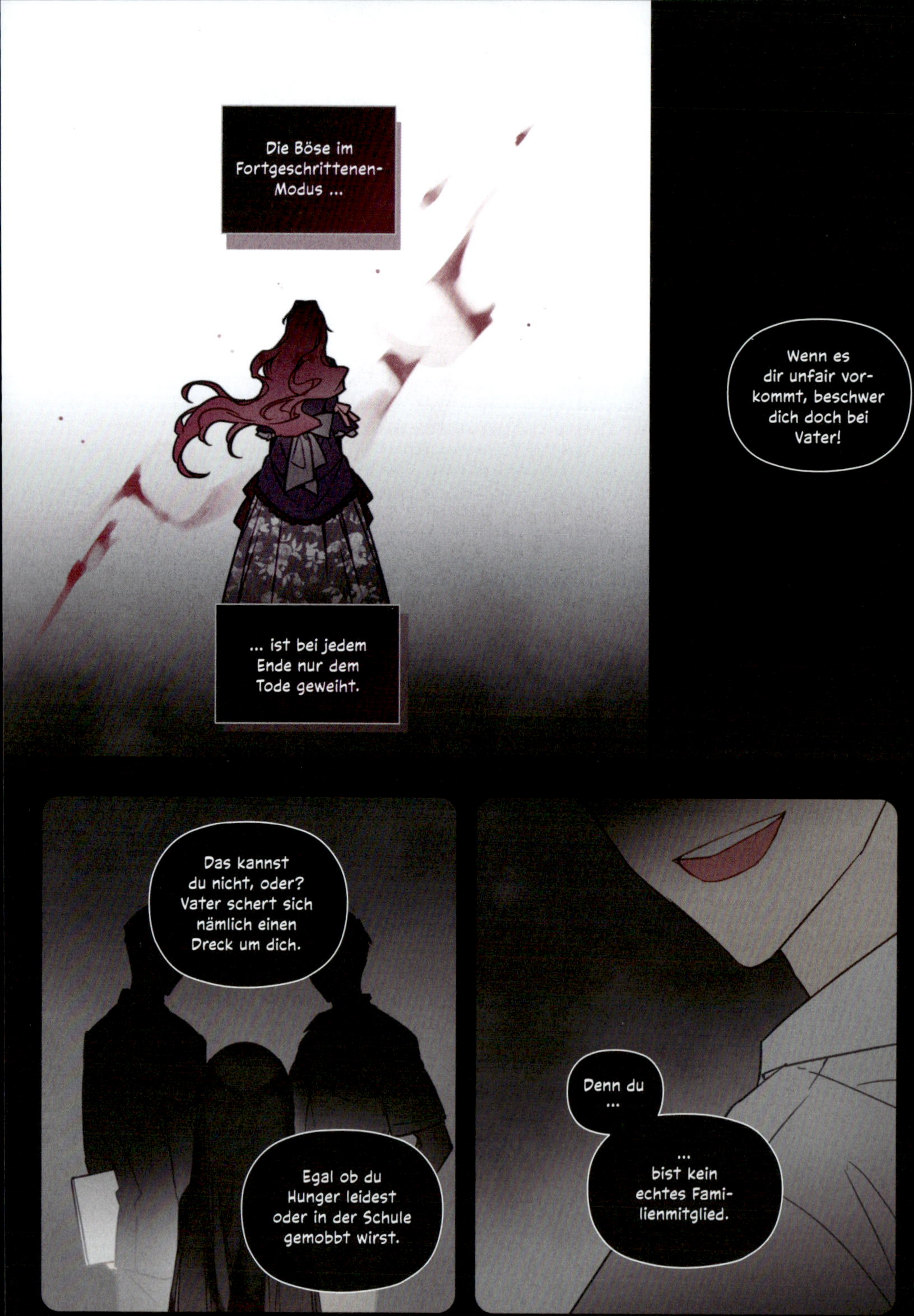
Die Böse im Fortgeschrittenen-Modus ...
... ist bei jedem Ende nur dem Tode geweiht.
Wenn es dir unfair vorkommt, beschwer dich doch bei Vater!
Das kannst du nicht, oder? Vater schert sich nämlich einen Dreck um dich.
Egal ob du Hunger leidest oder in der Schule gemobbt wirst.
Denn du ...
... bist kein echtes Familienmitglied.

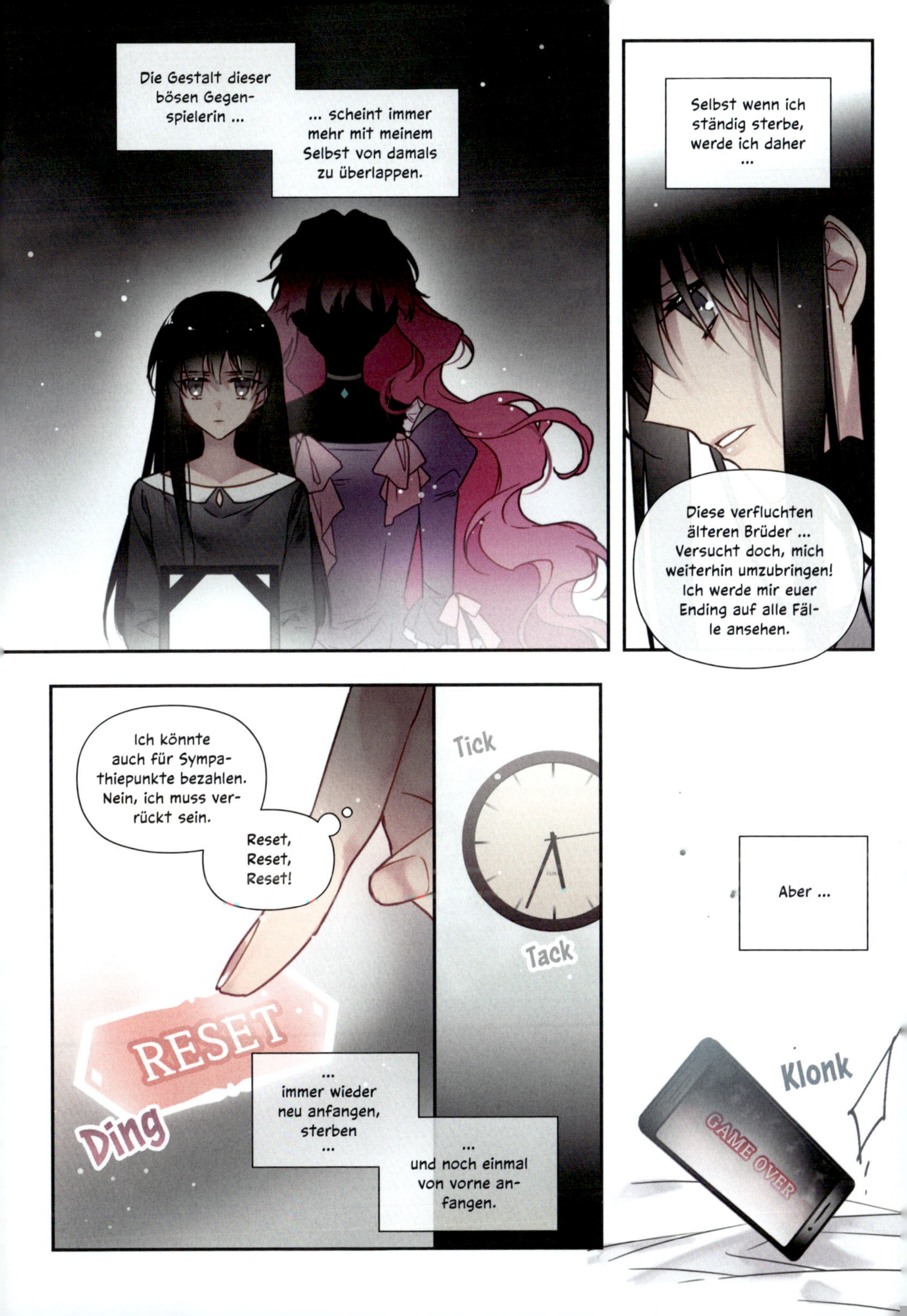

Die Gestalt dieser bösen Gegen-spielerin ...
... scheint immer mehr mit meinem Selbst von damals zu überlappen.
Selbst wenn ich ständig sterbe, werde ich daher ...
Diese verfluchten älteren Brüder ... Versucht doch, mich weiterhin umzubringen! Ich werde mir euer Ending auf alle Fäl-le ansehen.
Ich könnte auch für Sympa-thiepunkte bezahlen. Nein, ich muss ver-rückt sein.
Reset, Reset, Reset!
RESET
Ding
... immer wieder neu anfangen, sterben ...
... und noch einmal von vorne an-fangen.
Tick
Tack
Aber ...
Klonk
GAME OVER

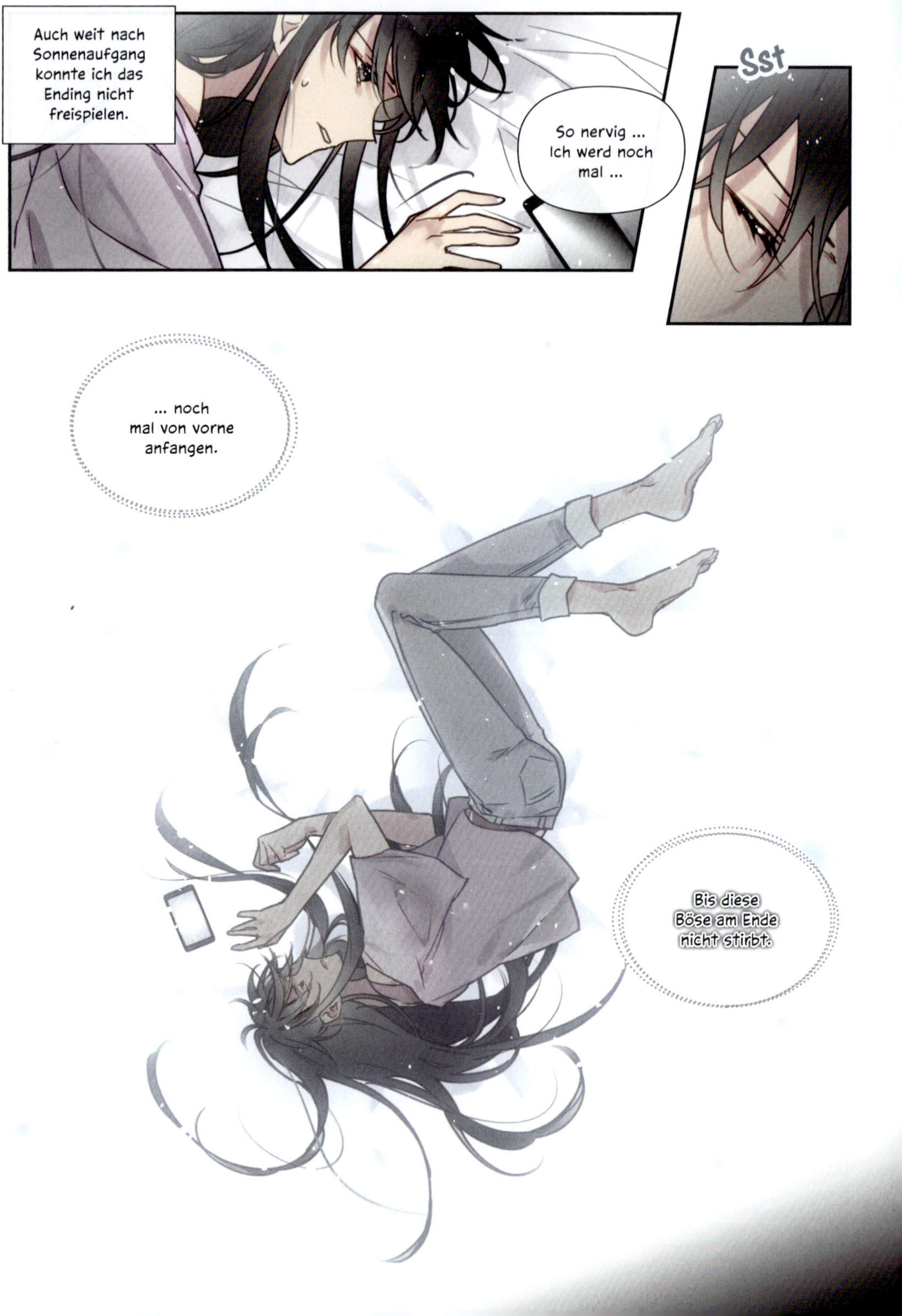
Auch weit nach Sonnenaufgang konnte ich das Ending nicht freispielen.
So nervig ... Ich werd noch mal ...
Sst
... noch mal von vorne anfangen.
Bis diese Böse am Ende nicht stirbt.

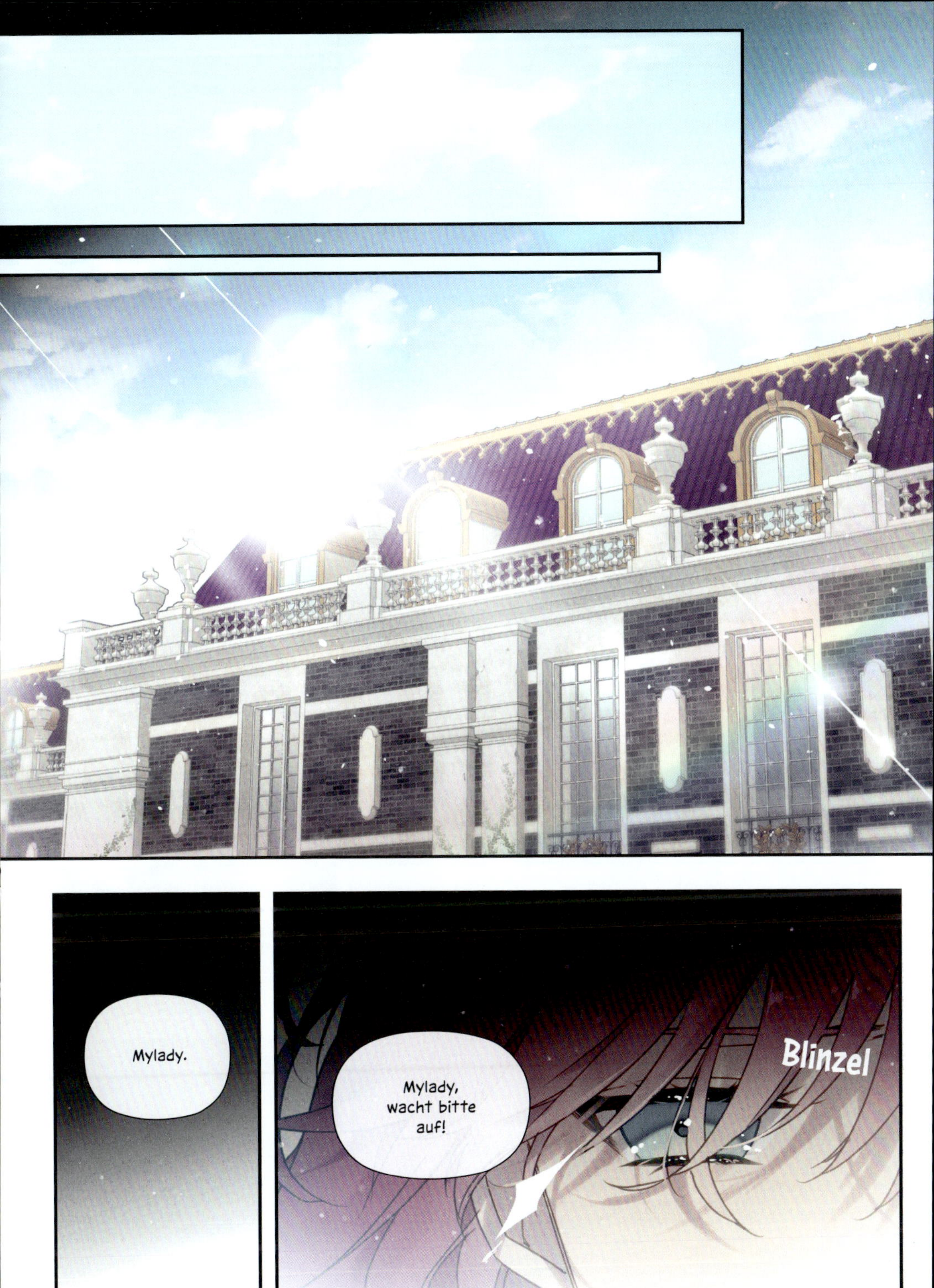
Mylady.
Mylady, wacht bitte auf!
Blinzel

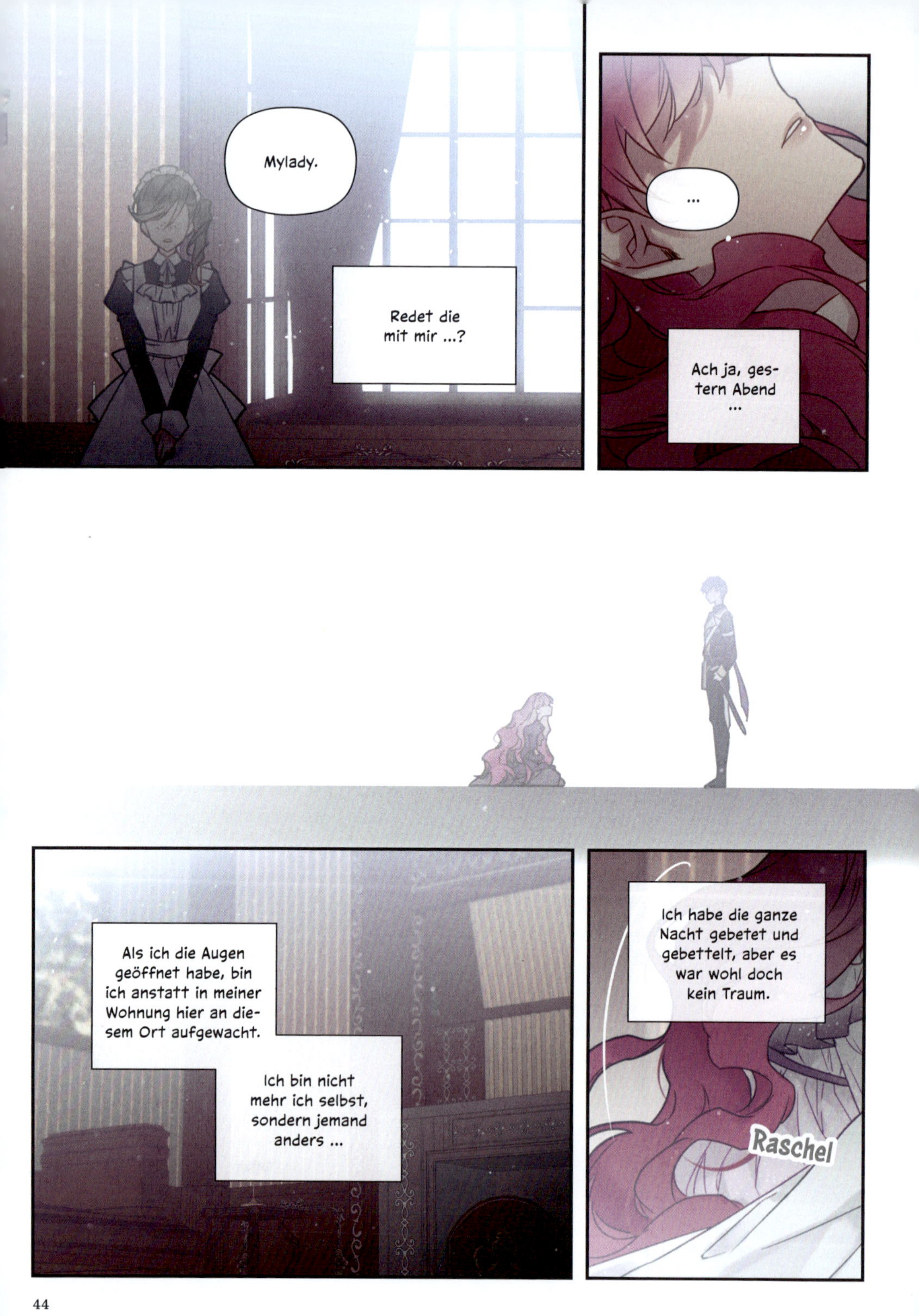
Mylady.
Redet die mit mir ...?
...
Ach ja, gestern Abend ...
Als ich die Augen geöffnet habe, bin ich anstatt in meiner Wohnung hier an diesem Ort aufgewacht.
Ich bin nicht mehr ich selbst, sondern jemand anders ...
Ich habe die ganze Nacht gebetet und gebettelt, aber es war wohl doch kein Traum.
Raschel

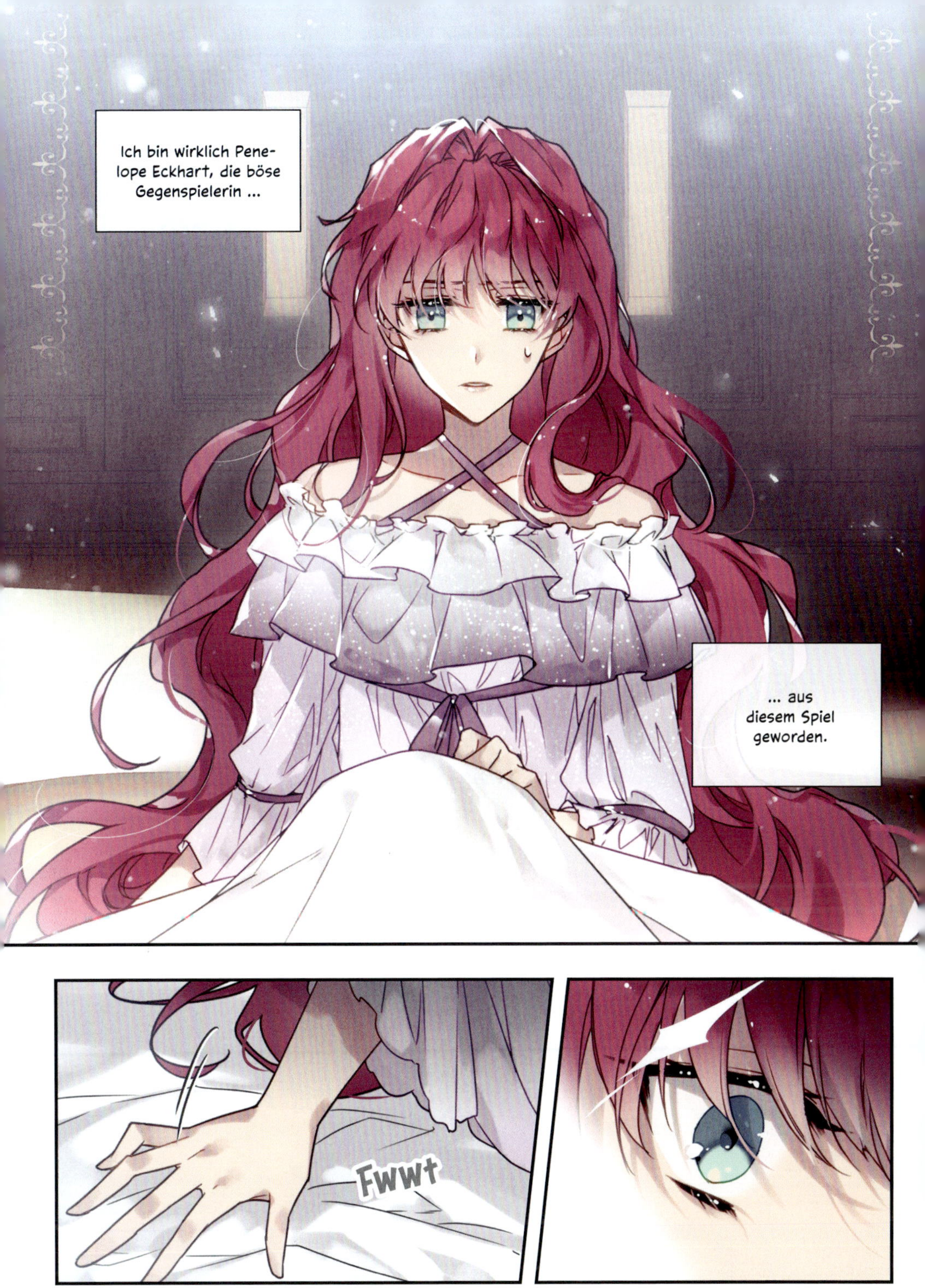
Ich bin wirklich Penelope Eckhart, die böse Gegenspielerin ...
... aus diesem Spiel geworden.
Fwwt

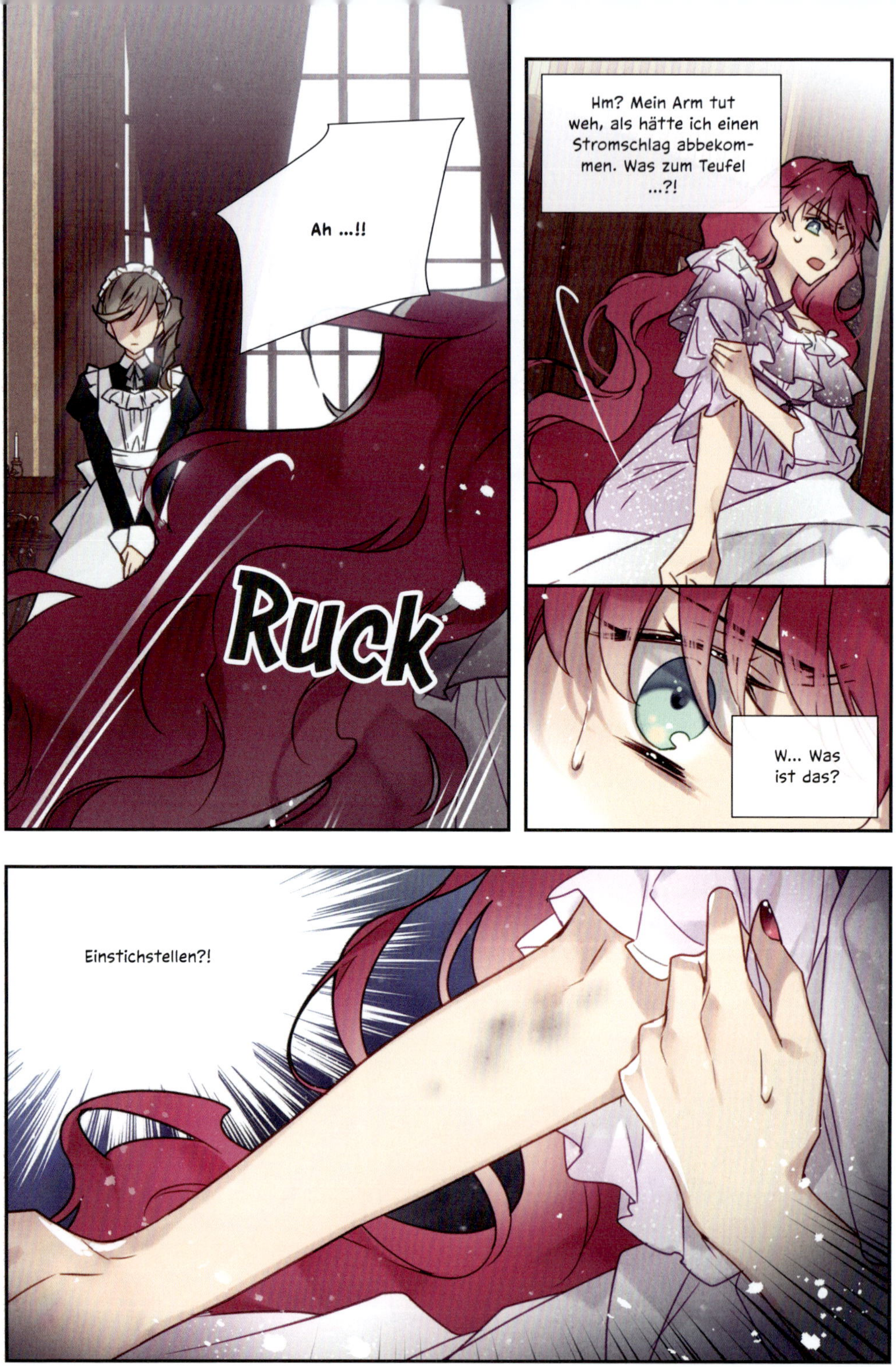
Ah ...!!
Ruck
Hm? Mein Arm tut weh, als hätte ich einen Stromschlag abbekommen. Was zum Teufel ...?!
W... Was ist das?
Einstichstellen?!

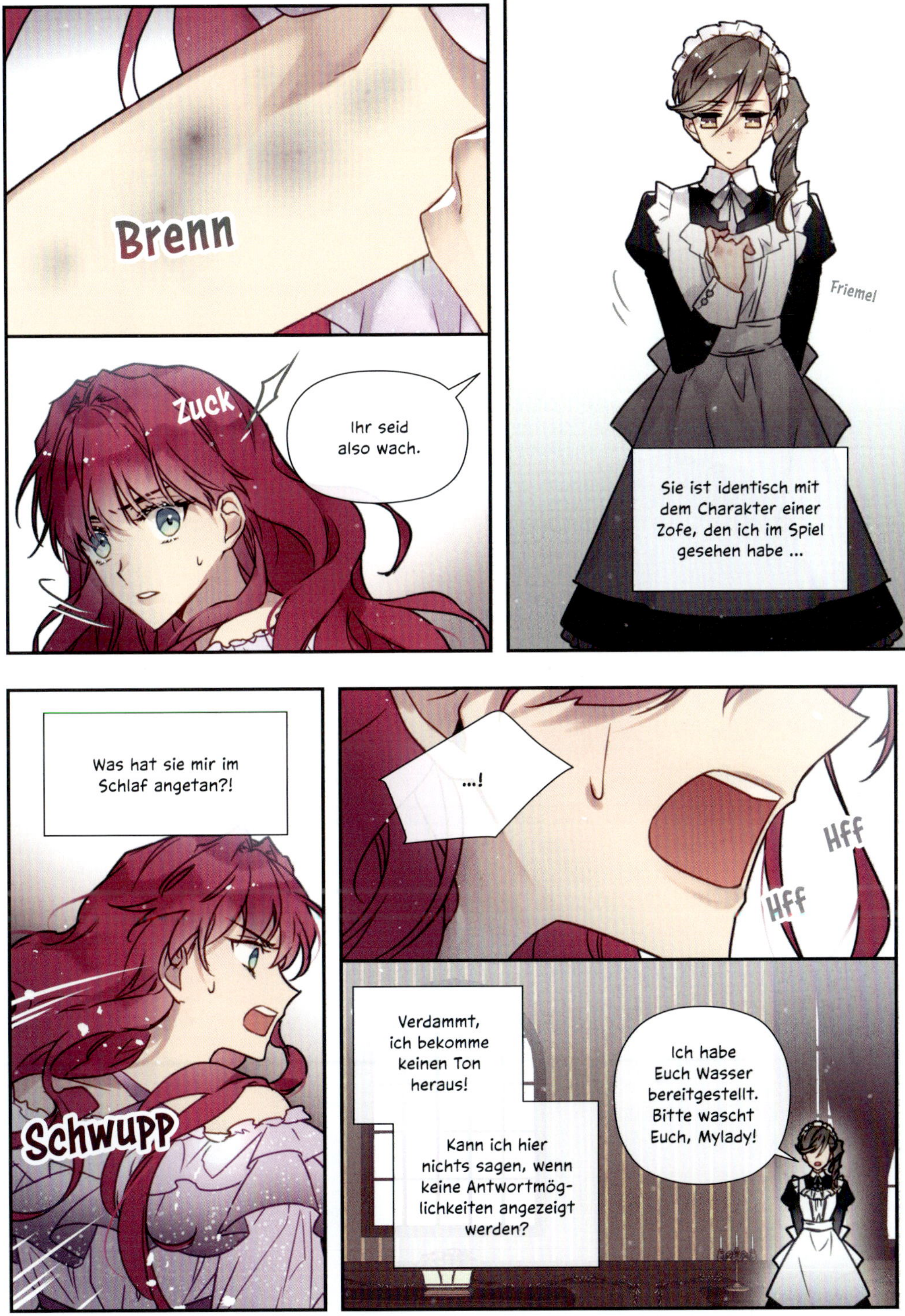
Brenn
Zuck
Ihr seid also wach.
Friemel
Sie ist identisch mit dem Charakter einer Zofe, den ich im Spiel gesehen habe ...
Was hat sie mir im Schlaf angetan?!
Schwupp
...!
Hff
Hff
Verdammt, ich bekomme keinen Ton heraus!
Kann ich hier nichts sagen, wenn keine Antwortmög-lichkeiten angezeigt werden?
Ich habe Euch Wasser bereitgestellt. Bitte wascht Euch, Mylady!

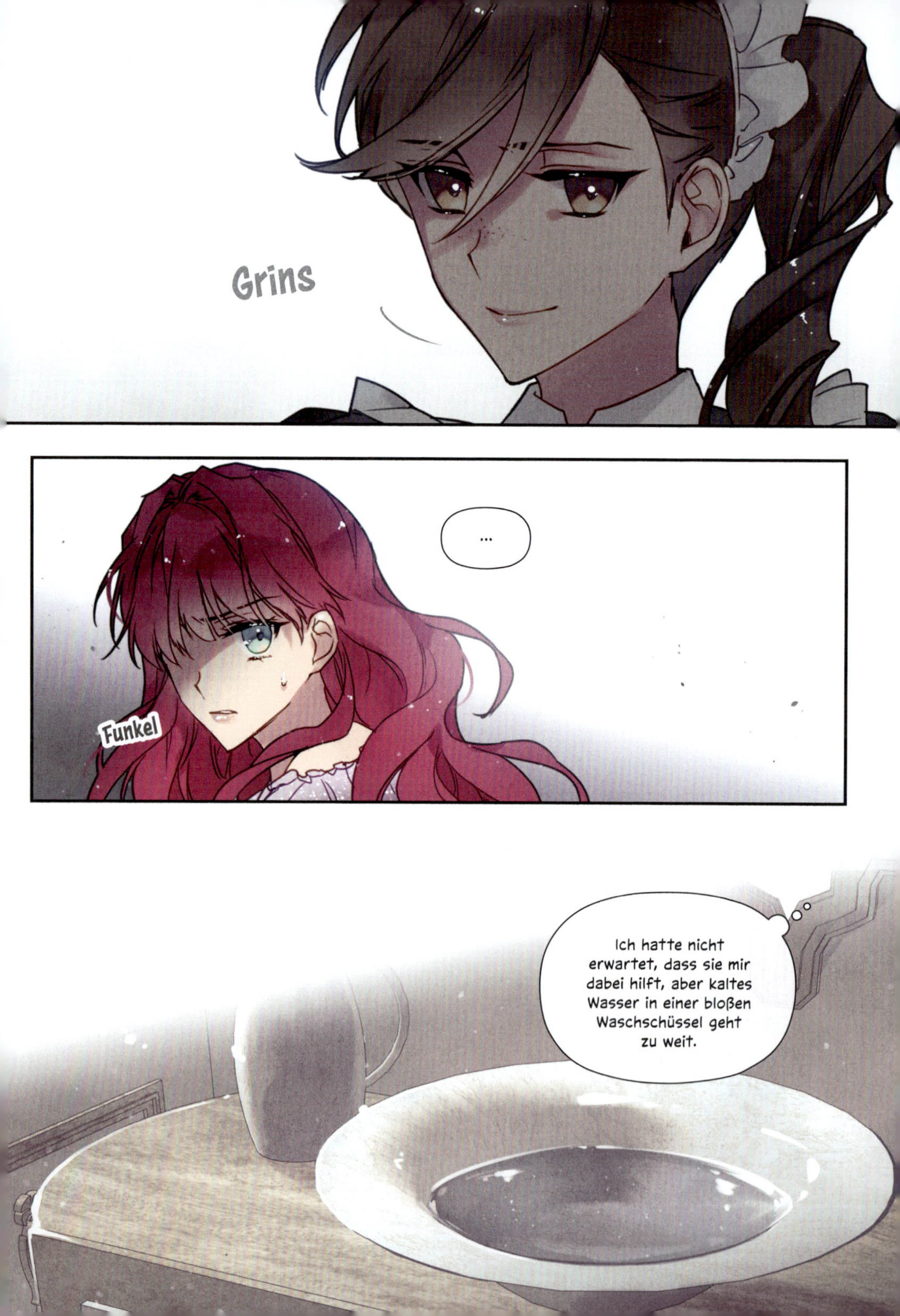
Grins
...
Funkel
Ich hatte nicht erwartet, dass sie mir dabei hilft, aber kaltes Wasser in einer bloßen Waschschüssel geht zu weit.

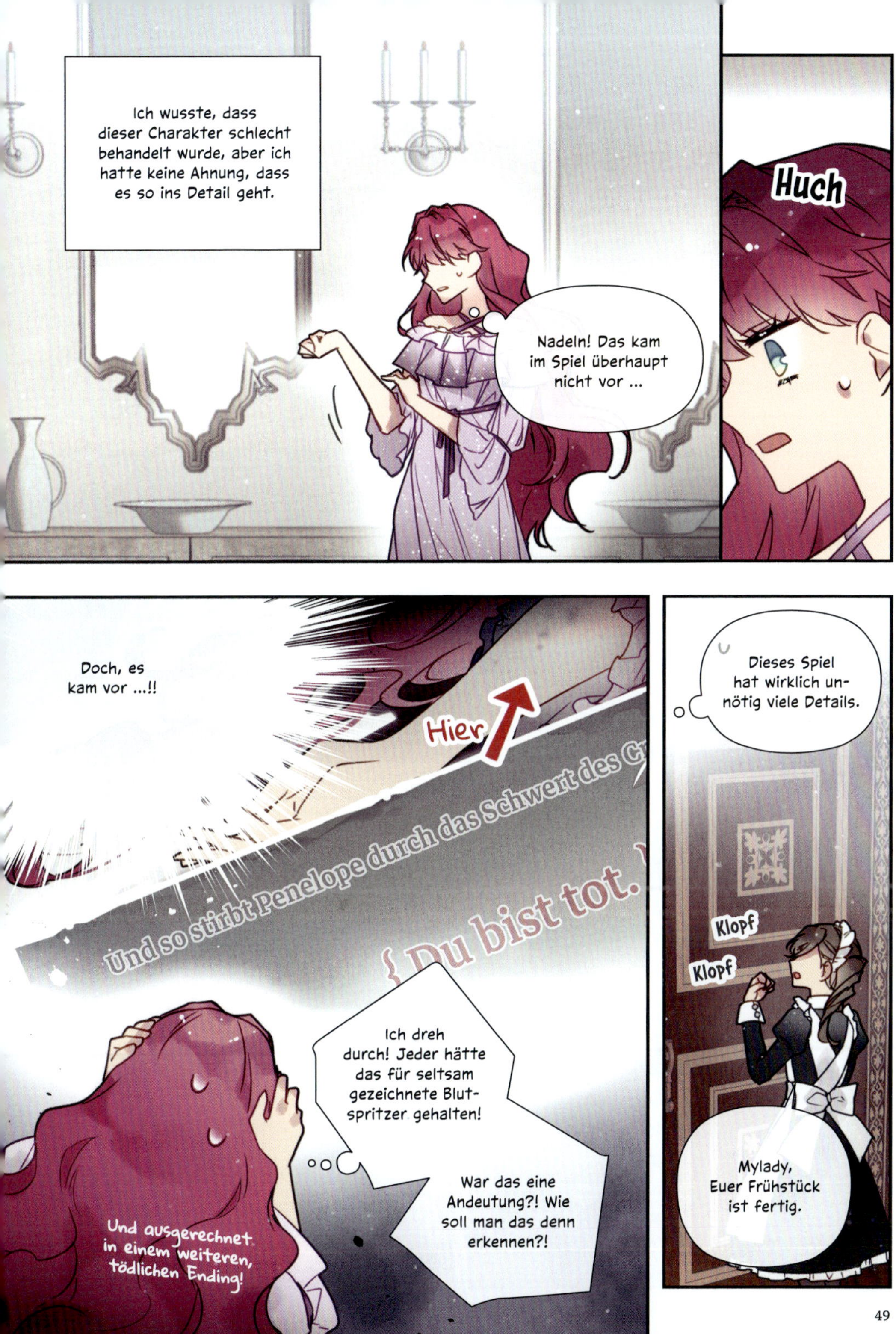
Ich wusste, dass dieser Charakter schlecht behandelt wurde, aber ich hatte keine Ahnung, dass es so ins Detail geht.
Nadeln! Das kam im Spiel überhaupt nicht vor ...
Huch
Doch, es kam vor ...!!
Hier
Und so stirbt Penelope durch das Schwert des Cr
{ Du bist tot.
Ich dreh durch! Jeder hätte das für seltsam gezeichnete Blutspritzer gehalten!
War das eine Andeutung?! Wie soll man das denn erkennen?!
Und ausgerechnet in einem weiteren, tödlichen Ending!
Dieses Spiel hat wirklich unnötig viele Details.
Klopf
Klopf
Mylady, Euer Frühstück ist fertig.

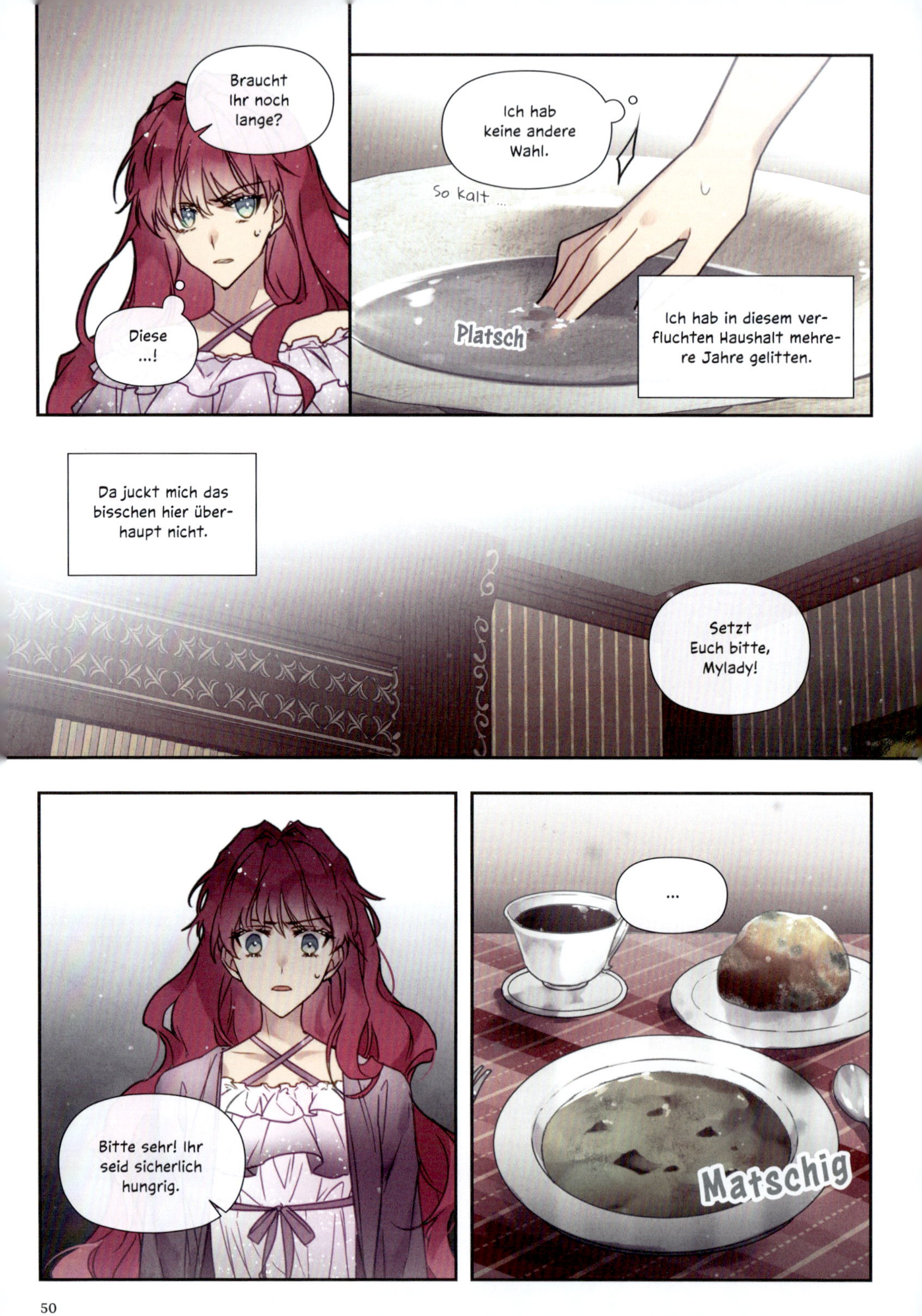
Braucht Ihr noch lange?
Diese ...!
Ich hab keine andere Wahl.
So kalt ...
Platsch
Ich hab in diesem verfluchten Haushalt mehrere Jahre gelitten.
Da juckt mich das bisschen hier überhaupt nicht.
Setzt Euch bitte, Mylady!
Bitte sehr! Ihr seid sicherlich hungrig.
...
Matschig

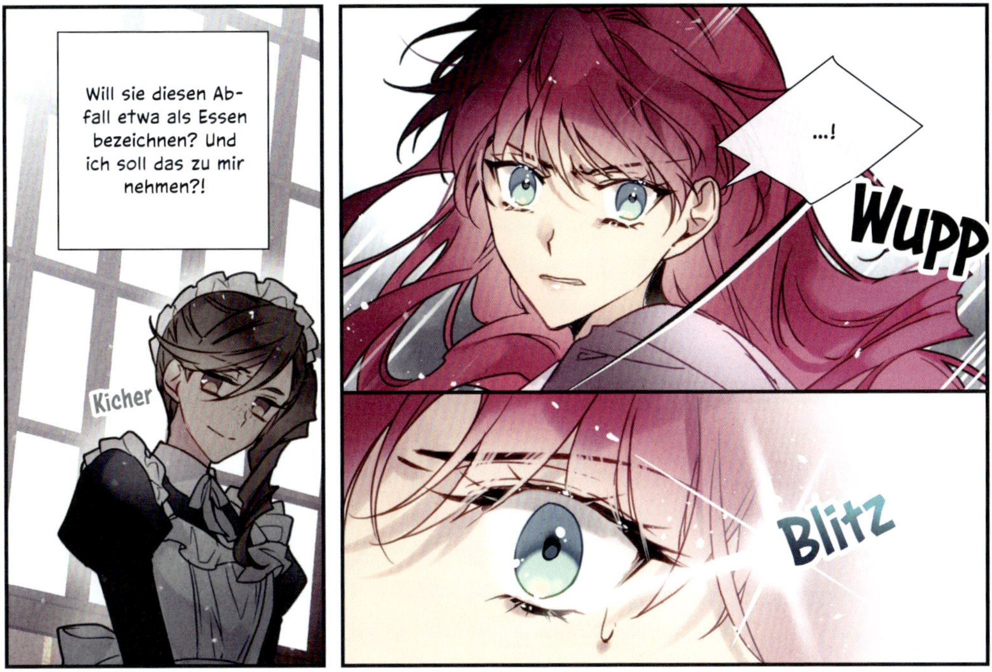

1 Spinnst du?! Ruf den Koch her!
(Du schmeißt die Sachen auf dem Tisch um.)

2 Wie wäre es, wenn du selbst das mal isst?!
(Du bringst die Zofe dazu, es zu essen.)

3 (Du isst.)

Schon wieder Antwortmöglichkeiten ...?!

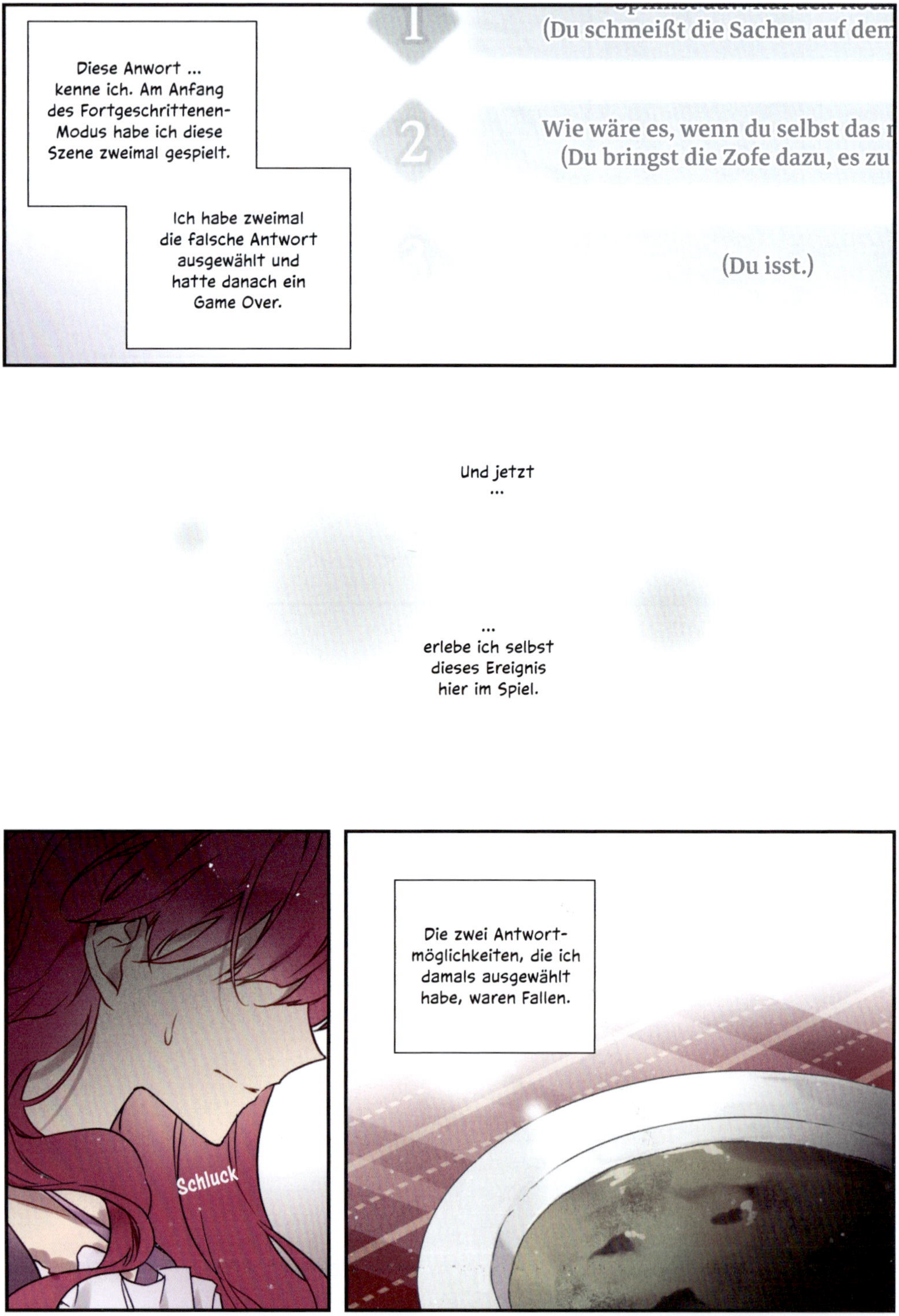
1
(Du schmeißt die Sachen auf dem
2
Wie wäre es, wenn du selbst das
(Du bringst die Zofe dazu, es zu
(Du isst.)
Diese Anwort ... kenne ich. Am Anfang des Fortgeschrittenen-Modus habe ich diese Szene zweimal gespielt.
Ich habe zweimal die falsche Antwort ausgewählt und hatte danach ein Game Over.
Und jetzt ...
... erlebe ich selbst dieses Ereignis hier im Spiel.
Schluck
Die zwei Antwortmöglichkeiten, die ich damals ausgewählt habe, waren Fallen.

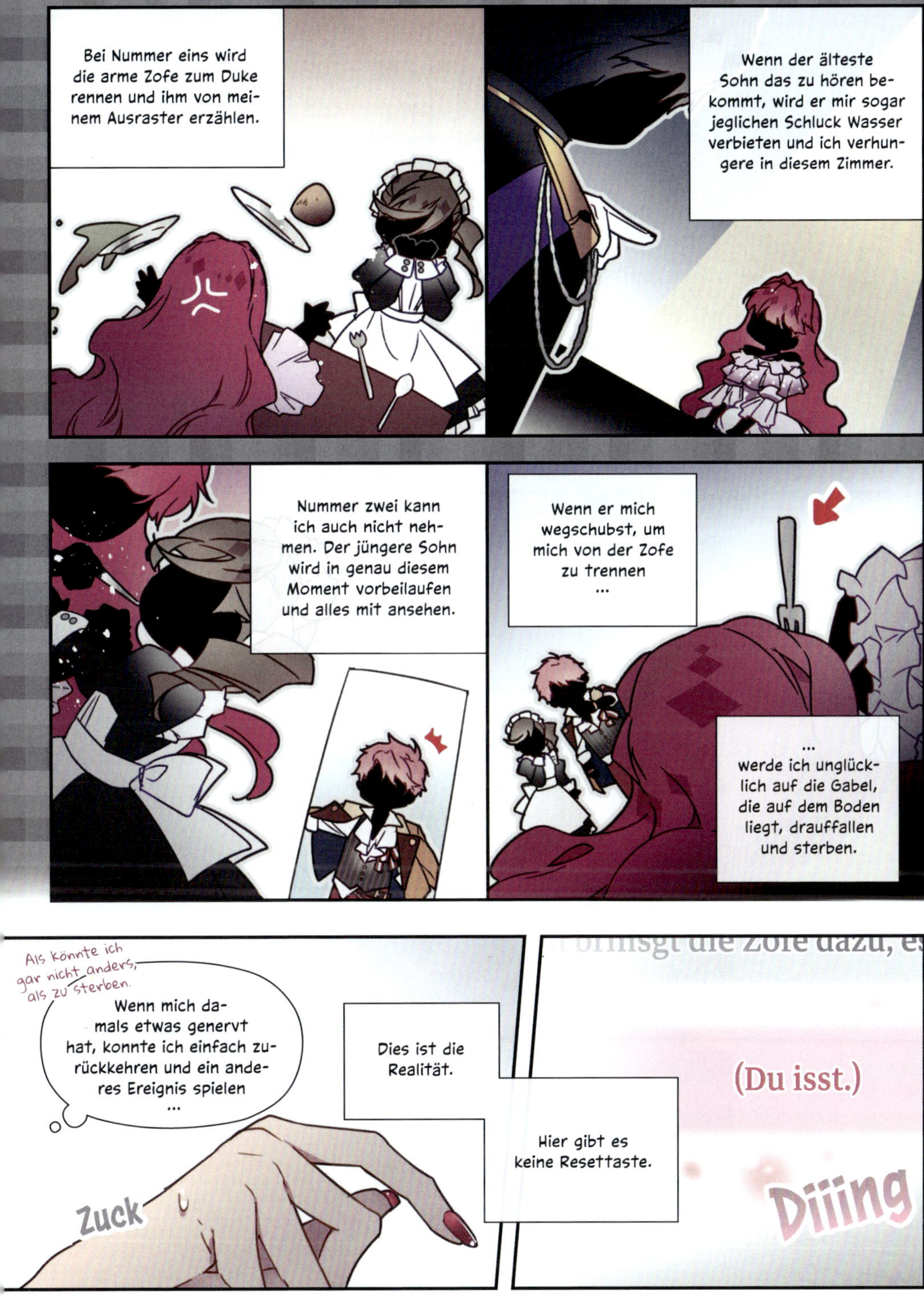

Bei Nummer eins wird die arme Zofe zum Duke rennen und ihm von meinem Ausraster erzählen.
Wenn der älteste Sohn das zu hören bekommt, wird er mir sogar jeglichen Schluck Wasser verbieten und ich verhungere in diesem Zimmer.
Nummer zwei kann ich auch nicht nehmen. Der jüngere Sohn wird in genau diesem Moment vorbeilaufen und alles mit ansehen.
Wenn er mich wegschubst, um mich von der Zofe zu trennen …
… werde ich unglücklich auf die Gabel, die auf dem Boden liegt, drauffallen und sterben.
Als könnte ich gar nicht anders, als zu sterben.
Wenn mich damals etwas genervt hat, konnte ich einfach zurückkehren und ein anderes Ereignis spielen …
Zuck
Dies ist die Realität.
Hier gibt es keine Resettaste.
(Du isst.)
Diiing

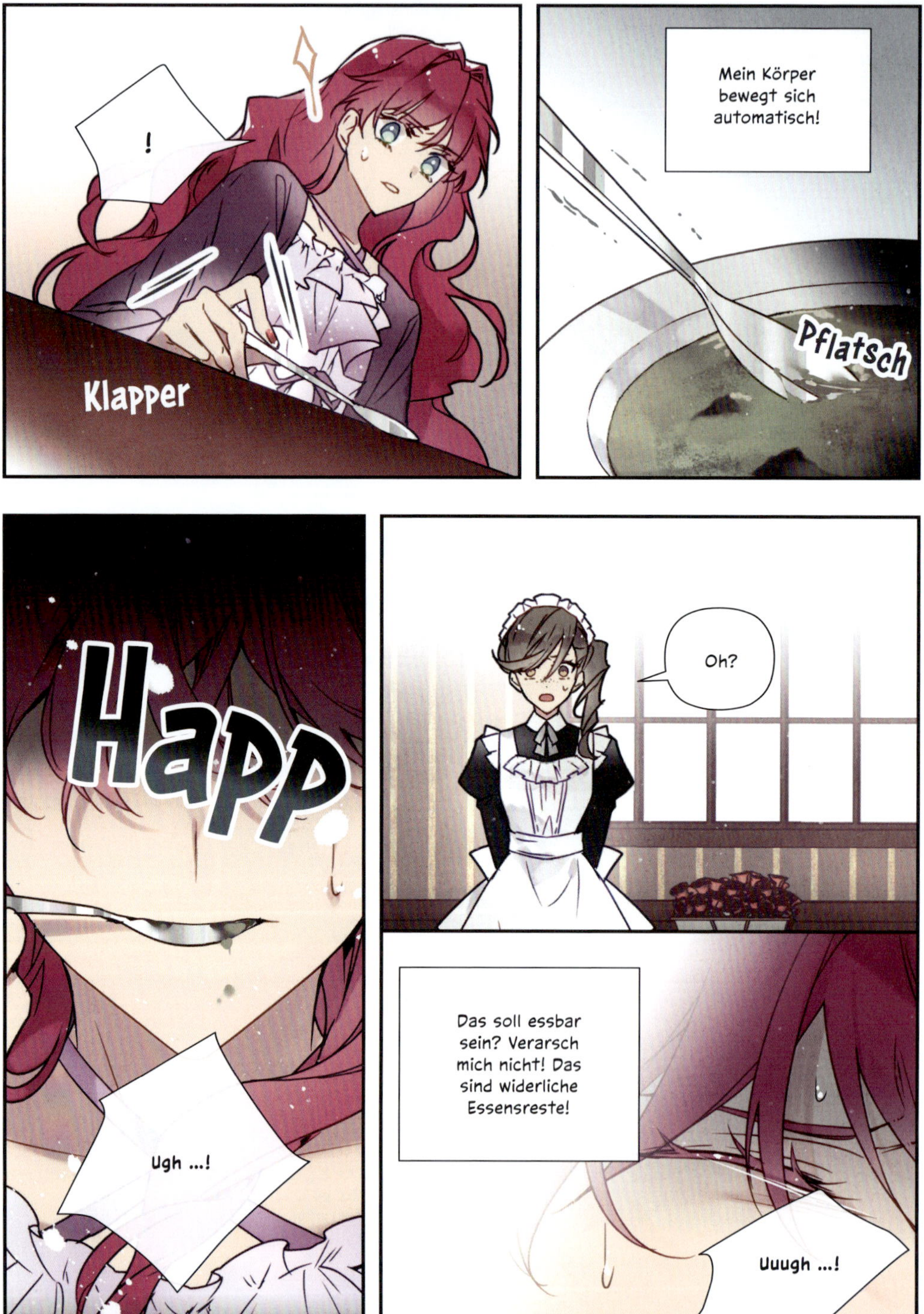
!
Klapper
Mein Körper bewegt sich automatisch!
Pflatsch
Happ
Ugh ...!
Oh?
Das soll essbar sein? Verarsch mich nicht! Das sind widerliche Essensreste!
Uuugh ...!

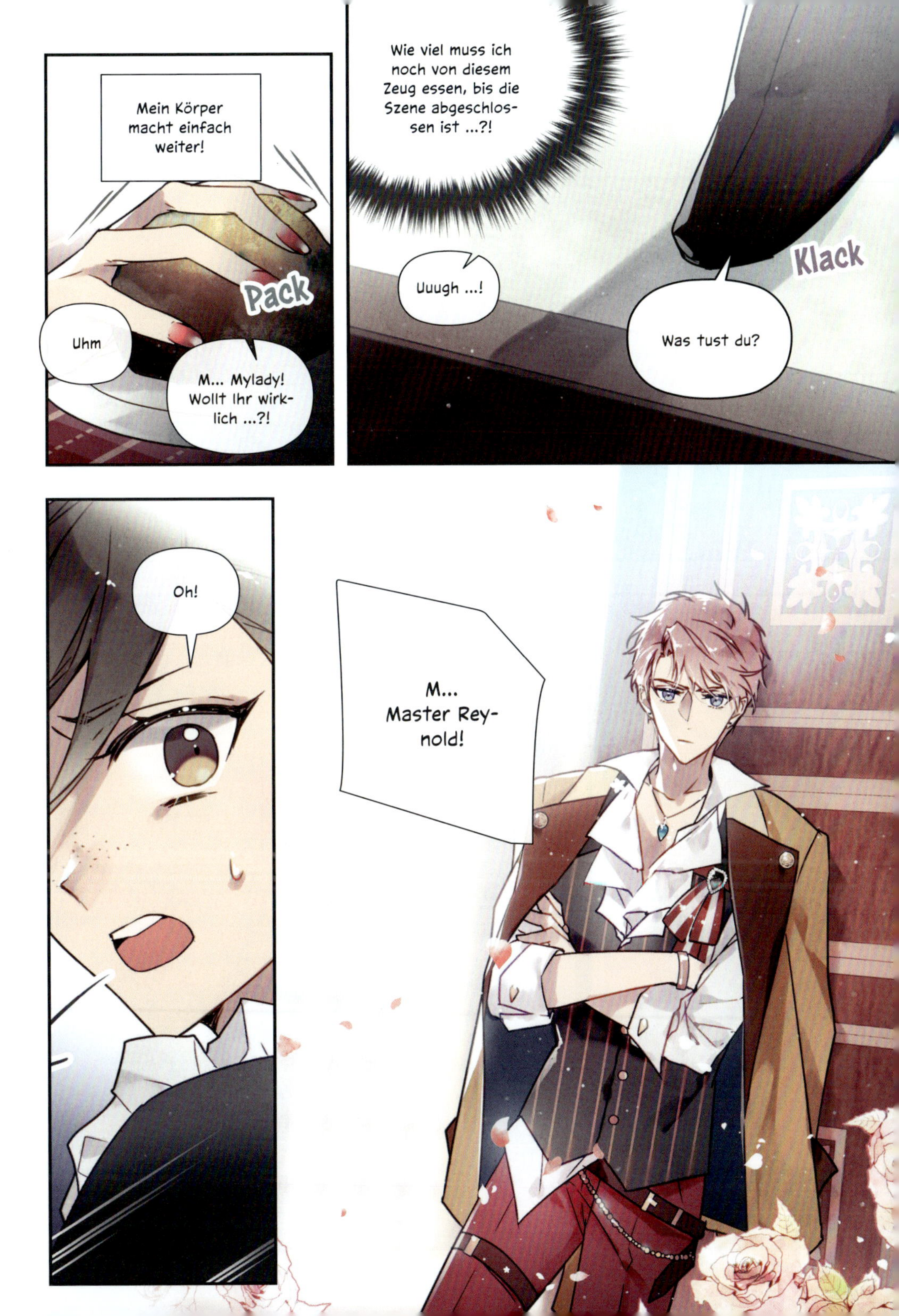
Mein Körper macht einfach weiter!
Pack
Uhm
M... Mylady! Wollt Ihr wirklich ...?!
Wie viel muss ich noch von diesem Zeug essen, bis die Szene abgeschlossen ist ...?!
Uuugh ...!
Klack
Was tust du?
Oh!
M... Master Reynold!

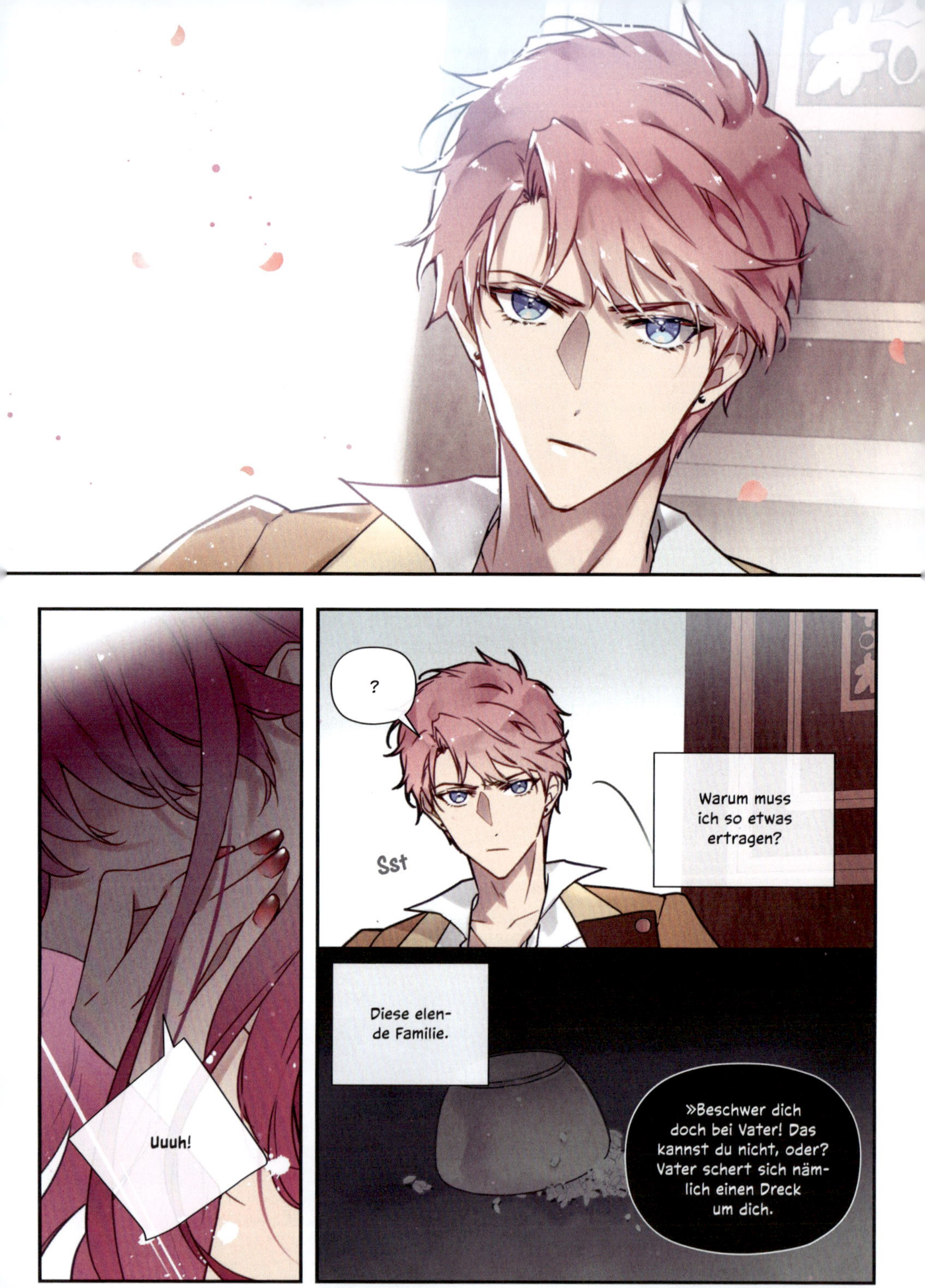
?
Sst
Warum muss ich so etwas ertragen?
Uuuh!
Diese elende Familie.
»Beschwer dich doch bei Vater! Das kannst du nicht, oder? Vater schert sich nämlich einen Dreck um dich.

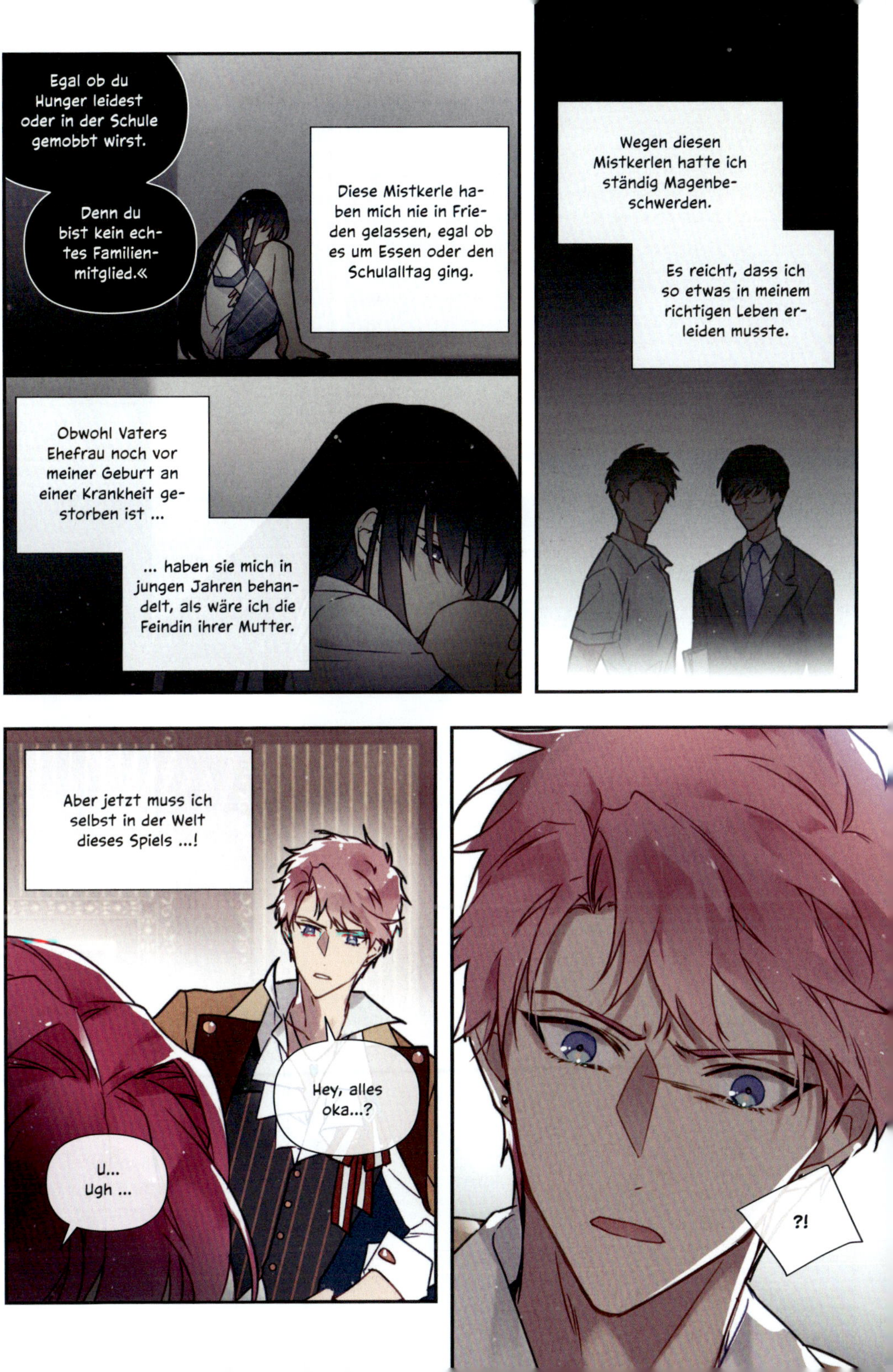

Egal ob du Hunger leidest oder in der Schule gemobbt wirst.
Denn du bist kein echtes Familienmitglied.«
Diese Mistkerle haben mich nie in Frieden gelassen, egal ob es um Essen oder den Schulalltag ging.
Wegen diesen Mistkerlen hatte ich ständig Magenbeschwerden.
Es reicht, dass ich so etwas in meinem richtigen Leben erleiden musste.
Obwohl Vaters Ehefrau noch vor meiner Geburt an einer Krankheit gestorben ist ...
... haben sie mich in jungen Jahren behandelt, als wäre ich die Feindin ihrer Mutter.
Aber jetzt muss ich selbst in der Welt dieses Spiels ...!
Hey, alles oka...?
U... Ugh ...
?!

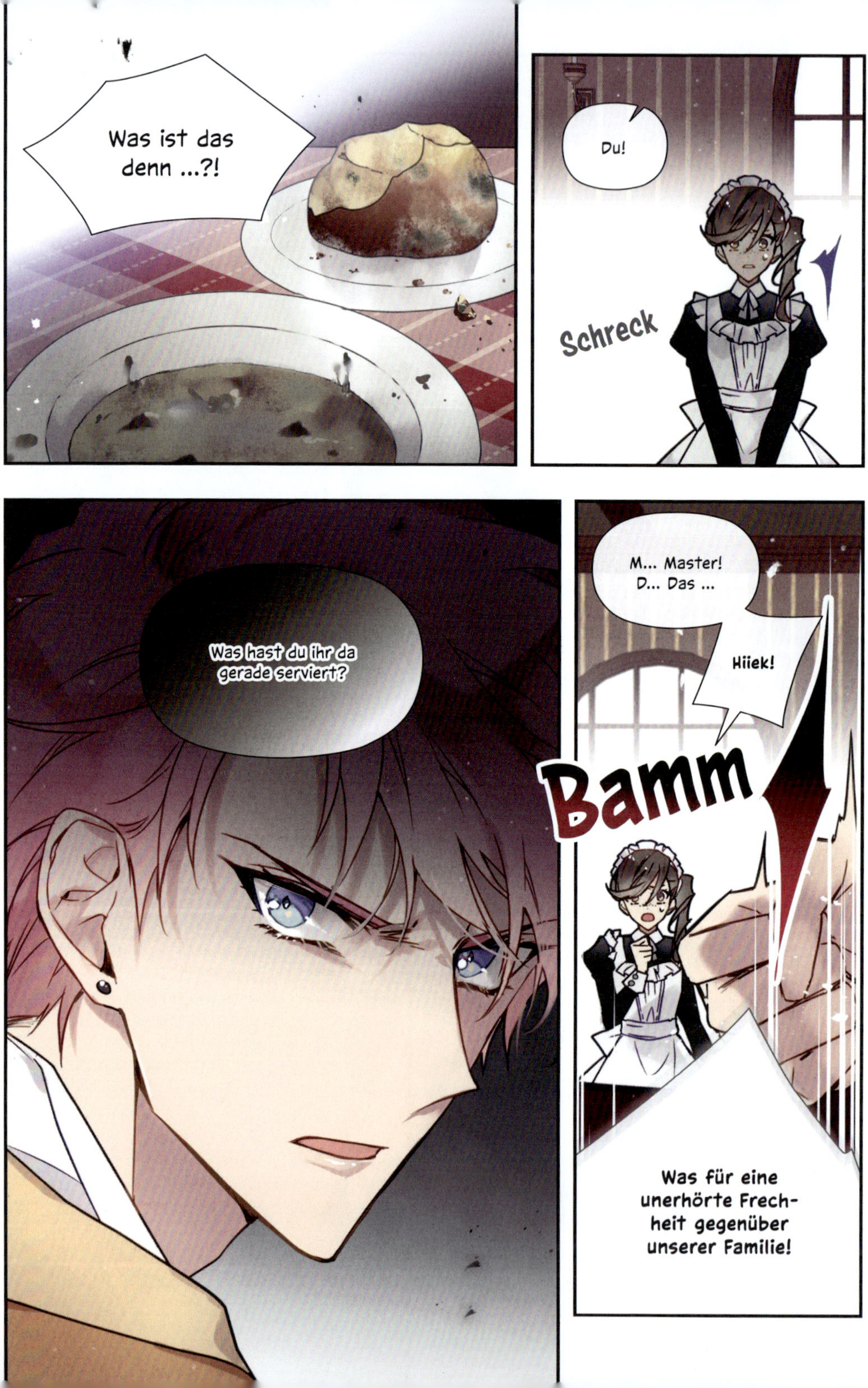
Was ist das denn ...?!
Du!
Schreck
Was hast du ihr da gerade serviert?
M... Master! D... Das ...
Hiiek!
Bamm
Was für eine unerhörte Frechheit gegenüber unserer Familie!

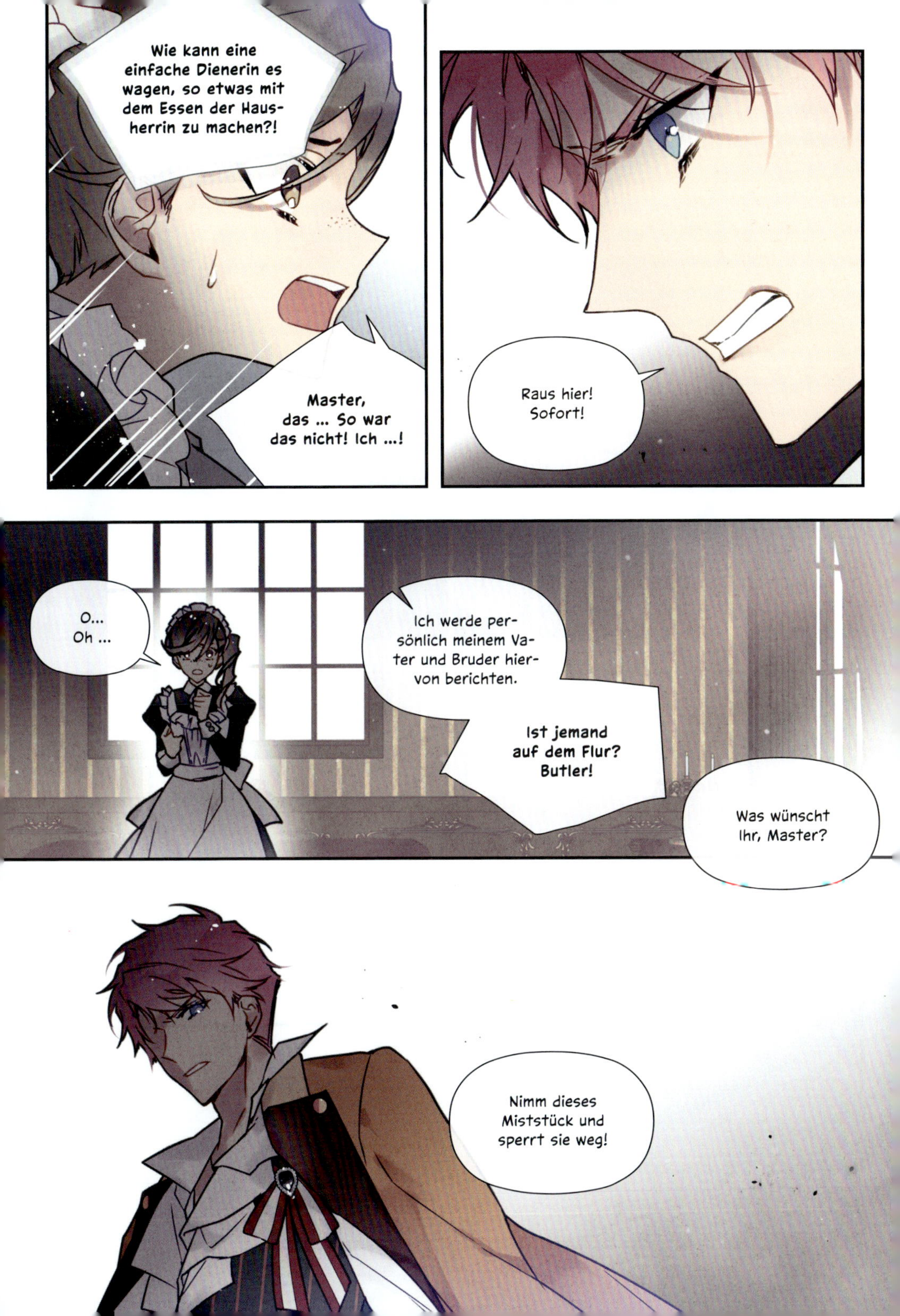
Wie kann eine einfache Dienerin es wagen, so etwas mit dem Essen der Hausherrin zu machen?!
Master, das ... So war das nicht! Ich ...!
Raus hier! Sofort!
O... Oh ...
Ich werde persönlich meinem Vater und Bruder hiervon berichten.
Ist jemand auf dem Flur? Butler!
Was wünscht Ihr, Master?
Nimm dieses Miststück und sperrt sie weg!

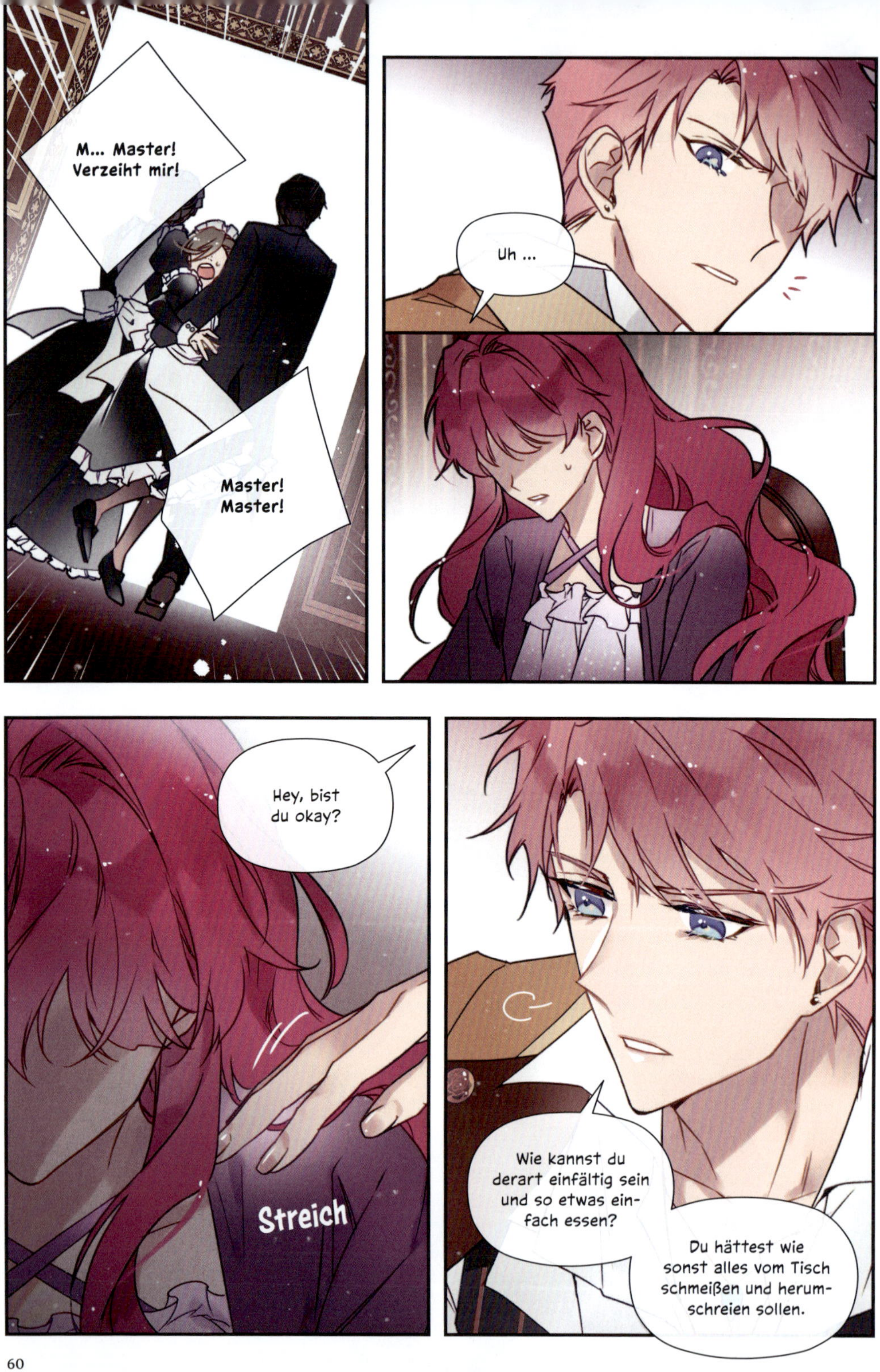
M... Master!
Verzeiht mir!
Master!
Master!
Uh ...
Hey, bist du okay?
Streich
Wie kannst du derart einfältig sein und so etwas ein-fach essen?
Du hättest wie sonst alles vom Tisch schmeißen und herum-schreien sollen.

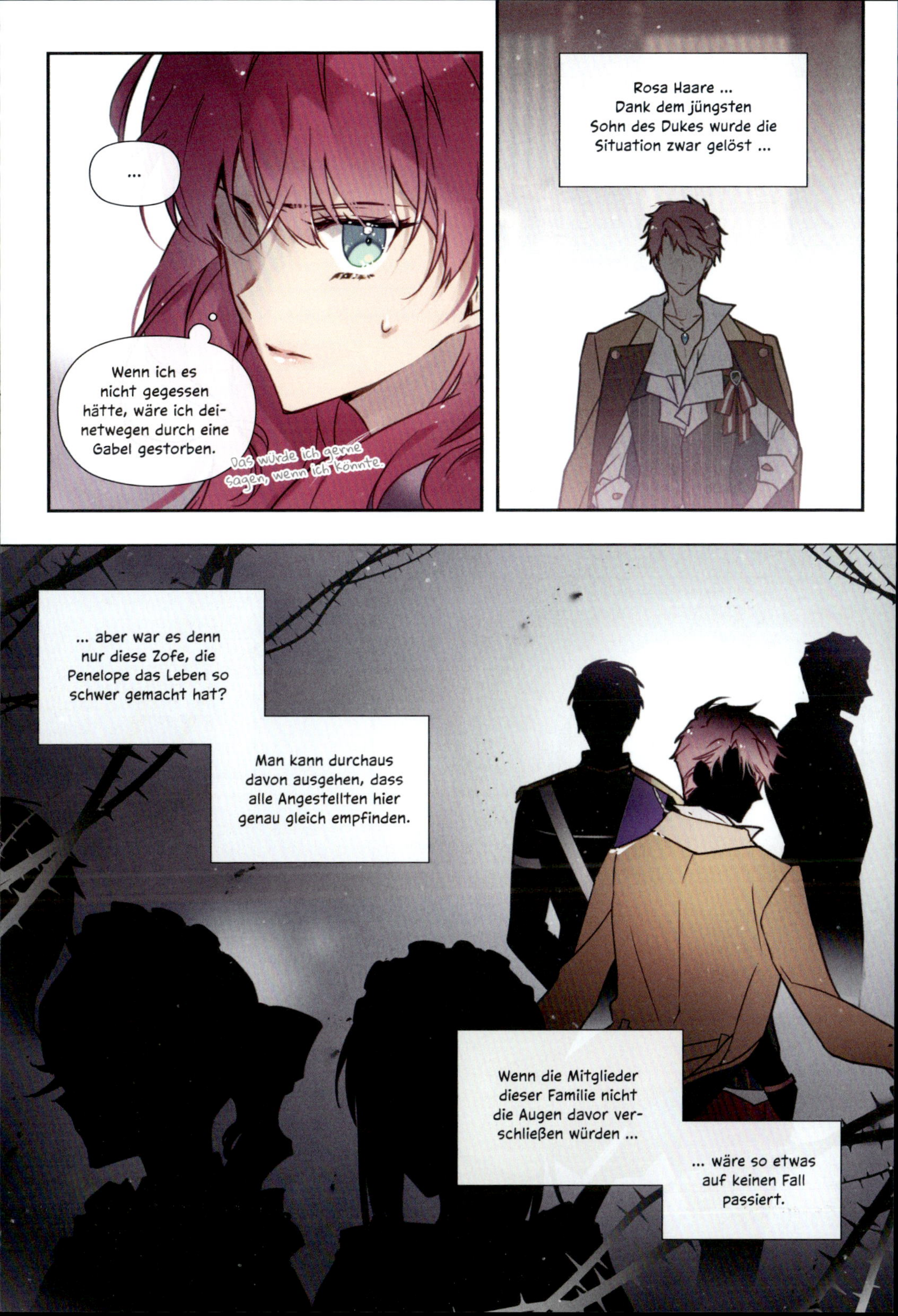
...
Wenn ich es nicht gegessen hätte, wäre ich deinetwegen durch eine Gabel gestorben.
Das würde ich gerne sagen, wenn ich könnte.
Rosa Haare ... Dank dem jüngsten Sohn des Dukes wurde die Situation zwar gelöst ...
... aber war es denn nur diese Zofe, die Penelope das Leben so schwer gemacht hat?
Man kann durchaus davon ausgehen, dass alle Angestellten hier genau gleich empfinden.
Wenn die Mitglieder dieser Familie nicht die Augen davor verschließen würden ...
... wäre so etwas auf keinen Fall passiert.

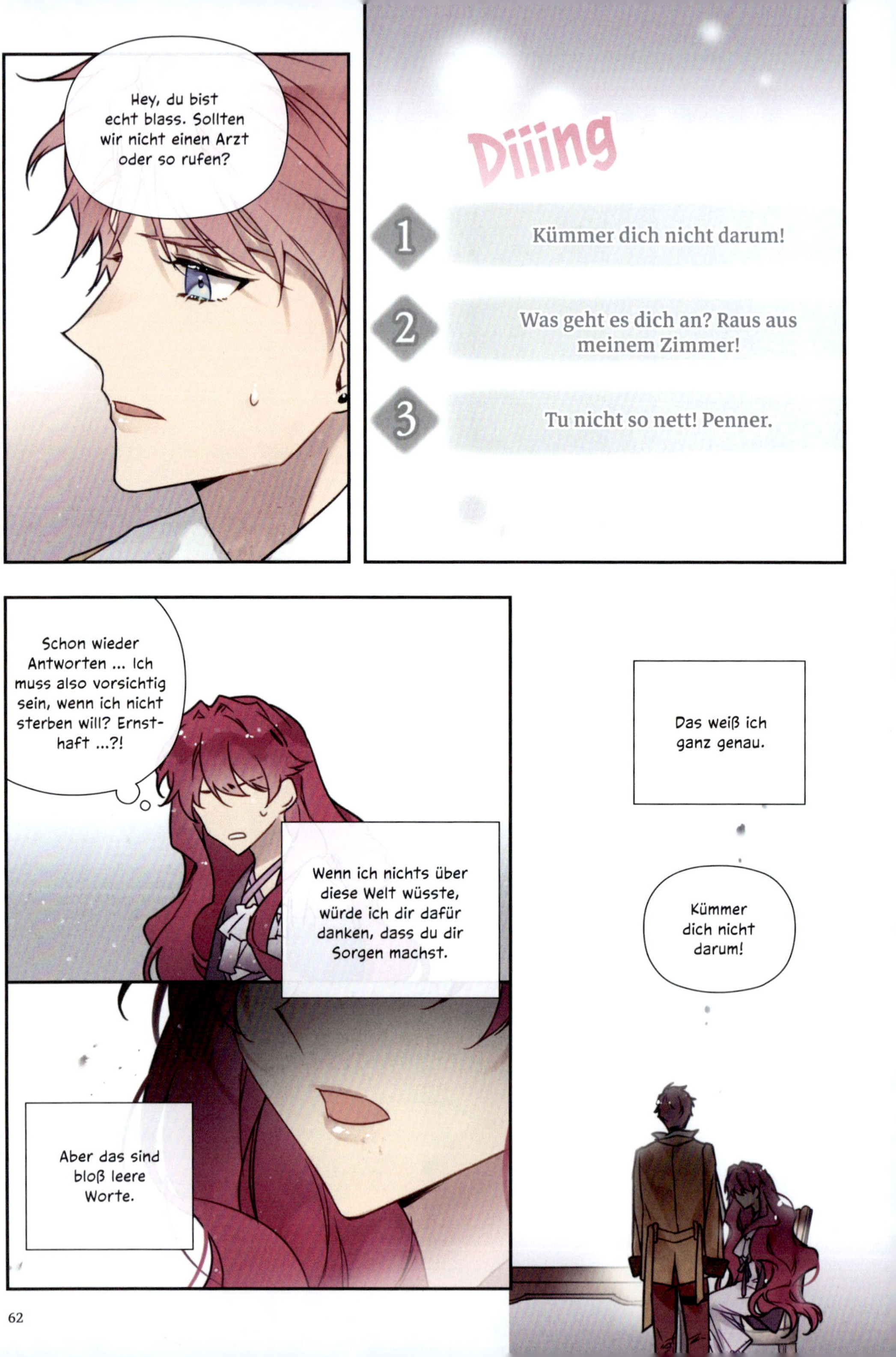
Hey, du bist echt blass. Sollten wir nicht einen Arzt oder so rufen?
Diiing
1 Kümmer dich nicht darum!
2 Was geht es dich an? Raus aus meinem Zimmer!
3 Tu nicht so nett! Penner.
Schon wieder Antworten ... Ich muss also vorsichtig sein, wenn ich nicht sterben will? Ernsthaft ...?!
Wenn ich nichts über diese Welt wüsste, würde ich dir dafür danken, dass du dir Sorgen machst.
Aber das sind bloß leere Worte.
Das weiß ich ganz genau.
Kümmer dich nicht darum!

Penelope

Das Böse ist dem Tod geweiht

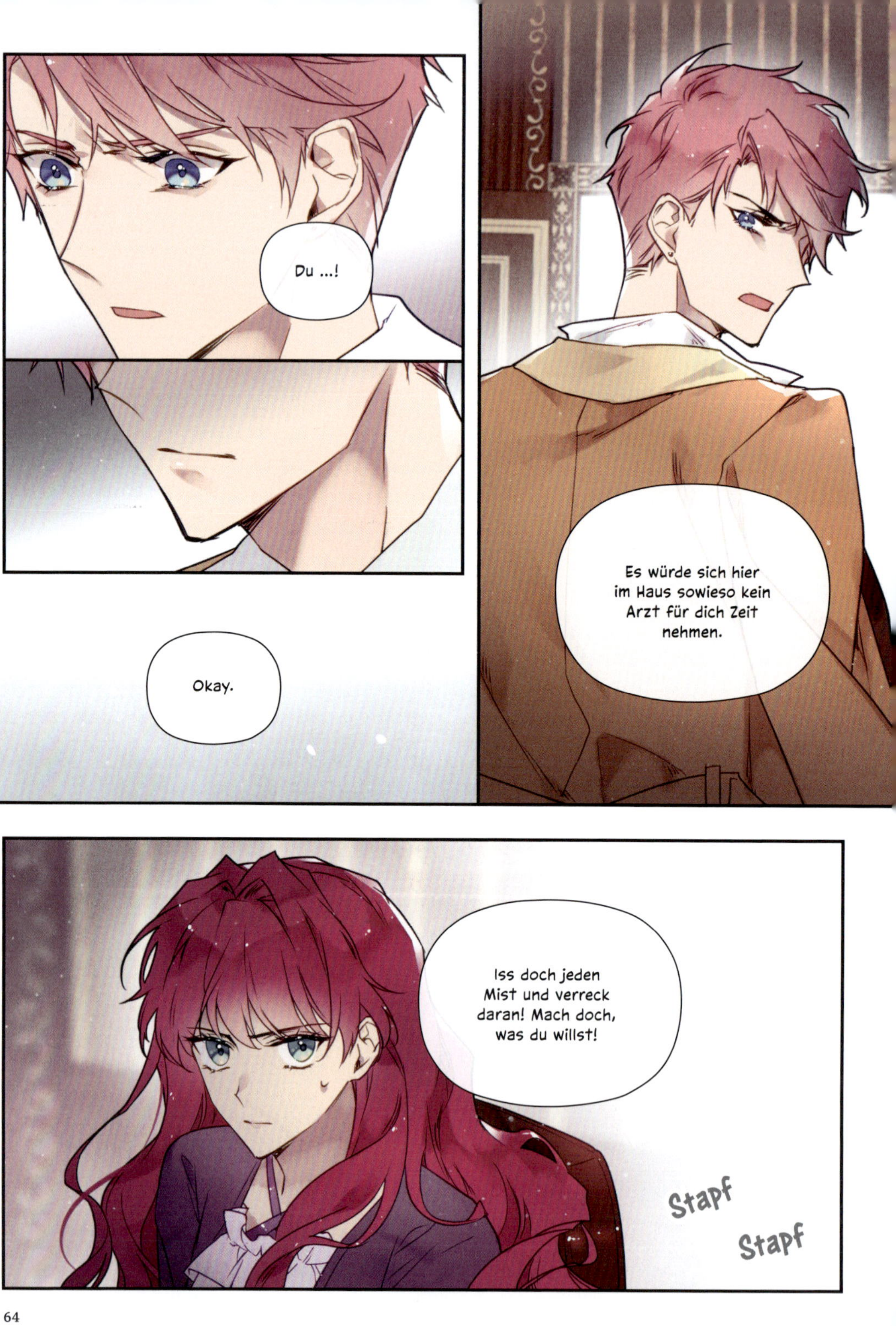
Du ...!
Es würde sich hier im Haus sowieso kein Arzt für dich Zeit nehmen.
Okay.
Iss doch jeden Mist und verreck daran! Mach doch, was du willst!
Stapf
Stapf

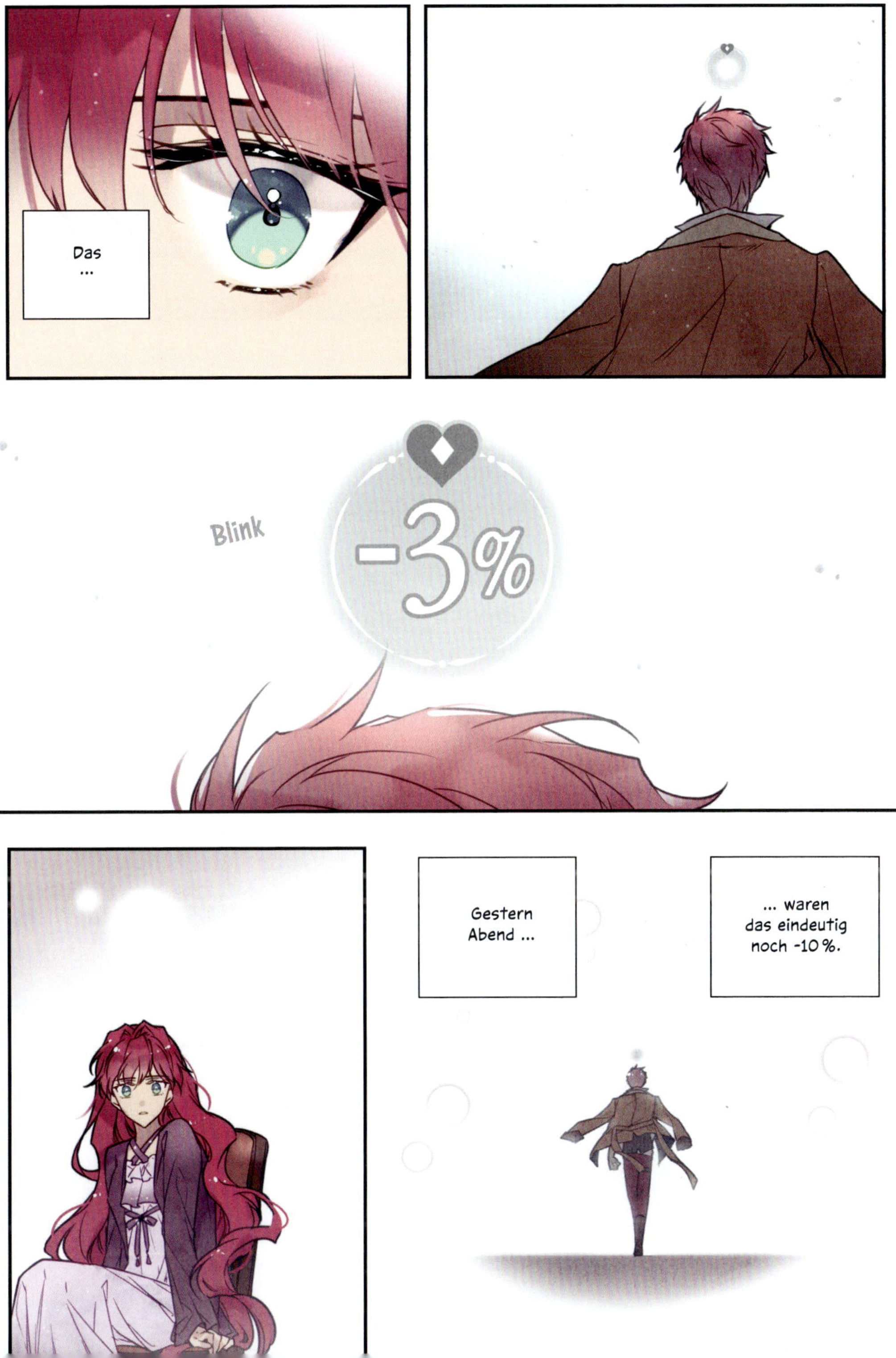
Das
...
Blink
-3%
Gestern
Abend ...
... waren
das eindeutig
noch -10 %.

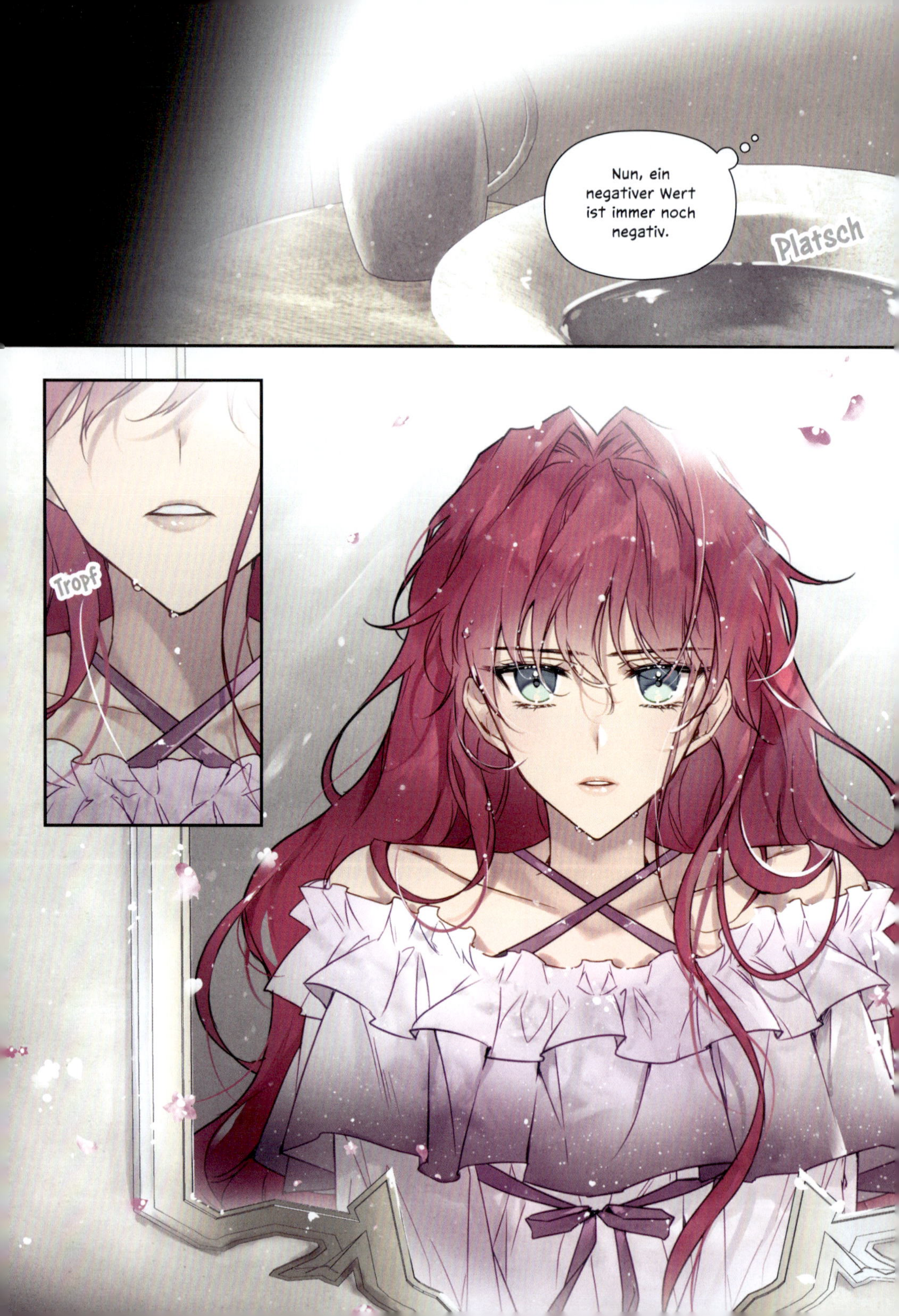
Nun, ein negativer Wert ist immer noch negativ.
Platsch
Tropf

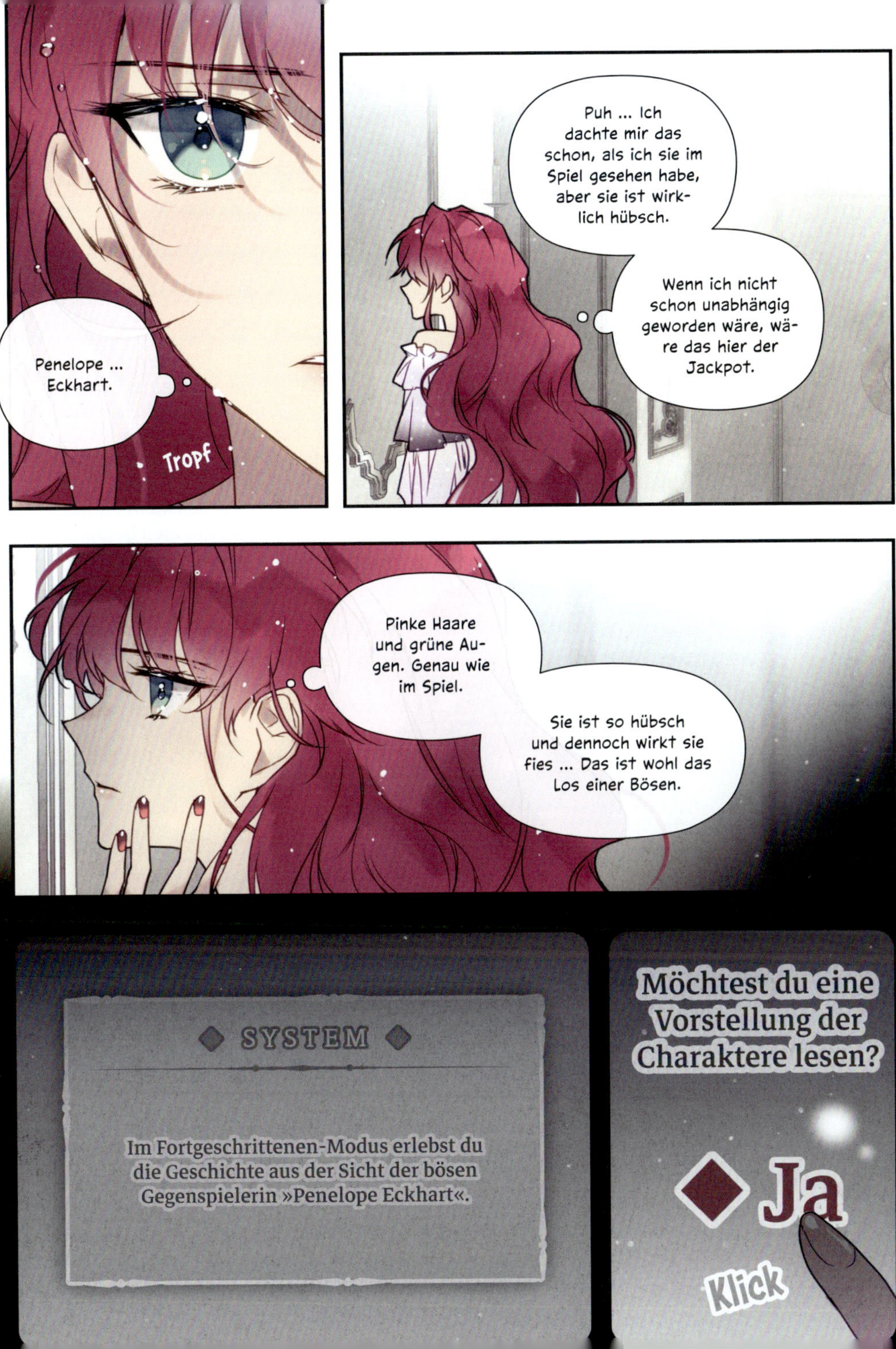
Penelope ... Eckhart.
Tropf
Puh ... Ich dachte mir das schon, als ich sie im Spiel gesehen habe, aber sie ist wirklich hübsch.
Wenn ich nicht schon unabhängig geworden wäre, wäre das hier der Jackpot.
Pinke Haare und grüne Augen. Genau wie im Spiel.
Sie ist so hübsch und dennoch wirkt sie fies ... Das ist wohl das Los einer Bösen.
SYSTEM
Im Fortgeschrittenen-Modus erlebst du die Geschichte aus der Sicht der bösen Gegenspielerin »Penelope Eckhart«.
Möchtest du eine Vorstellung der Charaktere lesen?
Ja
Klick

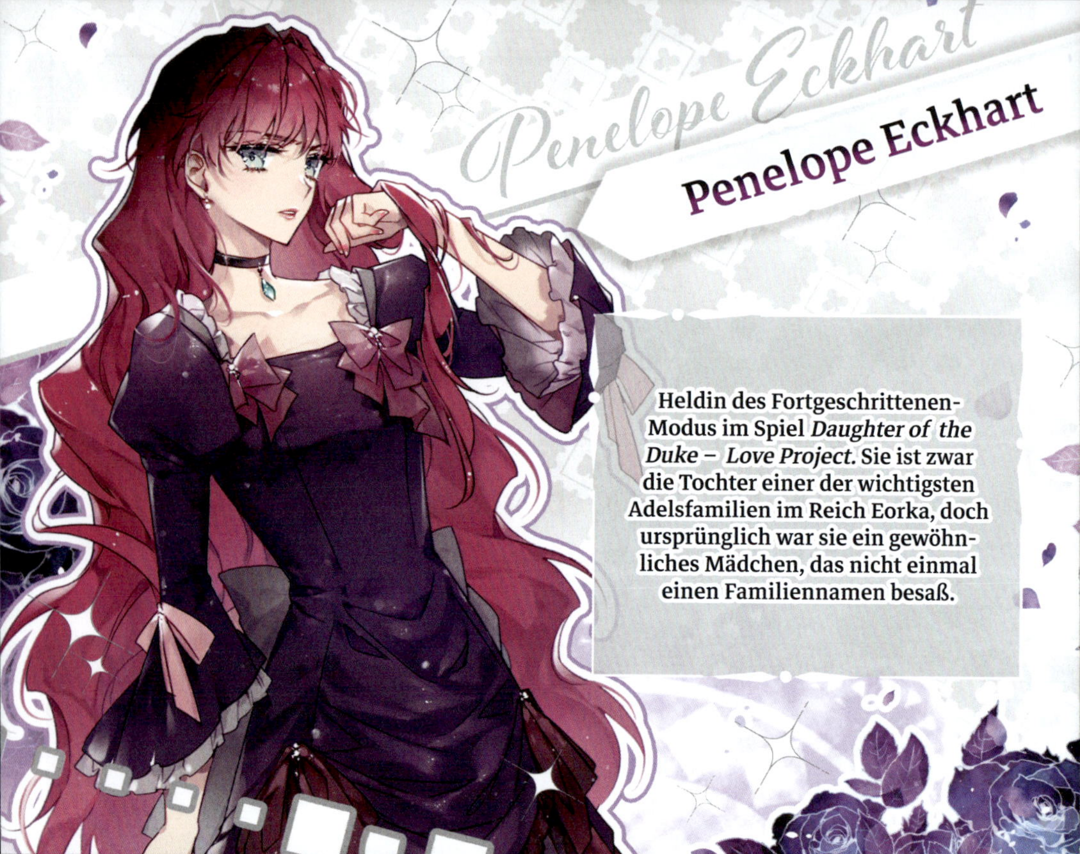
Penelope Eckhart
Penelope Eckhart
Heldin des Fortgeschrittenen-Modus im Spiel *Daughter of the Duke – Love Project.* Sie ist zwar die Tochter einer der wichtigsten Adelsfamilien im Reich Eorka, doch ursprünglich war sie ein gewöhnliches Mädchen, das nicht einmal einen Familiennamen besaß.

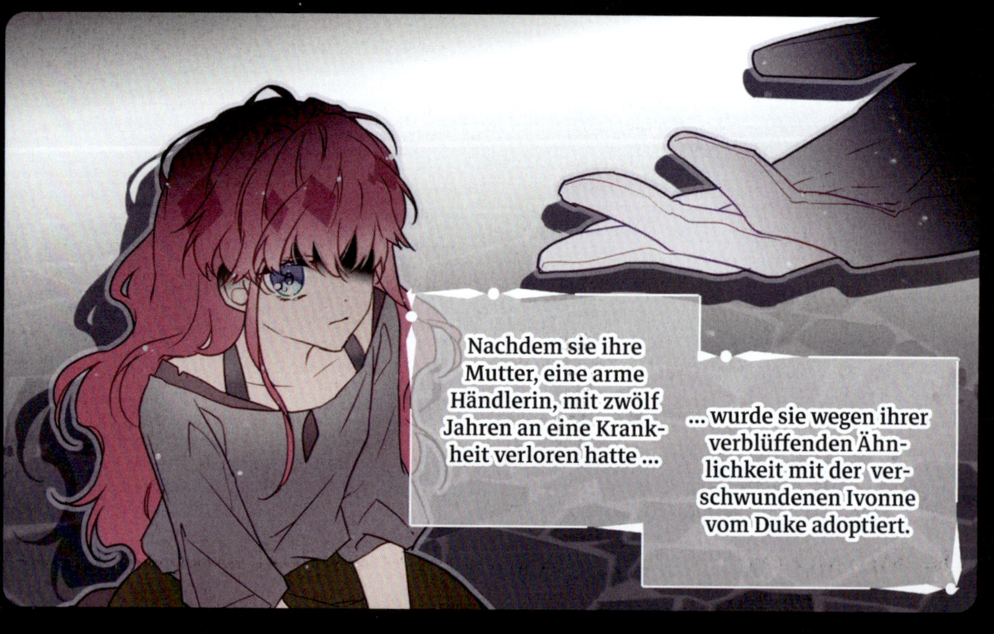
Nachdem sie ihre Mutter, eine arme Händlerin, mit zwölf Jahren an eine Krankheit verloren hatte …
… wurde sie wegen ihrer verblüffenden Ähnlichkeit mit der verschwundenen Ivonne vom Duke adoptiert.

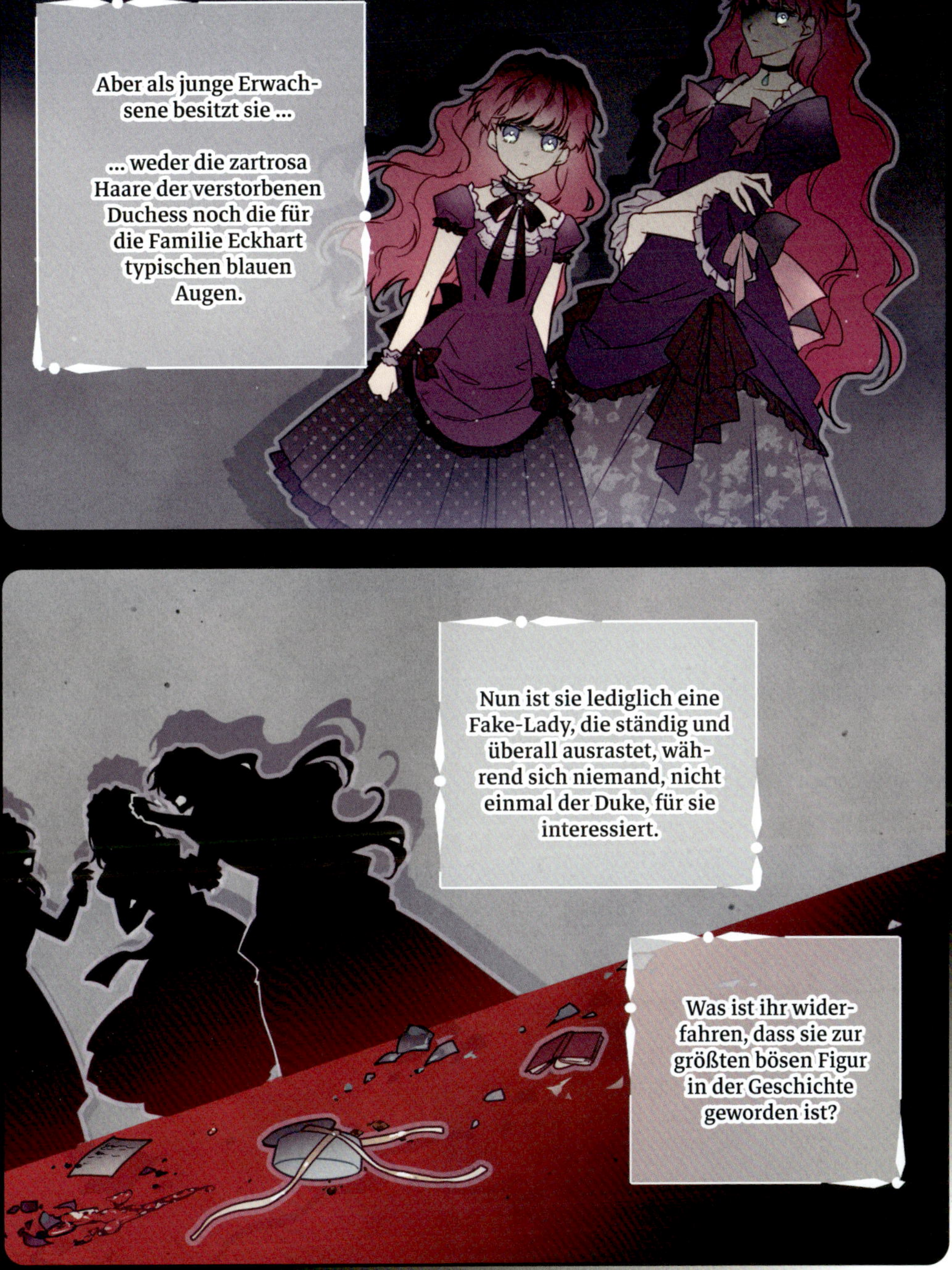
Aber als junge Erwachsene besitzt sie ...
... weder die zartrosa Haare der verstorbenen Duchess noch die für die Familie Eckhart typischen blauen Augen.
Nun ist sie lediglich eine Fake-Lady, die ständig und überall ausrastet, während sich niemand, nicht einmal der Duke, für sie interessiert.
Was ist ihr widerfahren, dass sie zur größten bösen Figur in der Geschichte geworden ist?

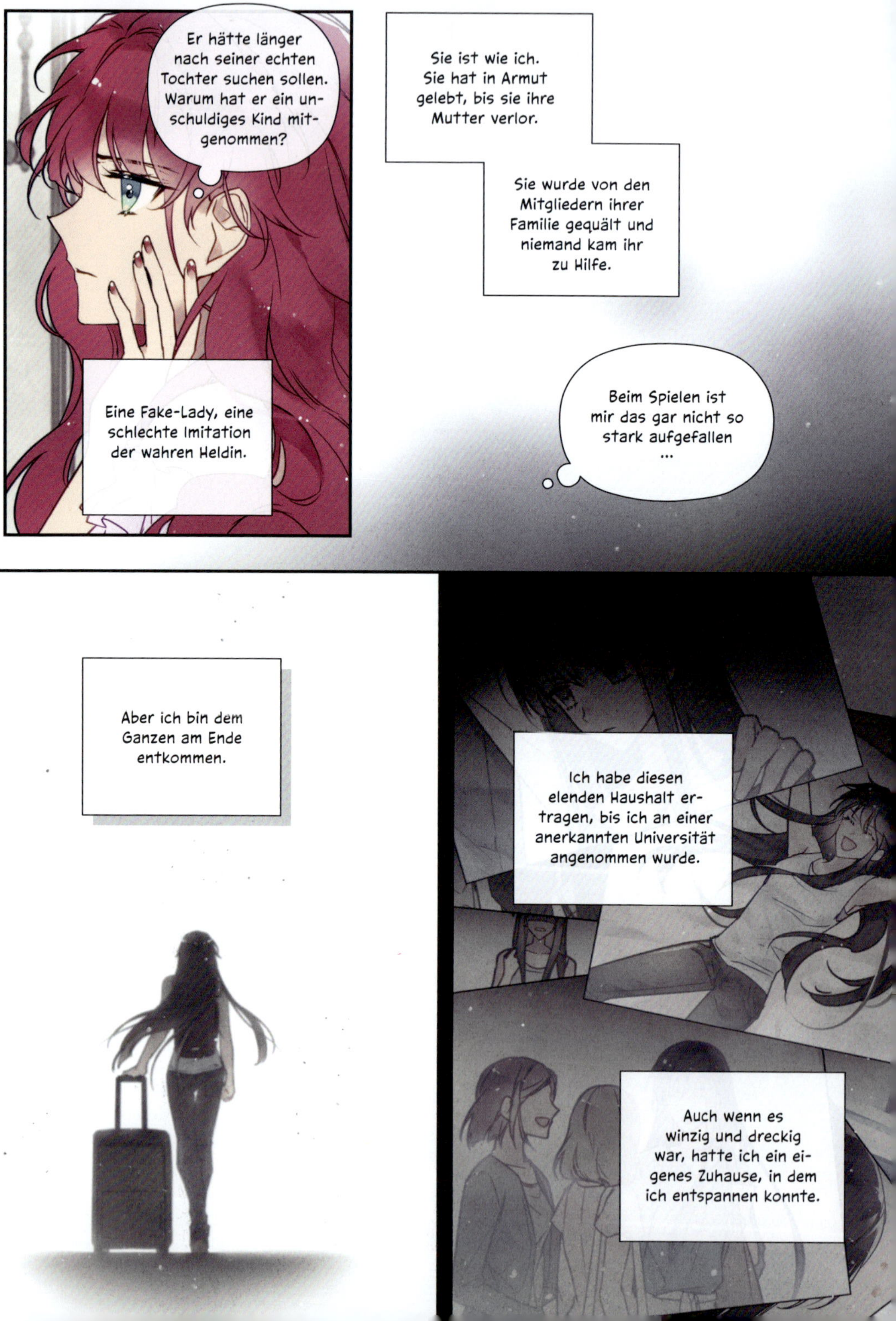
Er hätte länger nach seiner echten Tochter suchen sollen. Warum hat er ein unschuldiges Kind mitgenommen?
Eine Fake-Lady, eine schlechte Imitation der wahren Heldin.
Sie ist wie ich. Sie hat in Armut gelebt, bis sie ihre Mutter verlor.
Sie wurde von den Mitgliedern ihrer Familie gequält und niemand kam ihr zu Hilfe.
Beim Spielen ist mir das gar nicht so stark aufgefallen ...
Aber ich bin dem Ganzen am Ende entkommen.
Ich habe diesen elenden Haushalt ertragen, bis ich an einer anerkannten Universität angenommen wurde.
Auch wenn es winzig und dreckig war, hatte ich ein eigenes Zuhause, in dem ich entspannen konnte.

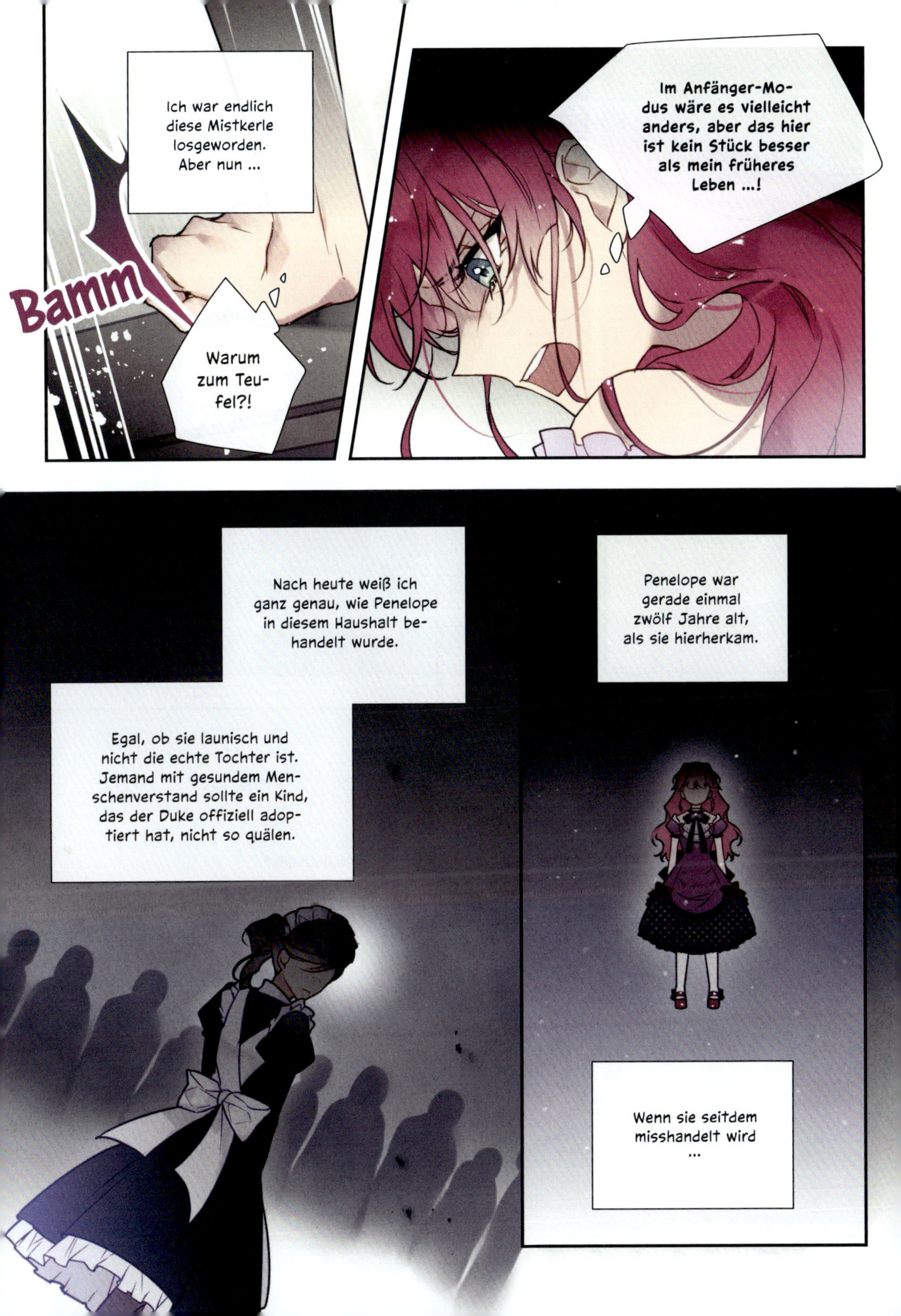
Ich war endlich diese Mistkerle losgeworden. Aber nun ...
Bamm
Warum zum Teufel?!
Im Anfänger-Modus wäre es vielleicht anders, aber das hier ist kein Stück besser als mein früheres Leben ...!
Nach heute weiß ich ganz genau, wie Penelope in diesem Haushalt behandelt wurde.
Egal, ob sie launisch und nicht die echte Tochter ist. Jemand mit gesundem Menschenverstand sollte ein Kind, das der Duke offiziell adoptiert hat, nicht so quälen.
Penelope war gerade einmal zwölf Jahre alt, als sie hierherkam.
Wenn sie seitdem misshandelt wird ...

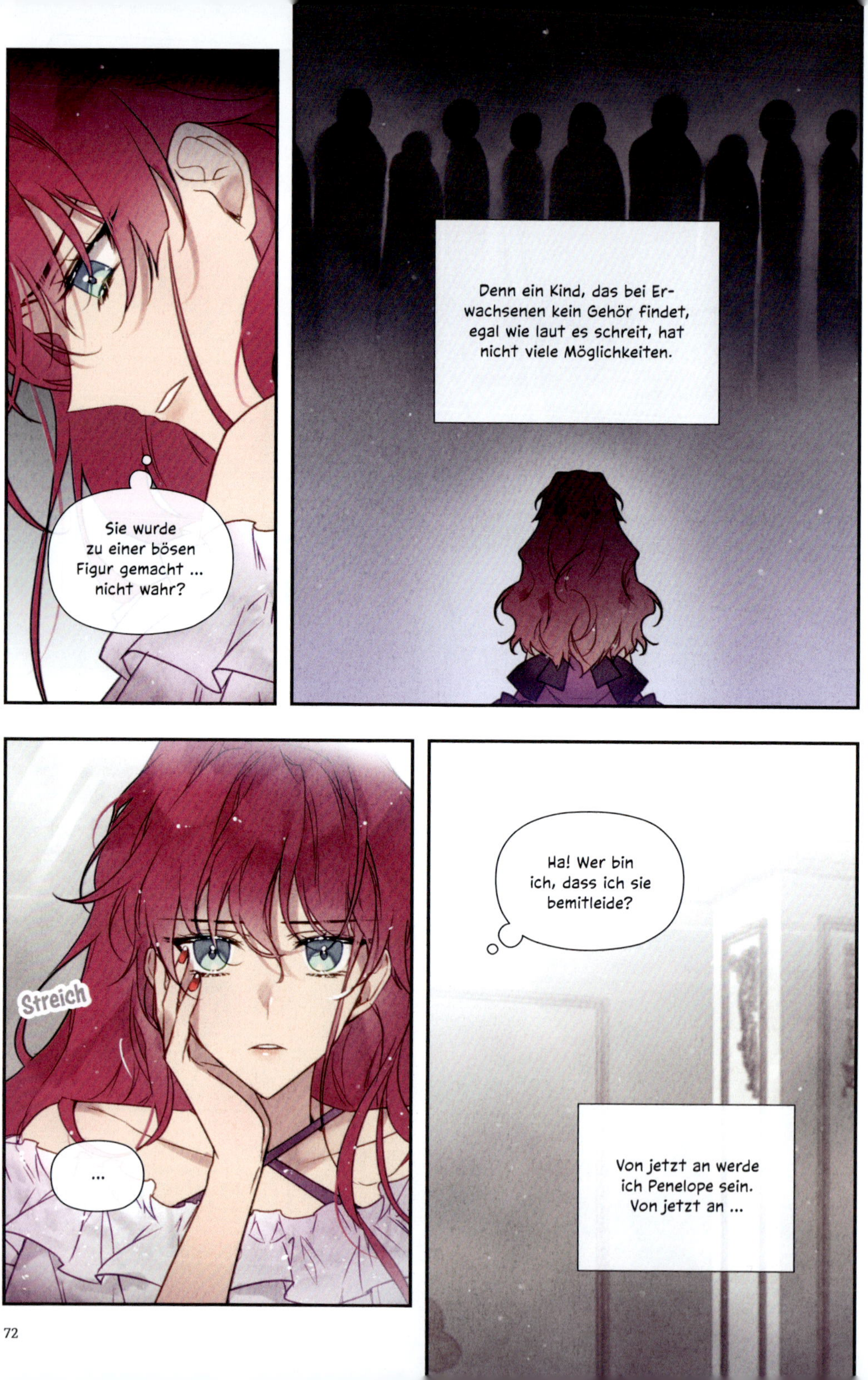
Sie wurde zu einer bösen Figur gemacht ... nicht wahr?
Denn ein Kind, das bei Erwachsenen kein Gehör findet, egal wie laut es schreit, hat nicht viele Möglichkeiten.
Streich
...
Ha! Wer bin ich, dass ich sie bemitleide?
Von jetzt an werde ich Penelope sein. Von jetzt an ...

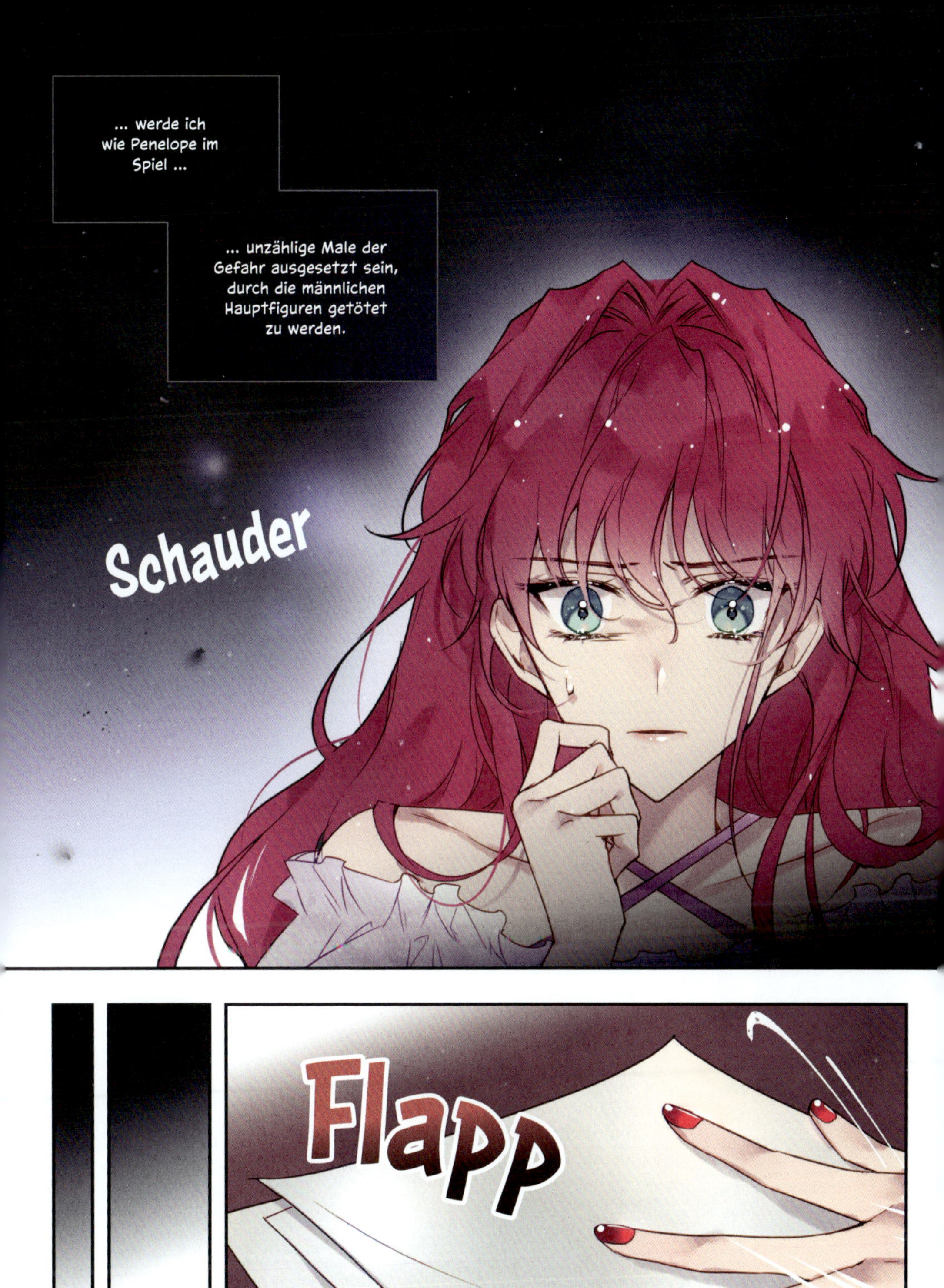
... werde ich wie Penelope im Spiel ...
... unzählige Male der Gefahr ausgesetzt sein, durch die männlichen Hauptfiguren getötet zu werden.
Schauder
Flapp

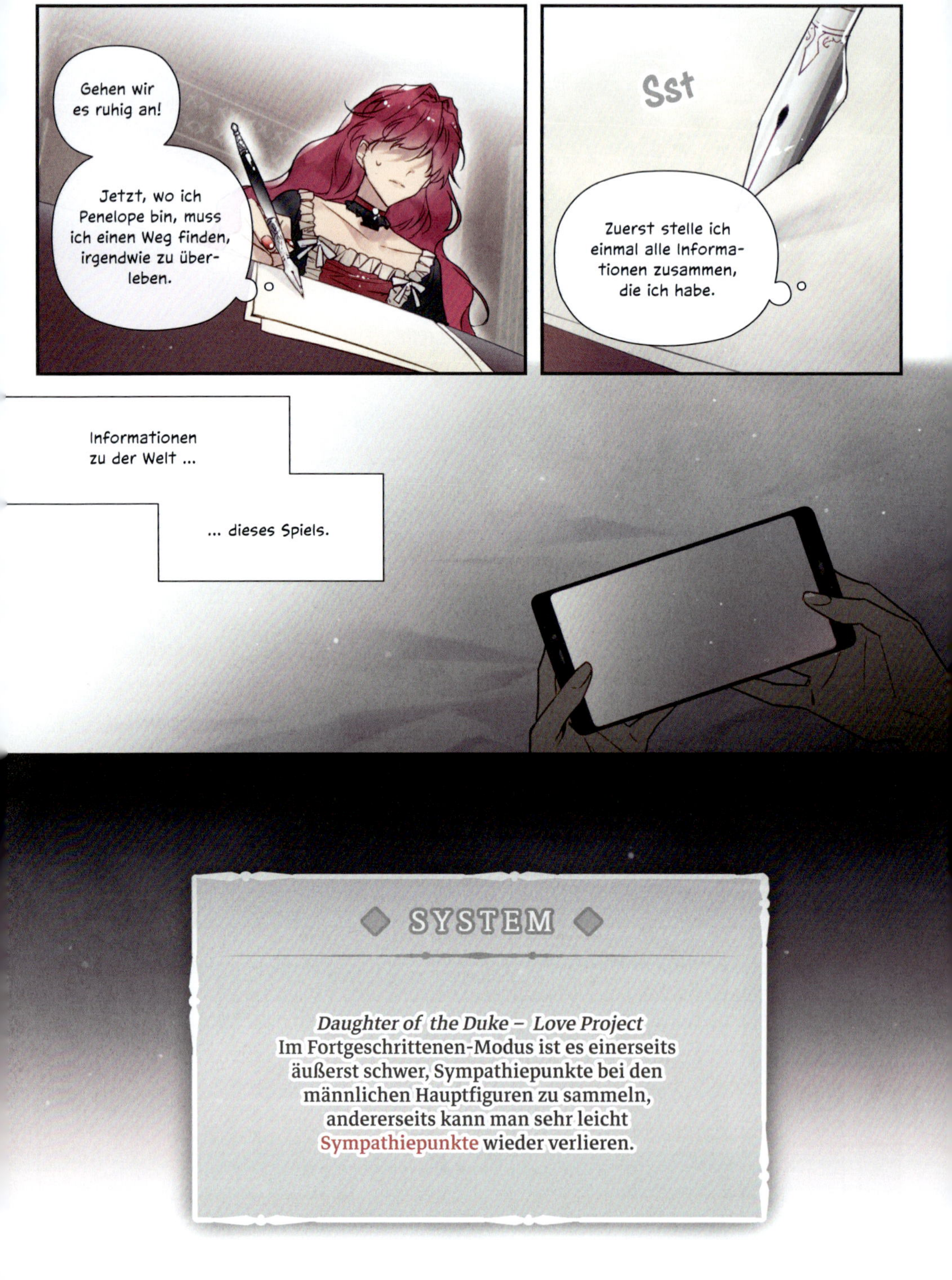

Gehen wir es ruhig an!
Jetzt, wo ich Penelope bin, muss ich einen Weg finden, irgendwie zu überleben.
Sst
Zuerst stelle ich einmal alle Informationen zusammen, die ich habe.
Informationen zu der Welt ...
... dieses Spiels.
SYSTEM
Daughter of the Duke – Love Project
Im Fortgeschrittenen-Modus ist es einerseits äußerst schwer, Sympathiepunkte bei den männlichen Hauptfiguren zu sammeln, andererseits kann man sehr leicht Sympathiepunkte wieder verlieren.

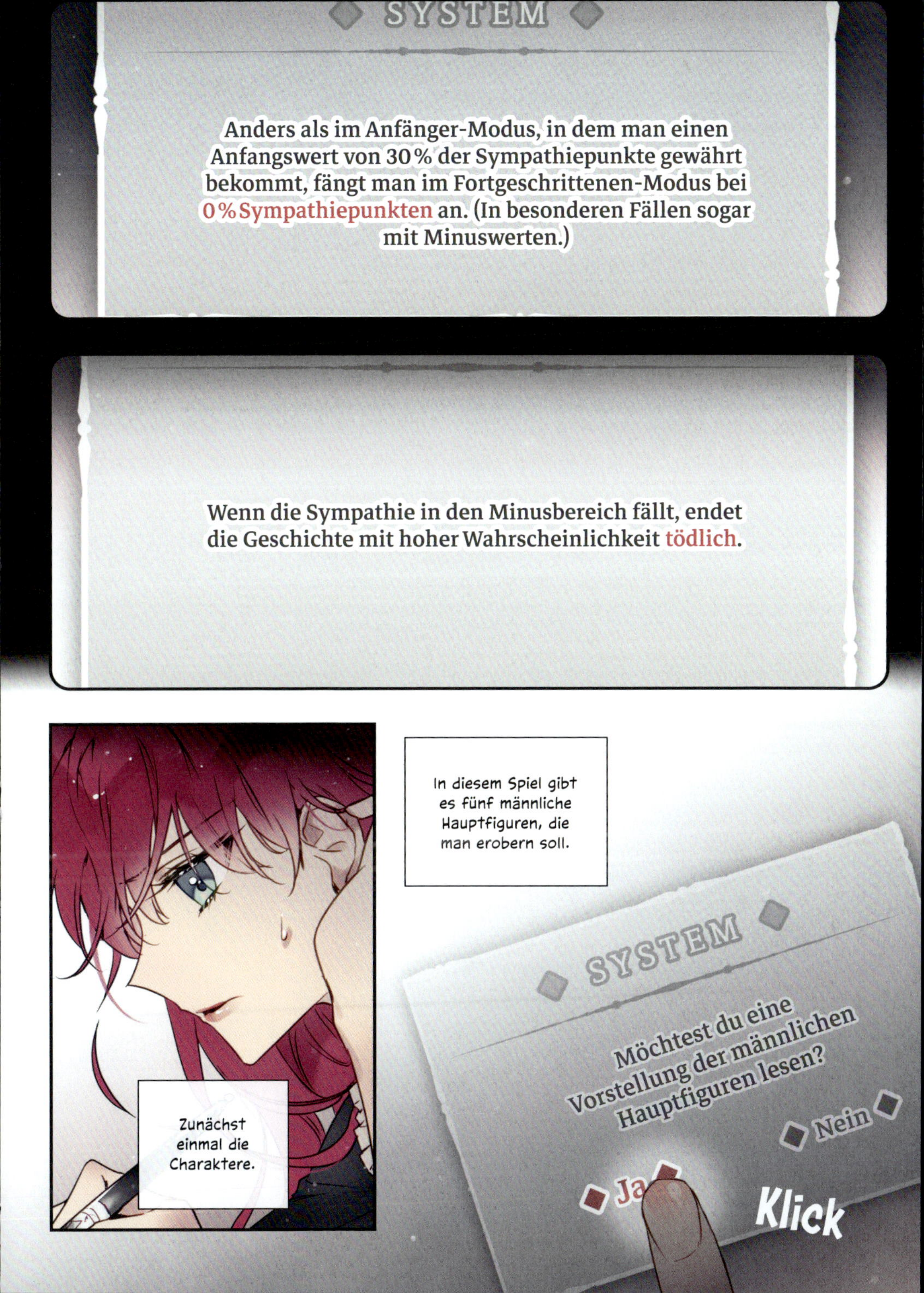
SYSTEM
Anders als im Anfänger-Modus, in dem man einen Anfangswert von 30 % der Sympathiepunkte gewährt bekommt, fängt man im Fortgeschrittenen-Modus bei 0 % Sympathiepunkten an. (In besonderen Fällen sogar mit Minuswerten.)
Wenn die Sympathie in den Minusbereich fällt, endet die Geschichte mit hoher Wahrscheinlichkeit tödlich.
In diesem Spiel gibt es fünf männliche Hauptfiguren, die man erobern soll.
Zunächst einmal die Charaktere.
SYSTEM
Möchtest du eine Vorstellung der männlichen Hauptfiguren lesen?
Ja
Nein
Klick

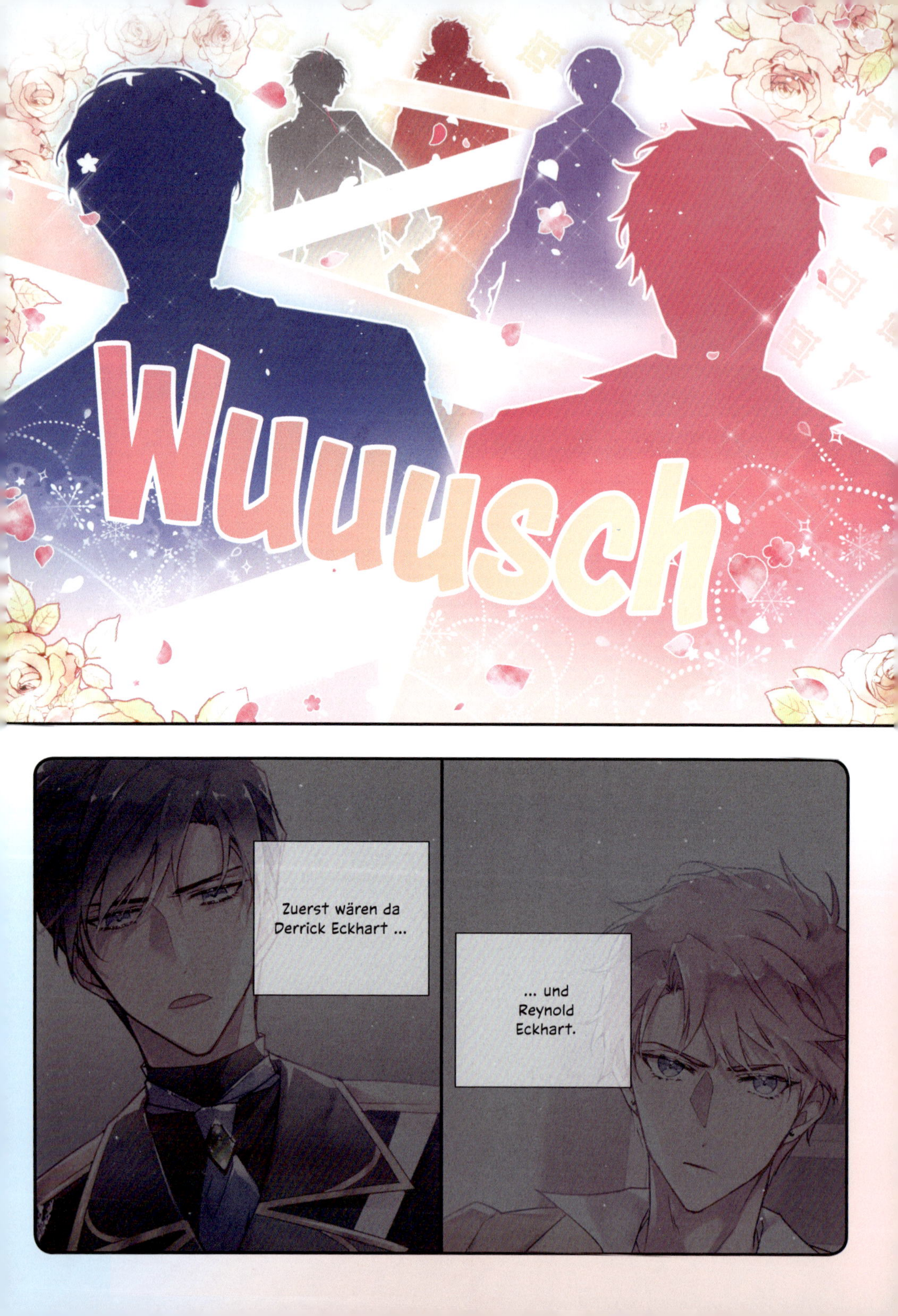
Wuuusch
Zuerst wären da Derrick Eckhart ...
... und Reynold Eckhart.

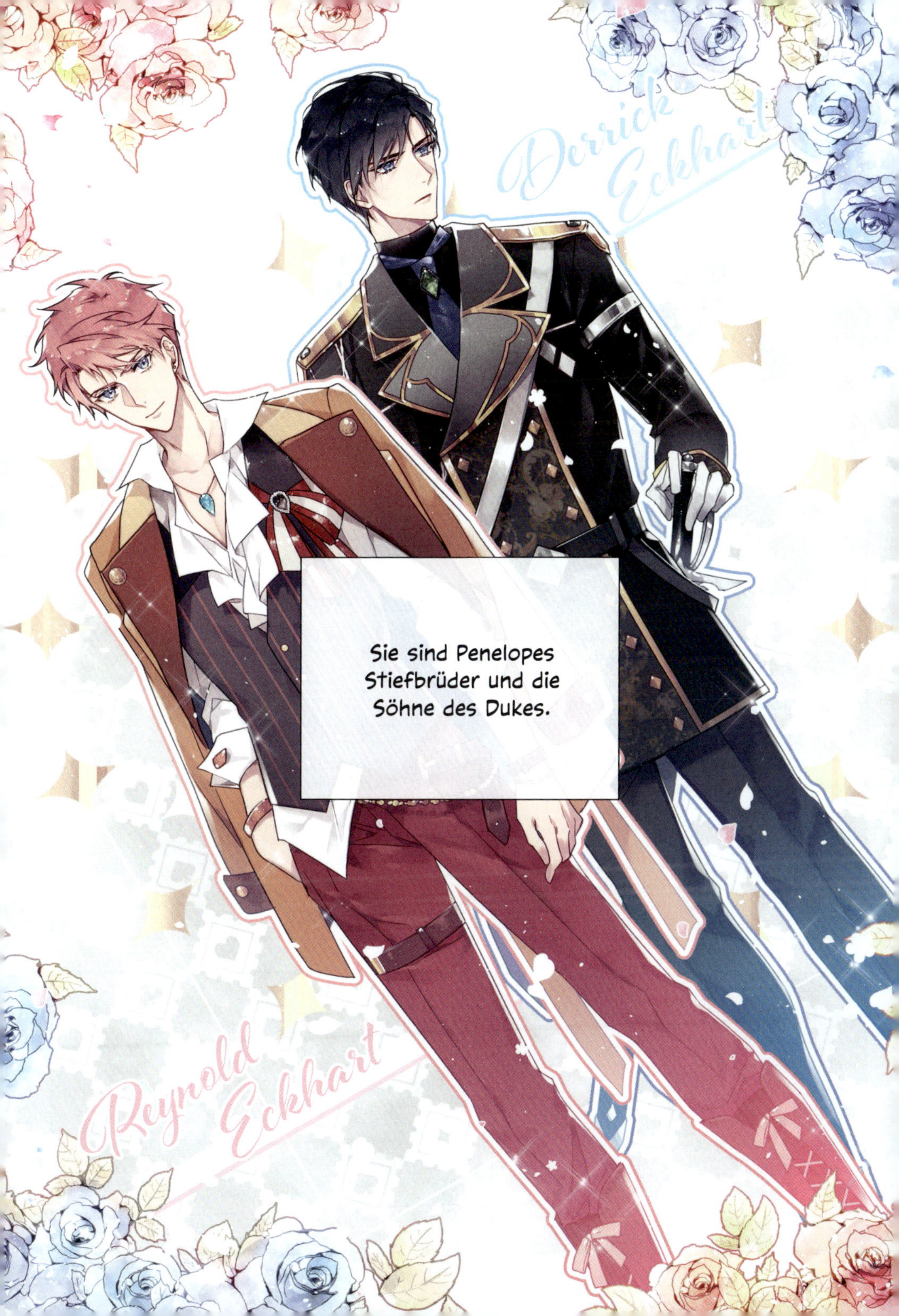
Derrick Eckhart
Sie sind Penelopes Stiefbrüder und die Söhne des Dukes.
Reynold Eckhart

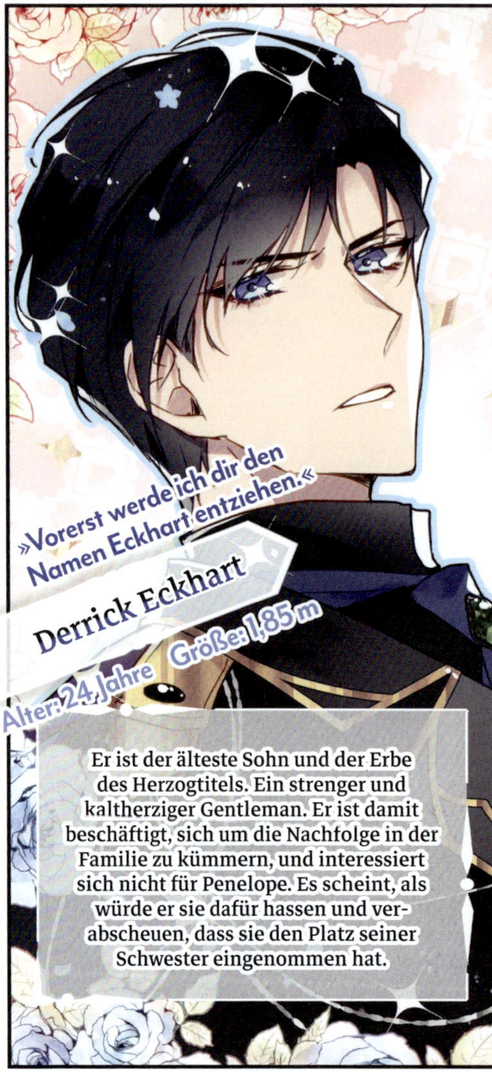
»Vorerst werde ich dir den Namen Eckhart entziehen.«
Derrick Eckhart
Alter: 24 Jahre
Größe: 1,85 m
Er ist der älteste Sohn und der Erbe des Herzogtitels. Ein strenger und kaltherziger Gentleman. Er ist damit beschäftigt, sich um die Nachfolge in der Familie zu kümmern, und interessiert sich nicht für Penelope. Es scheint, als würde er sie dafür hassen und verabscheuen, dass sie den Platz seiner Schwester eingenommen hat.

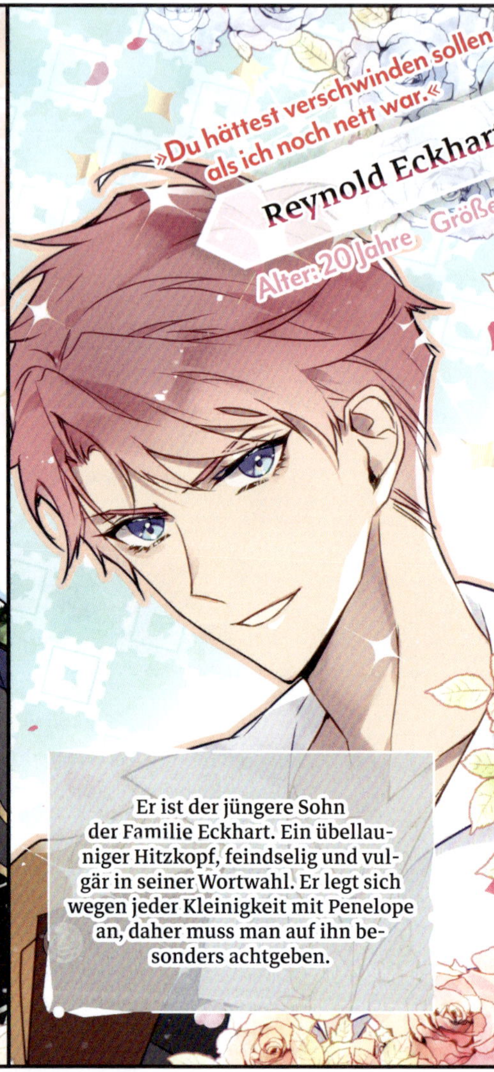
»Du hättest verschwinden sollen, als ich noch nett war.«
Reynold Eckhart
Alter: 20 Jahre
Größe: 1,83
Er ist der jüngere Sohn der Familie Eckhart. Ein übellauniger Hitzkopf, feindselig und vulgär in seiner Wortwahl. Er legt sich wegen jeder Kleinigkeit mit Penelope an, daher muss man auf ihn besonders achtgeben.

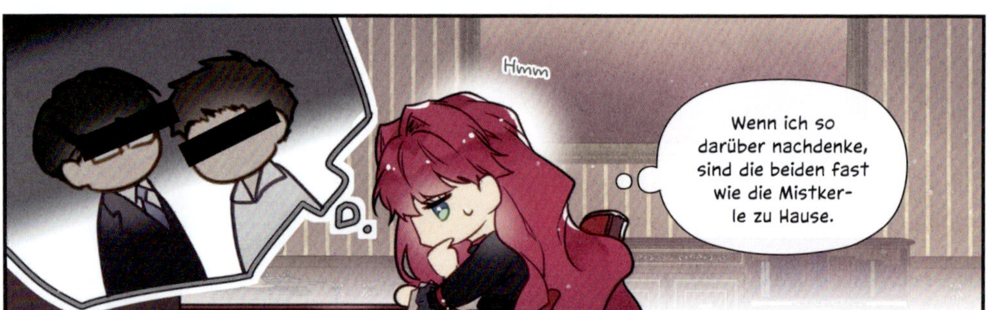
Hmm
Wenn ich so darüber nachdenke, sind die beiden fast wie die Mistkerle zu Hause.

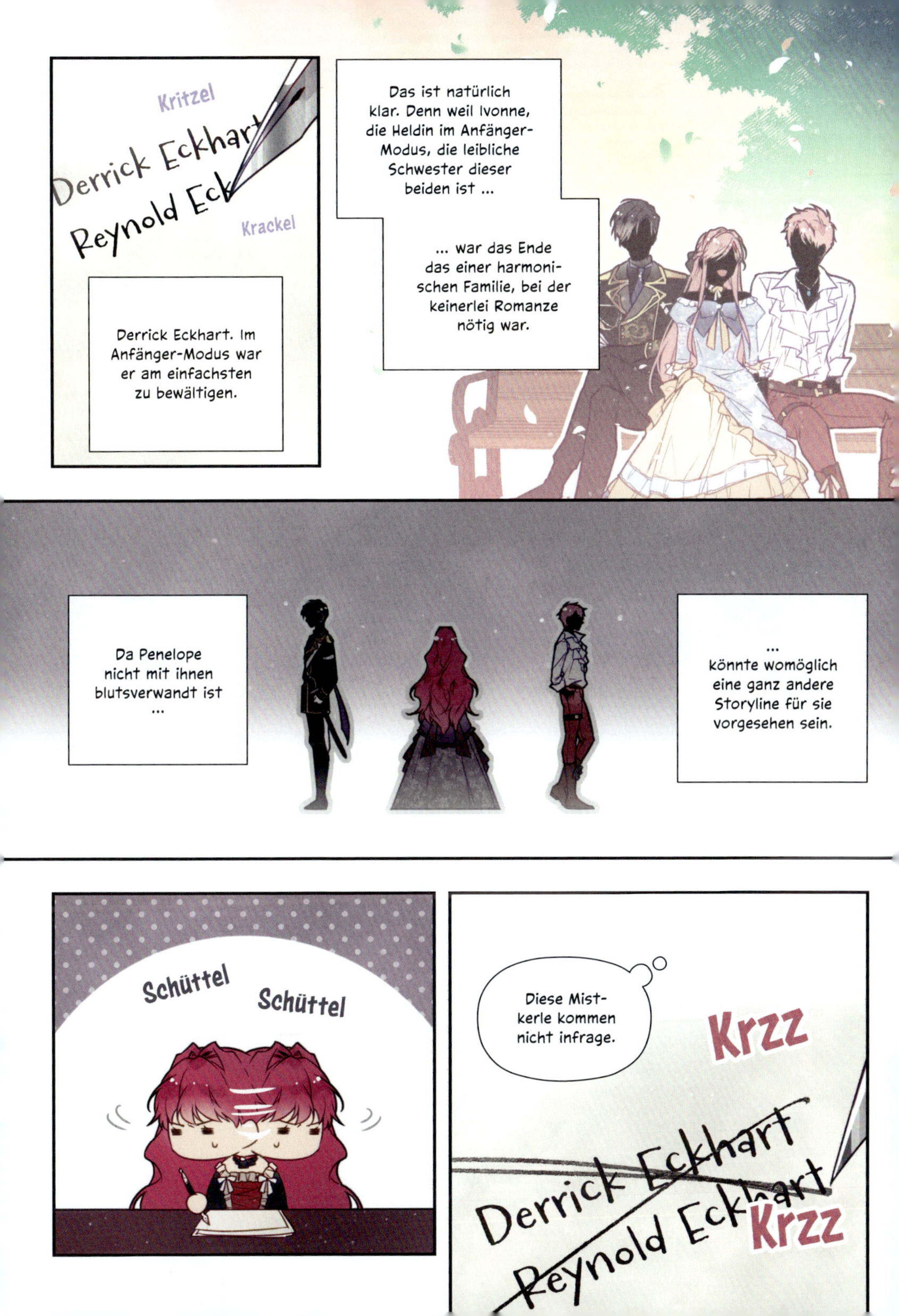
Kritzel
Derrick Eckhart
Reynold Eck
Krackel
Derrick Eckhart. Im Anfänger-Modus war er am einfachsten zu bewältigen.
Das ist natürlich klar. Denn weil Ivonne, die Heldin im Anfänger-Modus, die leibliche Schwester dieser beiden ist ...
... war das Ende das einer harmonischen Familie, bei der keinerlei Romanze nötig war.
Da Penelope nicht mit ihnen blutsverwandt ist ...
... könnte womöglich eine ganz andere Storyline für sie vorgesehen sein.
Schüttel
Schüttel
Diese Mistkerle kommen nicht infrage.
Krzz
Derrick Eckhart
Reynold Eckhart
Krzz

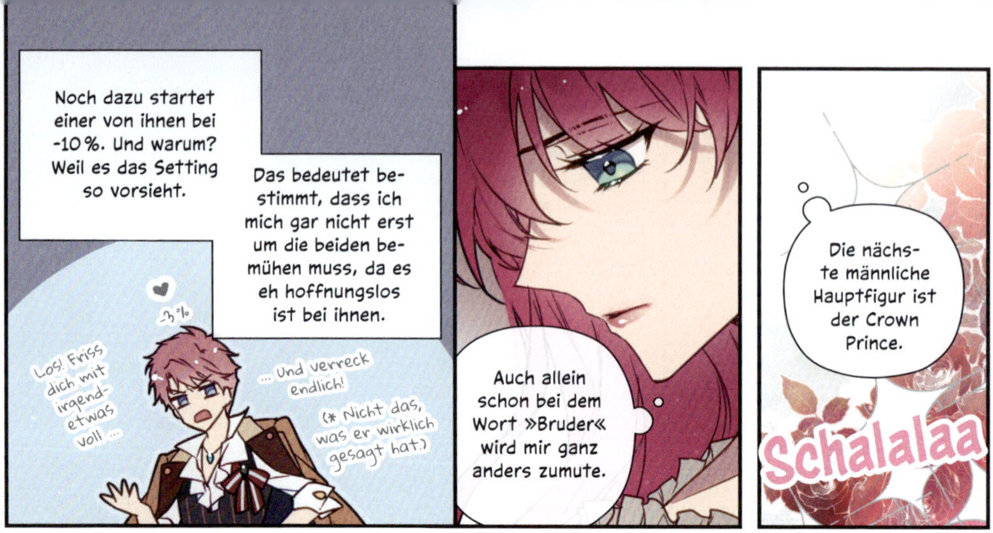
Noch dazu startet einer von ihnen bei -10 %. Und warum? Weil es das Setting so vorsieht.
Das bedeutet bestimmt, dass ich mich gar nicht erst um die beiden bemühen muss, da es eh hoffnungslos ist bei ihnen.
Los! Friss dich mit irgendetwas voll ...
... Und verreck endlich!
(* Nicht das, was er wirklich gesagt hat.)
Auch allein schon bei dem Wort »Bruder« wird mir ganz anders zumute.
Die nächste männliche Hauptfigur ist der Crown Prince.
Schalalaa

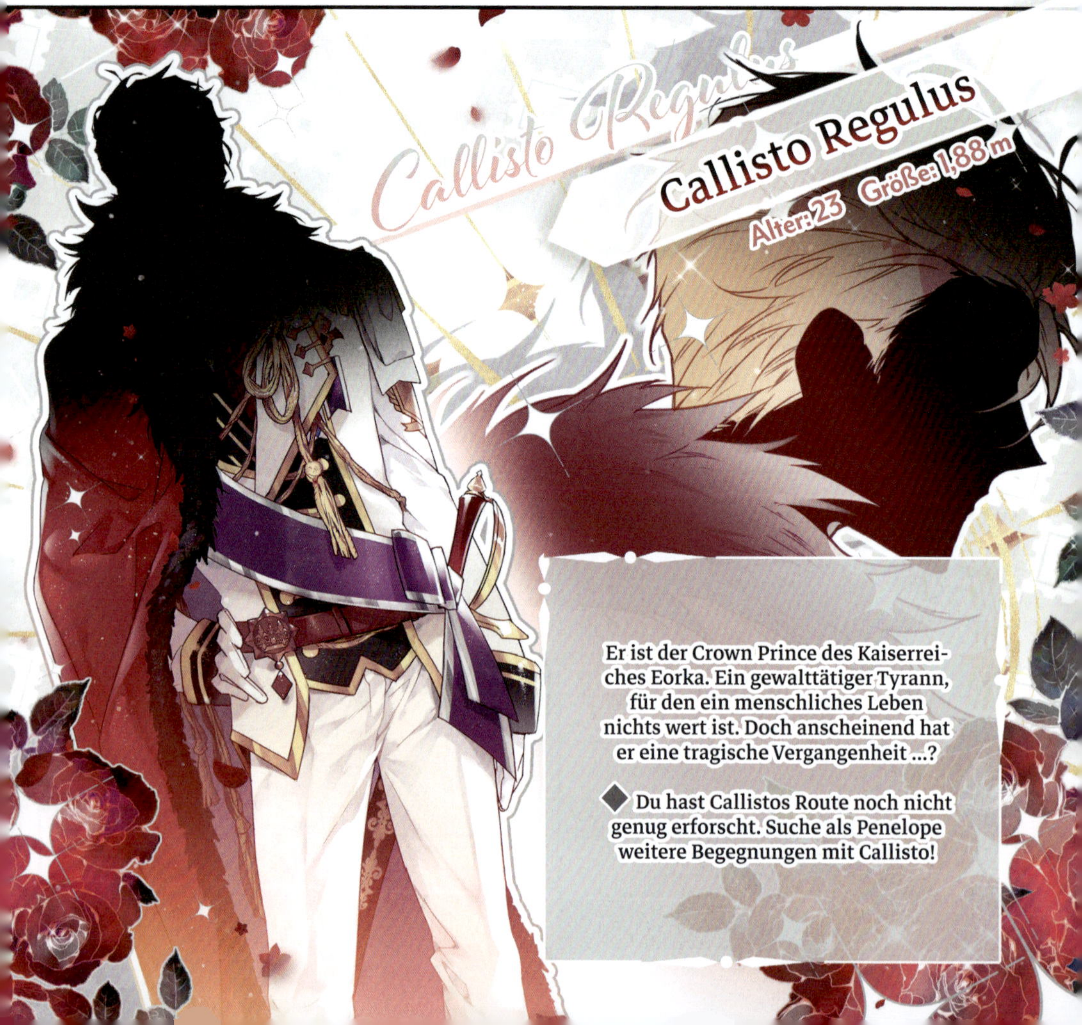
Callisto Regulus
Callisto Regulus
Alter: 23 Größe: 1,88 m
Er ist der Crown Prince des Kaiserreiches Eorka. Ein gewalttätiger Tyrann, für den ein menschliches Leben nichts wert ist. Doch anscheinend hat er eine tragische Vergangenheit ...?
◆ Du hast Callistos Route noch nicht genug erforscht. Suche als Penelope weitere Begegnungen mit Callisto!

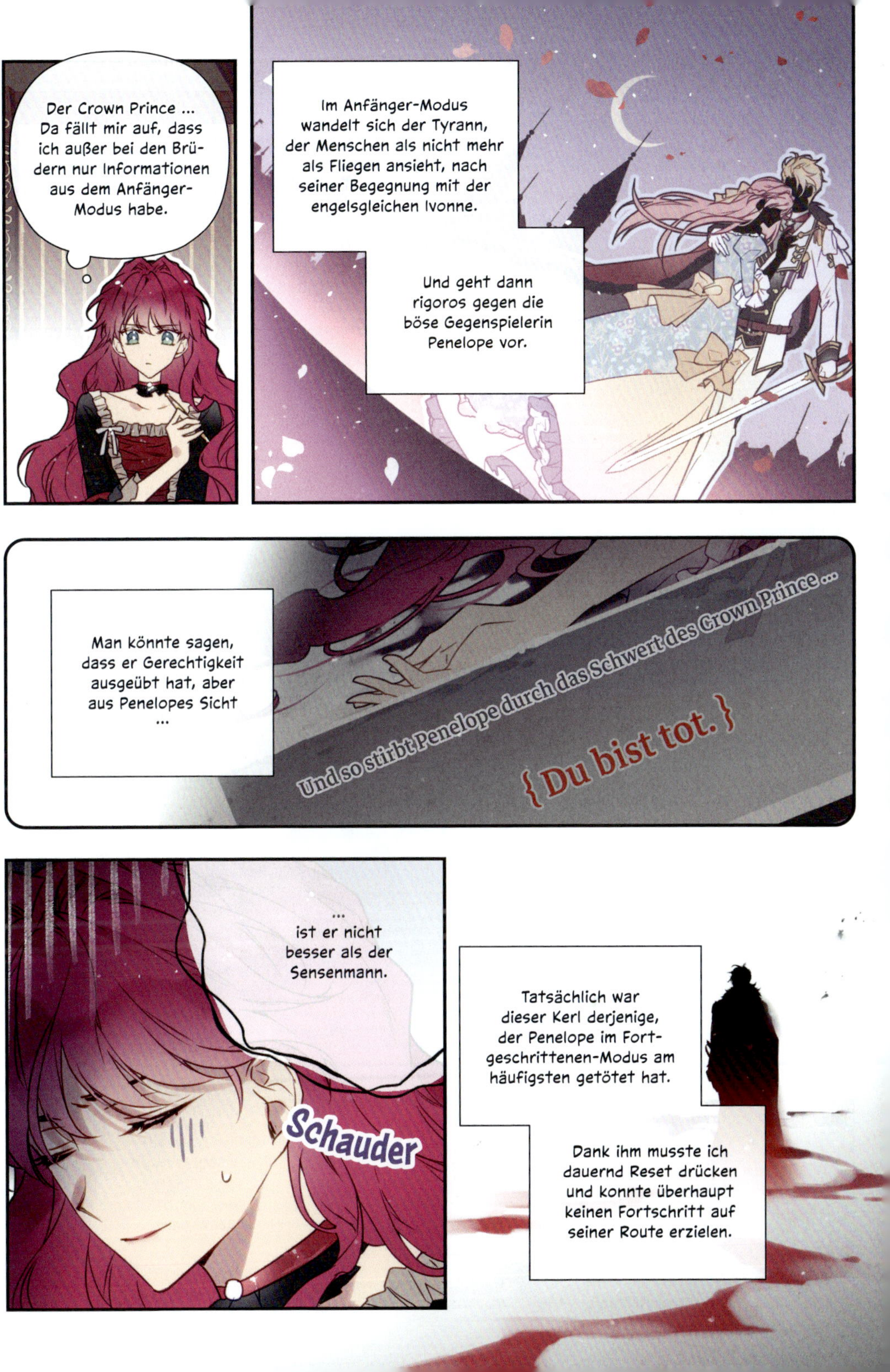
Der Crown Prince ... Da fällt mir auf, dass ich außer bei den Brüdern nur Informationen aus dem Anfänger-Modus habe.
Im Anfänger-Modus wandelt sich der Tyrann, der Menschen als nicht mehr als Fliegen ansieht, nach seiner Begegnung mit der engelsgleichen Ivonne.
Und geht dann rigoros gegen die böse Gegenspielerin Penelope vor.
Man könnte sagen, dass er Gerechtigkeit ausgeübt hat, aber aus Penelopes Sicht ...
Und so stirbt Penelope durch das Schwert des Crown Prince ...
{ Du bist tot. }
... ist er nicht besser als der Sensenmann.
Schauder
Tatsächlich war dieser Kerl derjenige, der Penelope im Fortgeschrittenen-Modus am häufigsten getötet hat.
Dank ihm musste ich dauernd Reset drücken und konnte überhaupt keinen Fortschritt auf seiner Route erzielen.

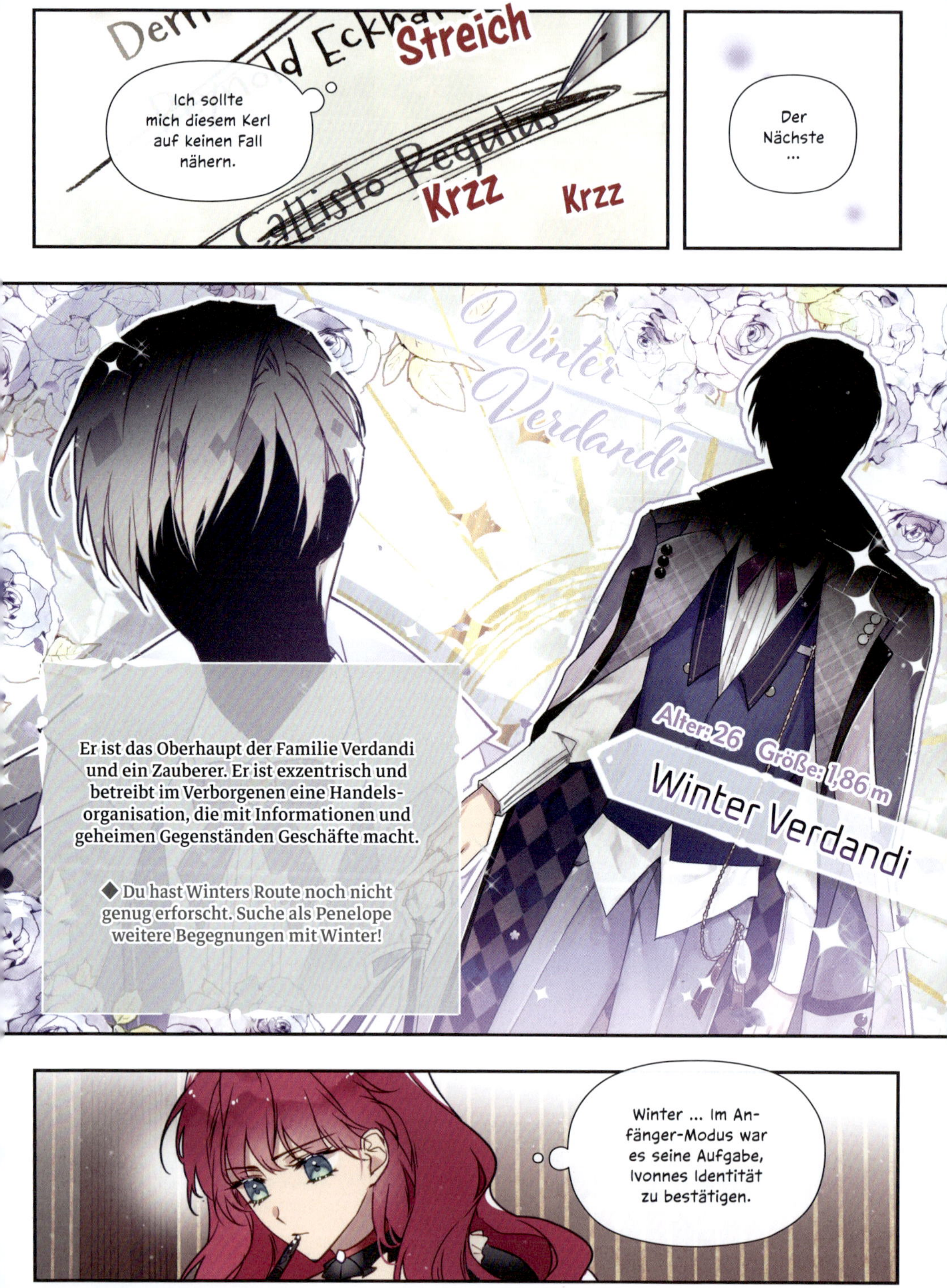
Streich
Ich sollte mich diesem Kerl auf keinen Fall nähern.
Callisto Regulus
Krzz
Krzz
Der Nächste …
Winter Verdandi
Er ist das Oberhaupt der Familie Verdandi und ein Zauberer. Er ist exzentrisch und betreibt im Verborgenen eine Handelsorganisation, die mit Informationen und geheimen Gegenständen Geschäfte macht.
◆ Du hast Winters Route noch nicht genug erforscht. Suche als Penelope weitere Begegnungen mit Winter!
Alter: 26 Größe: 1,86 m
Winter Verdandi
Winter … Im Anfänger-Modus war es seine Aufgabe, Ivonnes Identität zu bestätigen.

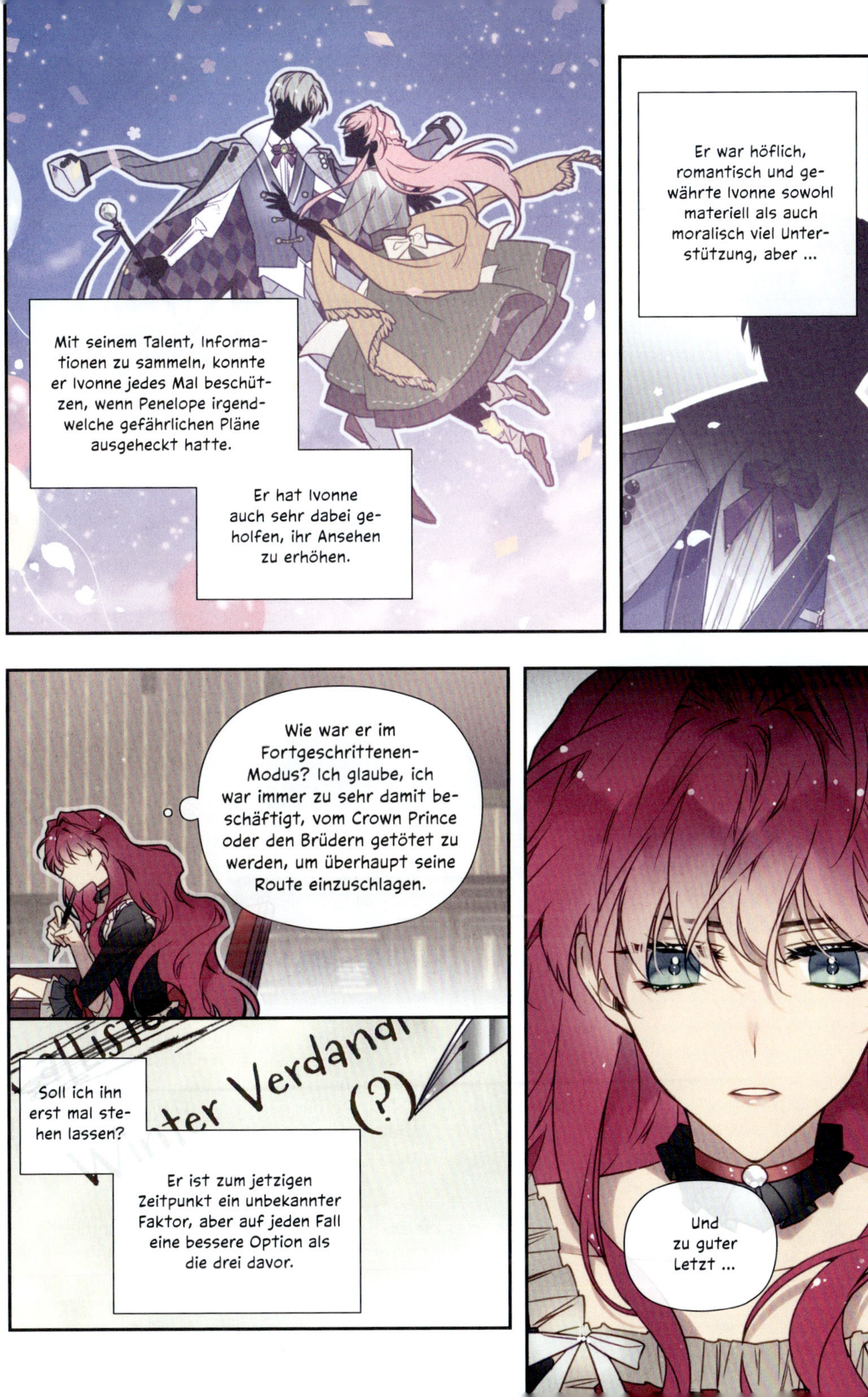

Mit seinem Talent, Informationen zu sammeln, konnte er Ivonne jedes Mal beschützen, wenn Penelope irgendwelche gefährlichen Pläne ausgeheckt hatte.
Er hat Ivonne auch sehr dabei geholfen, ihr Ansehen zu erhöhen.
Er war höflich, romantisch und gewährte Ivonne sowohl materiell als auch moralisch viel Unterstützung, aber ...
Wie war er im Fortgeschrittenen-Modus? Ich glaube, ich war immer zu sehr damit beschäftigt, vom Crown Prince oder den Brüdern getötet zu werden, um überhaupt seine Route einzuschlagen.
Winter Verdandi (?)
Soll ich ihn erst mal stehen lassen?
Er ist zum jetzigen Zeitpunkt ein unbekannter Faktor, aber auf jeden Fall eine bessere Option als die drei davor.
Und zu guter Letzt ...

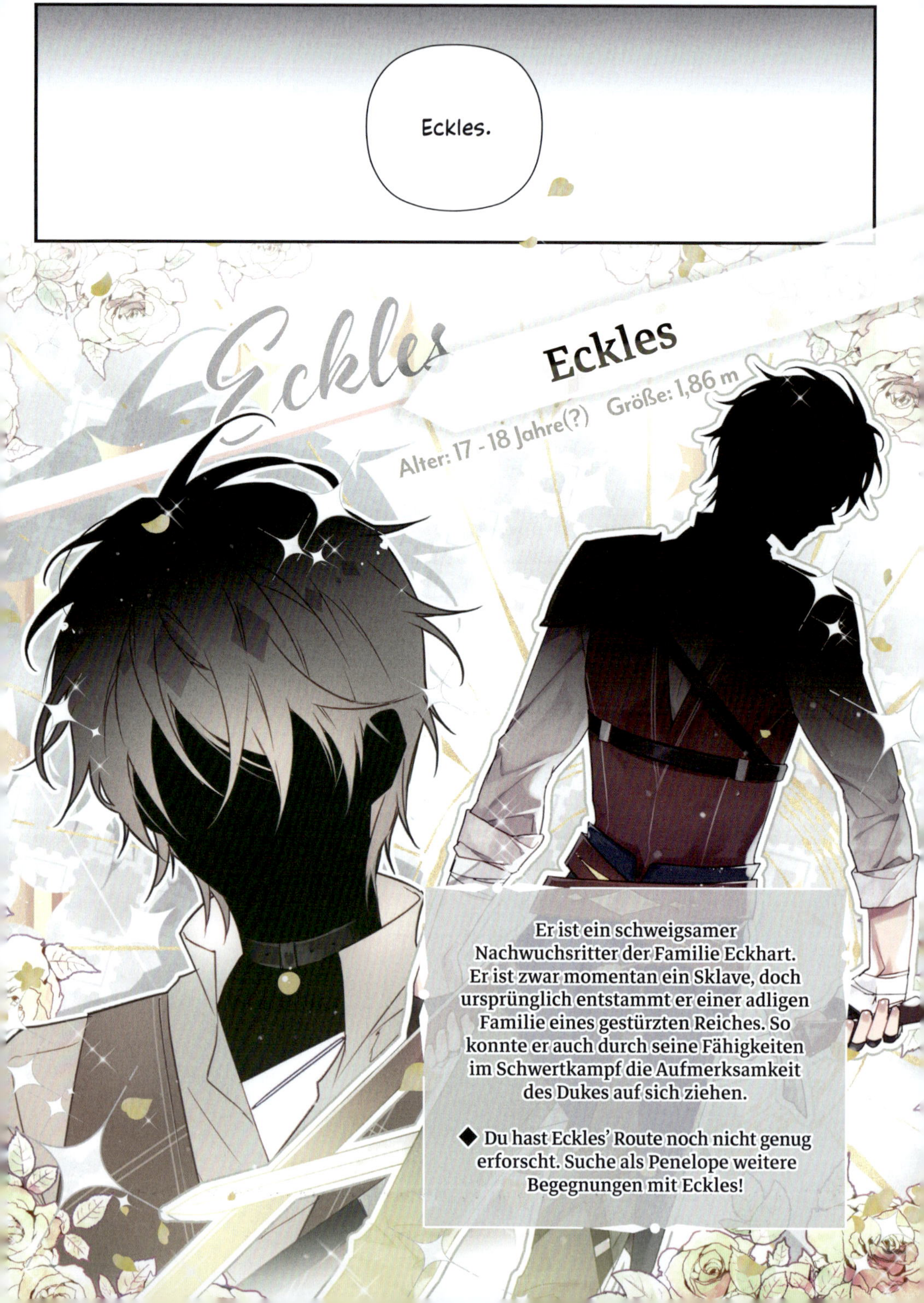
Eckles.
Eckles
Eckles
Alter: 17 - 18 Jahre(?)
Größe: 1,86 m
Er ist ein schweigsamer Nachwuchsritter der Familie Eckhart. Er ist zwar momentan ein Sklave, doch ursprünglich entstammt er einer adligen Familie eines gestürzten Reiches. So konnte er auch durch seine Fähigkeiten im Schwertkampf die Aufmerksamkeit des Dukes auf sich ziehen.
◆ Du hast Eckles' Route noch nicht genug erforscht. Suche als Penelope weitere Begegnungen mit Eckles!

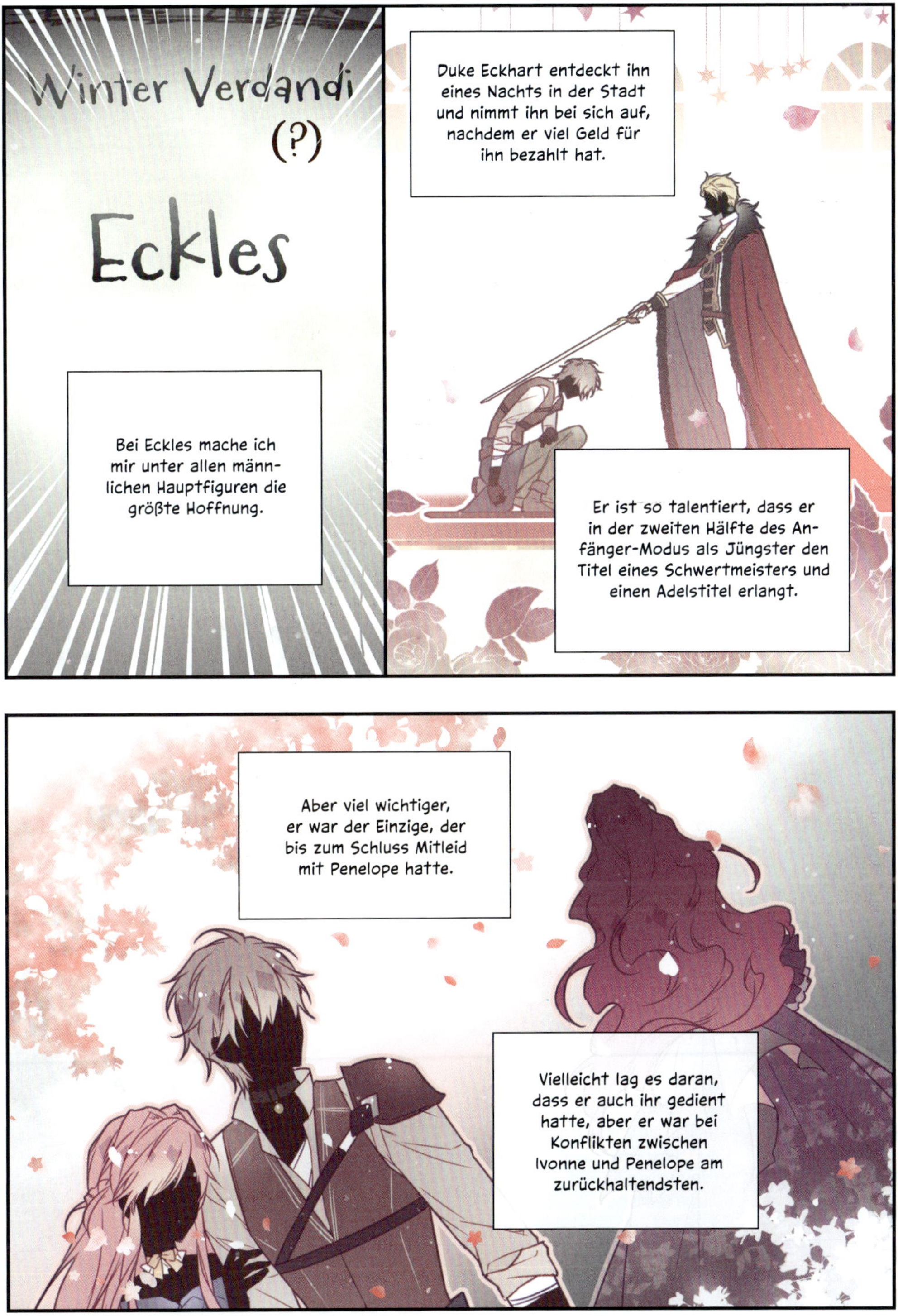
Winter Verdandi (?)
Eckles
Bei Eckles mache ich mir unter allen männlichen Hauptfiguren die größte Hoffnung.
Duke Eckhart entdeckt ihn eines Nachts in der Stadt und nimmt ihn bei sich auf, nachdem er viel Geld für ihn bezahlt hat.
Er ist so talentiert, dass er in der zweiten Hälfte des Anfänger-Modus als Jüngster den Titel eines Schwertmeisters und einen Adelstitel erlangt.
Aber viel wichtiger, er war der Einzige, der bis zum Schluss Mitleid mit Penelope hatte.
Vielleicht lag es daran, dass er auch ihr gedient hatte, aber er war bei Konflikten zwischen Ivonne und Penelope am zurückhaltendsten.

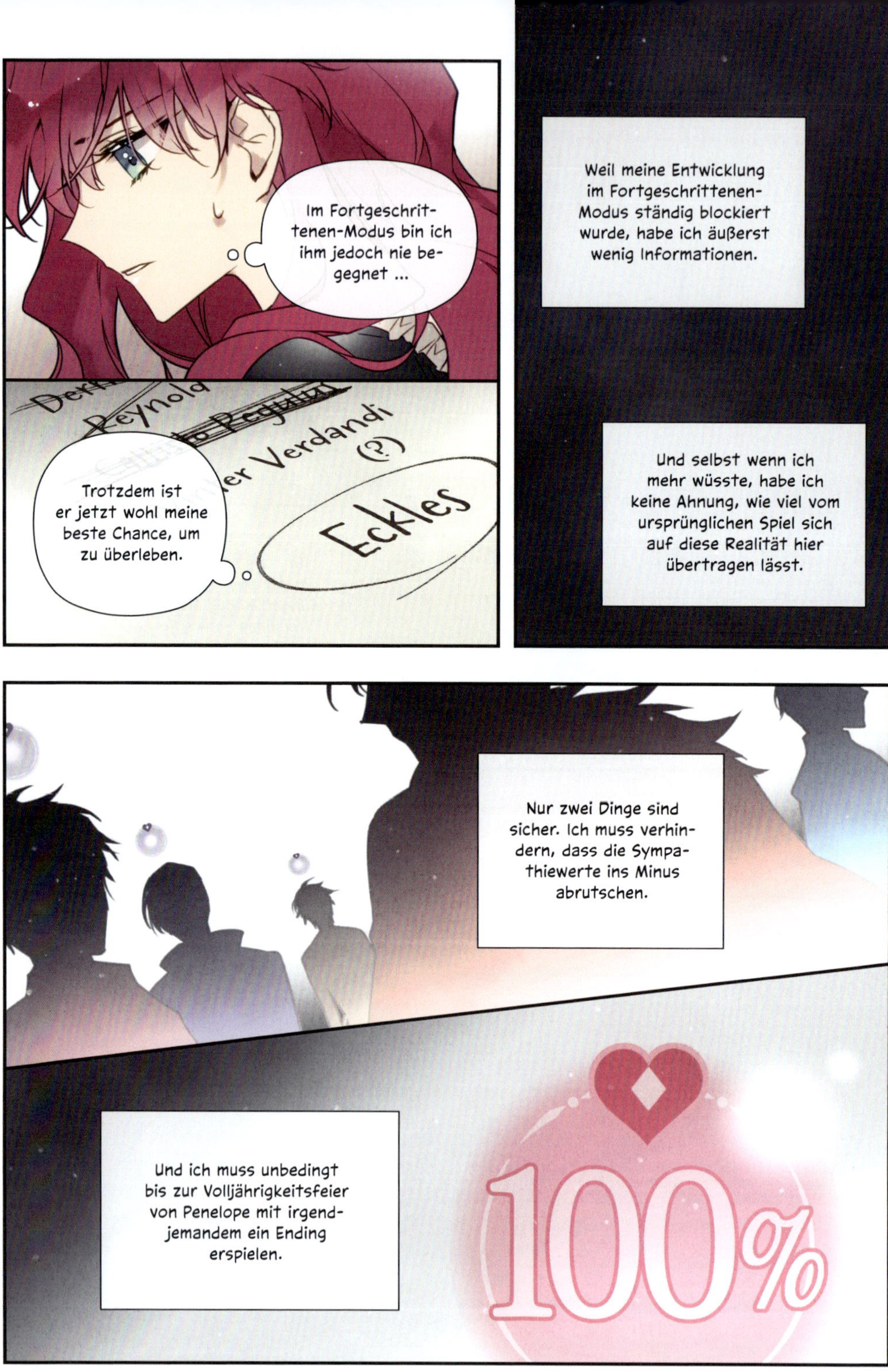
Im Fortgeschritten-Modus bin ich ihm jedoch nie begegnet ...
Weil meine Entwicklung im Fortgeschrittenen-Modus ständig blockiert wurde, habe ich äußerst wenig Informationen.
Reynold
(?)
Eckles
Trotzdem ist er jetzt wohl meine beste Chance, um zu überleben.
Und selbst wenn ich mehr wüsste, habe ich keine Ahnung, wie viel vom ursprünglichen Spiel sich auf diese Realität hier übertragen lässt.
Nur zwei Dinge sind sicher. Ich muss verhindern, dass die Sympathiewerte ins Minus abrutschen.
Und ich muss unbedingt bis zur Volljährigkeitsfeier von Penelope mit irgendjemandem ein Ending erspielen.
100%

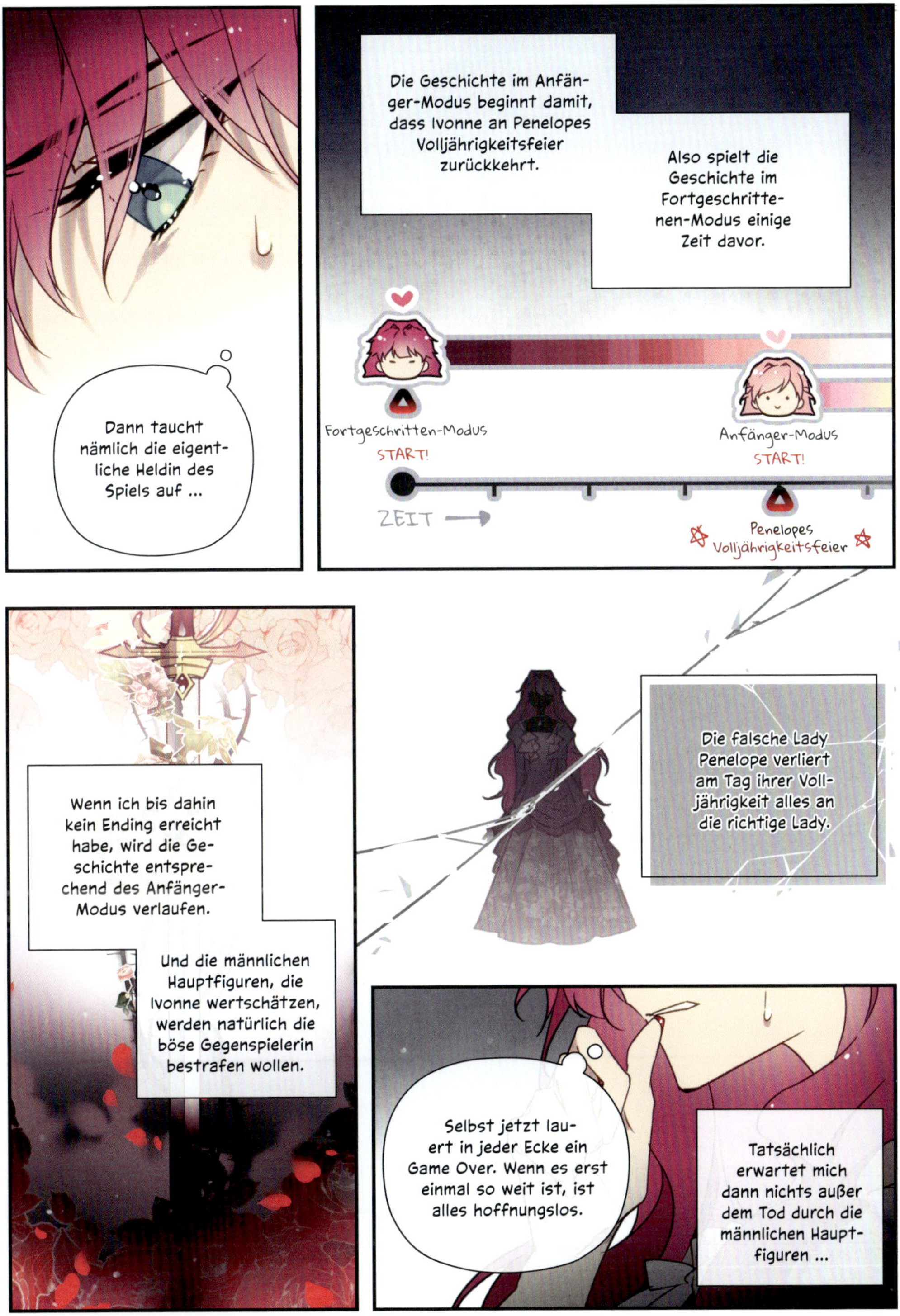
Die Geschichte im Anfänger-Modus beginnt damit, dass Ivonne an Penelopes Volljährigkeitsfeier zurückkehrt.
Also spielt die Geschichte im Fortgeschrittenen-Modus einige Zeit davor.
Fortgeschritten-Modus
START!
Anfänger-Modus
START!
ZEIT
Penelopes Volljährigkeitsfeier
Dann taucht nämlich die eigentliche Heldin des Spiels auf ...
Die falsche Lady Penelope verliert am Tag ihrer Volljährigkeit alles an die richtige Lady.
Wenn ich bis dahin kein Ending erreicht habe, wird die Geschichte entsprechend des Anfänger-Modus verlaufen.
Und die männlichen Hauptfiguren, die Ivonne wertschätzen, werden natürlich die böse Gegenspielerin bestrafen wollen.
Selbst jetzt lauert in jeder Ecke ein Game Over. Wenn es erst einmal so weit ist, ist alles hoffnungslos.
Tatsächlich erwartet mich dann nichts außer dem Tod durch die männlichen Hauptfiguren ...

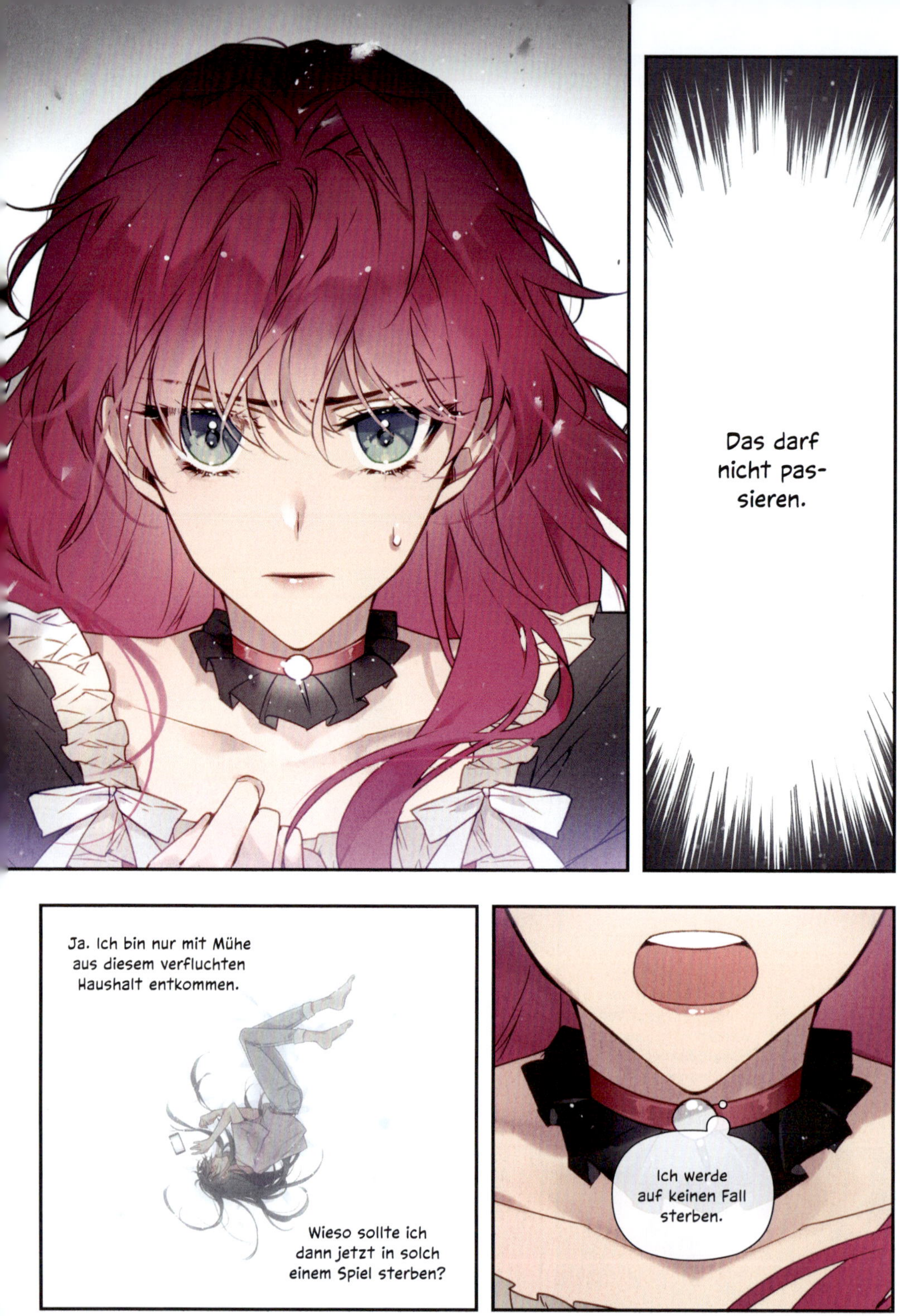
Das darf nicht pas-sieren.
Ja. Ich bin nur mit Mühe aus diesem verfluchten Haushalt entkommen.
Wieso sollte ich dann jetzt in solch einem Spiel sterben?
Ich werde auf keinen Fall sterben.

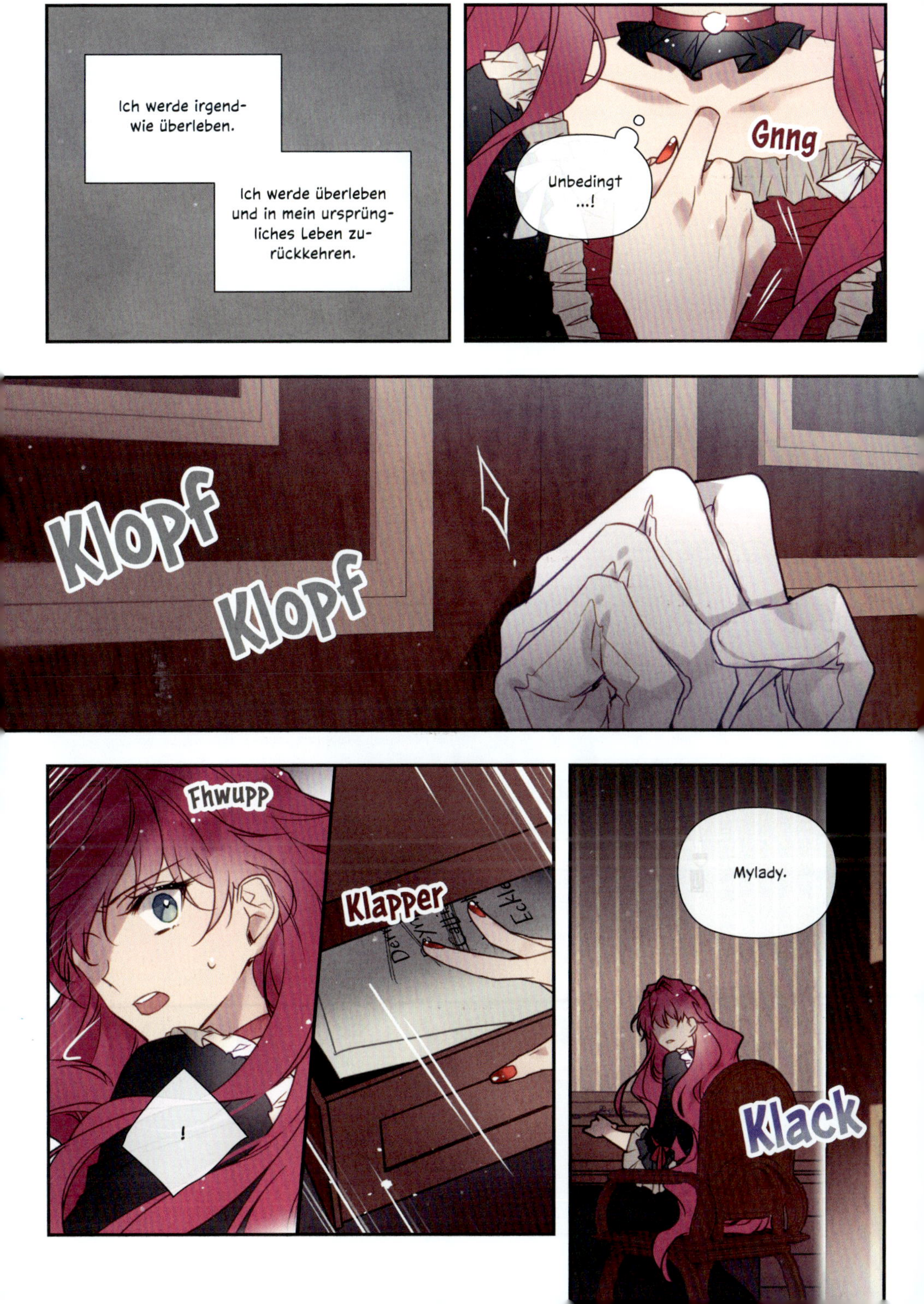

Ich werde irgend-
wie überleben.
Ich werde überleben
und in mein ursprüng-
liches Leben zu-
rückkehren.
Gnng
Unbedingt
...!
Klopf
Klopf
Fhwupp
!
Klapper
Mylady.
Klack

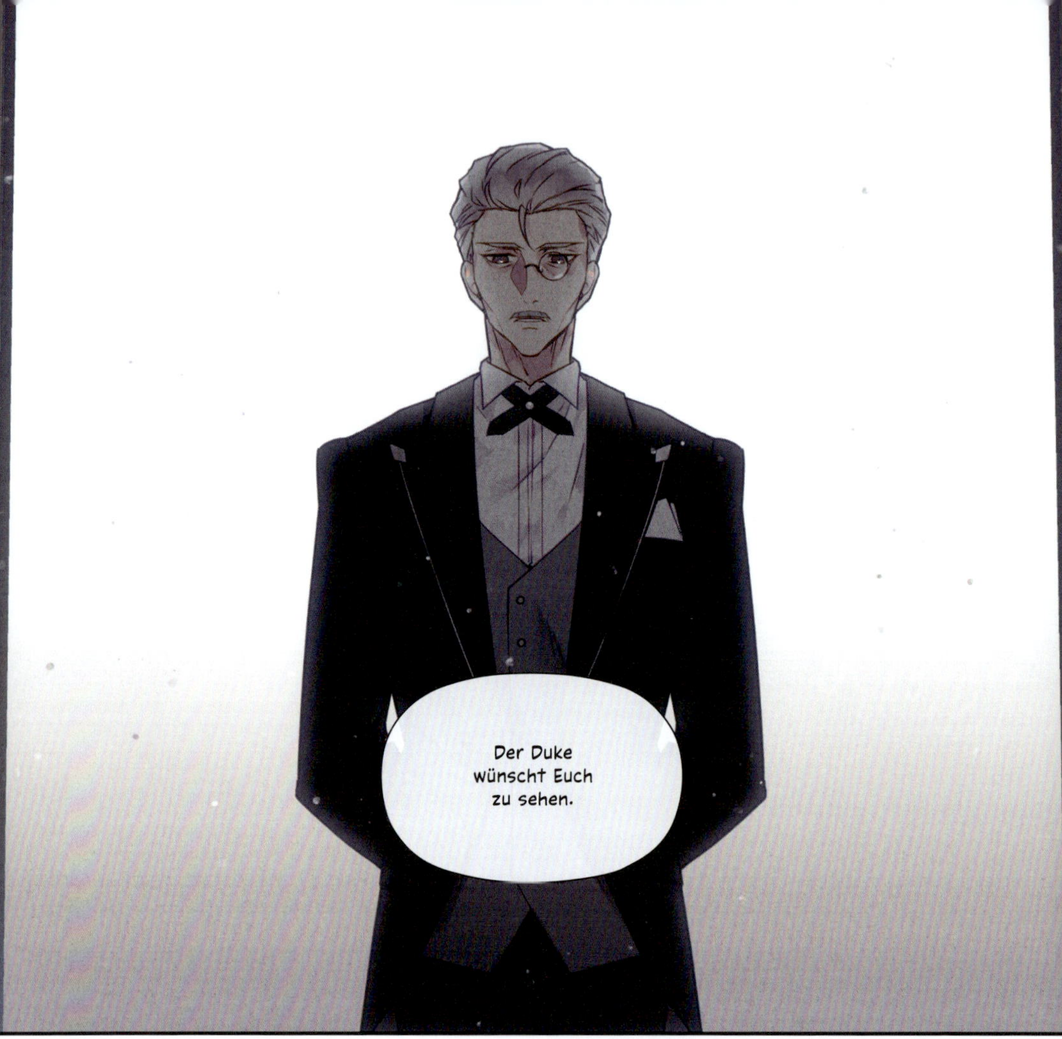
Der Duke
wünscht Euch
zu sehen.

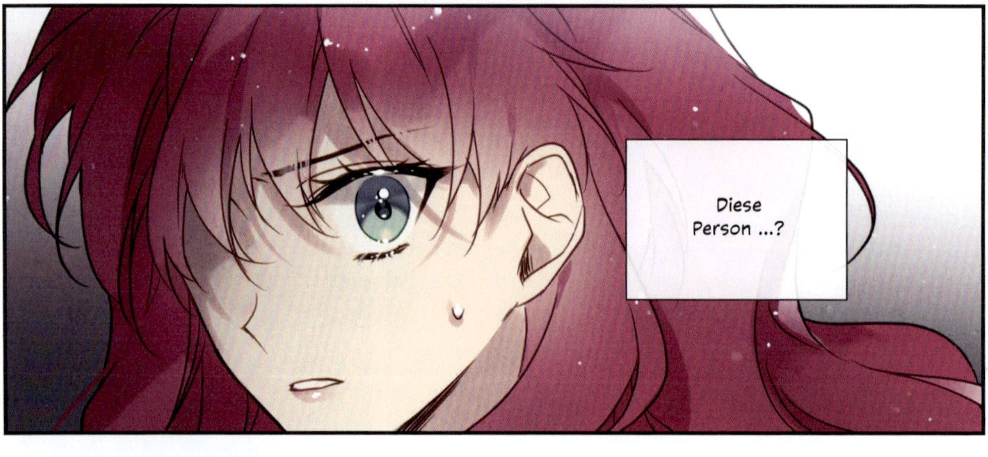
Diese
Person ...?

Penelope
Das Böse ist dem Tod geweiht

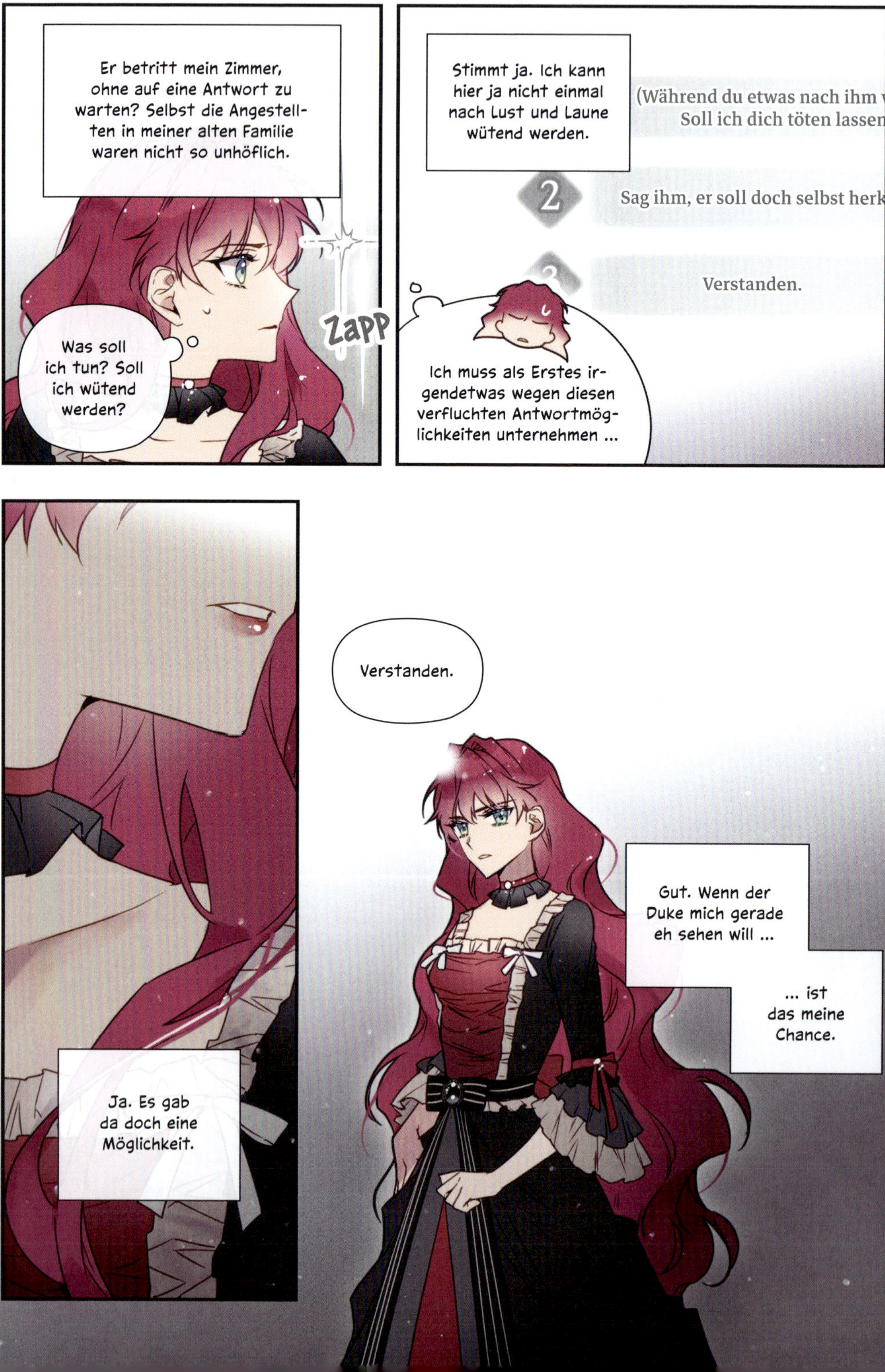

Er betritt mein Zimmer, ohne auf eine Antwort zu warten? Selbst die Angestell-ten in meiner alten Familie waren nicht so unhöflich.
Was soll ich tun? Soll ich wütend werden?
Zapp
Stimmt ja. Ich kann hier ja nicht einmal nach Lust und Laune wütend werden.
(Während du etwas nach ihm
Soll ich dich töten lassen
2
Sag ihm, er soll doch selbst herk
Verstanden.
Ich muss als Erstes ir-gendetwas wegen diesen verfluchten Antwortmög-lichkeiten unternehmen ...
Verstanden.
Ja. Es gab da doch eine Möglichkeit.
Gut. Wenn der Duke mich gerade eh sehen will ...
... ist das meine Chance.

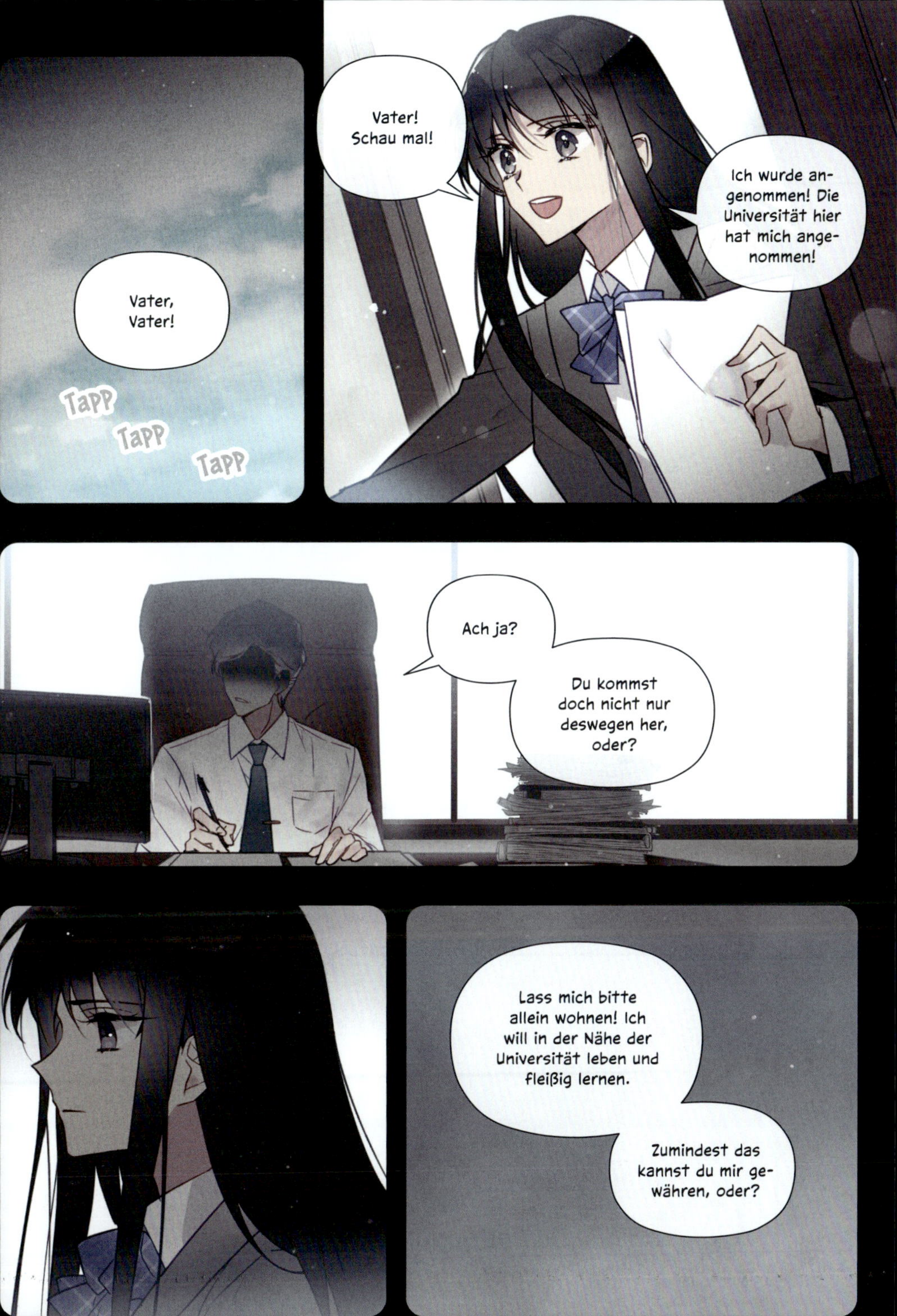
Vater,
Vater!
Tapp
Tapp
Tapp
Vater!
Schau mal!
Ich wurde angenommen! Die Universität hier hat mich angenommen!
Ach ja?
Du kommst doch nicht nur deswegen her, oder?
Lass mich bitte allein wohnen! Ich will in der Nähe der Universität leben und fleißig lernen.
Zumindest das kannst du mir gewähren, oder?

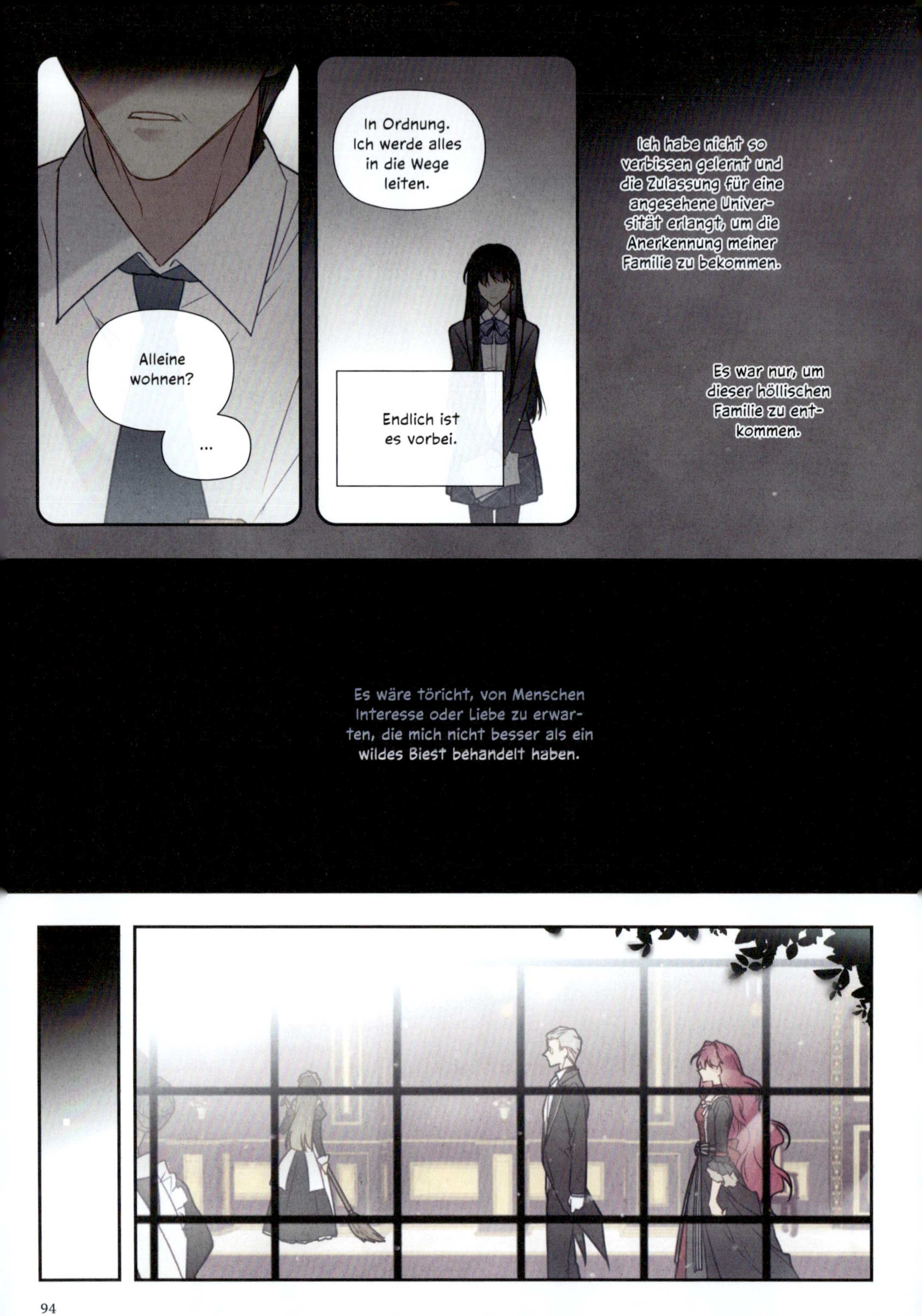
Alleine wohnen?
...
In Ordnung. Ich werde alles in die Wege leiten.
Endlich ist es vorbei.
Ich habe nicht so verbissen gelernt und die Zulassung für eine angesehene Universität erlangt, um die Anerkennung meiner Familie zu bekommen.
Es war nur, um dieser höllischen Familie zu entkommen.
Es wäre töricht, von Menschen Interesse oder Liebe zu erwarten, die mich nicht besser als ein wildes Biest behandelt haben.

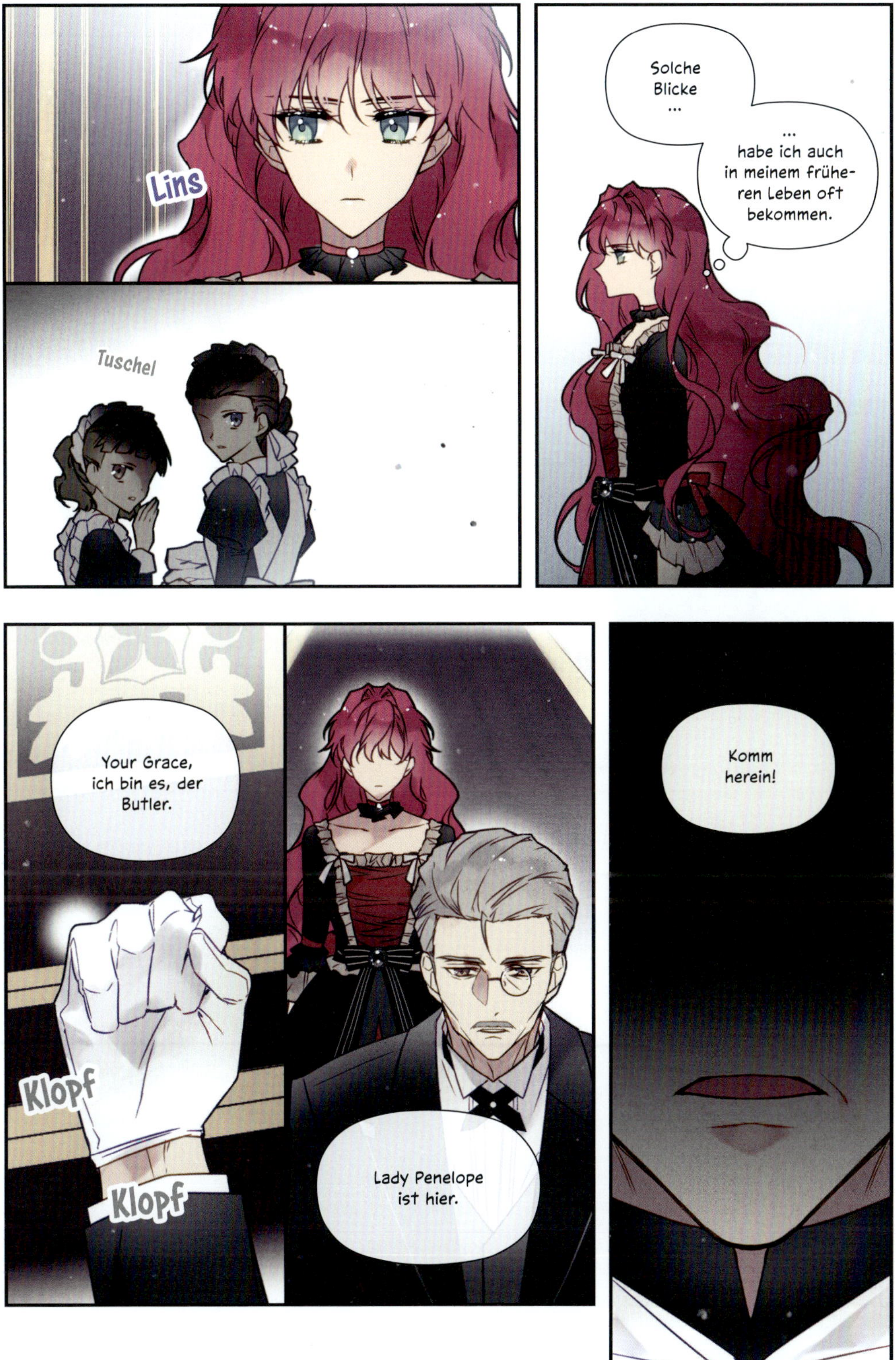
Lins
Solche Blicke ...
... habe ich auch in meinem frühe-ren Leben oft bekommen.
Tuschel
Your Grace, ich bin es, der Butler.
Klopf
Klopf
Lady Penelope ist hier.
Komm herein!

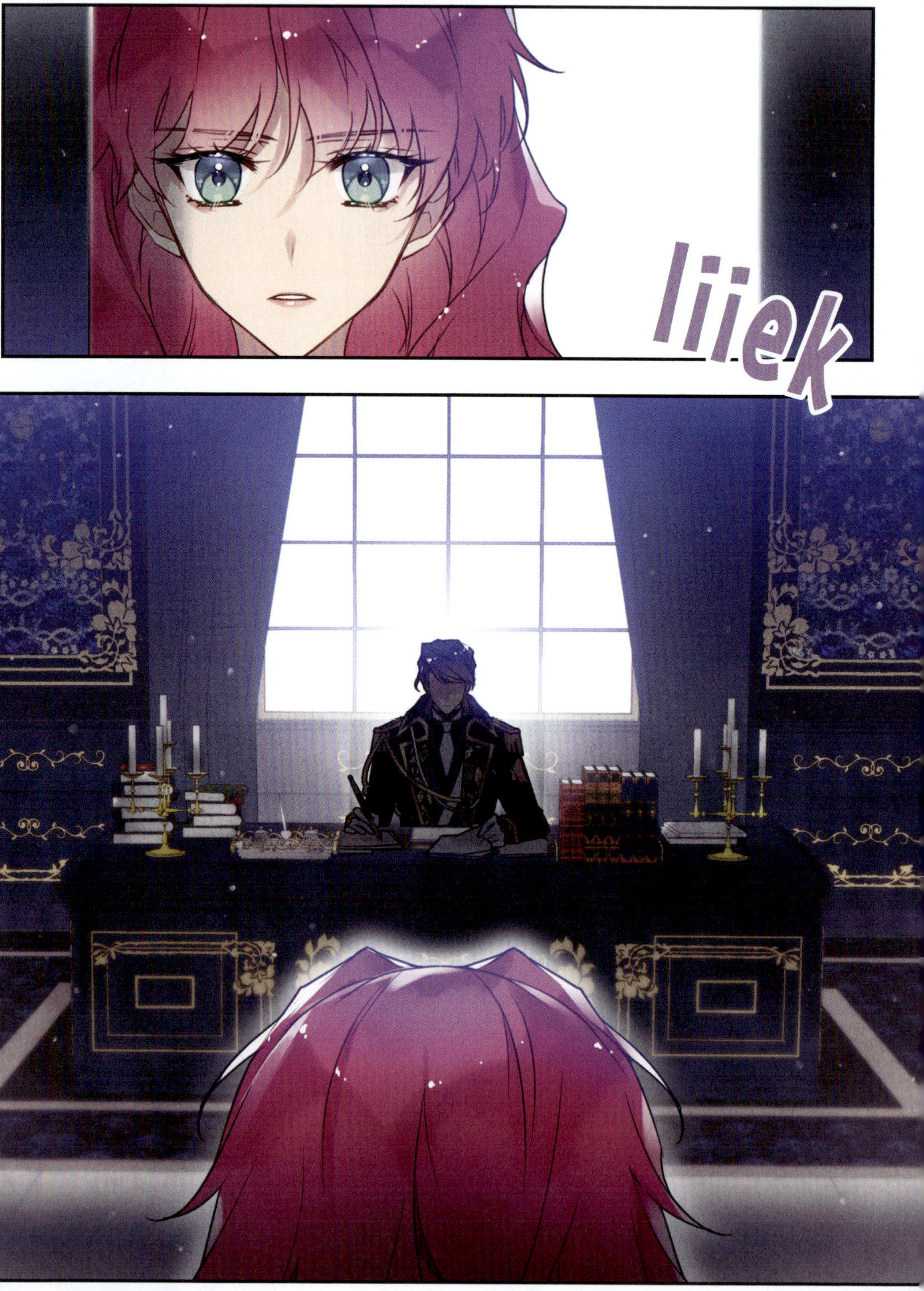
liiek

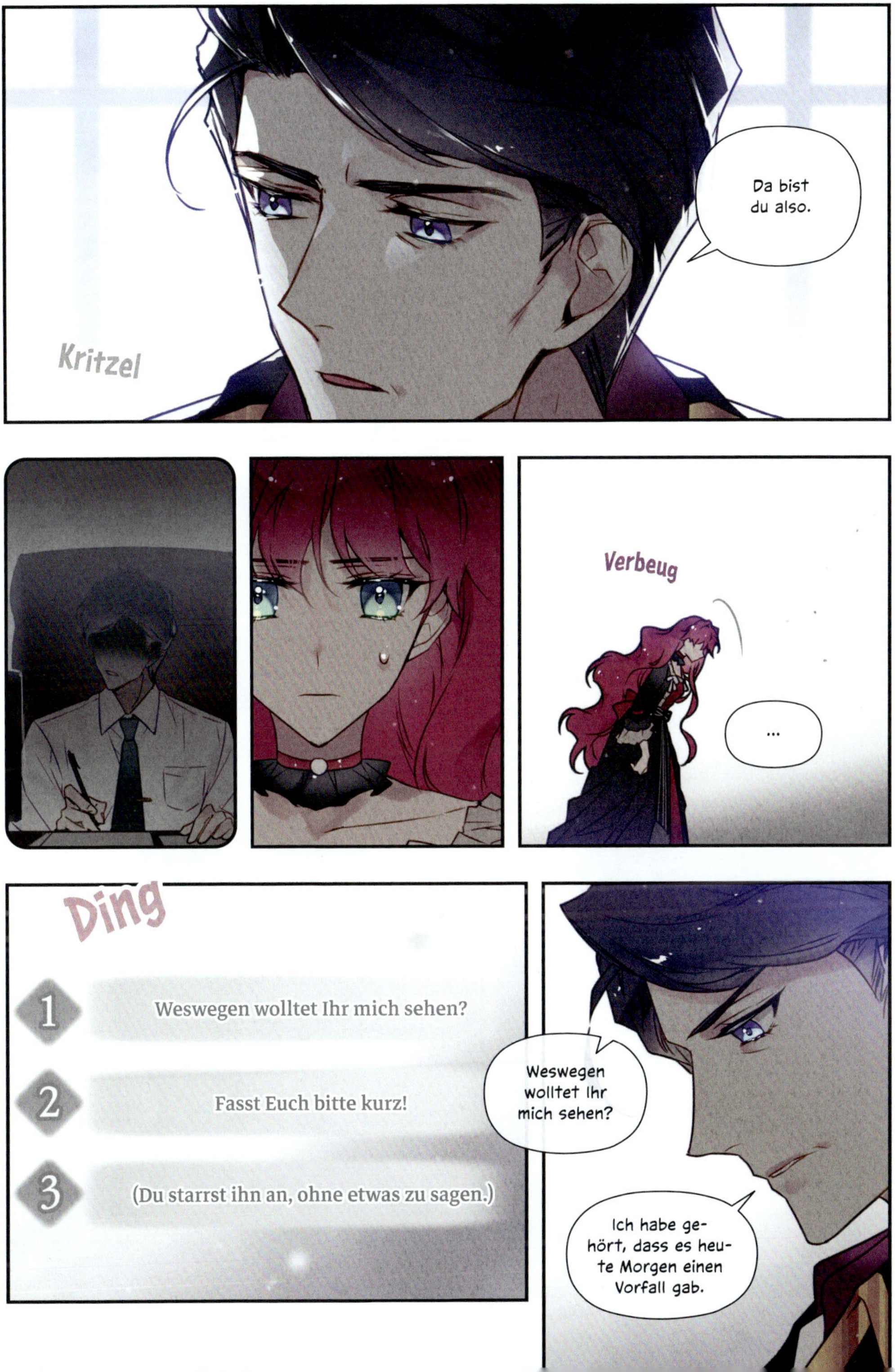
Da bist du also.
Kritzel
Verbeug
...
Ding
1 Weswegen wolltet Ihr mich sehen?
2 Fasst Euch bitte kurz!
3 (Du starrst ihn an, ohne etwas zu sagen.)
Weswegen wolltet Ihr mich sehen?
Ich habe gehört, dass es heute Morgen einen Vorfall gab.

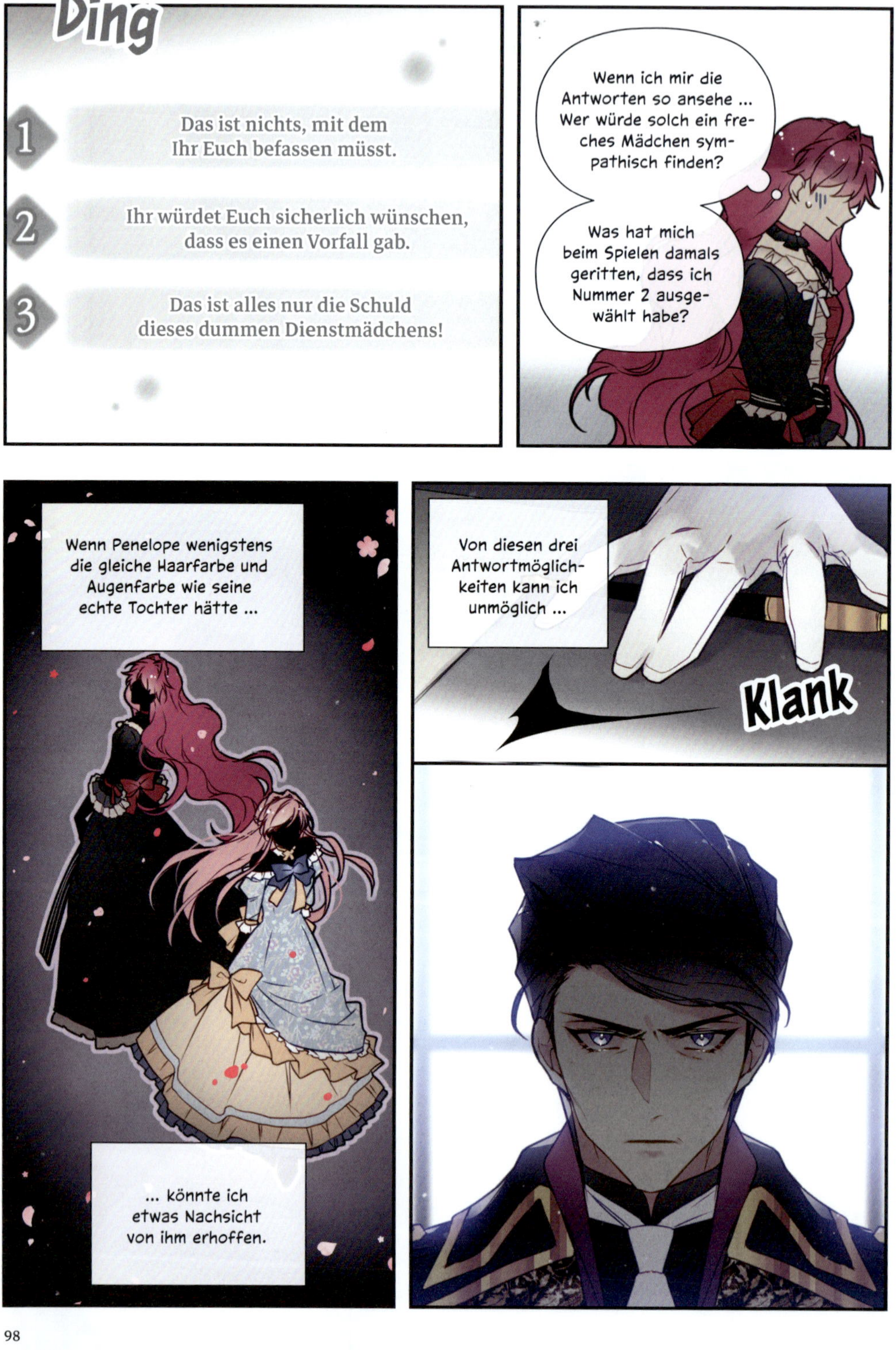
Ding
1 Das ist nichts, mit dem Ihr Euch befassen müsst.
2 Ihr würdet Euch sicherlich wünschen, dass es einen Vorfall gab.
3 Das ist alles nur die Schuld dieses dummen Dienstmädchens!
Wenn ich mir die Antworten so ansehe ... Wer würde solch ein freches Mädchen sympathisch finden?
Was hat mich beim Spielen damals geritten, dass ich Nummer 2 ausgewählt habe?
Wenn Penelope wenigstens die gleiche Haarfarbe und Augenfarbe wie seine echte Tochter hätte ...
... könnte ich etwas Nachsicht von ihm erhoffen.
Von diesen drei Antwortmöglichkeiten kann ich unmöglich ...
Klank

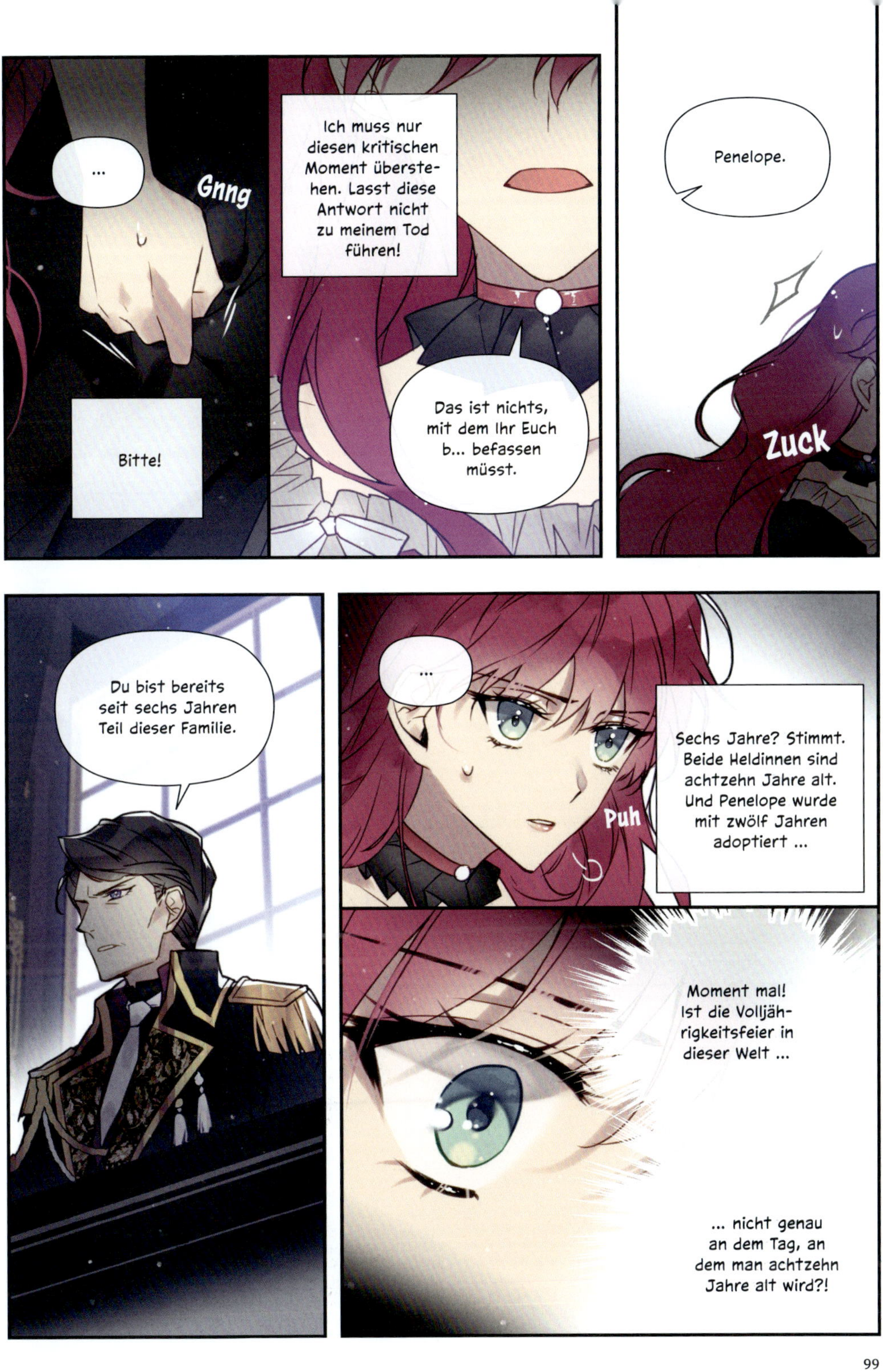
...
Gnng
Ich muss nur diesen kritischen Moment überstehen. Lasst diese Antwort nicht zu meinem Tod führen!
Bitte!
Das ist nichts, mit dem Ihr Euch b... befassen müsst.
Penelope.
Zuck
Du bist bereits seit sechs Jahren Teil dieser Familie.
...
Sechs Jahre? Stimmt. Beide Heldinnen sind achtzehn Jahre alt. Und Penelope wurde mit zwölf Jahren adoptiert ...
Puh
Moment mal! Ist die Volljährigkeitsfeier in dieser Welt ...
... nicht genau an dem Tag, an dem man achtzehn Jahre alt wird?!

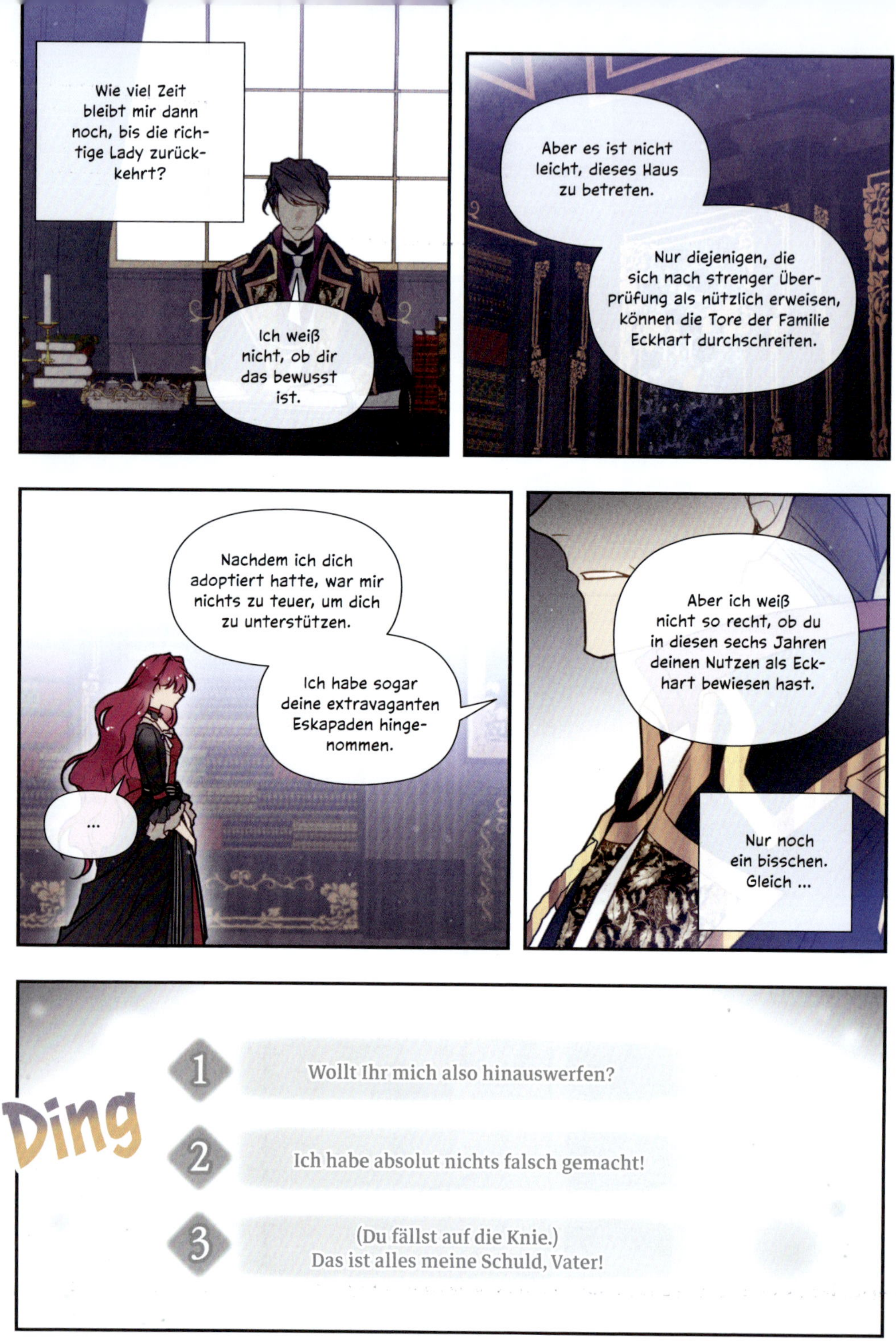
Wie viel Zeit bleibt mir dann noch, bis die richtige Lady zurückkehrt?
Ich weiß nicht, ob dir das bewusst ist.
Aber es ist nicht leicht, dieses Haus zu betreten.
Nur diejenigen, die sich nach strenger Überprüfung als nützlich erweisen, können die Tore der Familie Eckhart durchschreiten.
Nachdem ich dich adoptiert hatte, war mir nichts zu teuer, um dich zu unterstützen.
Ich habe sogar deine extravaganten Eskapaden hingenommen.
...
Aber ich weiß nicht so recht, ob du in diesen sechs Jahren deinen Nutzen als Eckhart bewiesen hast.
Nur noch ein bisschen. Gleich ...
Ding
1 Wollt Ihr mich also hinauswerfen?
2 Ich habe absolut nichts falsch gemacht!
3 (Du fällst auf die Knie.) Das ist alles meine Schuld, Vater!

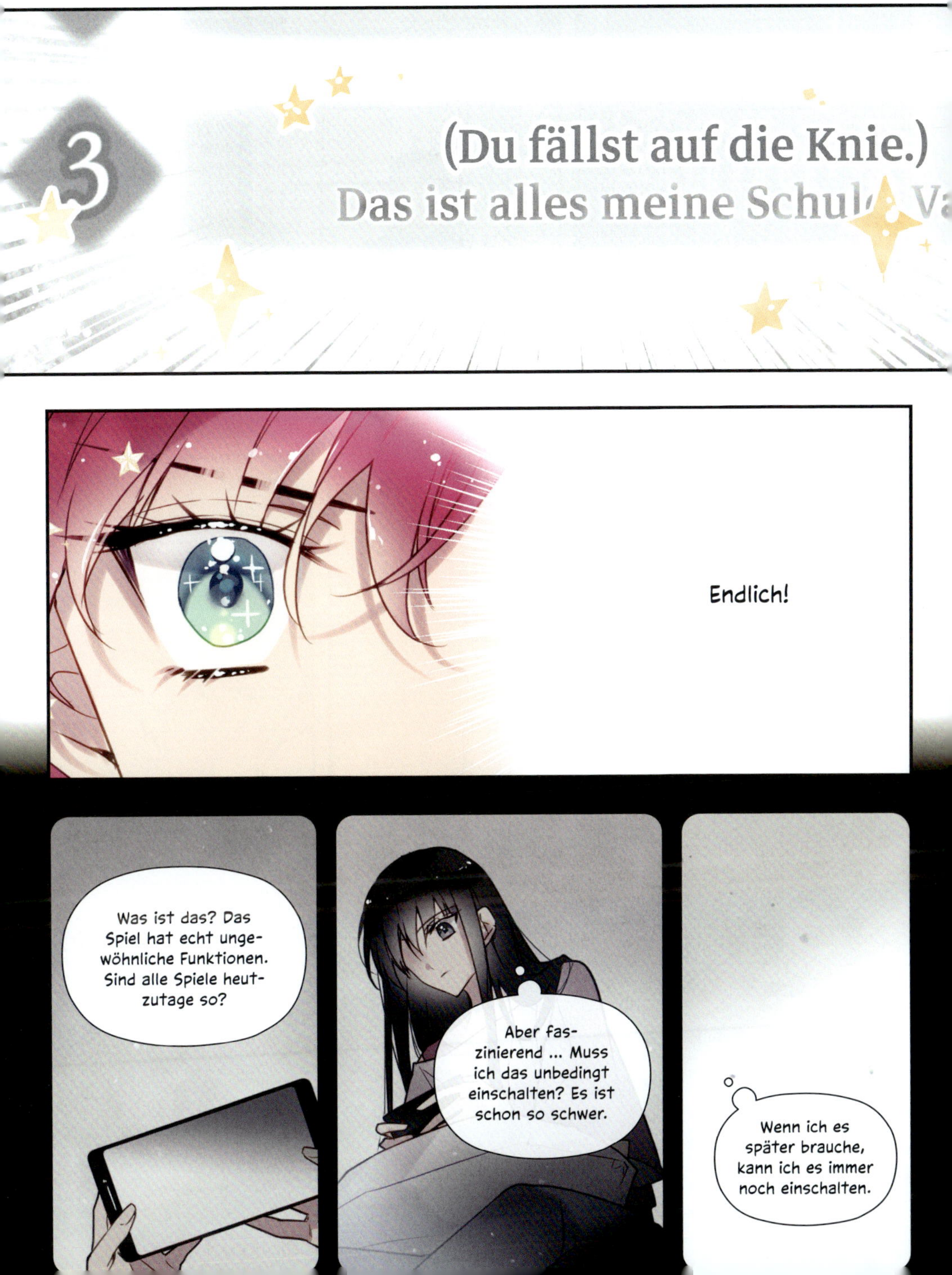
3
(Du fällst auf die Knie.)
Das ist alles meine Schul
Endlich!
Was ist das? Das Spiel hat echt unge-wöhnliche Funktionen. Sind alle Spiele heut-zutage so?
Aber fas-zinierend ... Muss ich das unbedingt einschalten? Es ist schon so schwer.
Wenn ich es später brauche, kann ich es immer noch einschalten.

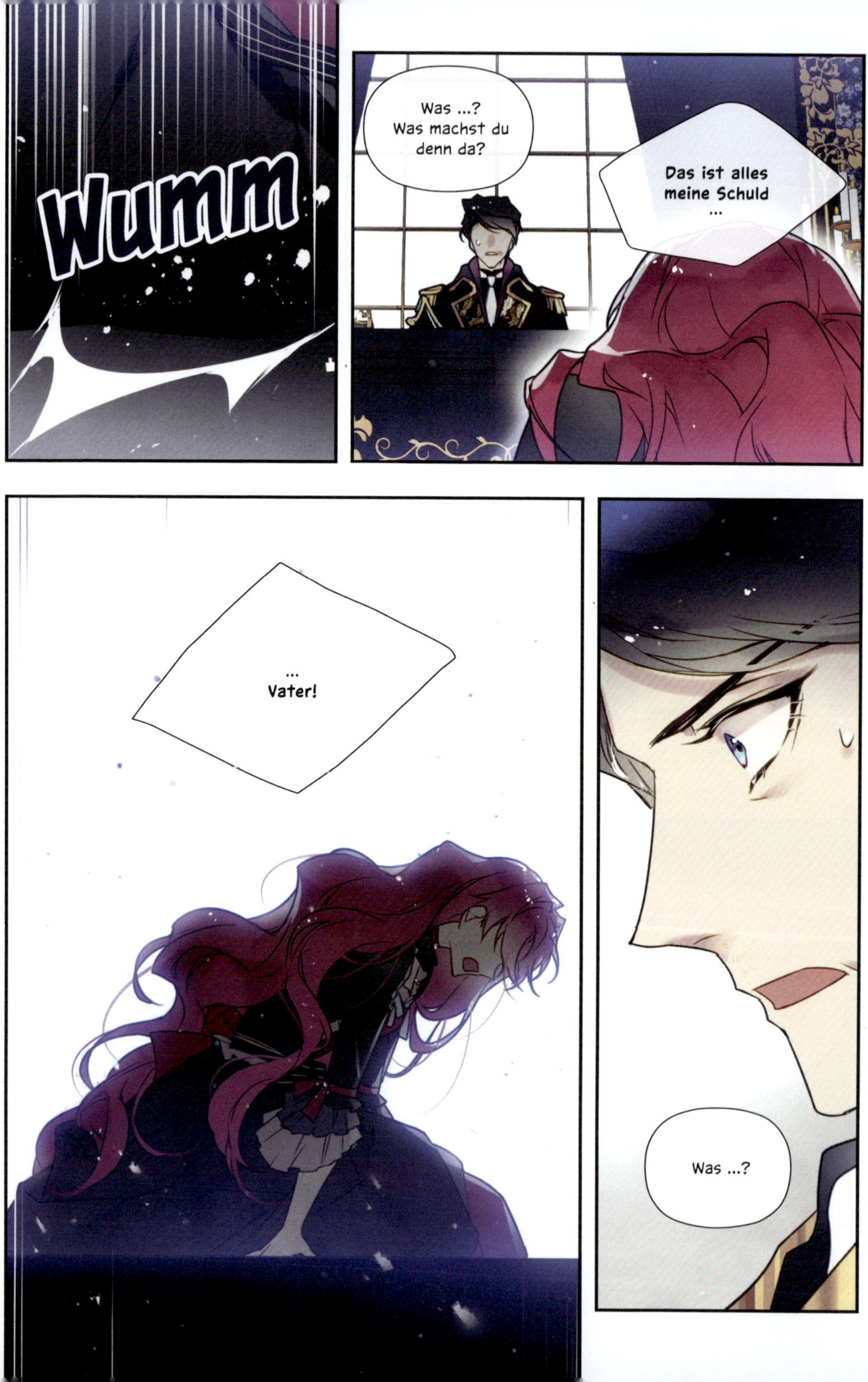
Wumm
Was ...? Was machst du denn da?
Das ist alles meine Schuld ...
... Vater!
Was ...?

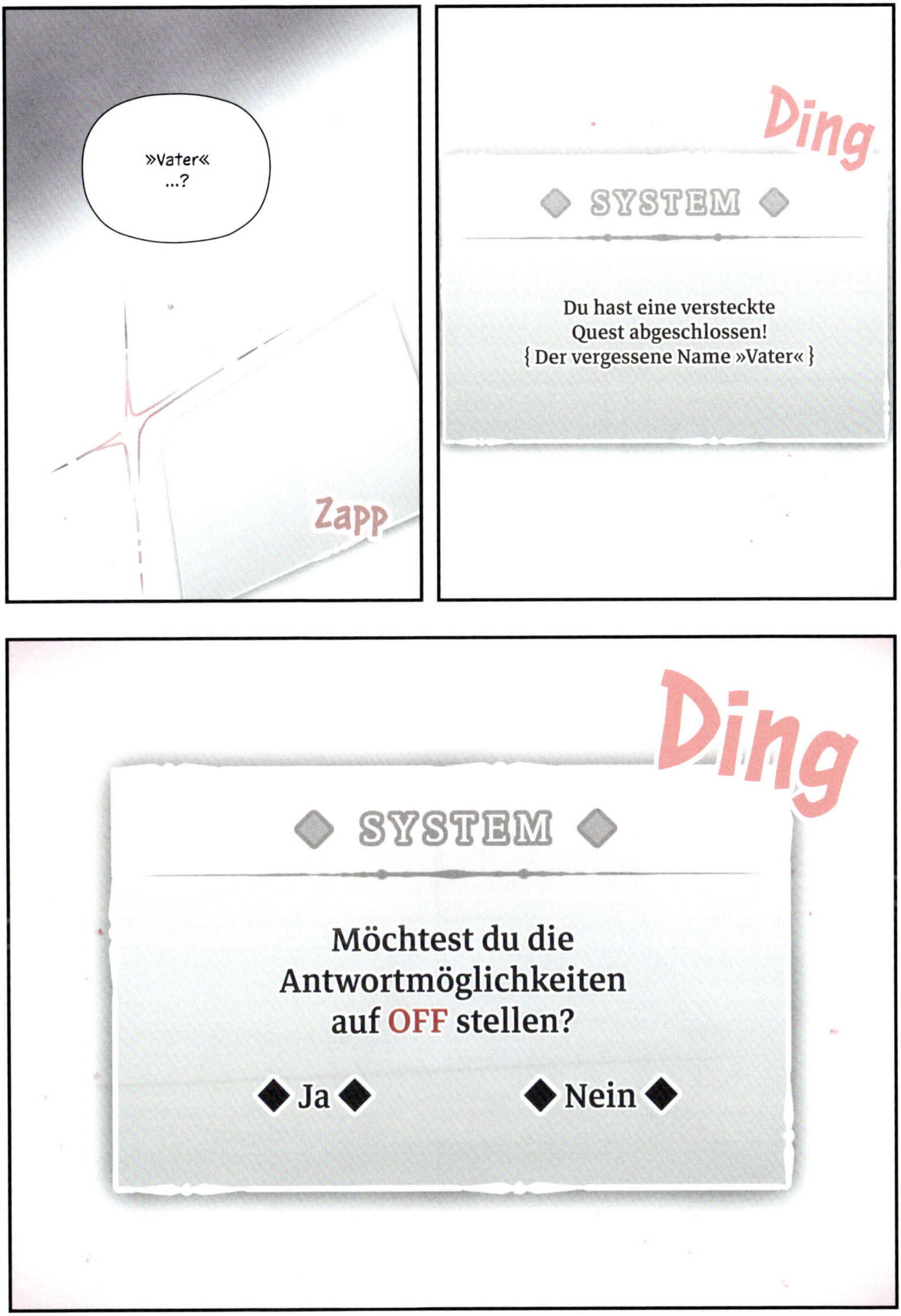
»Vater«
...?
Zapp
Ding
SYSTEM
Du hast eine versteckte
Quest abgeschlossen!
{ Der vergessene Name »Vater« }
Ding
SYSTEM
Möchtest du die
Antwortmöglichkeiten
auf OFF stellen?
Ja
Nein

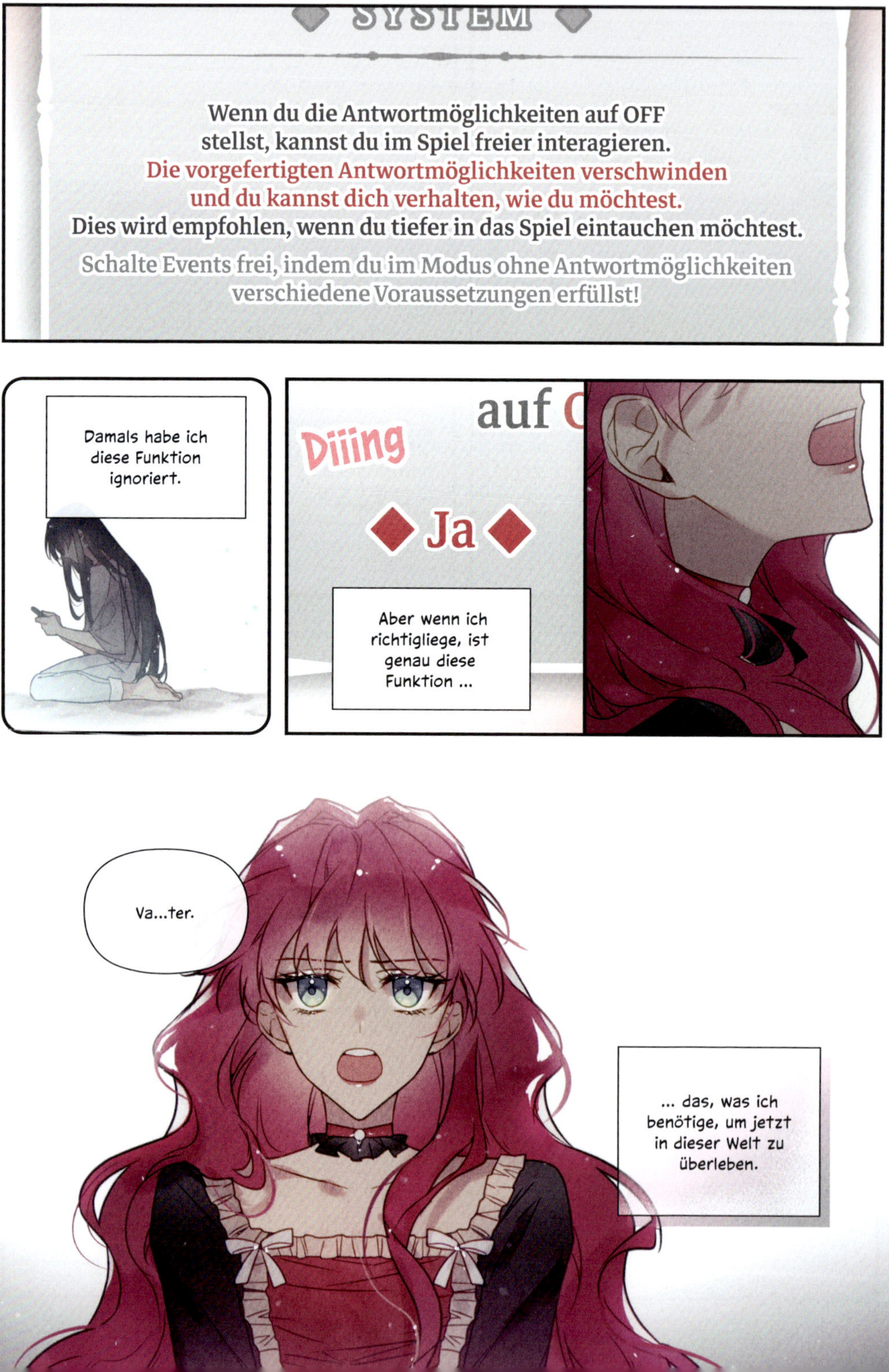
SYSTEM
Wenn du die Antwortmöglichkeiten auf OFF stellst, kannst du im Spiel freier interagieren.
Die vorgefertigten Antwortmöglichkeiten verschwinden und du kannst dich verhalten, wie du möchtest.
Dies wird empfohlen, wenn du tiefer in das Spiel eintauchen möchtest.
Schalte Events frei, indem du im Modus ohne Antwortmöglichkeiten verschiedene Voraussetzungen erfüllst!
Damals habe ich diese Funktion ignoriert.
auf
Diiing
Ja
Aber wenn ich richtigliege, ist genau diese Funktion ...
Va...ter.
... das, was ich benötige, um jetzt in dieser Welt zu überleben.

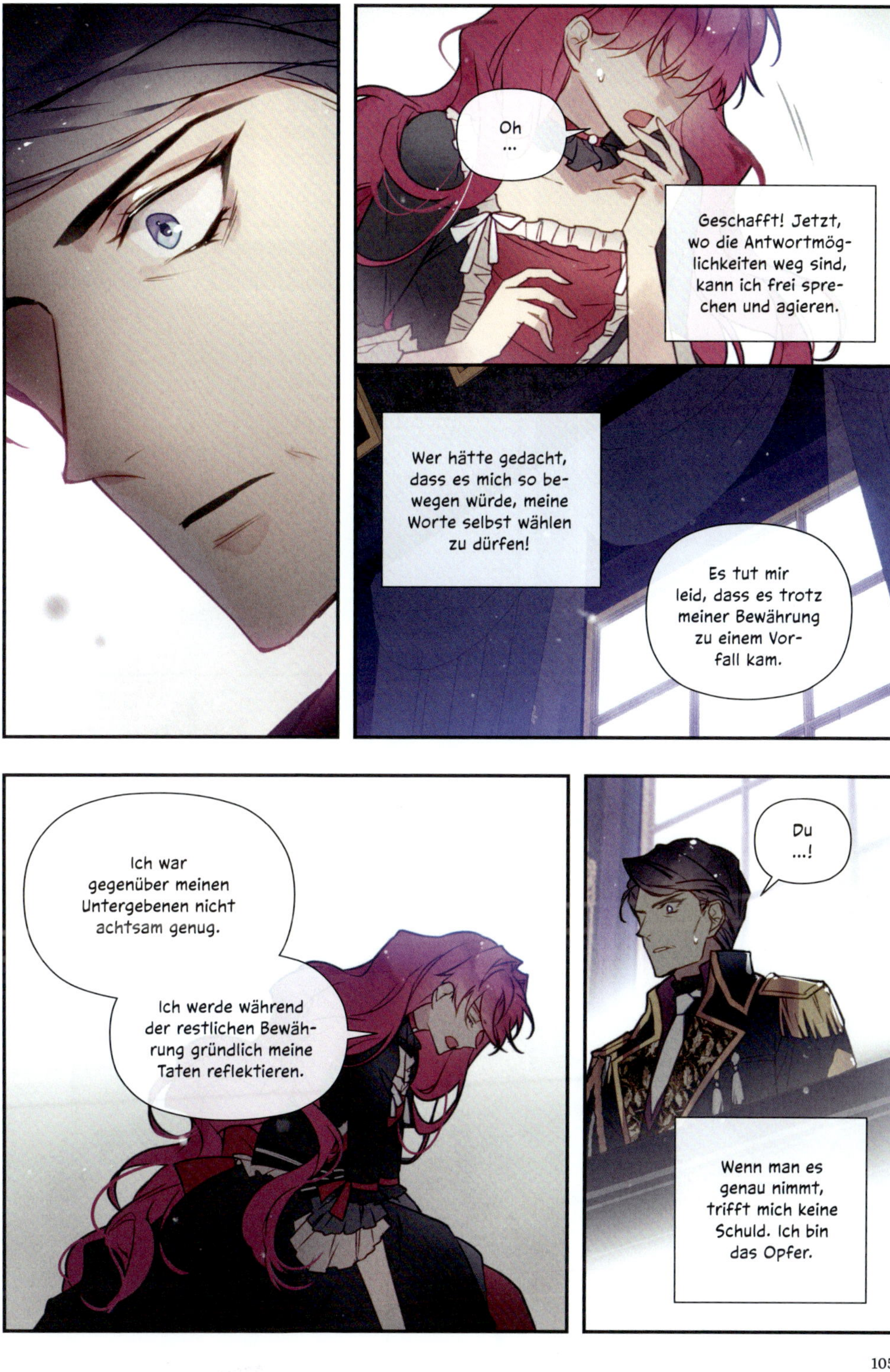
Oh
...
Geschafft! Jetzt, wo die Antwortmöglichkeiten weg sind, kann ich frei sprechen und agieren.
Wer hätte gedacht, dass es mich so bewegen würde, meine Worte selbst wählen zu dürfen!
Es tut mir leid, dass es trotz meiner Bewährung zu einem Vorfall kam.
Ich war gegenüber meinen Untergebenen nicht achtsam genug.
Ich werde während der restlichen Bewährung gründlich meine Taten reflektieren.
Du ...!
Wenn man es genau nimmt, trifft mich keine Schuld. Ich bin das Opfer.

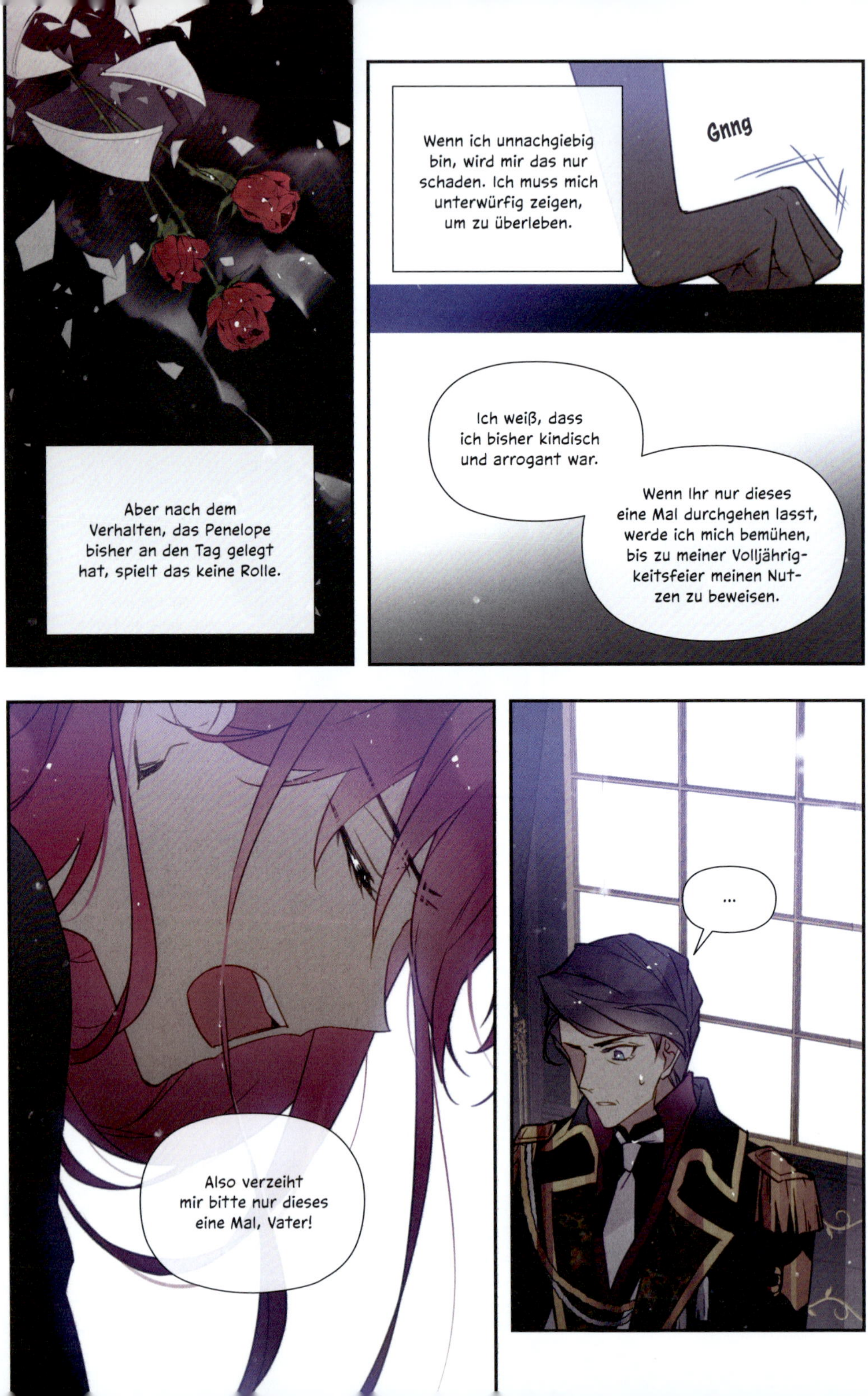
Wenn ich unnachgiebig bin, wird mir das nur schaden. Ich muss mich unterwürfig zeigen, um zu überleben.
Gnng
Aber nach dem Verhalten, das Penelope bisher an den Tag gelegt hat, spielt das keine Rolle.
Ich weiß, dass ich bisher kindisch und arrogant war.
Wenn Ihr nur dieses eine Mal durchgehen lasst, werde ich mich bemühen, bis zu meiner Volljährigkeitsfeier meinen Nutzen zu beweisen.
Also verzeiht mir bitte nur dieses eine Mal, Vater!
...

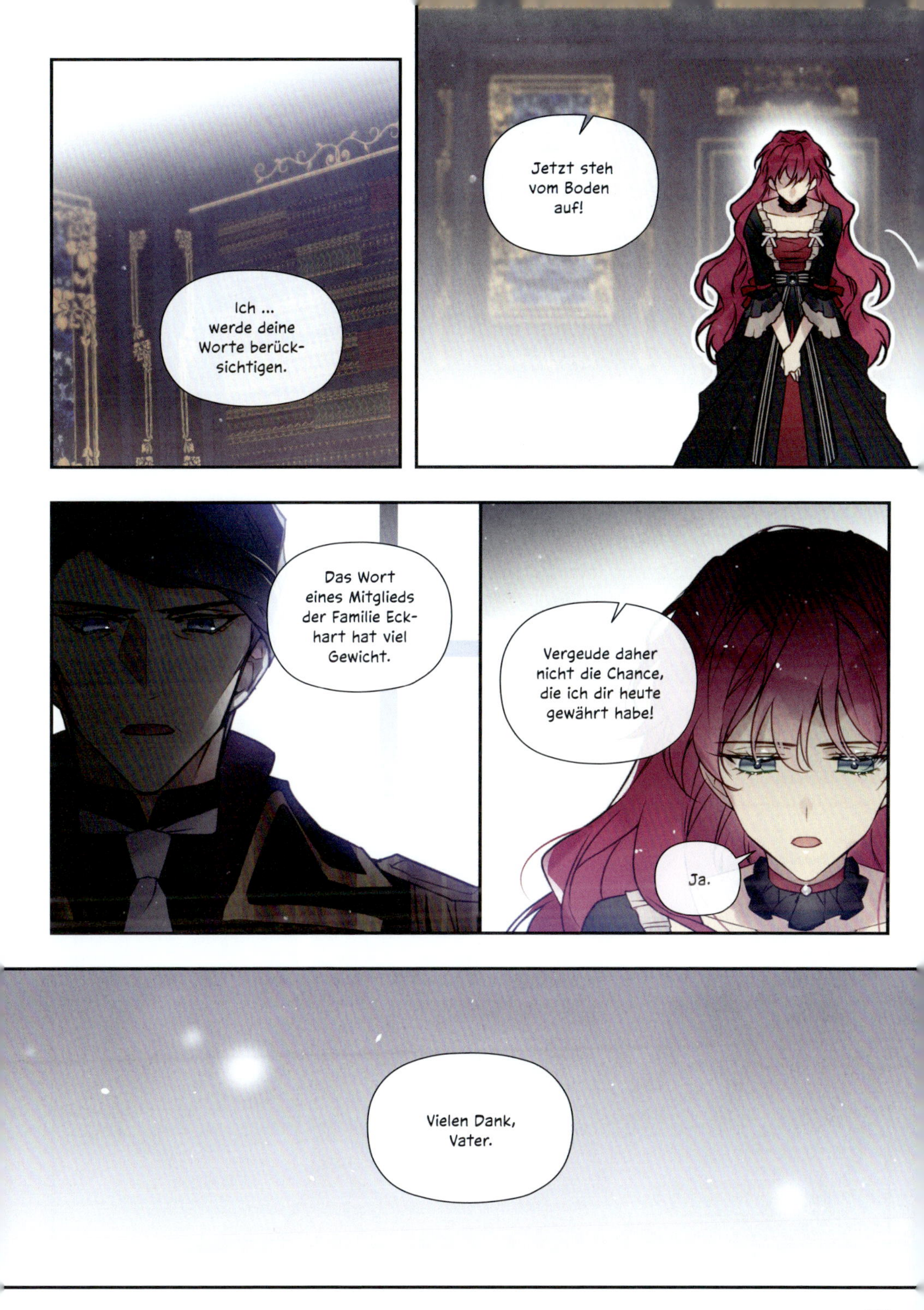
Ich ... werde deine Worte berück-sichtigen.
Jetzt steh vom Boden auf!
Das Wort eines Mitglieds der Familie Eck-hart hat viel Gewicht.
Vergeude daher nicht die Chance, die ich dir heute gewährt habe!
Ja.
Vielen Dank, Vater.

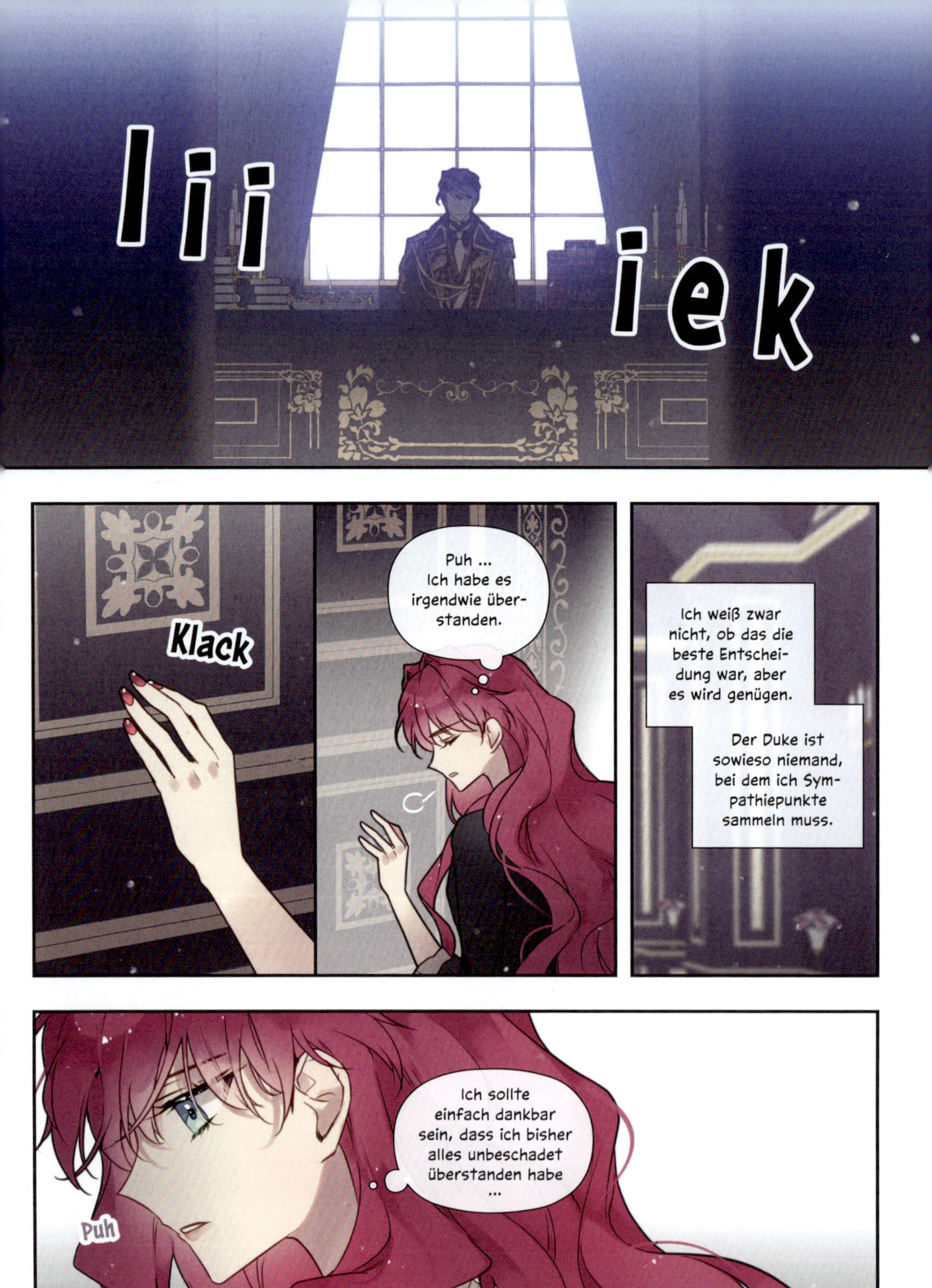
Iii
iek
Klack
Puh ... Ich habe es irgendwie überstanden.
Ich weiß zwar nicht, ob das die beste Entscheidung war, aber es wird genügen.
Der Duke ist sowieso niemand, bei dem ich Sympathiepunkte sammeln muss.
Ich sollte einfach dankbar sein, dass ich bisher alles unbeschadet überstanden habe ...
Puh

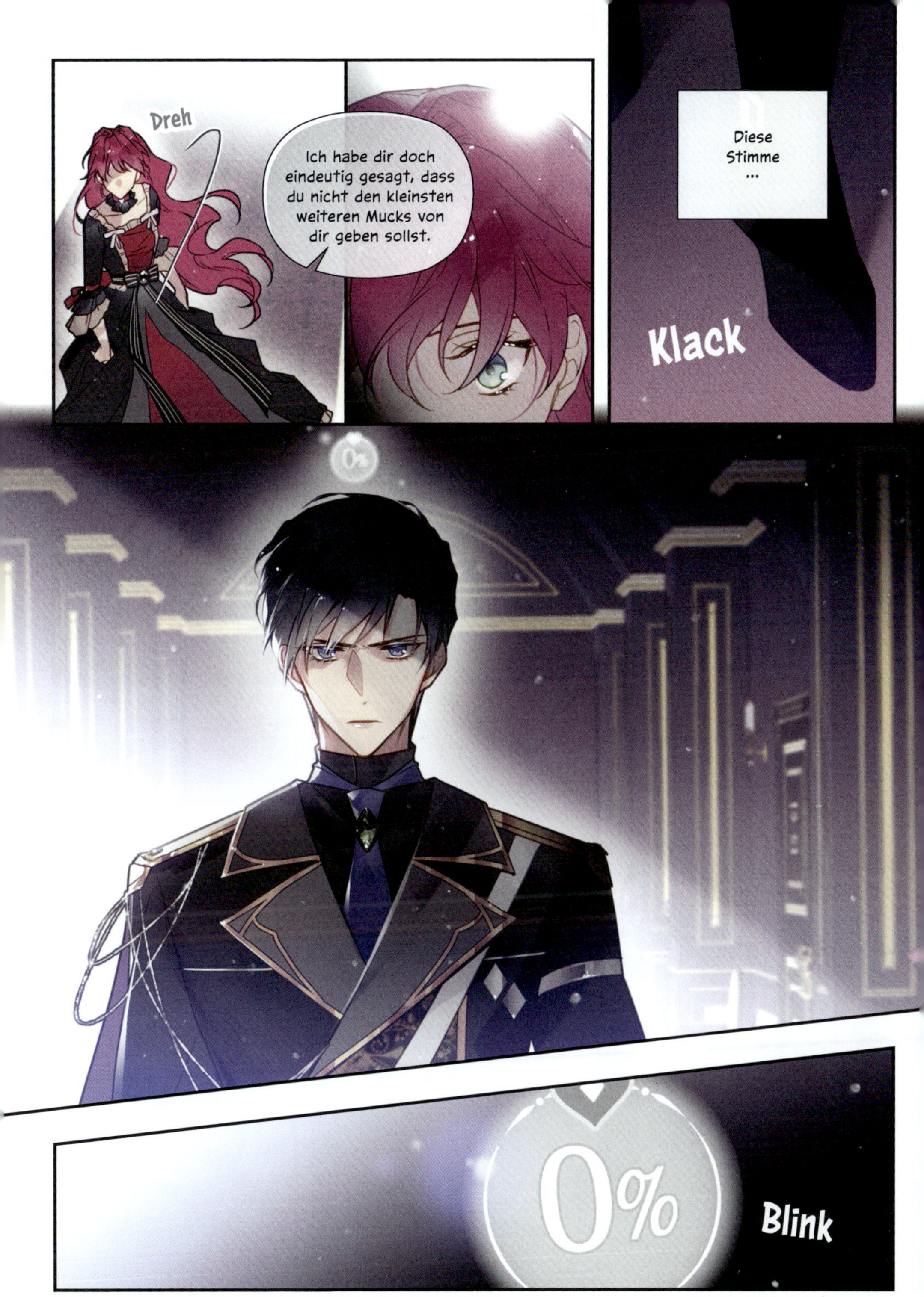
Dreh
Ich habe dir doch eindeutig gesagt, dass du nicht den kleinsten weiteren Mucks von dir geben sollst.
Diese Stimme ...
Klack
0%
0%
Blink

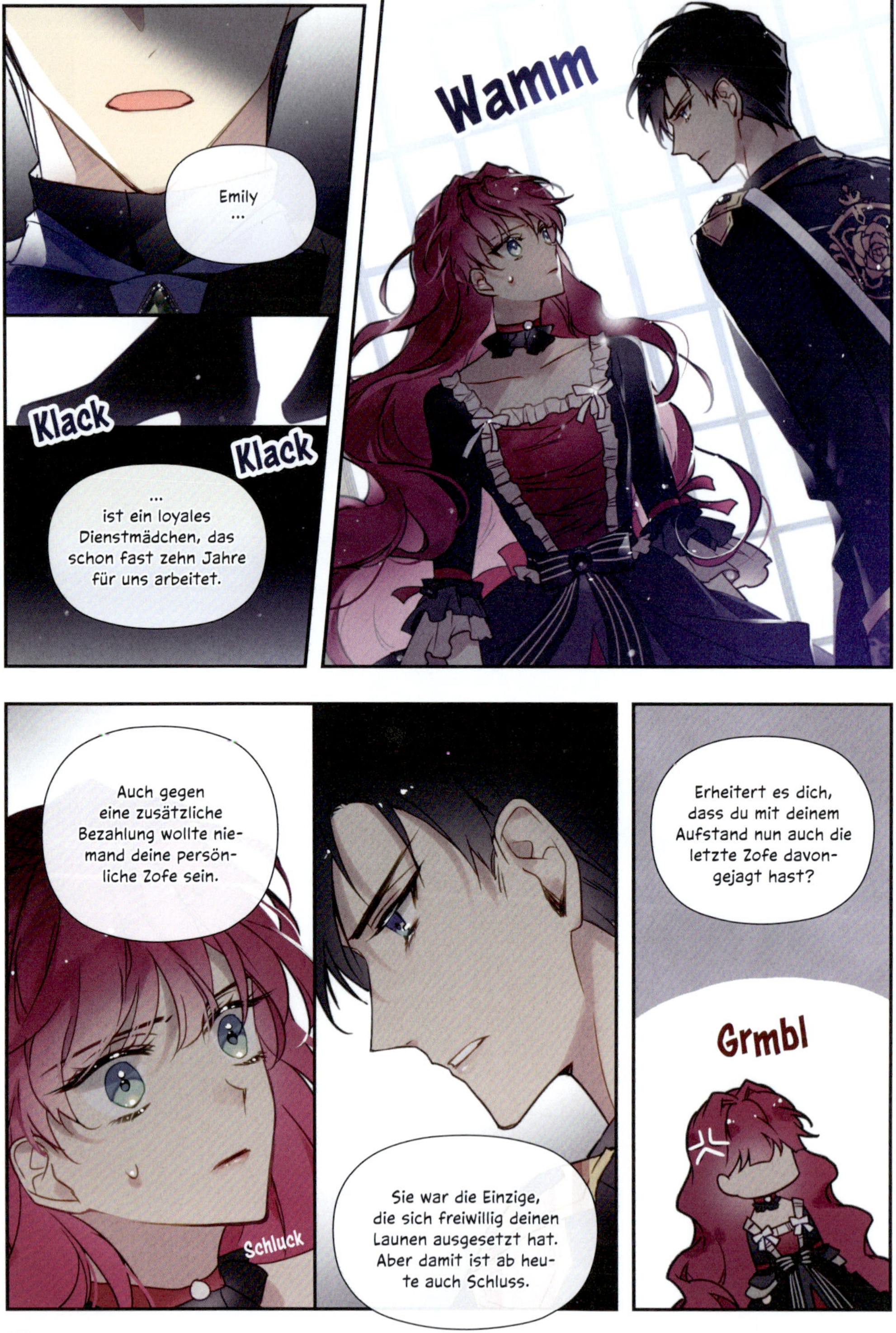
Emily …
Wamm
Klack
Klack
… ist ein loyales Dienstmädchen, das schon fast zehn Jahre für uns arbeitet.
Auch gegen eine zusätzliche Bezahlung wollte niemand deine persönliche Zofe sein.
Schluck
Sie war die Einzige, die sich freiwillig deinen Launen ausgesetzt hat. Aber damit ist ab heute auch Schluss.
Erheitert es dich, dass du mit deinem Aufstand nun auch die letzte Zofe davongejagt hast?
Grmbl

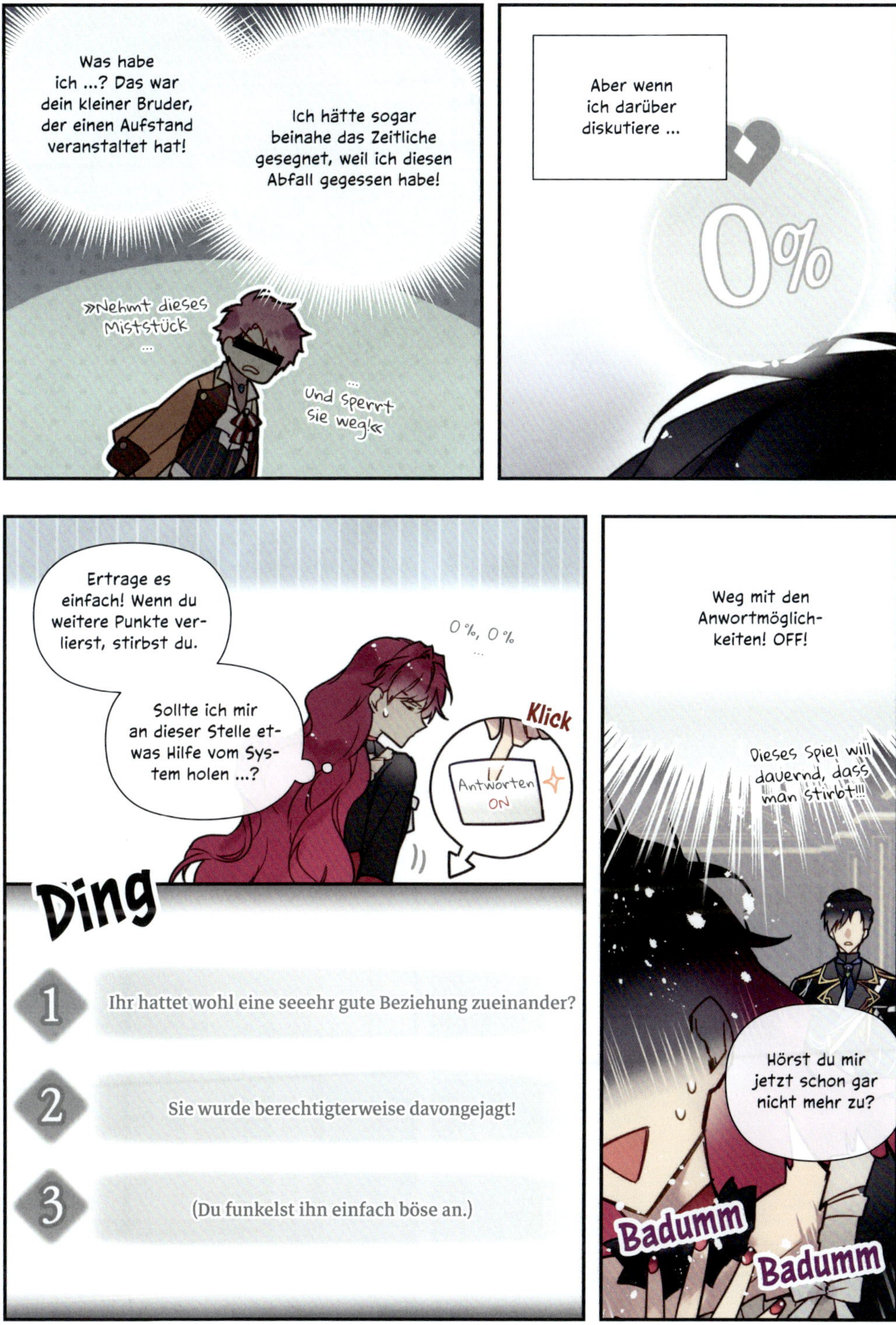

Was habe ich ...? Das war dein kleiner Bruder, der einen Aufstand veranstaltet hat!
Ich hätte sogar beinahe das Zeitliche gesegnet, weil ich diesen Abfall gegessen habe!
»Nehmt dieses Miststück ...
... Und sperrt sie weg!«
Aber wenn ich darüber diskutiere ...
0%
Ertrage es einfach! Wenn du weitere Punkte verlierst, stirbst du.
0 %, 0 % ...
Sollte ich mir an dieser Stelle etwas Hilfe vom System holen ...?
Klick
Antworten ON
Ding
1 Ihr hattet wohl eine seeehr gute Beziehung zueinander?
2 Sie wurde berechtigterweise davongejagt!
3 (Du funkelst ihn einfach böse an.)
Weg mit den Anwortmöglichkeiten! OFF!
Dieses Spiel will dauernd, dass man stirbt!!!
Hörst du mir jetzt schon gar nicht mehr zu?
Badumm
Badumm

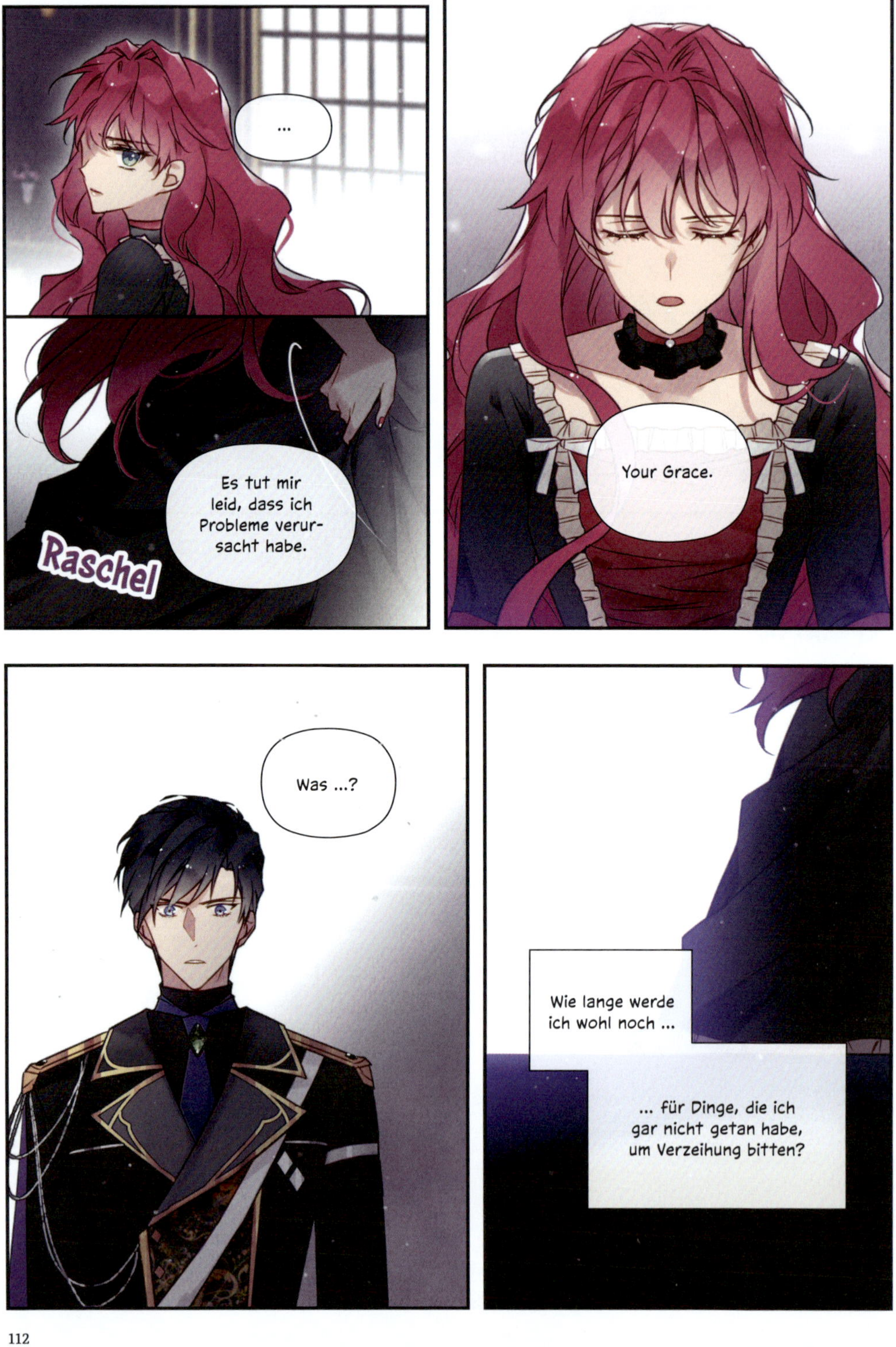
...
Es tut mir leid, dass ich Probleme verursacht habe.
Raschel
Your Grace.
Was ...?
Wie lange werde ich wohl noch ...
... für Dinge, die ich gar nicht getan habe, um Verzeihung bitten?

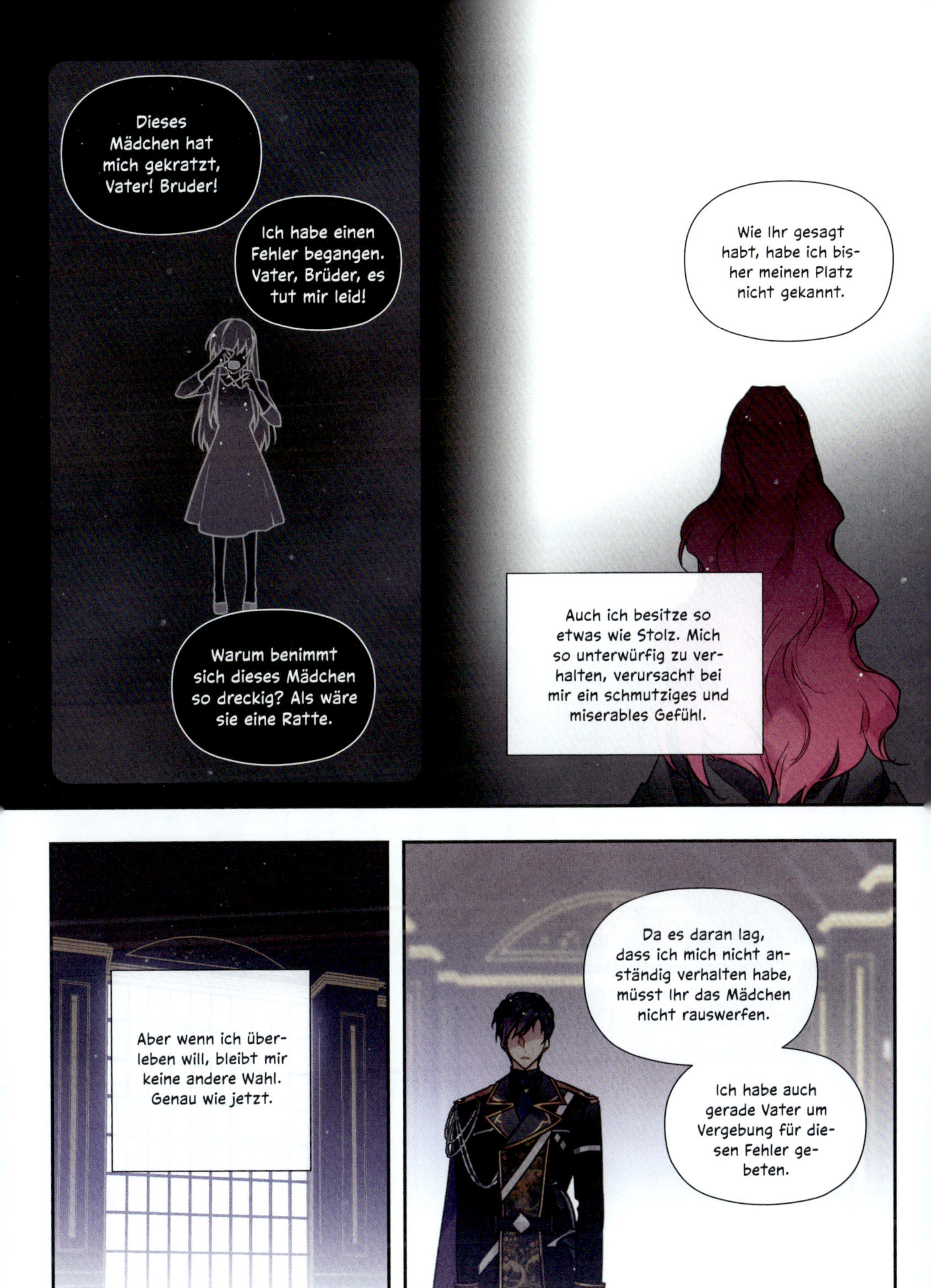

Dieses Mädchen hat mich gekratzt, Vater! Bruder!
Ich habe einen Fehler begangen. Vater, Brüder, es tut mir leid!
Warum benimmt sich dieses Mädchen so dreckig? Als wäre sie eine Ratte.
Wie Ihr gesagt habt, habe ich bisher meinen Platz nicht gekannt.
Auch ich besitze so etwas wie Stolz. Mich so unterwürfig zu verhalten, verursacht bei mir ein schmutziges und miserables Gefühl.
Aber wenn ich überleben will, bleibt mir keine andere Wahl. Genau wie jetzt.
Da es daran lag, dass ich mich nicht anständig verhalten habe, müsst Ihr das Mädchen nicht rauswerfen.
Ich habe auch gerade Vater um Vergebung für diesen Fehler gebeten.

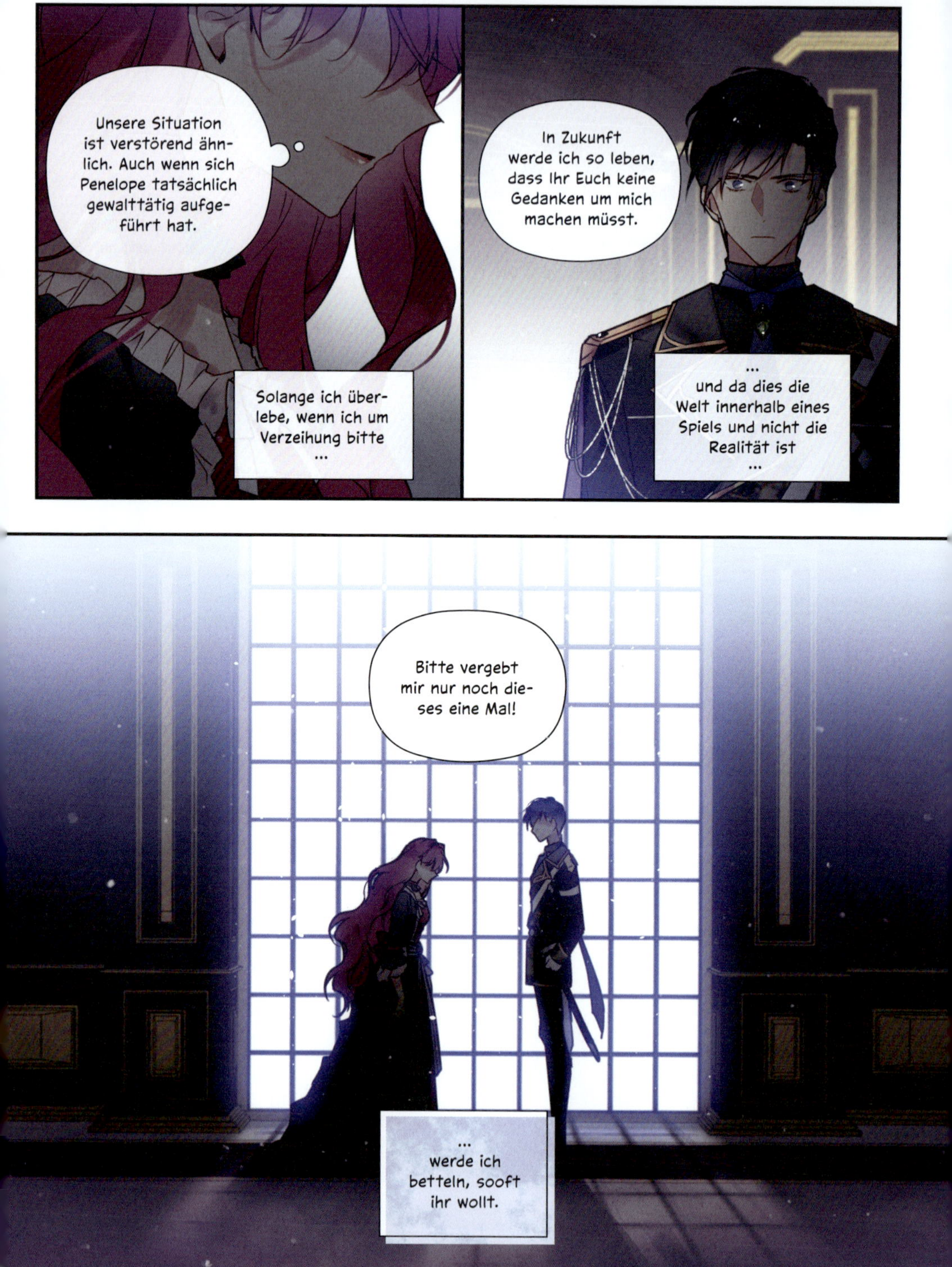
Unsere Situation ist verstörend ähnlich. Auch wenn sich Penelope tatsächlich gewalttätig aufgeführt hat.
Solange ich überlebe, wenn ich um Verzeihung bitte …
In Zukunft werde ich so leben, dass Ihr Euch keine Gedanken um mich machen müsst.
… und da dies die Welt innerhalb eines Spiels und nicht die Realität ist …
Bitte vergebt mir nur noch dieses eine Mal!
… werde ich betteln, sooft ihr wollt.

Penelope
Das Böse ist dem Tod geweiht

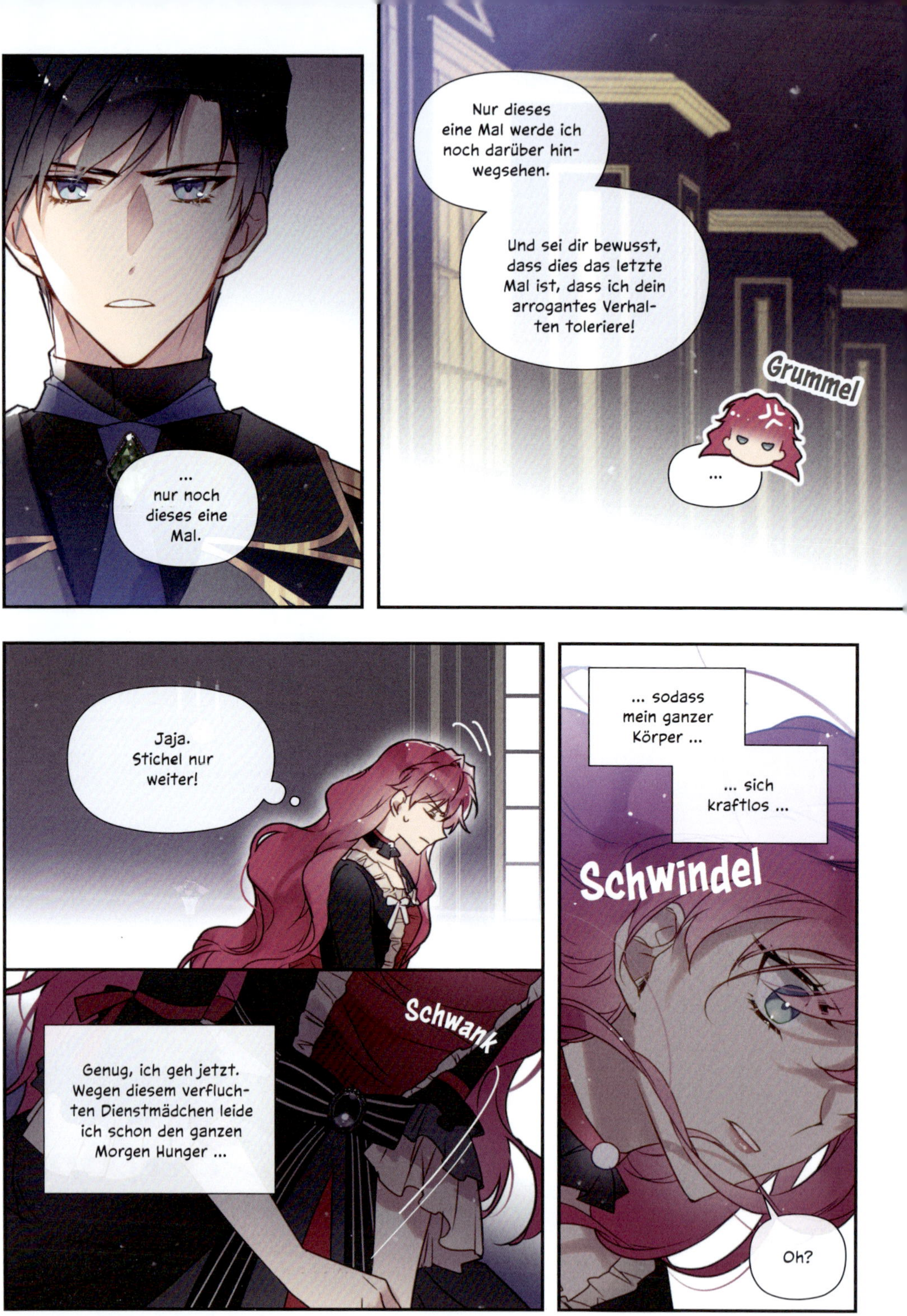
... nur noch dieses eine Mal.
Nur dieses eine Mal werde ich noch darüber hinwegsehen.
Und sei dir bewusst, dass dies das letzte Mal ist, dass ich dein arrogantes Verhalten toleriere!
Grummel
...
Jaja. Stichel nur weiter!
Genug, ich geh jetzt. Wegen diesem verfluchten Dienstmädchen leide ich schon den ganzen Morgen Hunger ...
Schwank
... sodass mein ganzer Körper ...
... sich kraftlos ...
Schwindel
Oh?

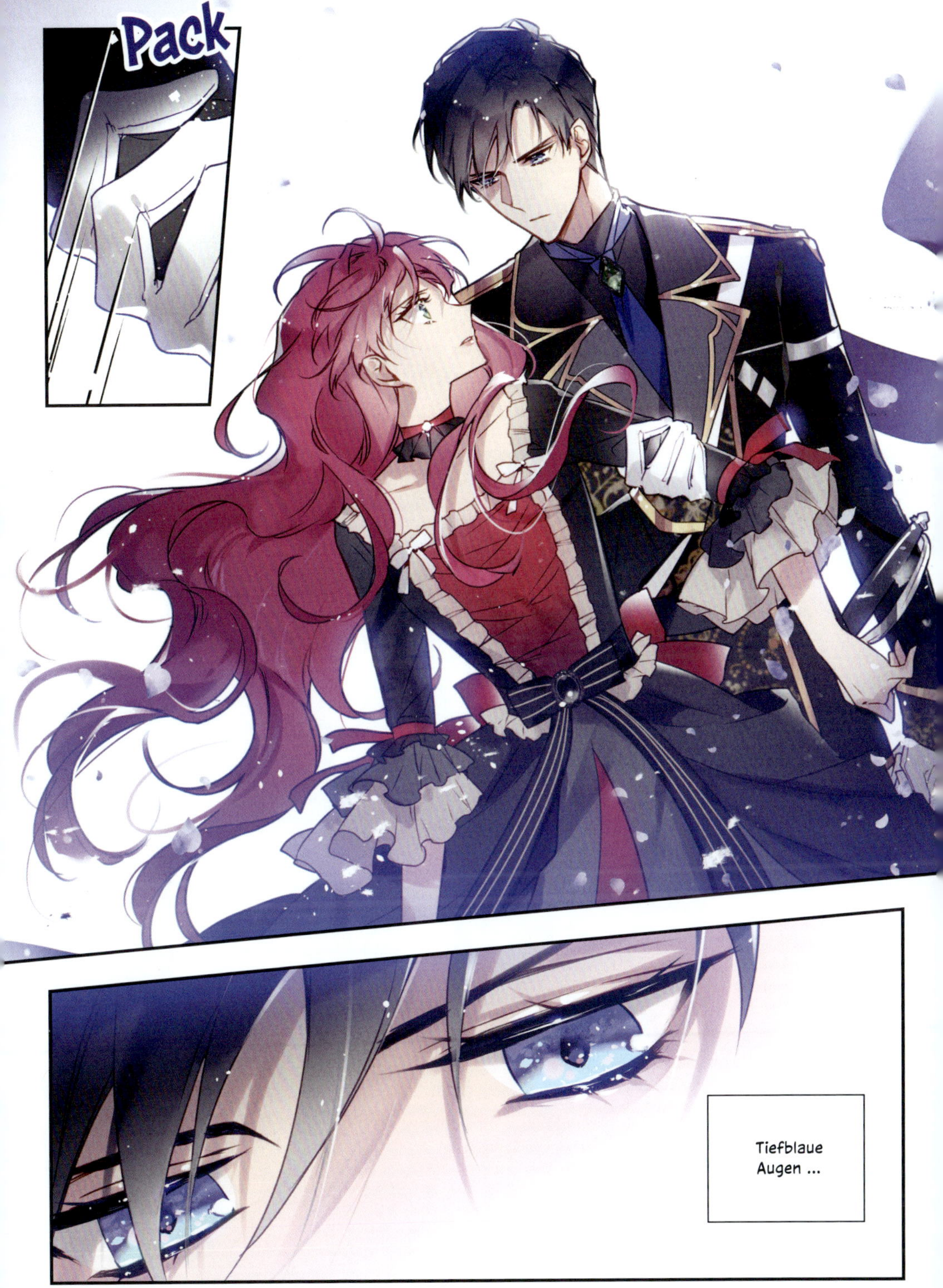
Pack
Tiefblaue Augen ...

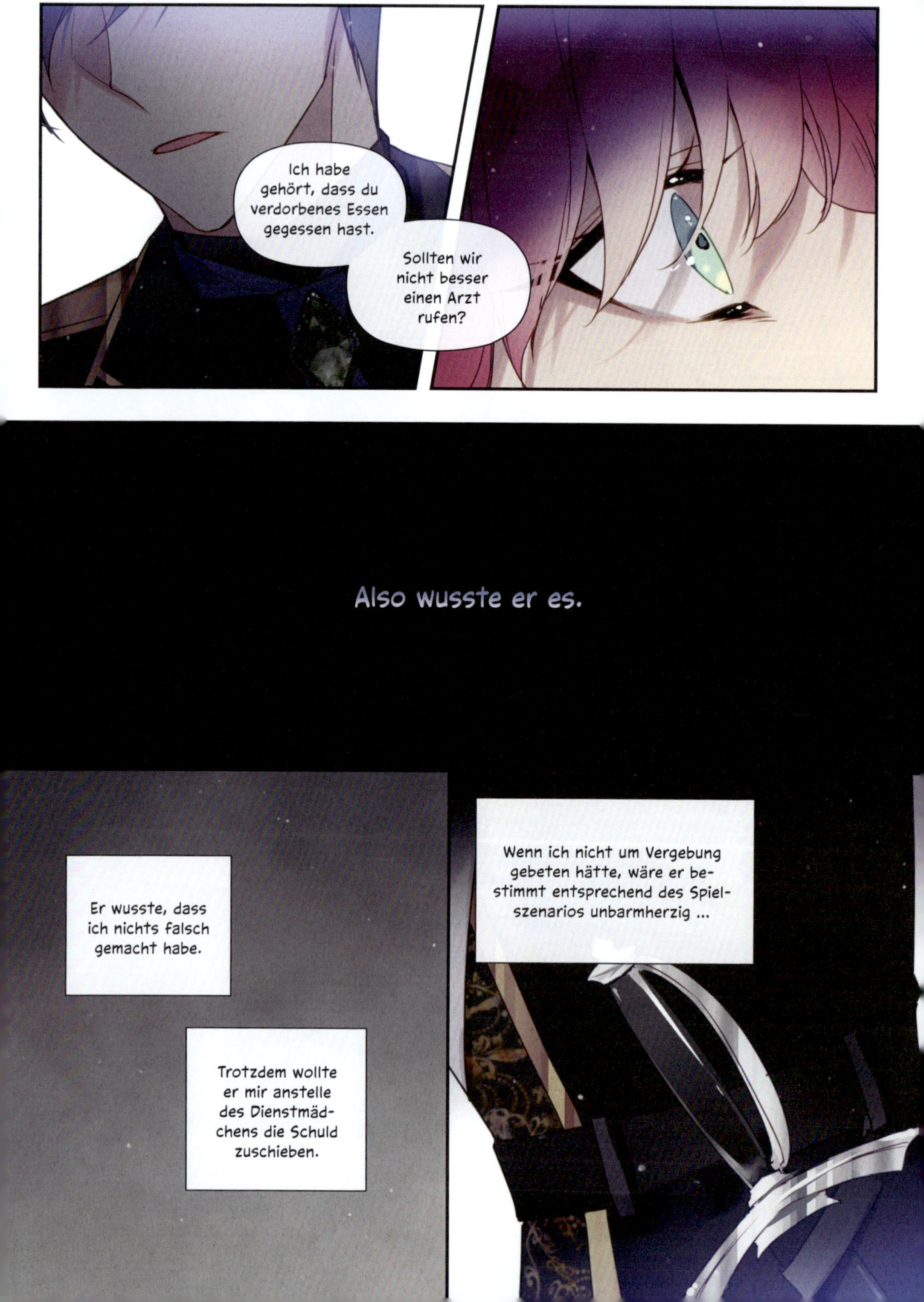
Ich habe gehört, dass du verdorbenes Essen gegessen hast.
Sollten wir nicht besser einen Arzt rufen?
Also wusste er es.
Er wusste, dass ich nichts falsch gemacht habe.
Trotzdem wollte er mir anstelle des Dienstmädchens die Schuld zuschieben.
Wenn ich nicht um Vergebung gebeten hätte, wäre er bestimmt entsprechend des Spielszenarios unbarmherzig ...

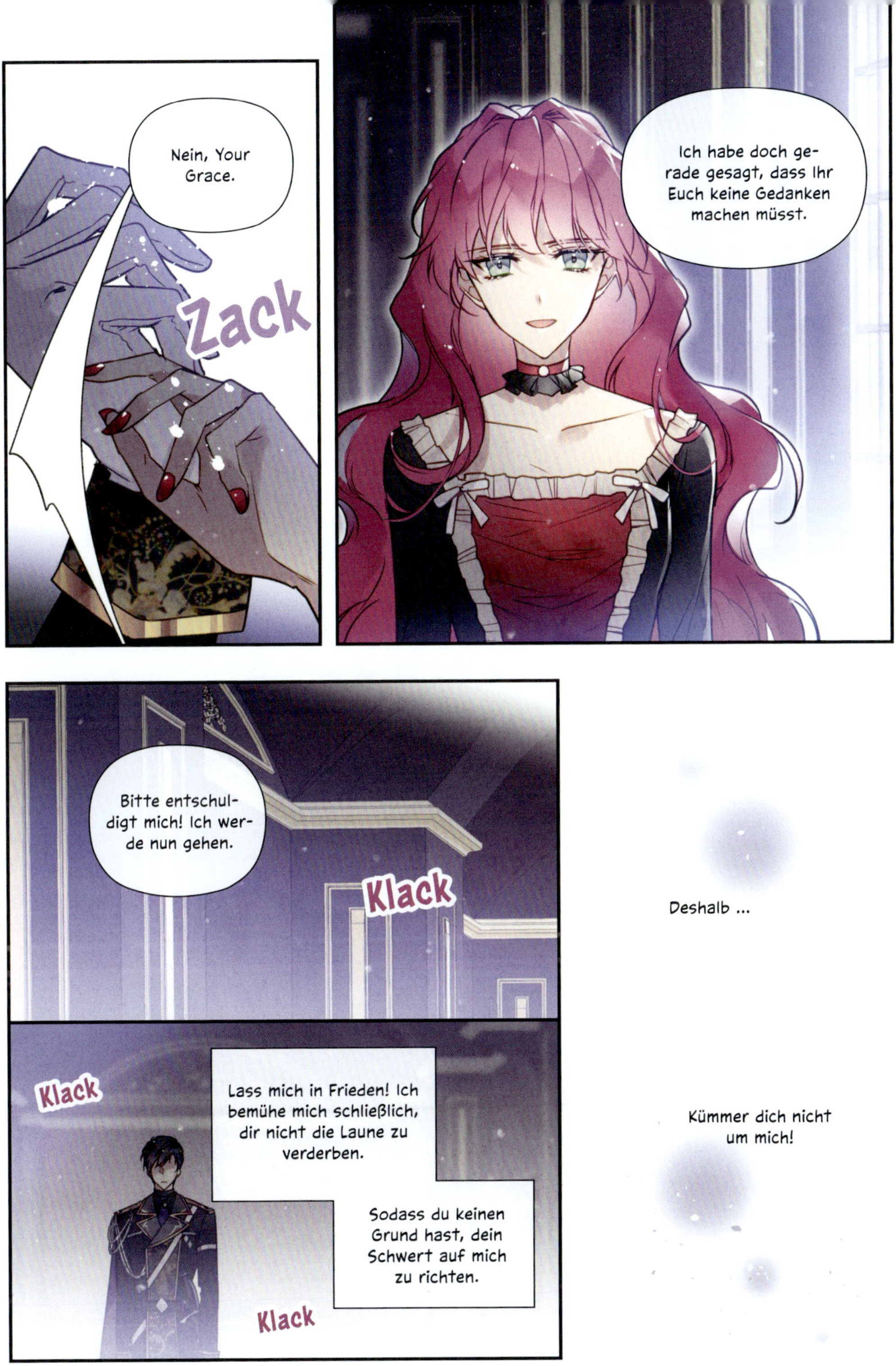
Nein, Your Grace.
Zack
Ich habe doch gerade gesagt, dass Ihr Euch keine Gedanken machen müsst.
Bitte entschuldigt mich! Ich werde nun gehen.
Klack
Deshalb ...
Klack
Lass mich in Frieden! Ich bemühe mich schließlich, dir nicht die Laune zu verderben.
Sodass du keinen Grund hast, dein Schwert auf mich zu richten.
Klack
Kümmer dich nicht um mich!

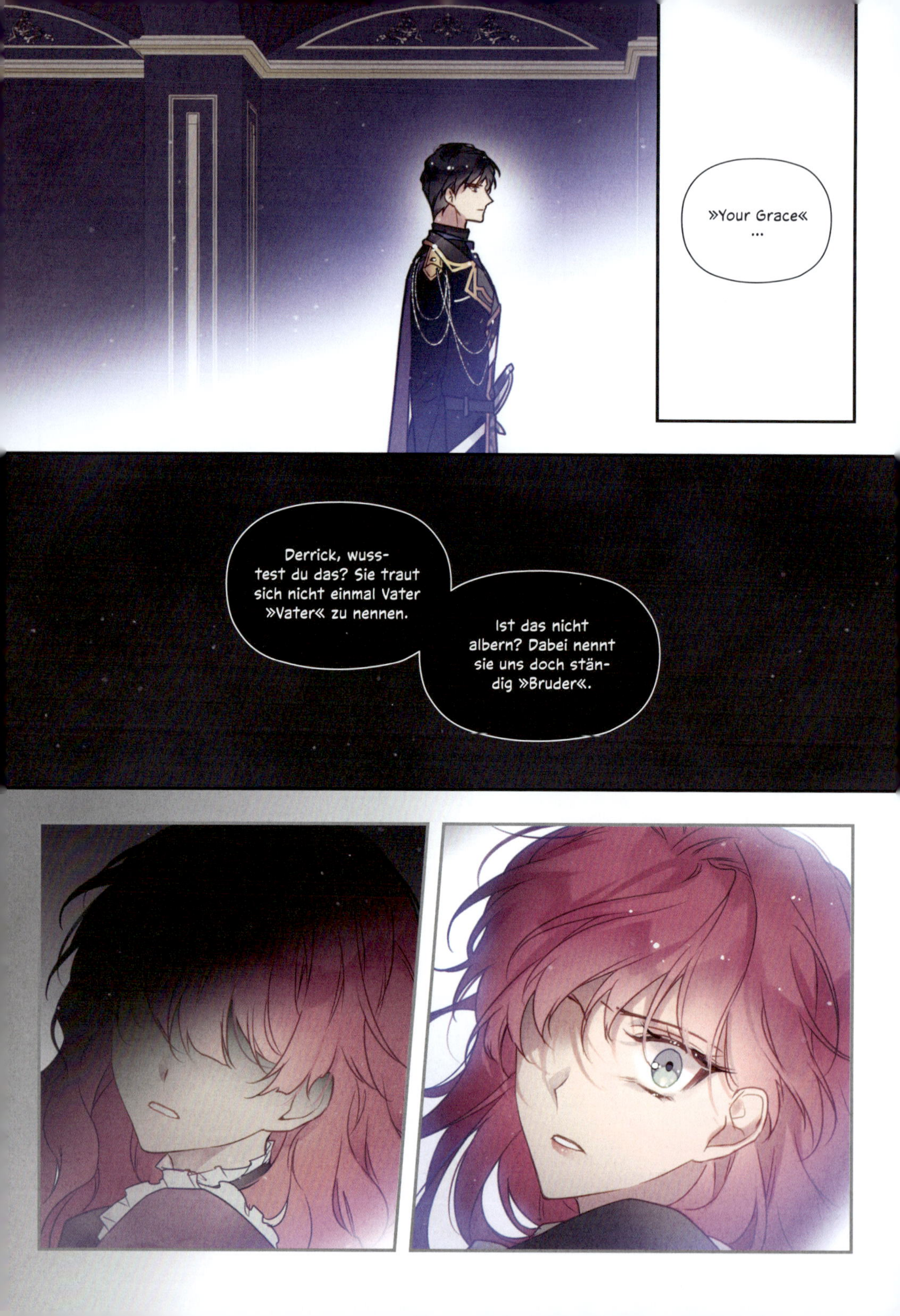
»Your Grace«
...
Derrick, wusstest du das? Sie traut sich nicht einmal Vater »Vater« zu nennen.
Ist das nicht albern? Dabei nennt sie uns doch ständig »Bruder«.

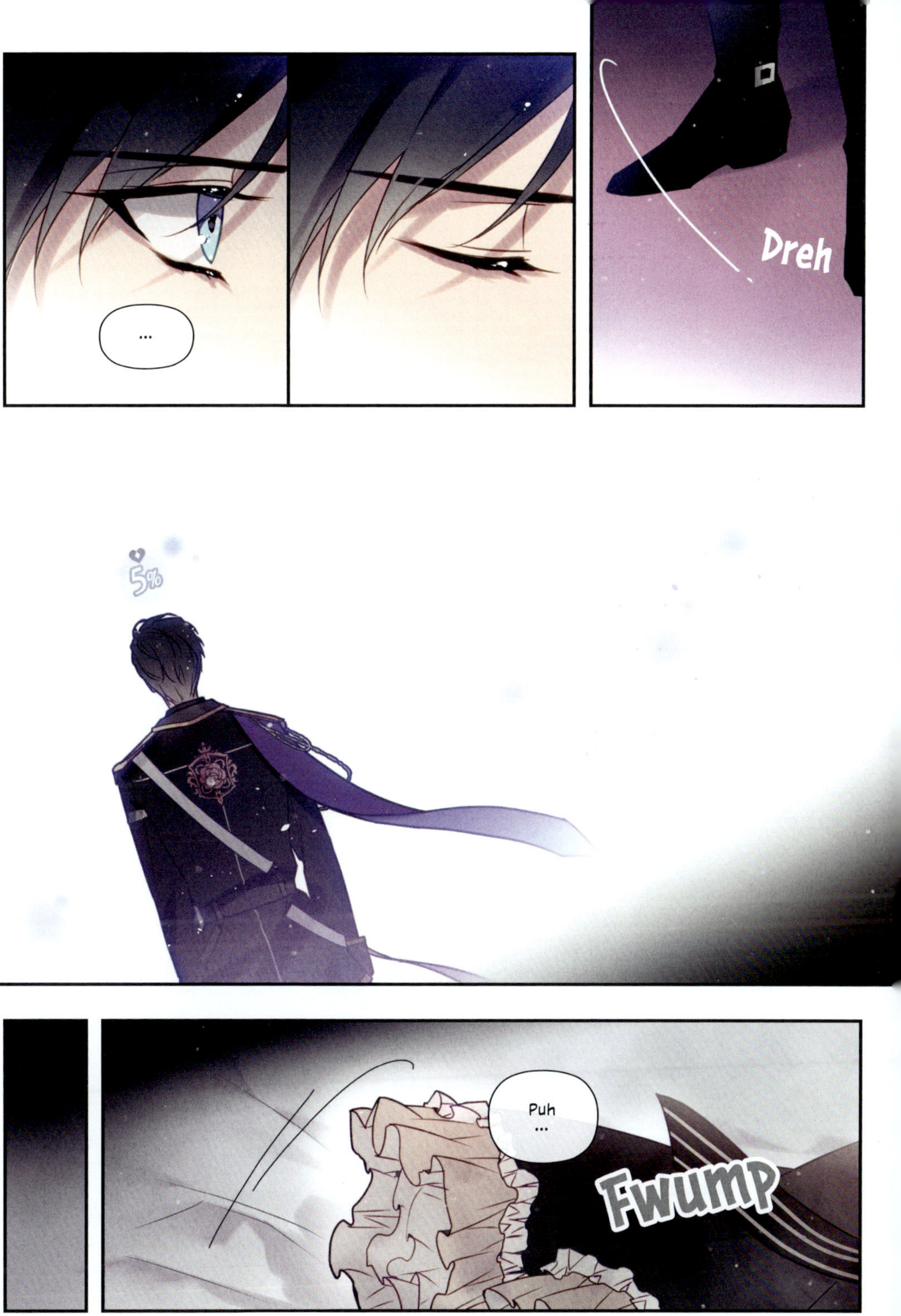
...
Dreh
5%
Puh
...
Fwump

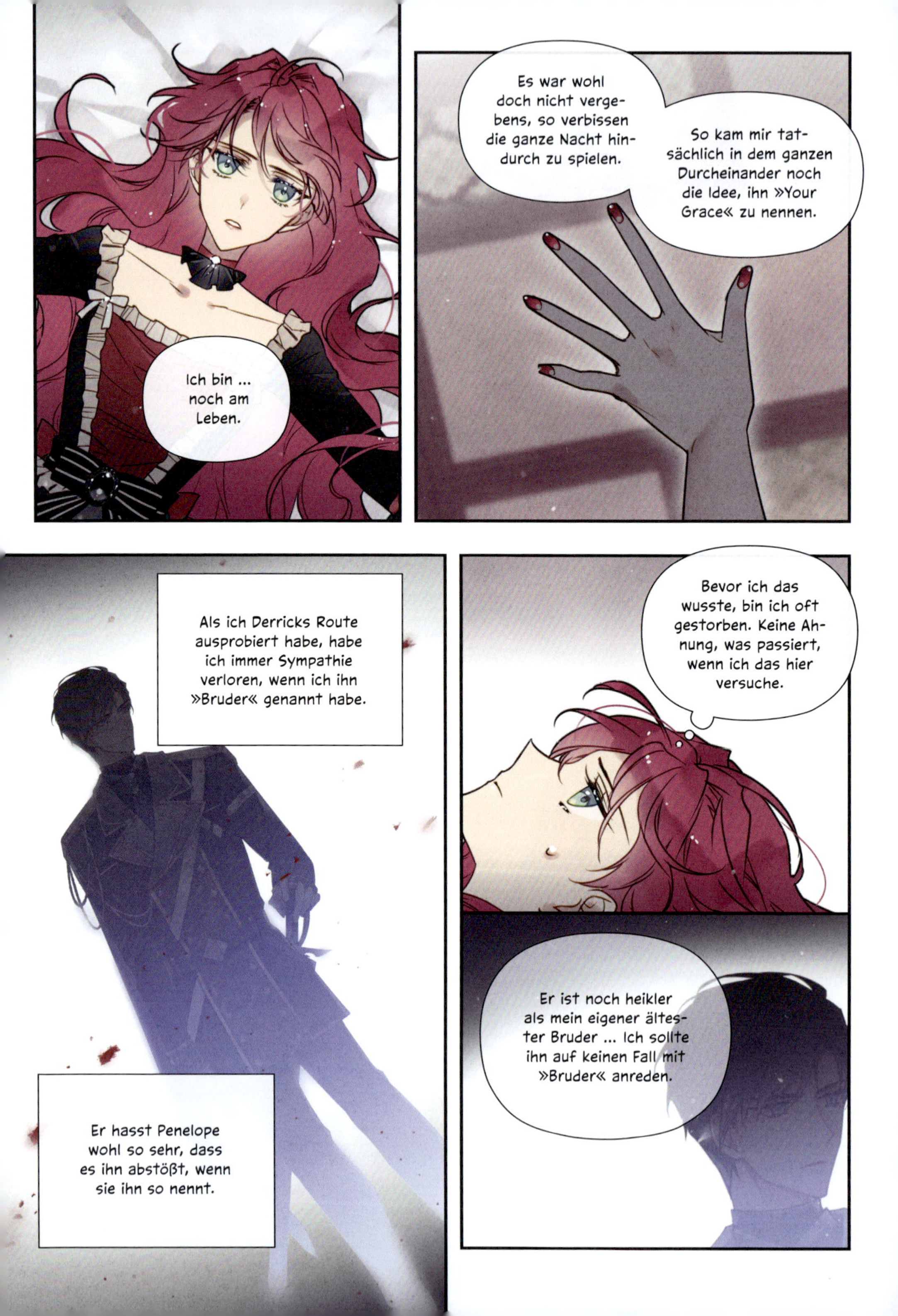
Ich bin ... noch am Leben.
Es war wohl doch nicht vergebens, so verbissen die ganze Nacht hindurch zu spielen.
So kam mir tatsächlich in dem ganzen Durcheinander noch die Idee, ihn »Your Grace« zu nennen.
Als ich Derricks Route ausprobiert habe, habe ich immer Sympathie verloren, wenn ich ihn »Bruder« genannt habe.
Er hasst Penelope wohl so sehr, dass es ihn abstößt, wenn sie ihn so nennt.
Bevor ich das wusste, bin ich oft gestorben. Keine Ahnung, was passiert, wenn ich das hier versuche.
Er ist noch heikler als mein eigener ältester Bruder ... Ich sollte ihn auf keinen Fall mit »Bruder« anreden.

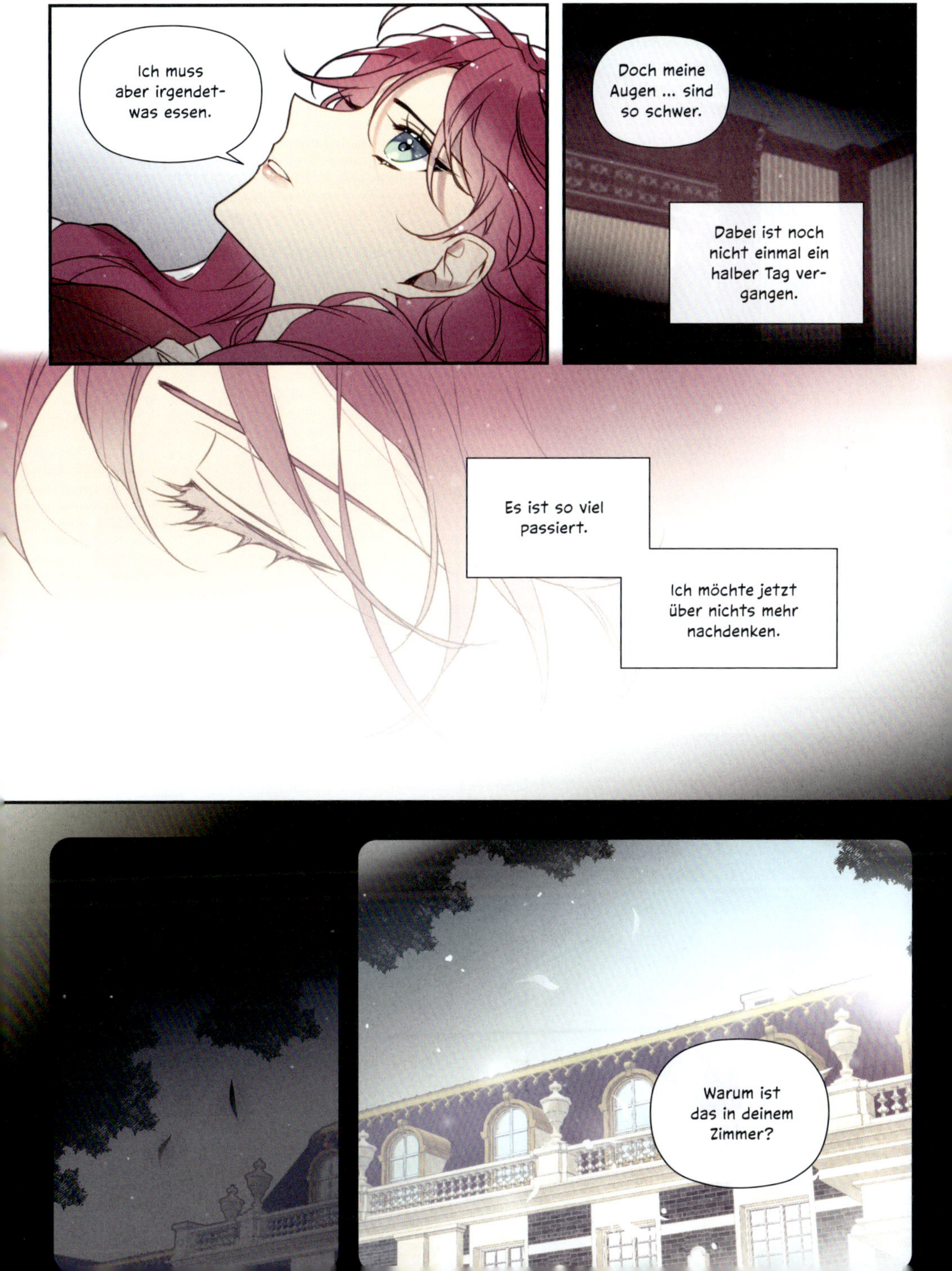
Ich muss aber irgendet-was essen.
Doch meine Augen ... sind so schwer.
Dabei ist noch nicht einmal ein halber Tag ver-gangen.
Es ist so viel passiert.
Ich möchte jetzt über nichts mehr nachdenken.
Warum ist das in deinem Zimmer?

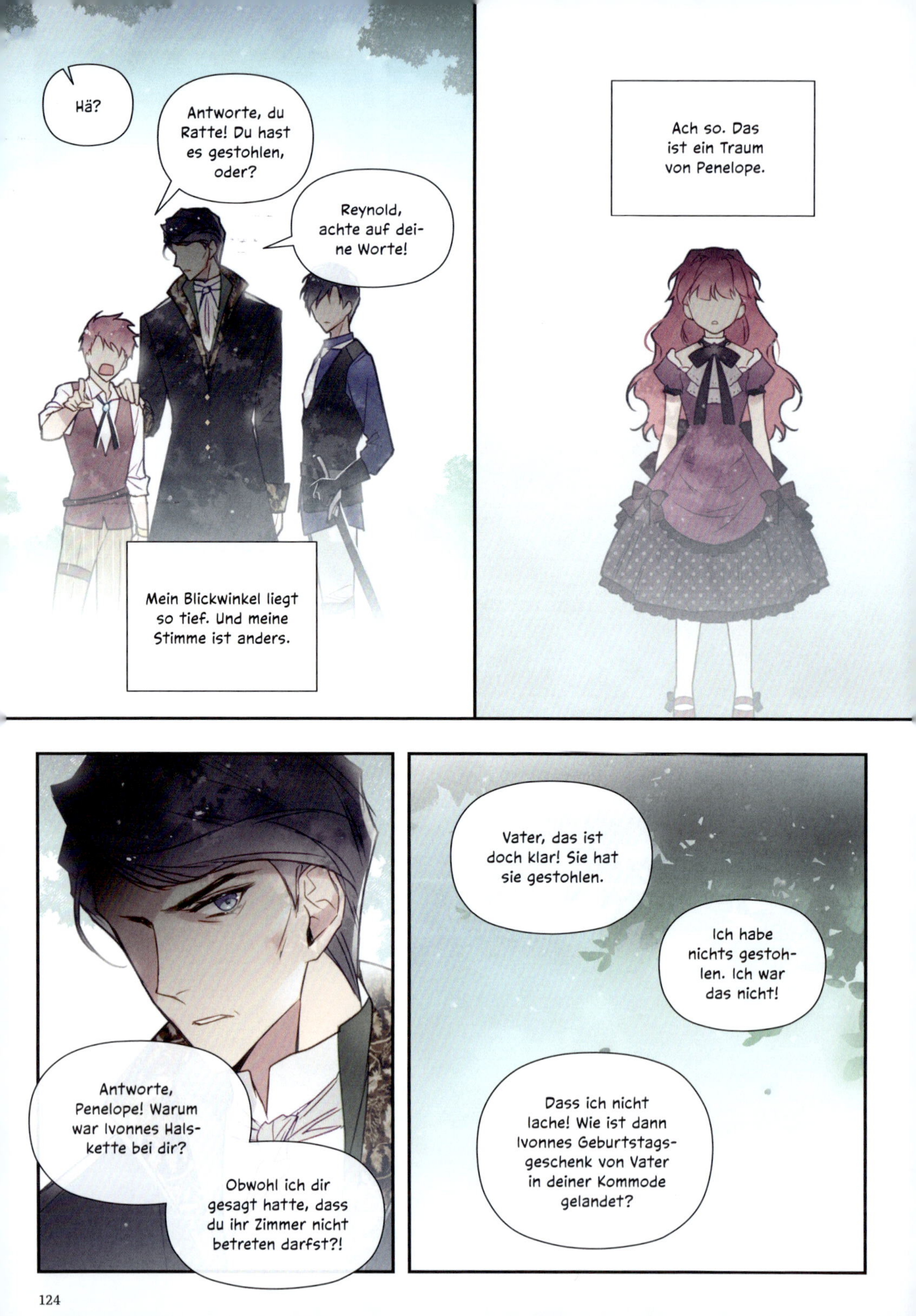
Hä?
Antworte, du Ratte! Du hast es gestohlen, oder?
Reynold, achte auf deine Worte!
Mein Blickwinkel liegt so tief. Und meine Stimme ist anders.
Ach so. Das ist ein Traum von Penelope.
Antworte, Penelope! Warum war Ivonnes Halskette bei dir?
Obwohl ich dir gesagt hatte, dass du ihr Zimmer nicht betreten darfst?!
Vater, das ist doch klar! Sie hat sie gestohlen.
Ich habe nichts gestohlen. Ich war das nicht!
Dass ich nicht lache! Wie ist dann Ivonnes Geburtstagsgeschenk von Vater in deiner Kommode gelandet?

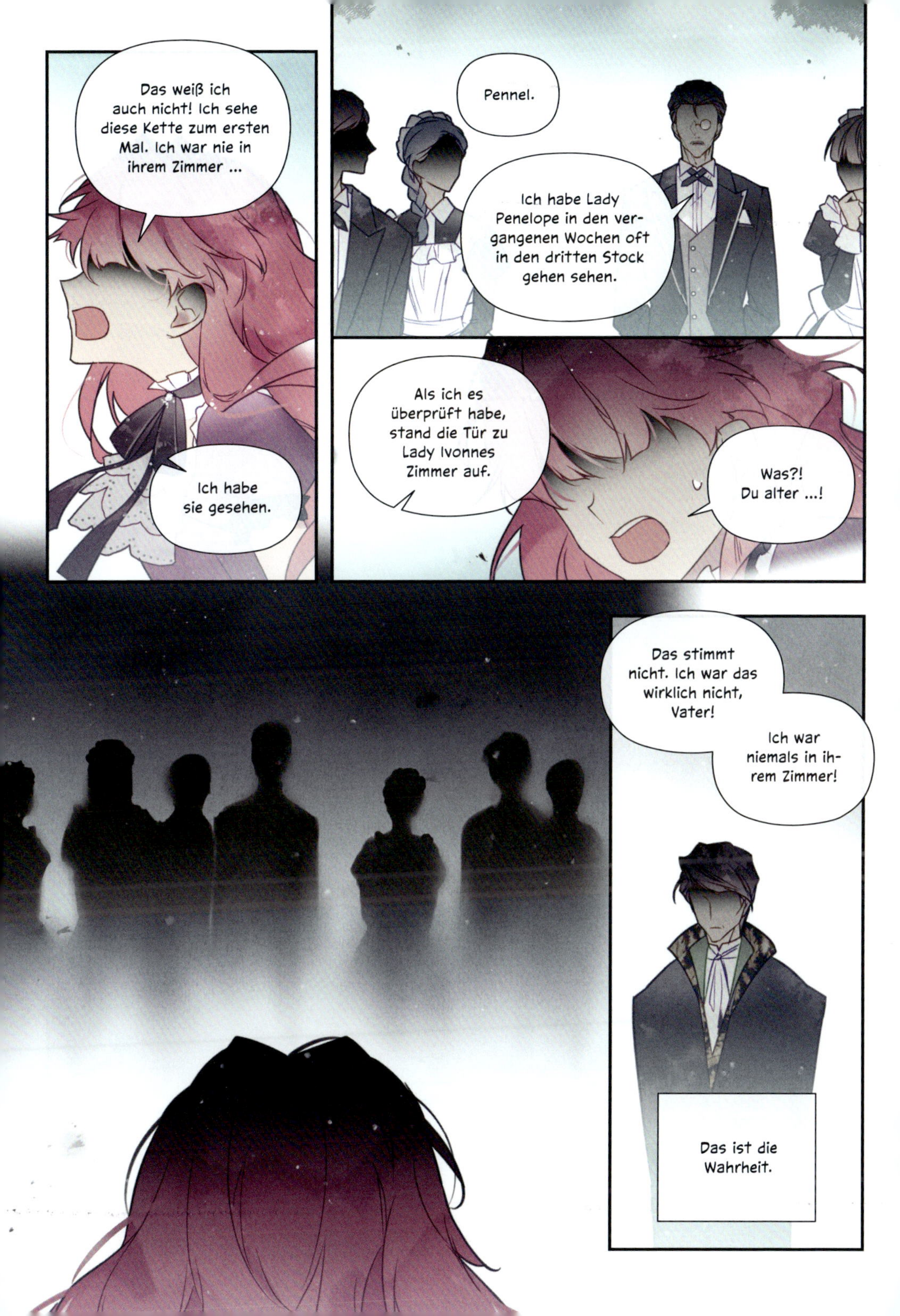
Das weiß ich auch nicht! Ich sehe diese Kette zum ersten Mal. Ich war nie in ihrem Zimmer ...
Ich habe sie gesehen.
Pennel.
Ich habe Lady Penelope in den vergangenen Wochen oft in den dritten Stock gehen sehen.
Als ich es überprüft habe, stand die Tür zu Lady Ivonnes Zimmer auf.
Was?! Du alter ...!
Das stimmt nicht. Ich war das wirklich nicht, Vater!
Ich war niemals in ihrem Zimmer!
Das ist die Wahrheit.

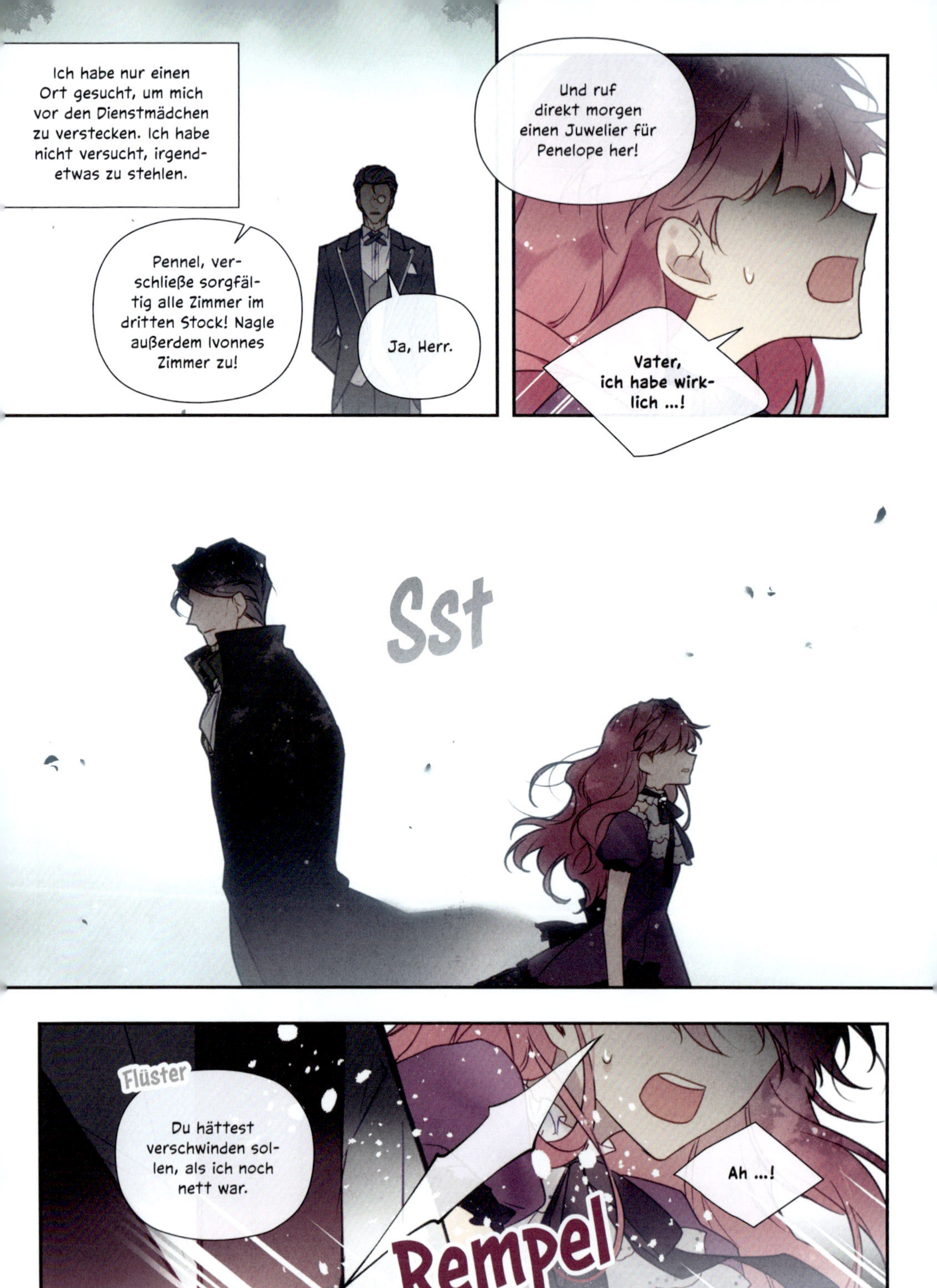
Ich habe nur einen Ort gesucht, um mich vor den Dienstmädchen zu verstecken. Ich habe nicht versucht, irgendetwas zu stehlen.
Pennel, verschließe sorgfältig alle Zimmer im dritten Stock! Nagle außerdem Ivonnes Zimmer zu!
Ja, Herr.
Und ruf direkt morgen einen Juwelier für Penelope her!
Vater, ich habe wirklich ...!
Sst
Flüster
Du hättest verschwinden sollen, als ich noch nett war.
Ah ...!
Rempel

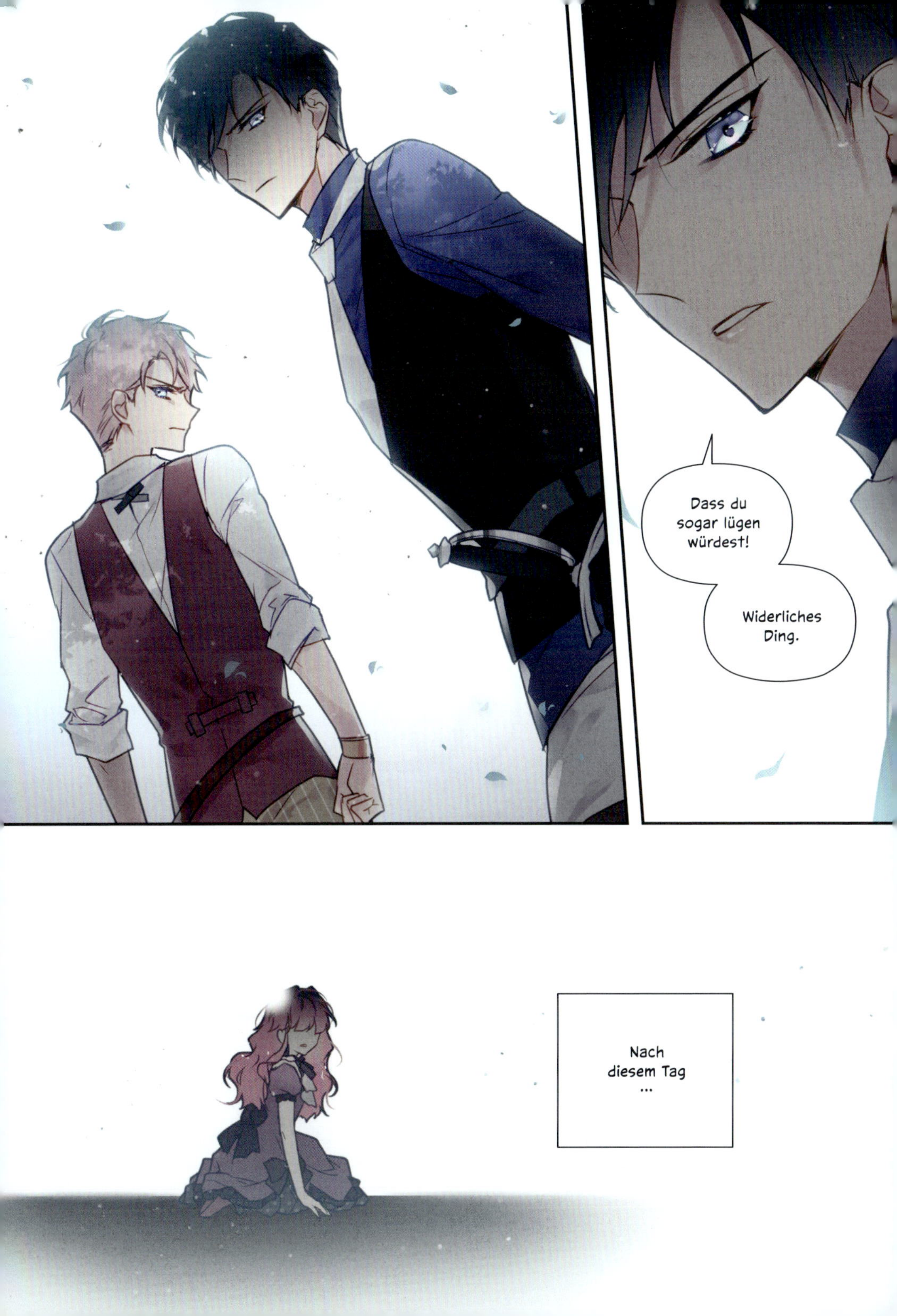
Dass du sogar lügen würdest!
Widerliches Ding.
Nach diesem Tag ...

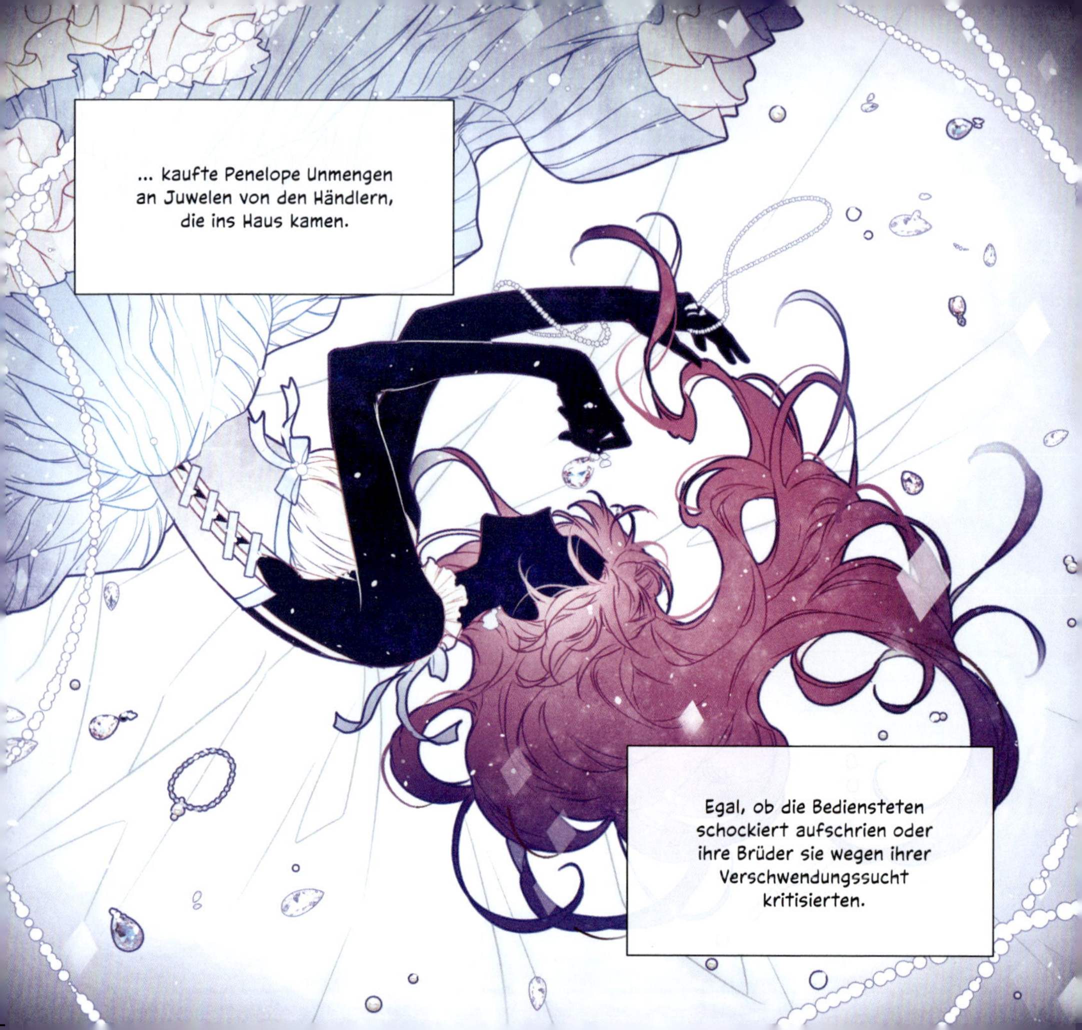
... kaufte Penelope Unmengen an Juwelen von den Händlern, die ins Haus kamen.
Egal, ob die Bediensteten schockiert aufschrien oder ihre Brüder sie wegen ihrer Verschwendungssucht kritisierten.

Penelope
Das Böse ist dem Tod geweiht

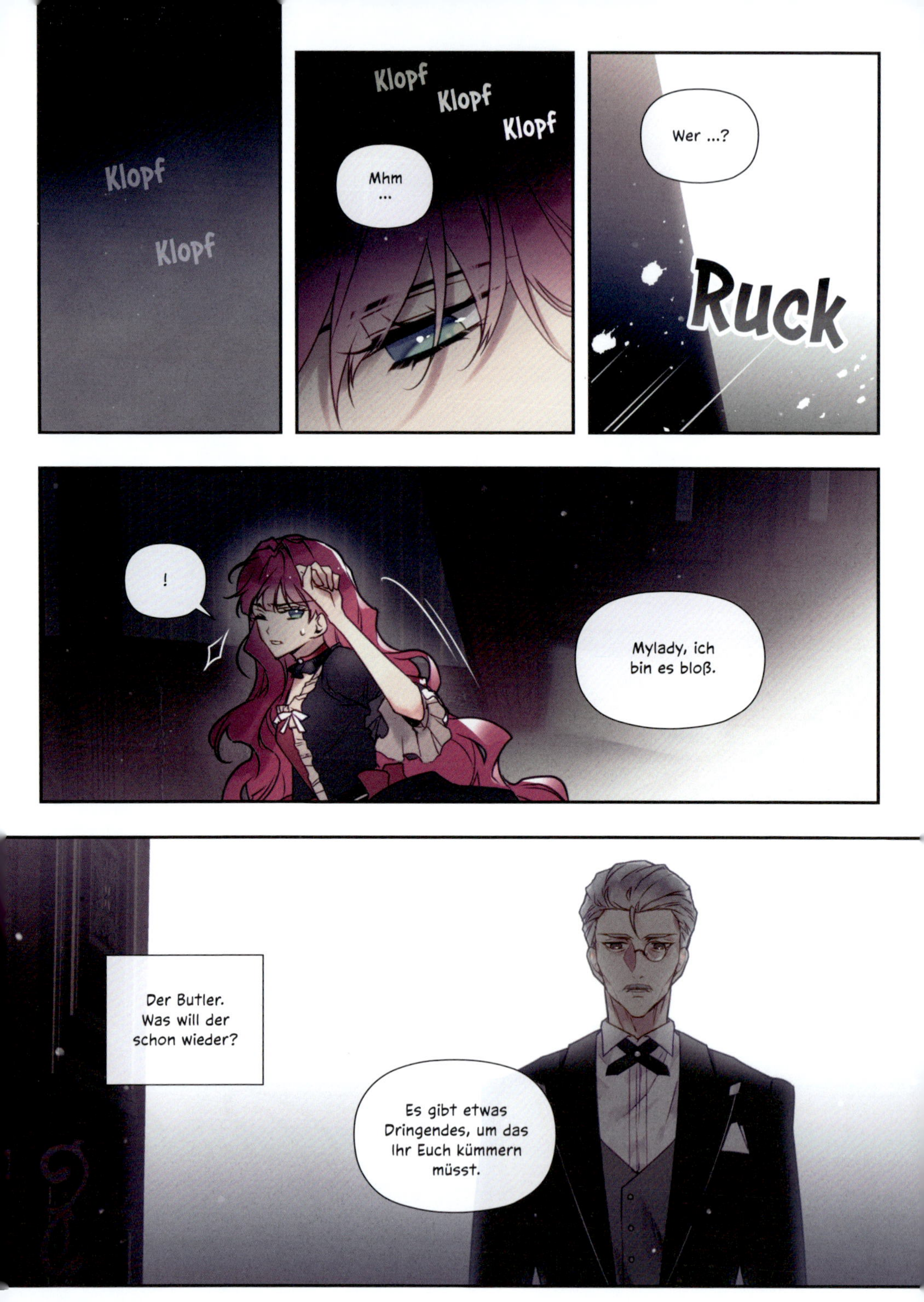
Klopf
Klopf
Klopf
Klopf
Klopf
Mhm ...
Wer ...?
Ruck
!
Mylady, ich bin es bloß.
Der Butler. Was will der schon wieder?
Es gibt etwas Dringendes, um das Ihr Euch kümmern müsst.

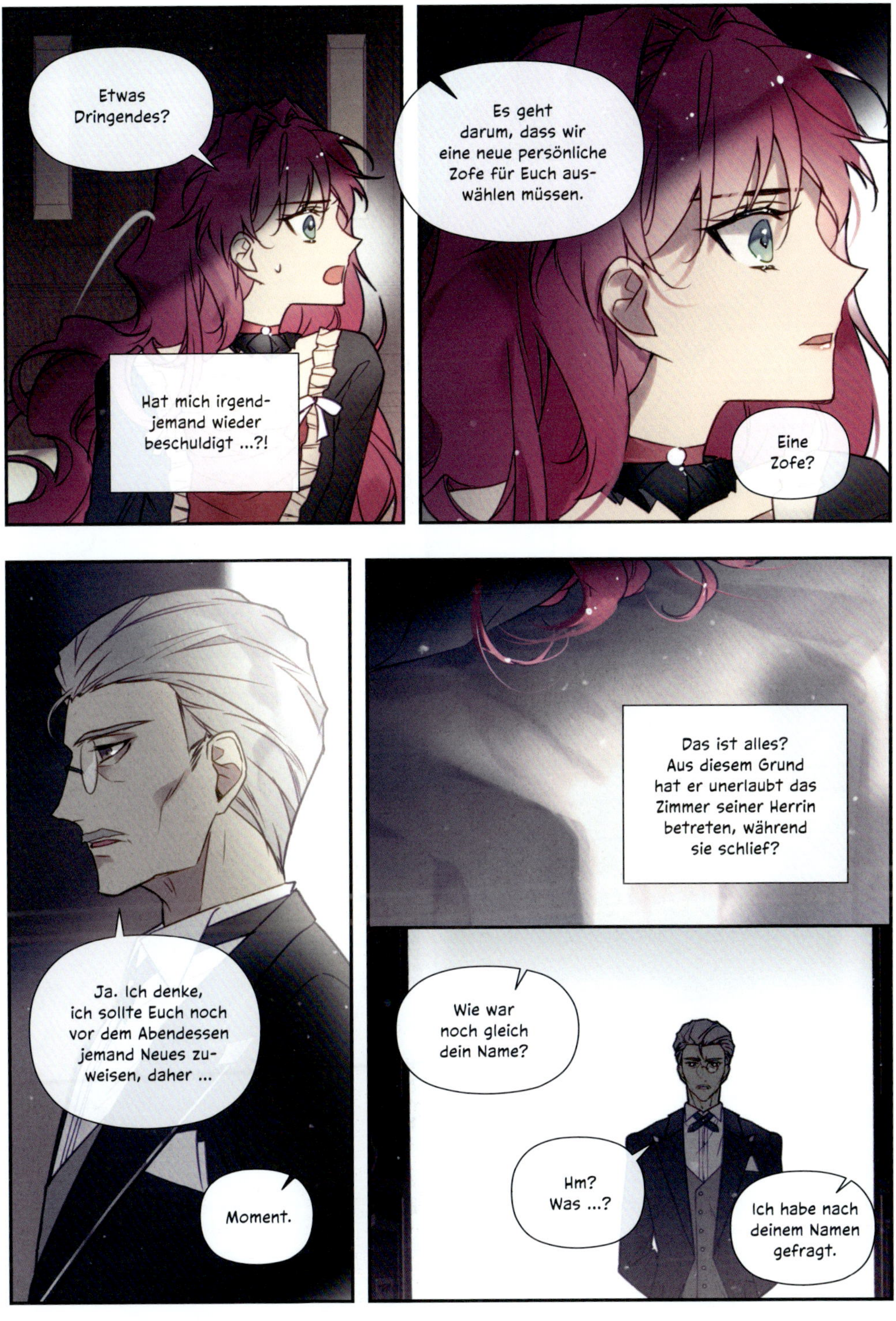

Etwas Dringendes?
Hat mich irgend-jemand wieder beschuldigt ...?!
Es geht darum, dass wir eine neue persönliche Zofe für Euch aus-wählen müssen.
Eine Zofe?
Ja. Ich denke, ich sollte Euch noch vor dem Abendessen jemand Neues zu-weisen, daher ...
Moment.
Das ist alles? Aus diesem Grund hat er unerlaubt das Zimmer seiner Herrin betreten, während sie schlief?
Wie war noch gleich dein Name?
Hm? Was ...?
Ich habe nach deinem Namen gefragt.

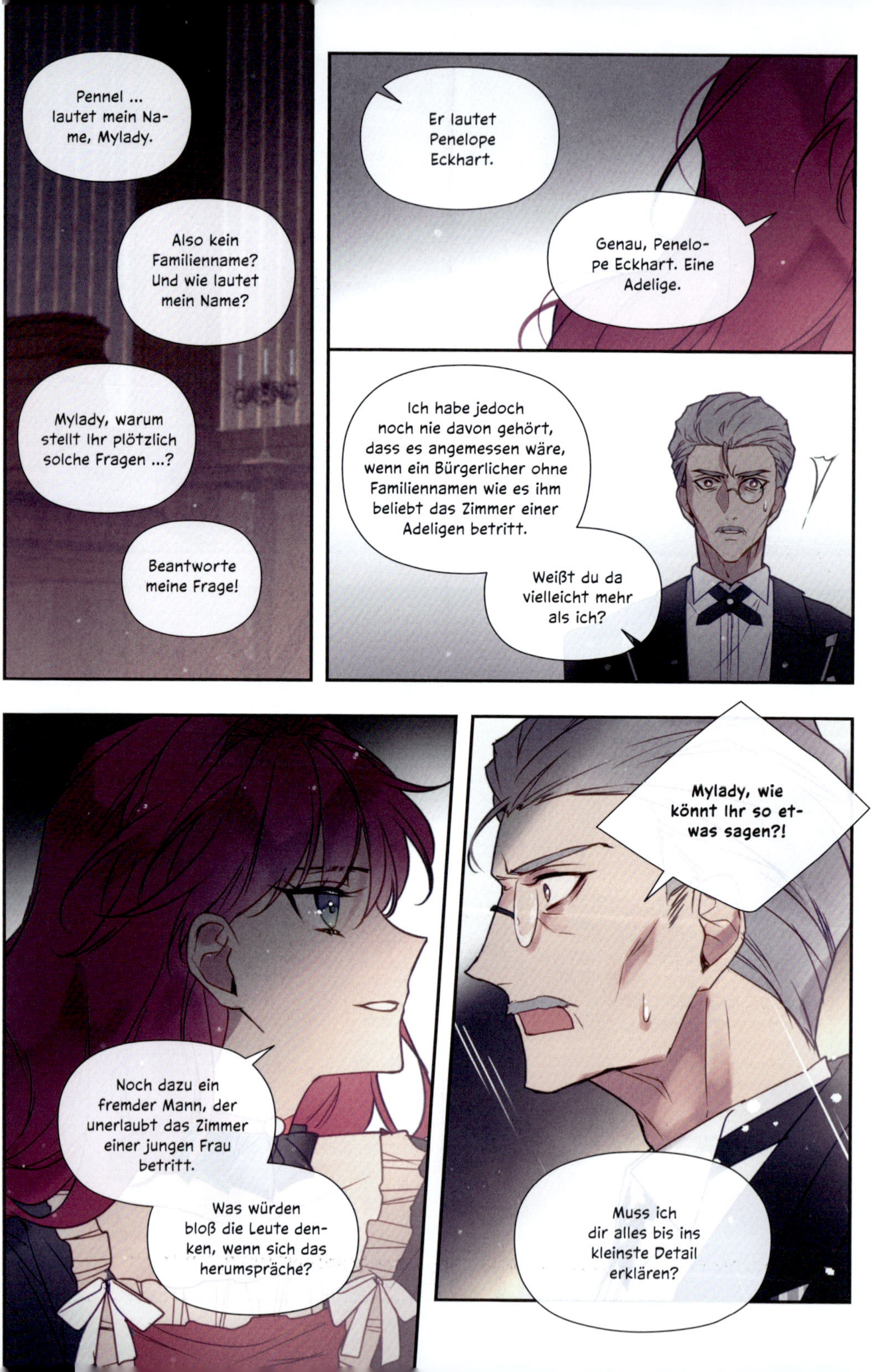
Pennel ... lautet mein Name, Mylady.
Also kein Familienname? Und wie lautet mein Name?
Mylady, warum stellt Ihr plötzlich solche Fragen ...?
Beantworte meine Frage!
Er lautet Penelope Eckhart.
Genau, Penelope Eckhart. Eine Adelige.
Ich habe jedoch noch nie davon gehört, dass es angemessen wäre, wenn ein Bürgerlicher ohne Familiennamen wie es ihm beliebt das Zimmer einer Adeligen betritt.
Weißt du da vielleicht mehr als ich?
Noch dazu ein fremder Mann, der unerlaubt das Zimmer einer jungen Frau betritt.
Was würden bloß die Leute denken, wenn sich das herumspräche?
Mylady, wie könnt Ihr so etwas sagen?!
Muss ich dir alles bis ins kleinste Detail erklären?

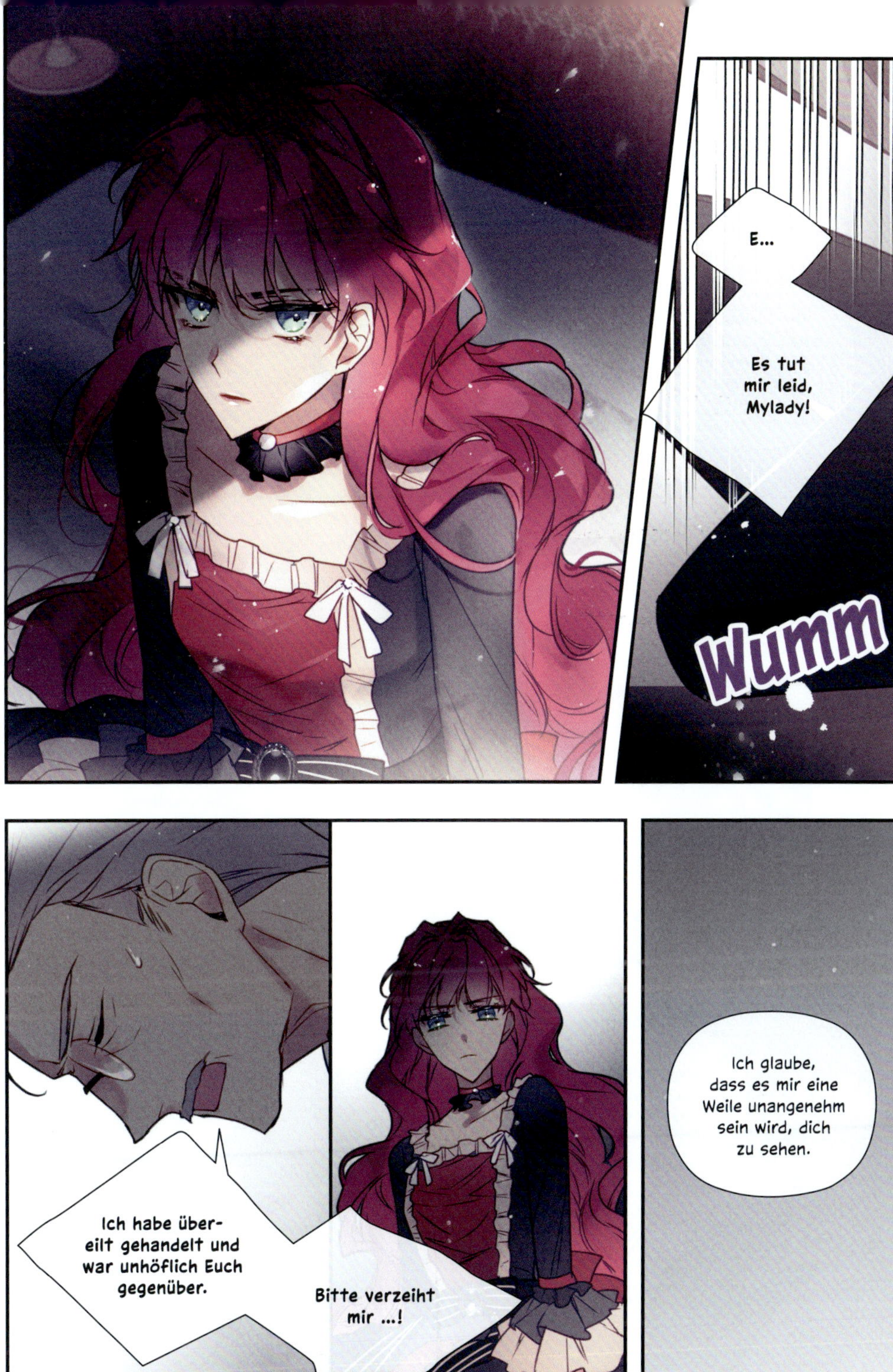
E...
Es tut mir leid, Mylady!
Wumm
Ich habe über-eilt gehandelt und war unhöflich Euch gegenüber.
Bitte verzeiht mir ...!
Ich glaube, dass es mir eine Weile unangenehm sein wird, dich zu sehen.

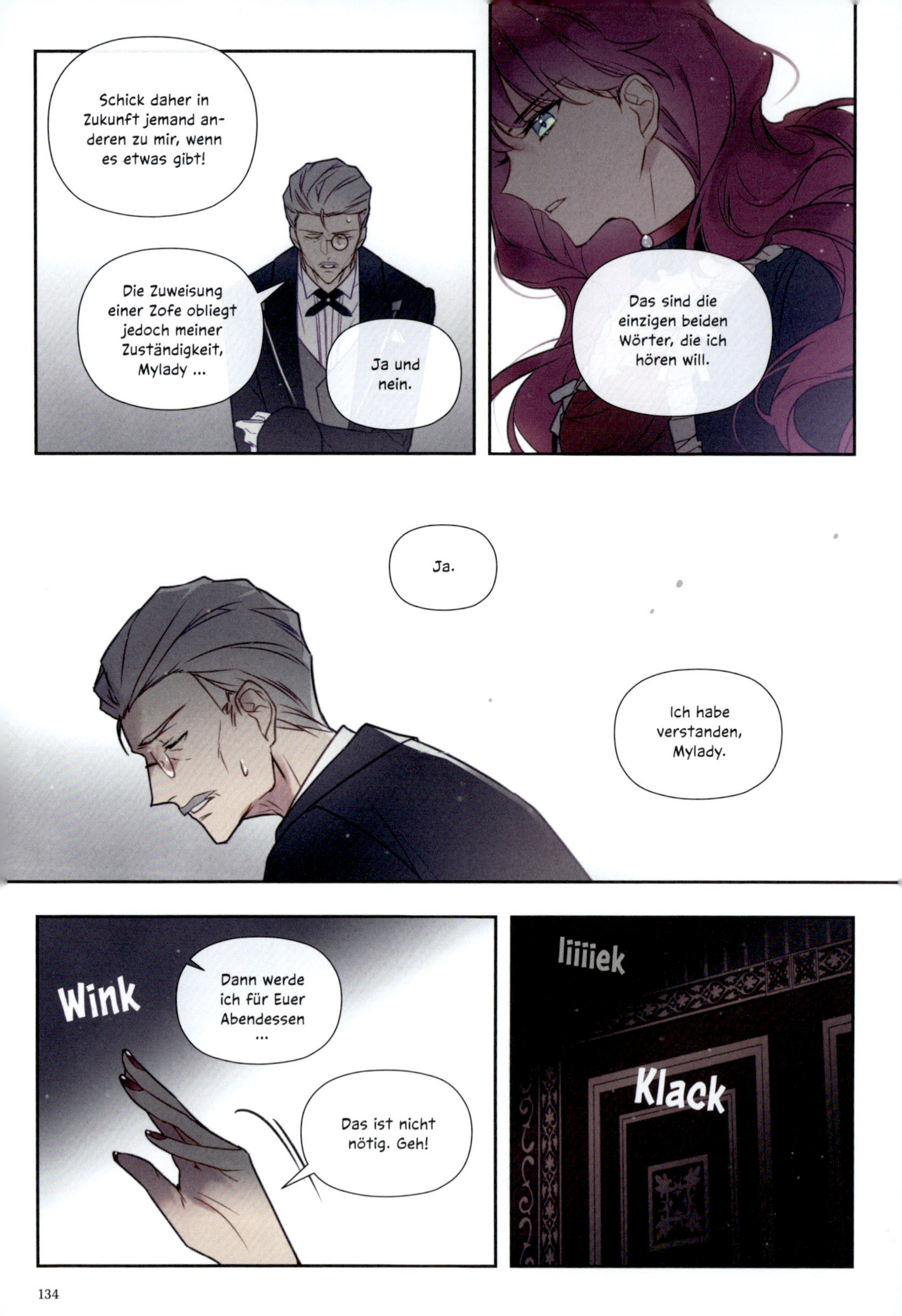
Schick daher in Zukunft jemand anderen zu mir, wenn es etwas gibt!
Die Zuweisung einer Zofe obliegt jedoch meiner Zuständigkeit, Mylady ...
Ja und nein.
Das sind die einzigen beiden Wörter, die ich hören will.
Ja.
Ich habe verstanden, Mylady.
Wink
Dann werde ich für Euer Abendessen ...
Das ist nicht nötig. Geh!
Iiiiiek
Klack

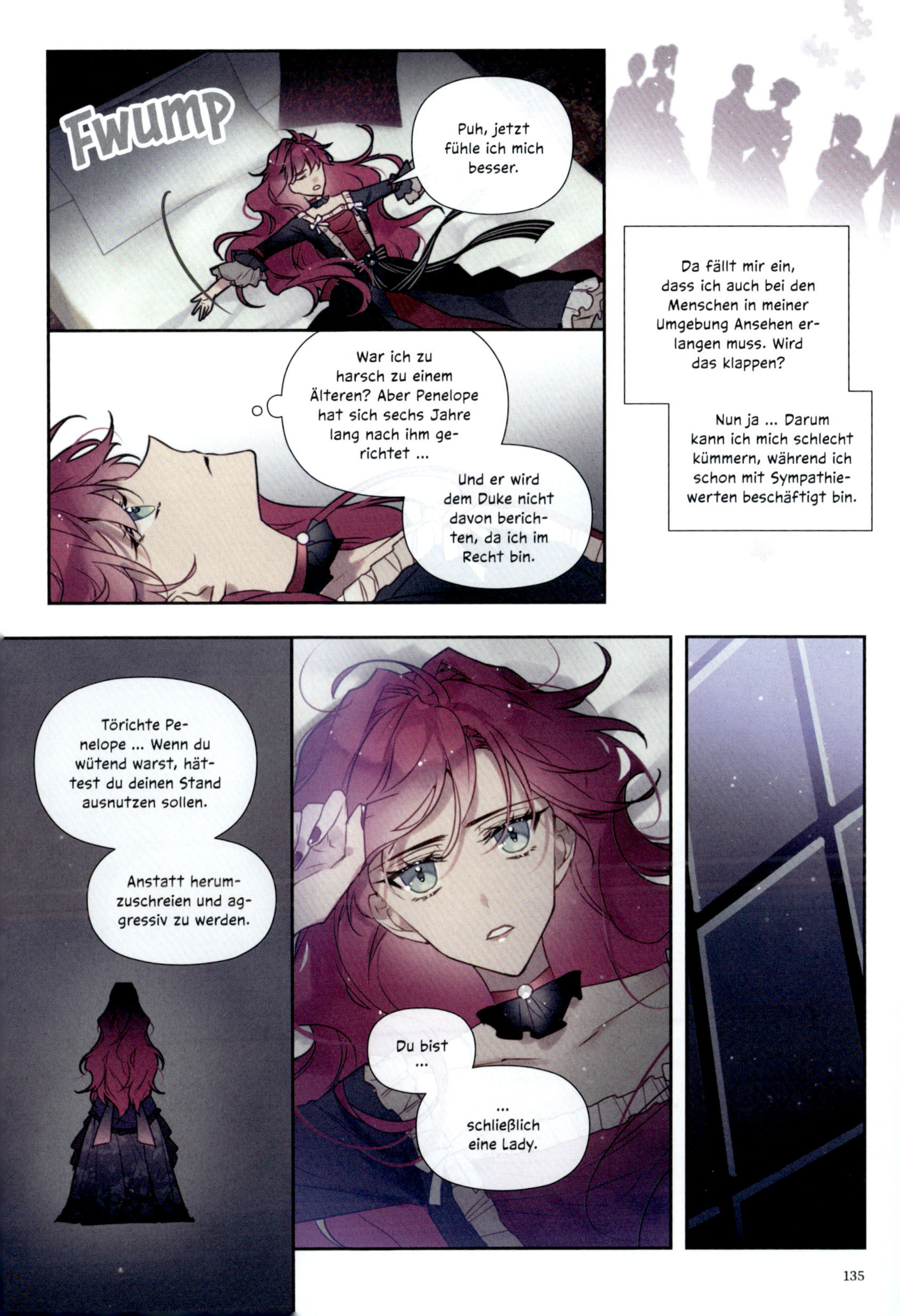
Fwump
Puh, jetzt fühle ich mich besser.
War ich zu harsch zu einem Älteren? Aber Penelope hat sich sechs Jahre lang nach ihm gerichtet ...
Und er wird dem Duke nicht davon berichten, da ich im Recht bin.
Da fällt mir ein, dass ich auch bei den Menschen in meiner Umgebung Ansehen erlangen muss. Wird das klappen?
Nun ja ... Darum kann ich mich schlecht kümmern, während ich schon mit Sympathiewerten beschäftigt bin.
Törichte Penelope ... Wenn du wütend warst, hättest du deinen Stand ausnutzen sollen.
Anstatt herumzuschreien und aggressiv zu werden.
Du bist ...
... schließlich eine Lady.

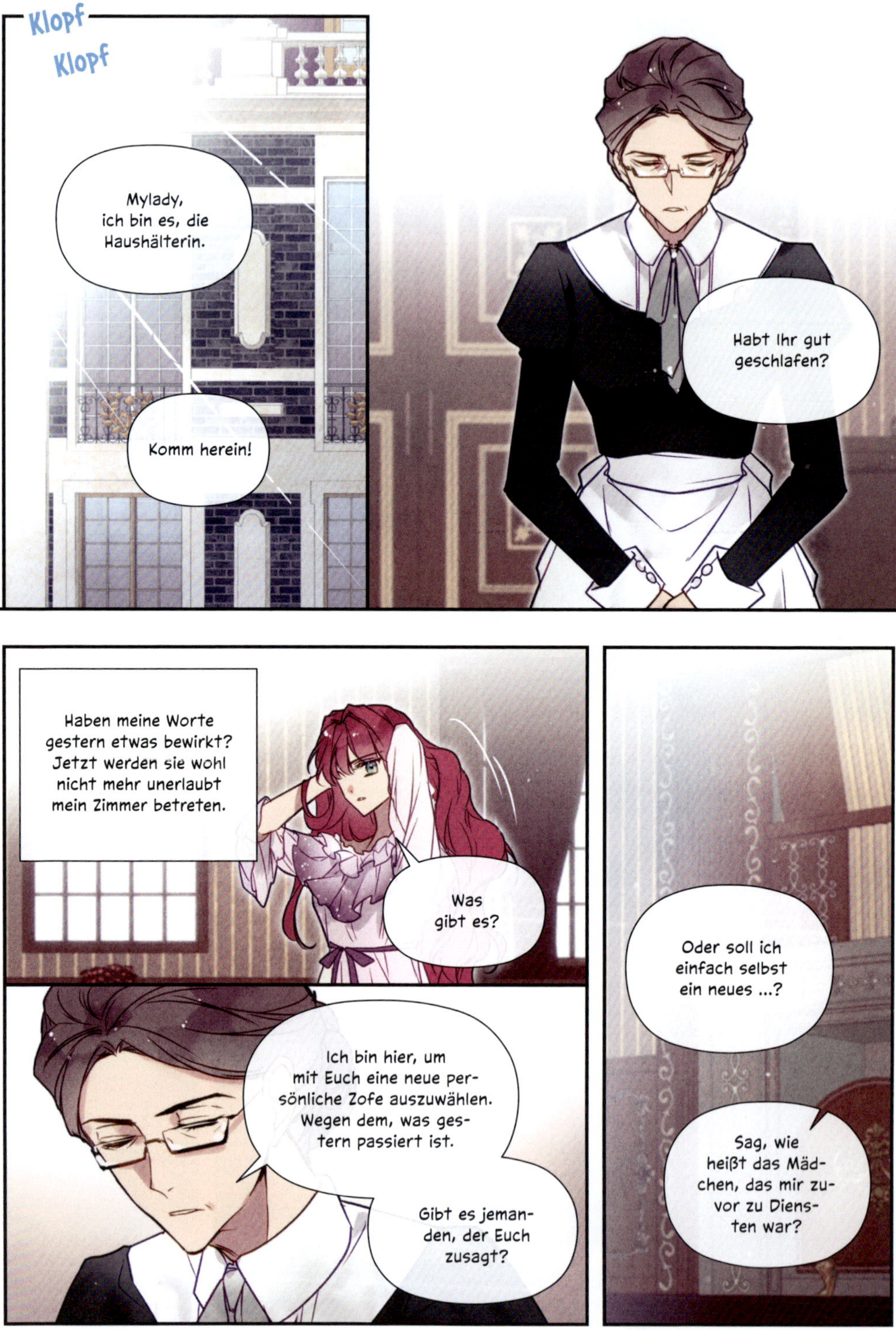
Klopf
Klopf
Mylady, ich bin es, die Haushälterin.
Komm herein!
Habt Ihr gut geschlafen?
Haben meine Worte gestern etwas bewirkt? Jetzt werden sie wohl nicht mehr unerlaubt mein Zimmer betreten.
Was gibt es?
Ich bin hier, um mit Euch eine neue persönliche Zofe auszuwählen. Wegen dem, was gestern passiert ist.
Gibt es jemanden, der Euch zusagt?
Oder soll ich einfach selbst ein neues ...?
Sag, wie heißt das Mädchen, das mir zuvor zu Diensten war?

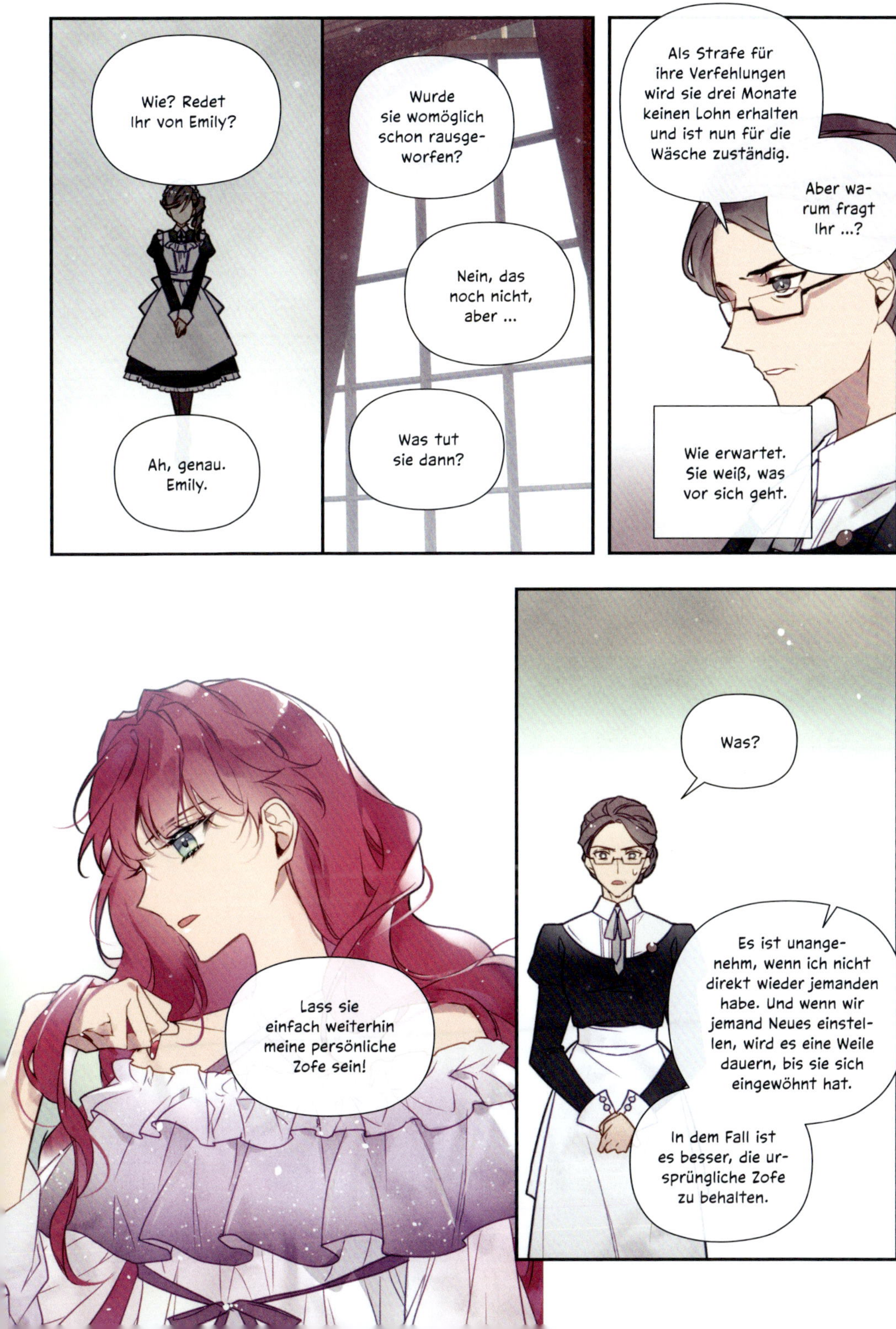
Wie? Redet Ihr von Emily?
Ah, genau. Emily.
Wurde sie womöglich schon rausgeworfen?
Nein, das noch nicht, aber ...
Was tut sie dann?
Als Strafe für ihre Verfehlungen wird sie drei Monate keinen Lohn erhalten und ist nun für die Wäsche zuständig.
Aber warum fragt Ihr ...?
Wie erwartet. Sie weiß, was vor sich geht.
Lass sie einfach weiterhin meine persönliche Zofe sein!
Was?
Es ist unangenehm, wenn ich nicht direkt wieder jemanden habe. Und wenn wir jemand Neues einstellen, wird es eine Weile dauern, bis sie sich eingewöhnt hat.
In dem Fall ist es besser, die ursprüngliche Zofe zu behalten.

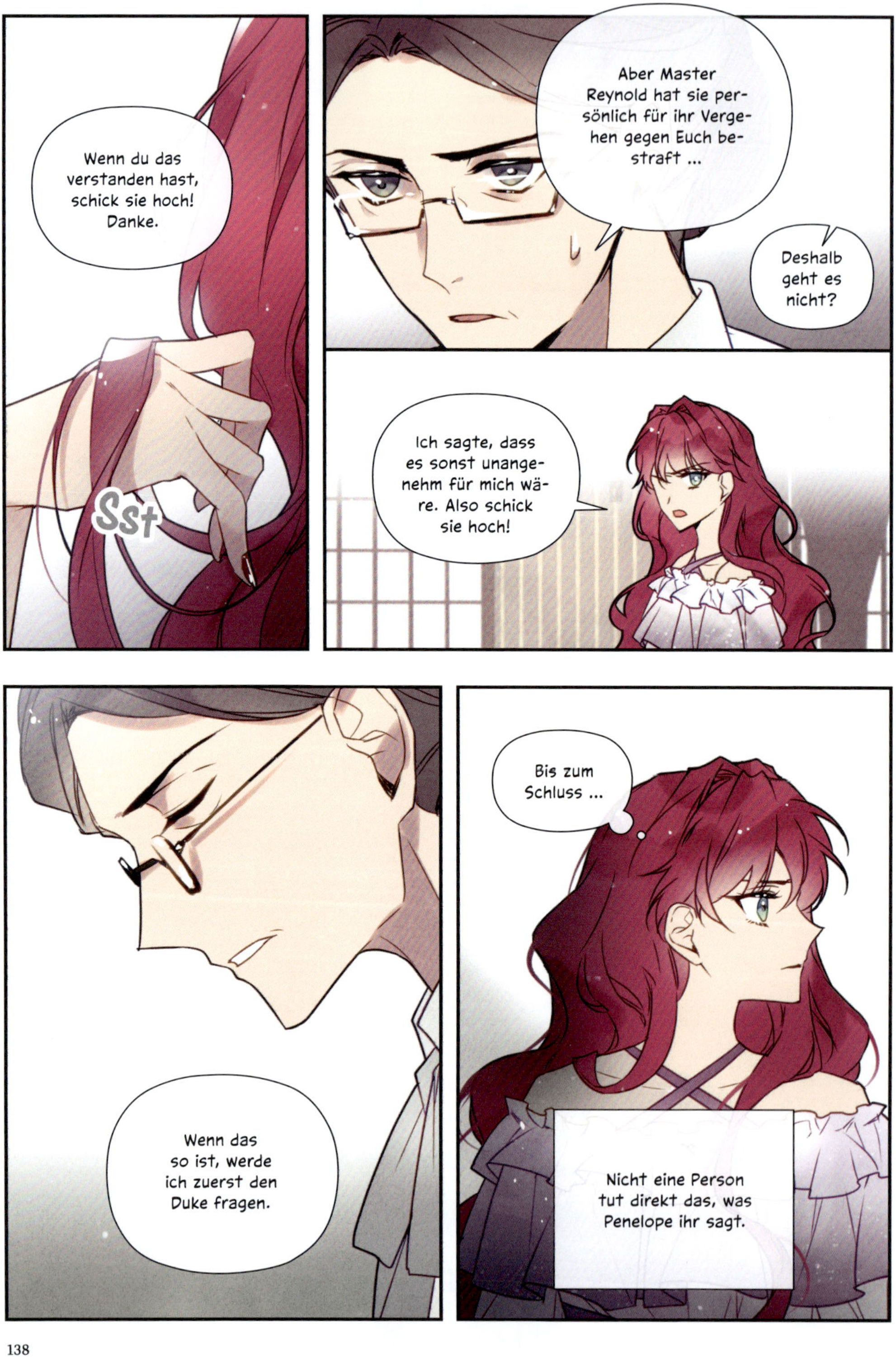
Wenn du das verstanden hast, schick sie hoch! Danke.
Sst
Aber Master Reynold hat sie persönlich für ihr Vergehen gegen Euch bestraft ...
Deshalb geht es nicht?
Ich sagte, dass es sonst unangenehm für mich wäre. Also schick sie hoch!
Wenn das so ist, werde ich zuerst den Duke fragen.
Bis zum Schluss ...
Nicht eine Person tut direkt das, was Penelope ihr sagt.

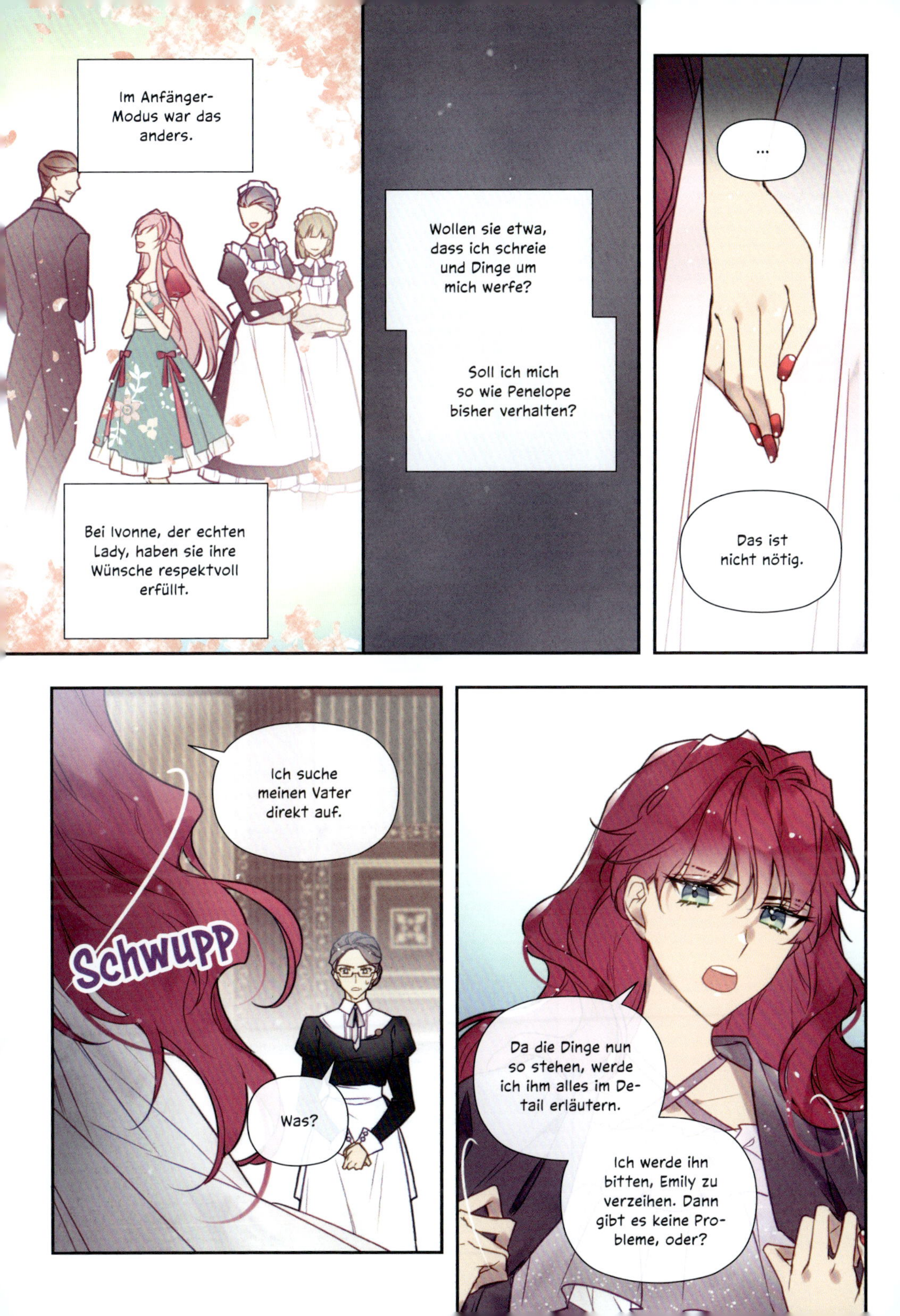

Im Anfänger-Modus war das anders.
Bei Ivonne, der echten Lady, haben sie ihre Wünsche respektvoll erfüllt.
Wollen sie etwa, dass ich schreie und Dinge um mich werfe?
Soll ich mich so wie Penelope bisher verhalten?
...
Das ist nicht nötig.
Ich suche meinen Vater direkt auf.
Schwupp
Was?
Da die Dinge nun so stehen, werde ich ihm alles im Detail erläutern.
Ich werde ihn bitten, Emily zu verzeihen. Dann gibt es keine Probleme, oder?

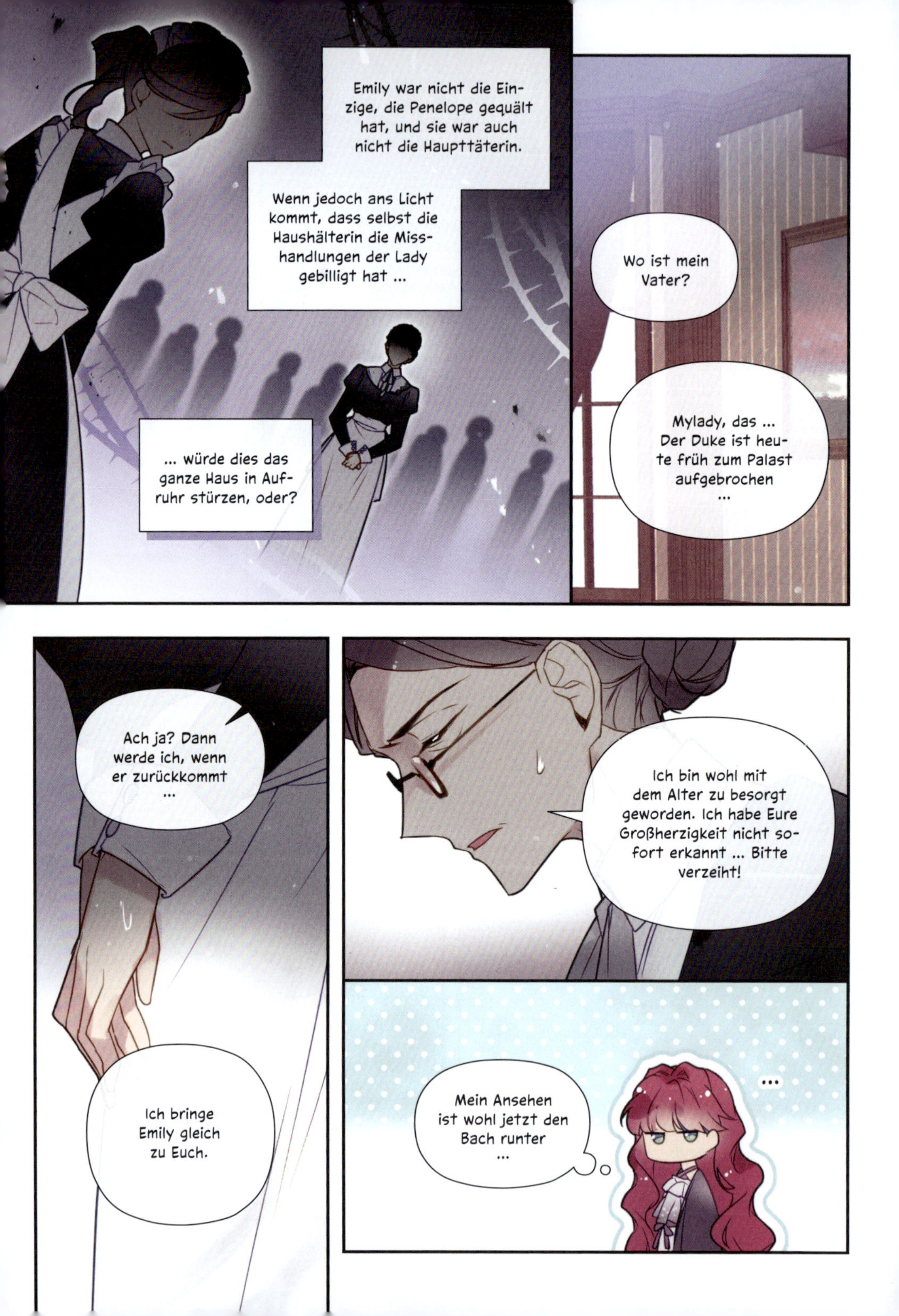
Emily war nicht die Einzige, die Penelope gequält hat, und sie war auch nicht die Haupttäterin.
Wenn jedoch ans Licht kommt, dass selbst die Haushälterin die Misshandlungen der Lady gebilligt hat ...
... würde dies das ganze Haus in Aufruhr stürzen, oder?
Wo ist mein Vater?
Mylady, das ... Der Duke ist heute früh zum Palast aufgebrochen ...
Ach ja? Dann werde ich, wenn er zurückkommt ...
Ich bin wohl mit dem Alter zu besorgt geworden. Ich habe Eure Großherzigkeit nicht sofort erkannt ... Bitte verzeiht!
Ich bringe Emily gleich zu Euch.
Mein Ansehen ist wohl jetzt den Bach runter ...
...

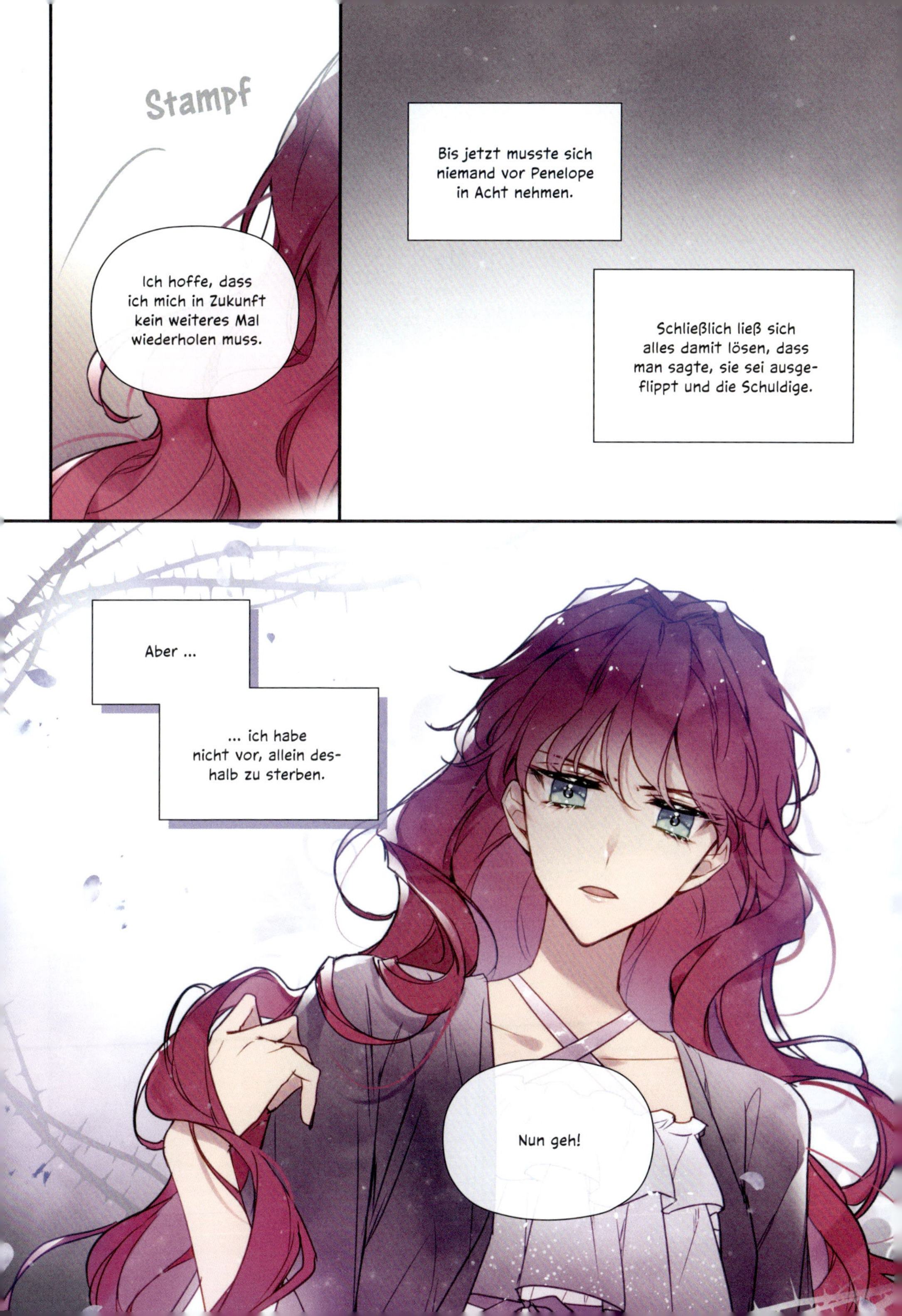
Stampf
Ich hoffe, dass ich mich in Zukunft kein weiteres Mal wiederholen muss.
Bis jetzt musste sich niemand vor Penelope in Acht nehmen.
Schließlich ließ sich alles damit lösen, dass man sagte, sie sei ausge-flippt und die Schuldige.
Aber ...
... ich habe nicht vor, allein des-halb zu sterben.
Nun geh!

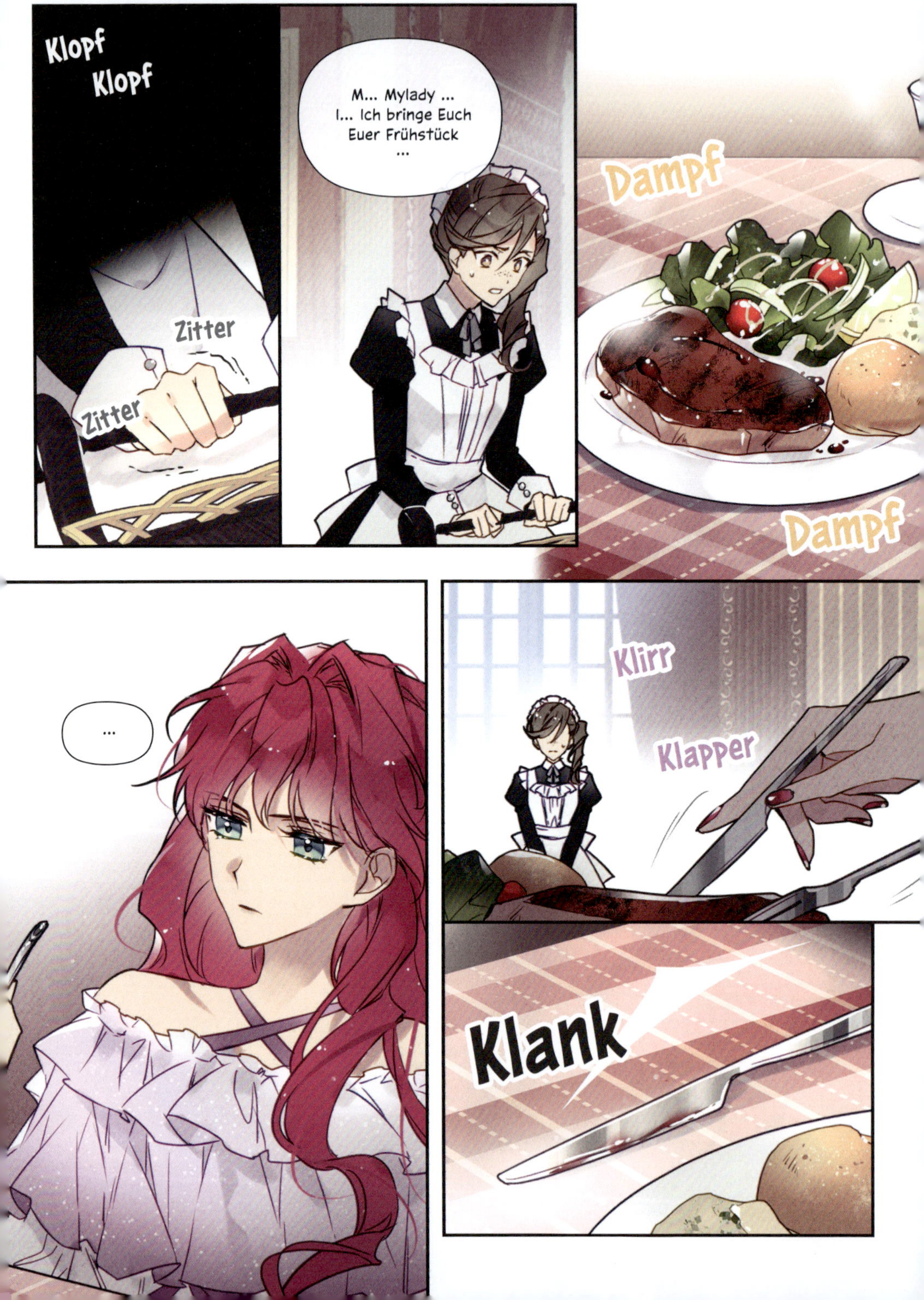
Klopf
Klopf
Zitter
Zitter
M... Mylady ...
I... Ich bringe Euch
Euer Frühstück
...
Dampf
Dampf
...
Klirr
Klapper
Klank

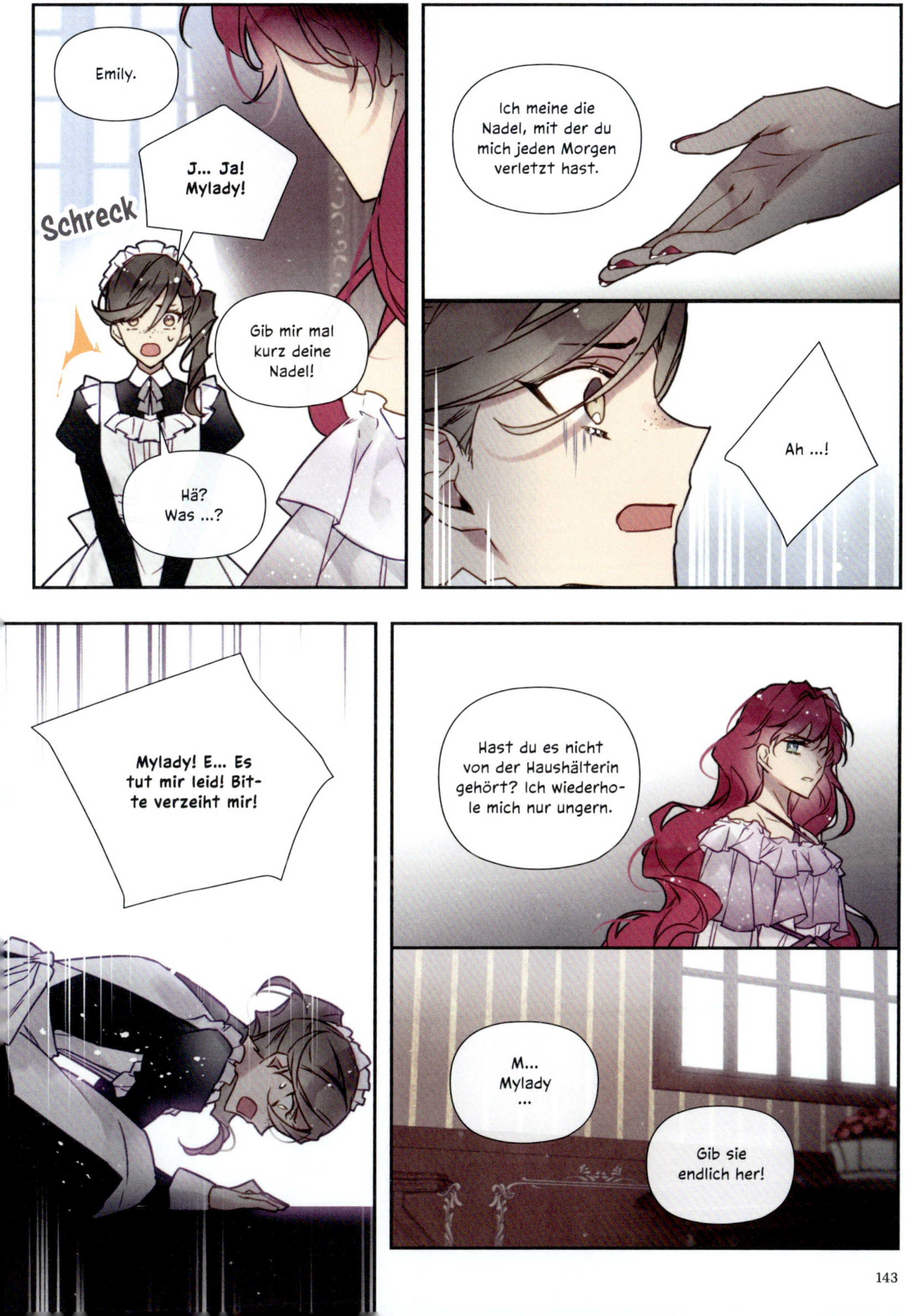
Emily.
J... Ja! Mylady!
Schreck
Gib mir mal kurz deine Nadel!
Hä? Was ...?
Ich meine die Nadel, mit der du mich jeden Morgen verletzt hast.
Ah ...!
Mylady! E... Es tut mir leid! Bitte verzeiht mir!
Hast du es nicht von der Haushälterin gehört? Ich wiederhole mich nur ungern.
M... Mylady ...
Gib sie endlich her!

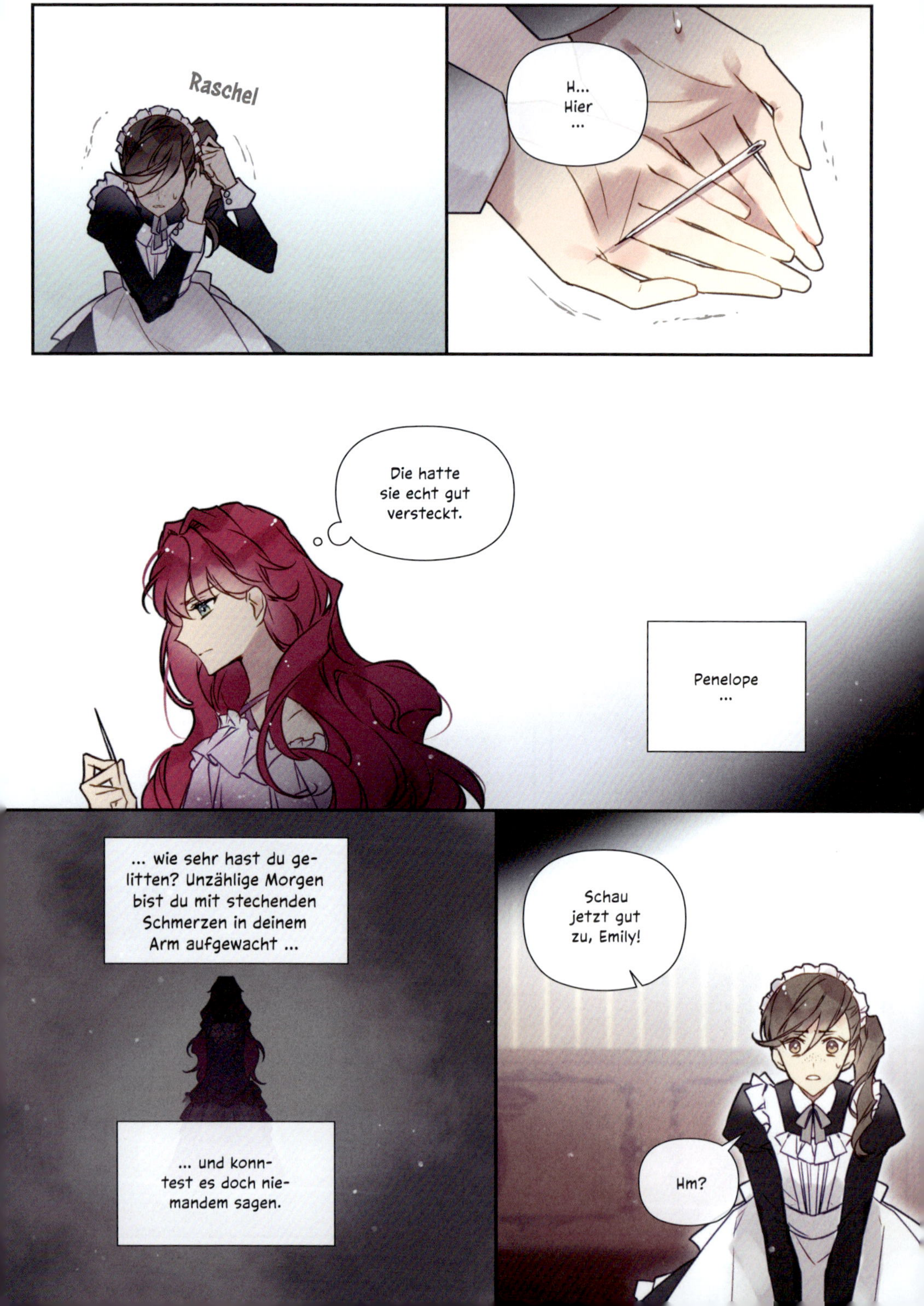
Raschel
H...
Hier
...
Die hatte
sie echt gut
versteckt.
Penelope
...
... wie sehr hast du ge-
litten? Unzählige Morgen
bist du mit stechenden
Schmerzen in deinem
Arm aufgewacht ...
... und konn-
test es doch nie-
mandem sagen.
Schau
jetzt gut
zu, Emily!
Hm?

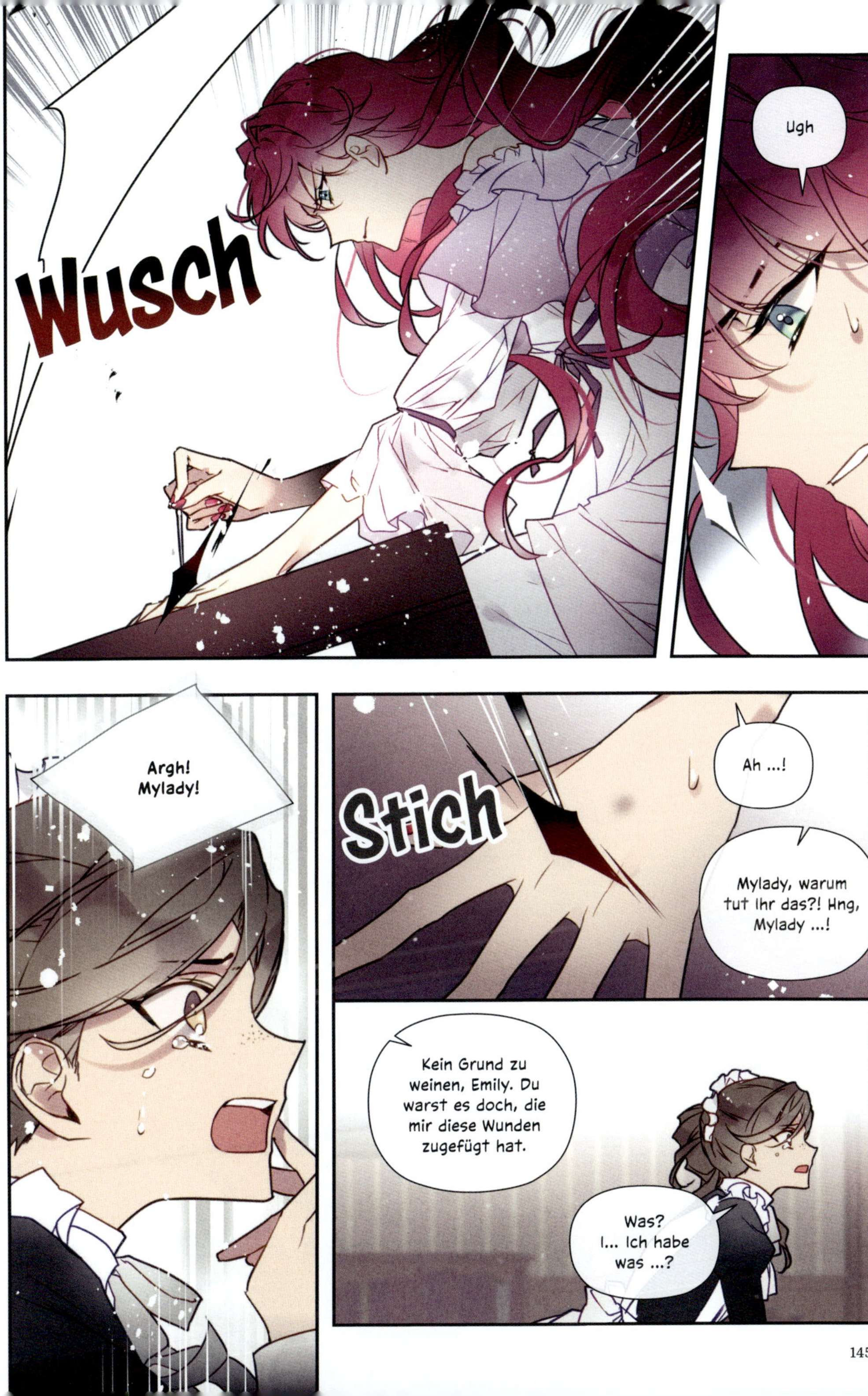
Wusch
Ugh
Argh! Mylady!
Stich
Ah ...!
Mylady, warum tut Ihr das?! Hng, Mylady ...!
Kein Grund zu weinen, Emily. Du warst es doch, die mir diese Wunden zugefügt hat.
Was? I... Ich habe was ...?

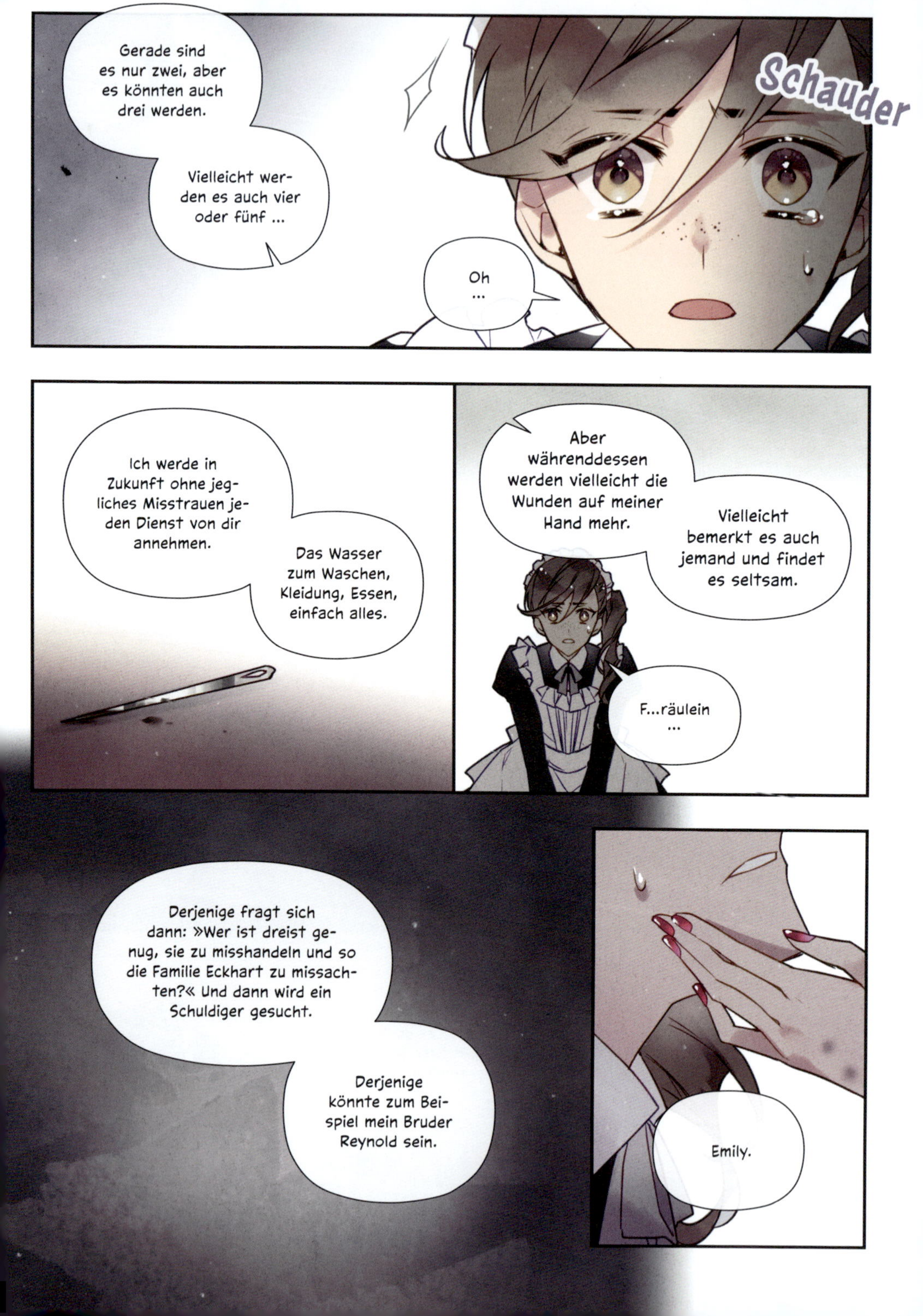
Gerade sind es nur zwei, aber es könnten auch drei werden.
Vielleicht werden es auch vier oder fünf ...
Schauder
Oh ...
Ich werde in Zukunft ohne jegliches Misstrauen jeden Dienst von dir annehmen.
Das Wasser zum Waschen, Kleidung, Essen, einfach alles.
Aber währenddessen werden vielleicht die Wunden auf meiner Hand mehr.
Vielleicht bemerkt es auch jemand und findet es seltsam.
F...räulein ...
Derjenige fragt sich dann: »Wer ist dreist genug, sie zu misshandeln und so die Familie Eckhart zu missachten?« Und dann wird ein Schuldiger gesucht.
Derjenige könnte zum Beispiel mein Bruder Reynold sein.
Emily.

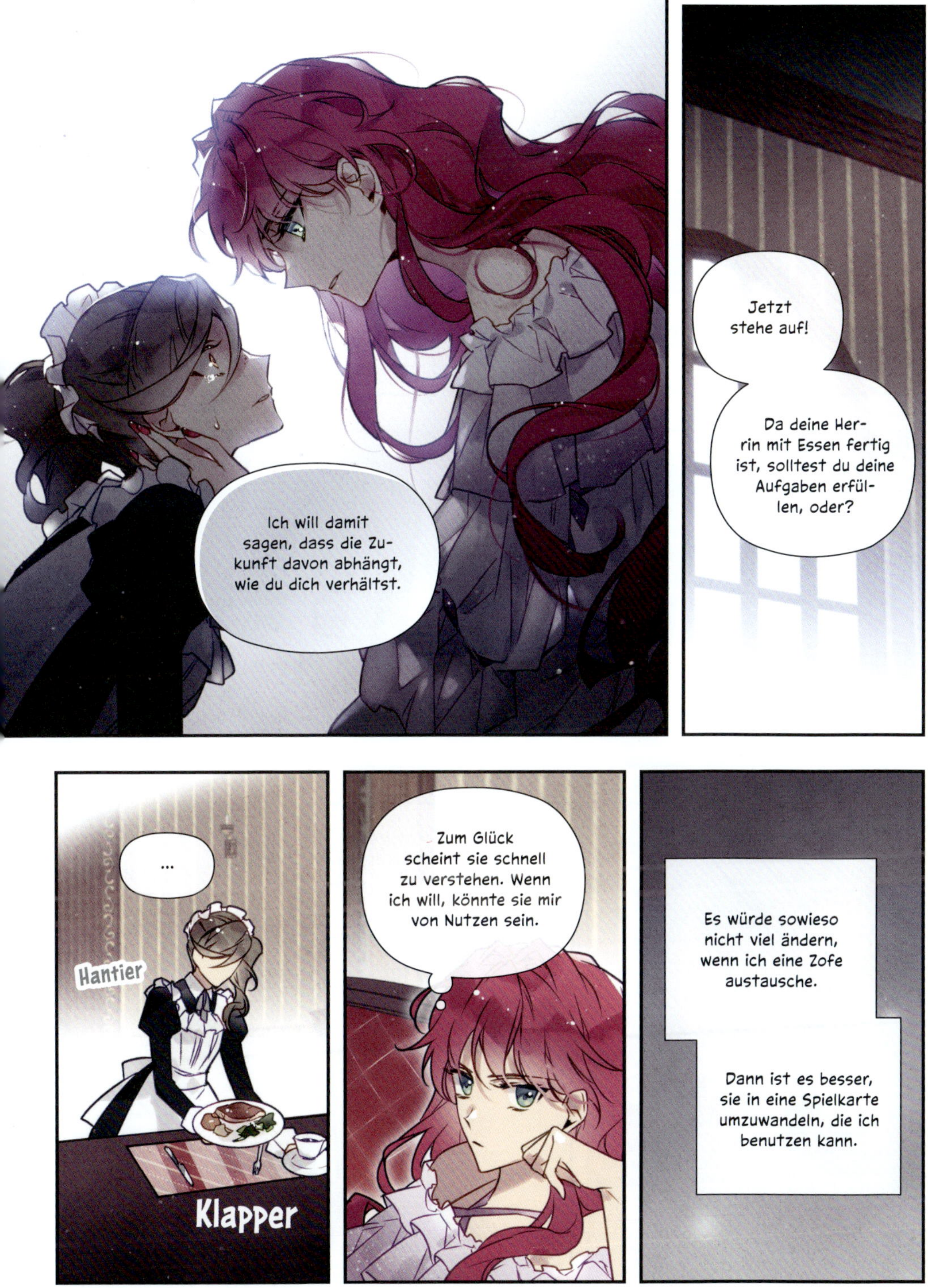
Ich will damit sagen, dass die Zukunft davon abhängt, wie du dich verhältst.
Jetzt stehe auf!
Da deine Herrin mit Essen fertig ist, solltest du deine Aufgaben erfüllen, oder?
...
Hantier
Klapper
Zum Glück scheint sie schnell zu verstehen. Wenn ich will, könnte sie mir von Nutzen sein.
Es würde sowieso nicht viel ändern, wenn ich eine Zofe austausche.
Dann ist es besser, sie in eine Spielkarte umzuwandeln, die ich benutzen kann.

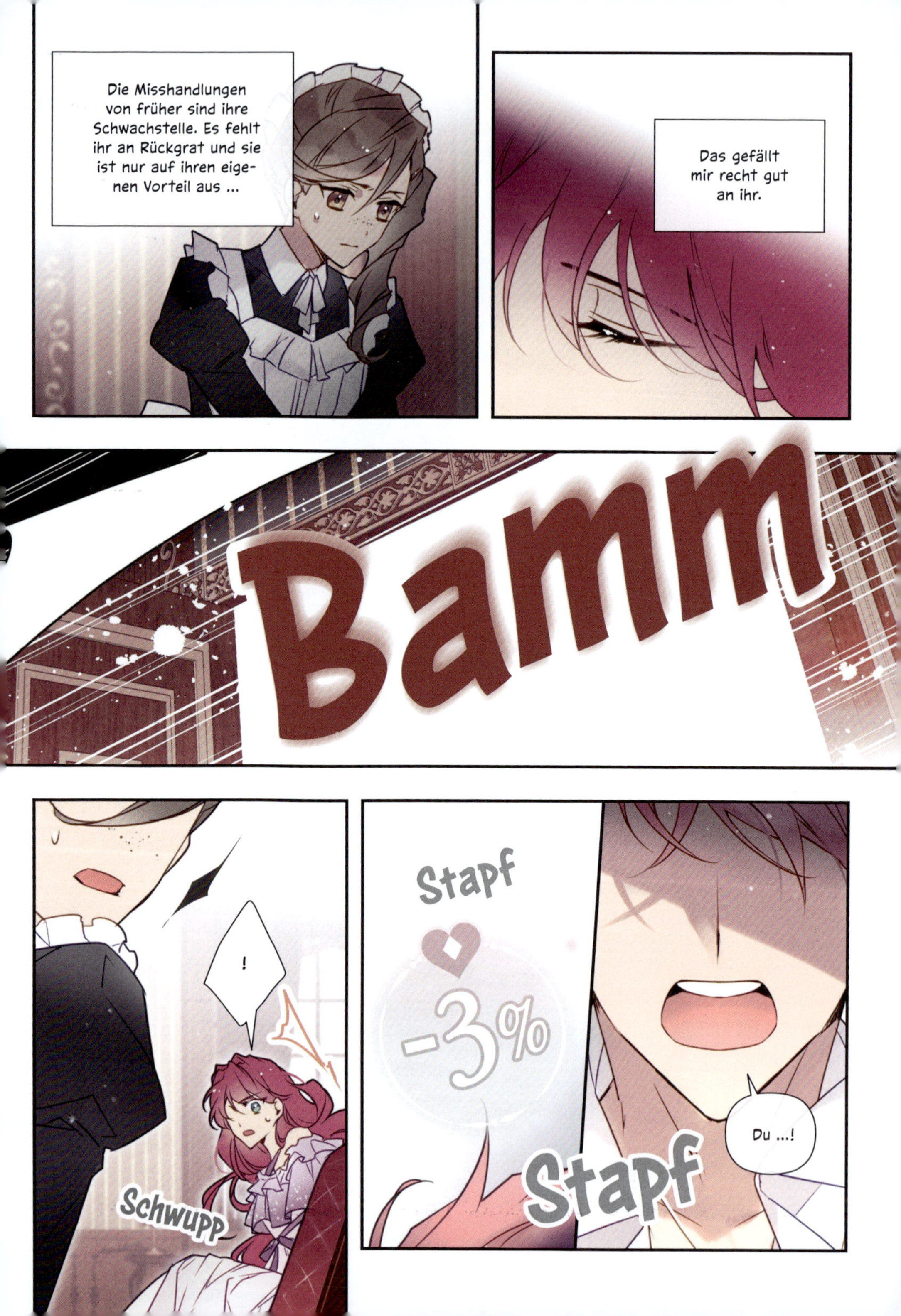
Die Misshandlungen von früher sind ihre Schwachstelle. Es fehlt ihr an Rückgrat und sie ist nur auf ihren eigenen Vorteil aus ...
Das gefällt mir recht gut an ihr.
Bamm
!
Schwupp
Stapf
-3%
Du ...!
Stapf

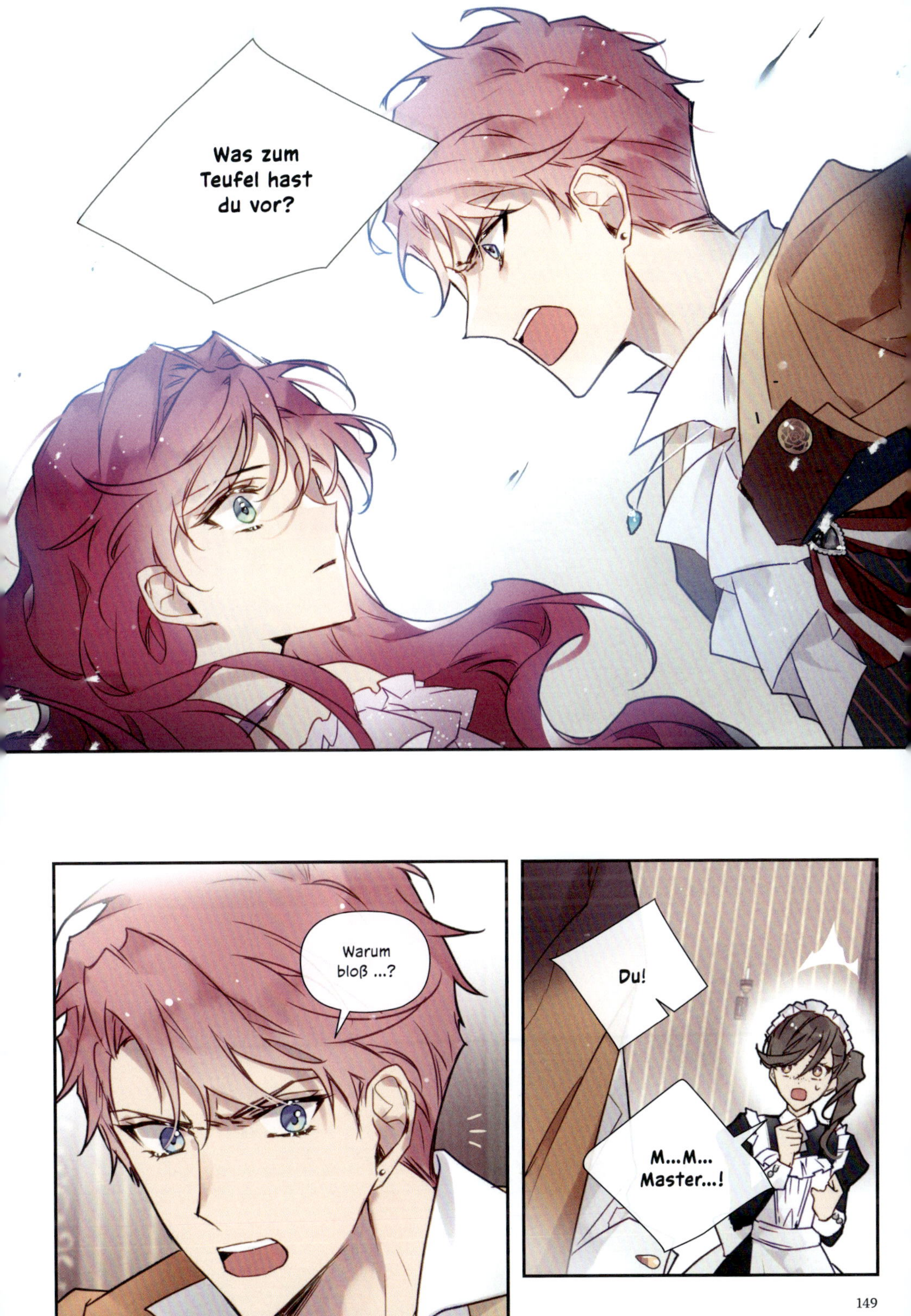
Was zum Teufel hast du vor?
Warum bloß ...?
Du!
M...M... Master...!

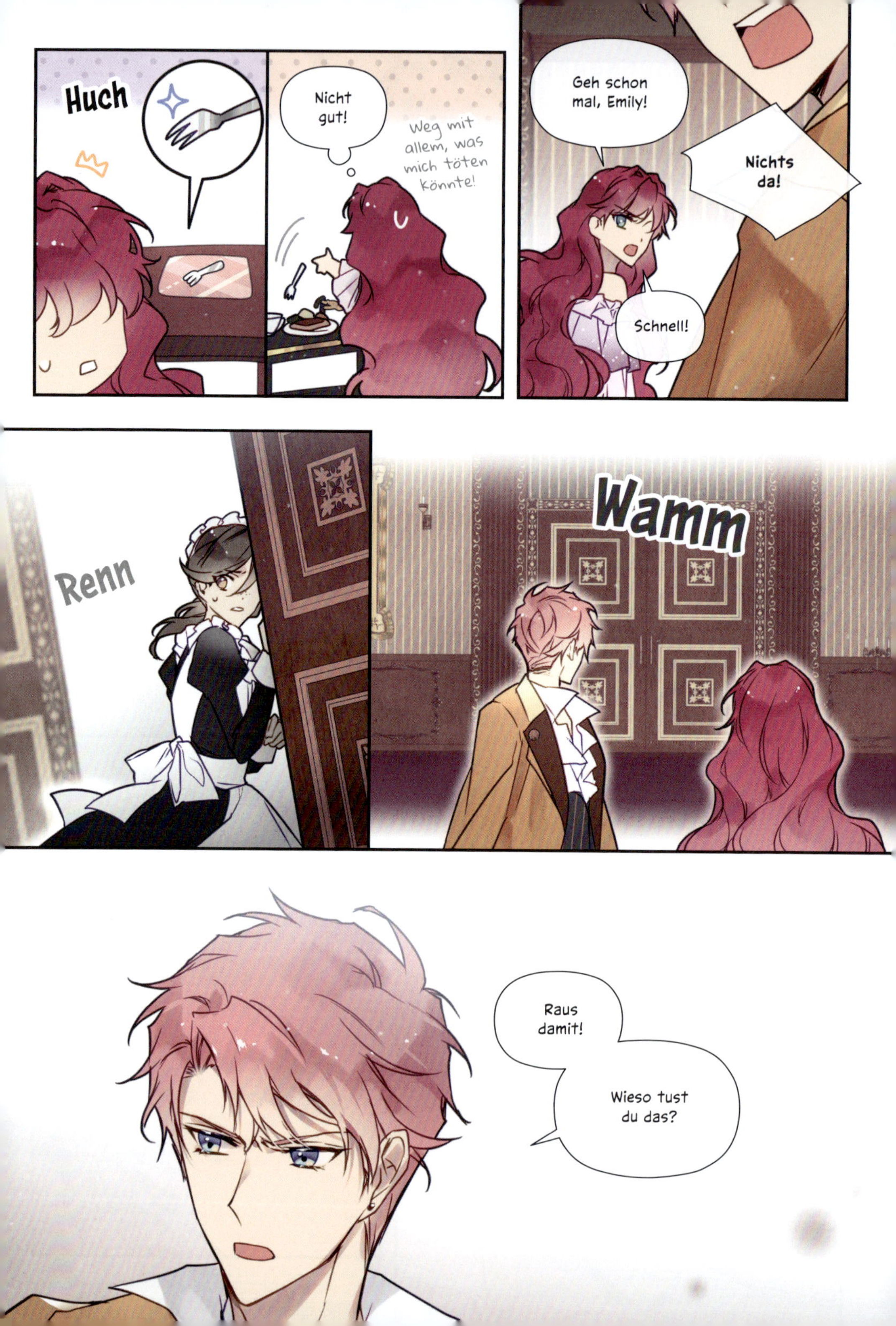

Huch
Nicht gut!
Weg mit allem, was mich töten könnte!
Geh schon mal, Emily!
Nichts da!
Schnell!
Renn
Wamm
Raus damit!
Wieso tust du das?

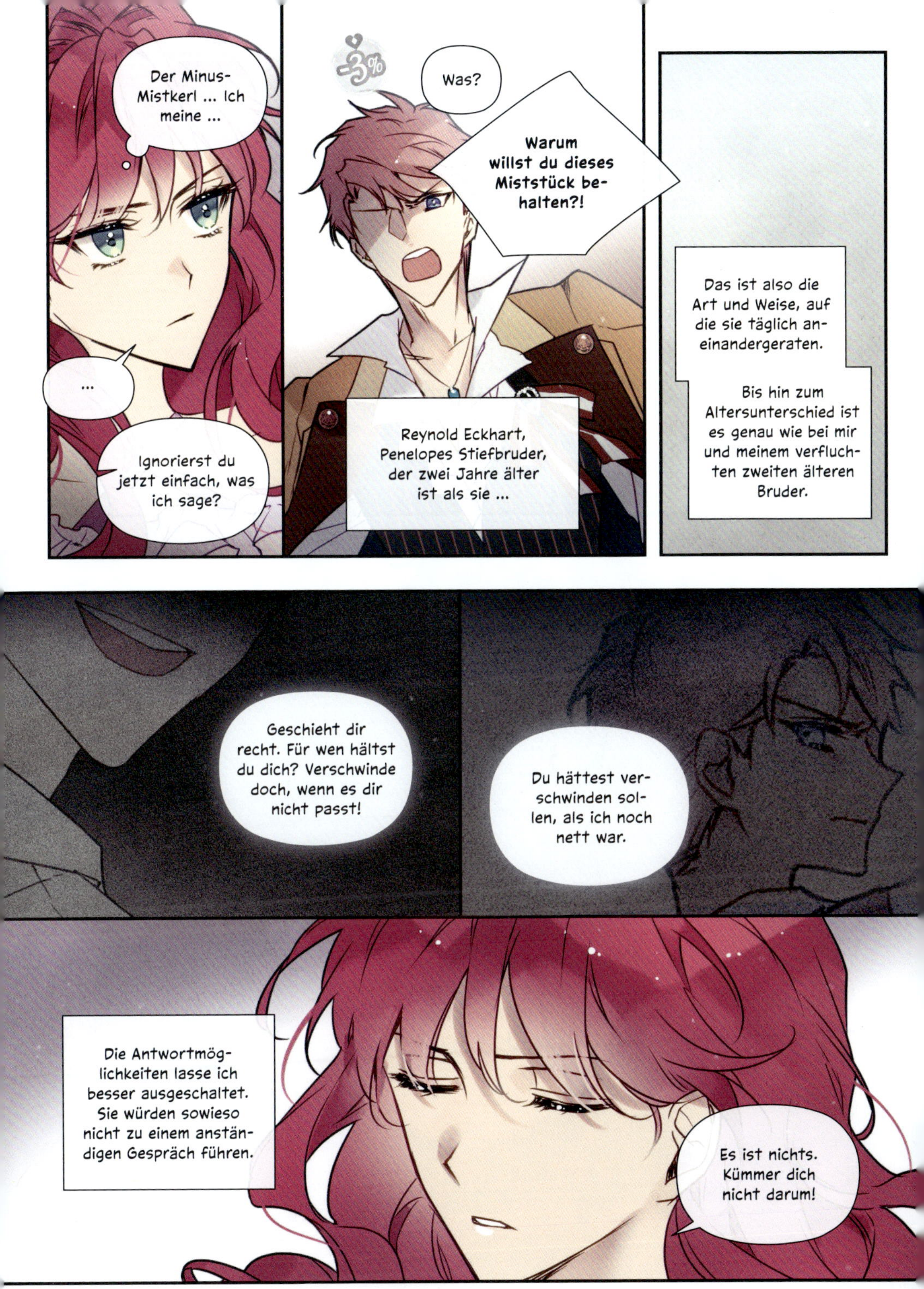
Der Minus-Mistkerl ... Ich meine ...
...
Ignorierst du jetzt einfach, was ich sage?
-3%
Was?
Warum willst du dieses Miststück behalten?!
Reynold Eckhart, Penelopes Stiefbruder, der zwei Jahre älter ist als sie ...
Das ist also die Art und Weise, auf die sie täglich aneinandergeraten.
Bis hin zum Altersunterschied ist es genau wie bei mir und meinem verfluchten zweiten älteren Bruder.
Geschieht dir recht. Für wen hältst du dich? Verschwinde doch, wenn es dir nicht passt!
Du hättest verschwinden sollen, als ich noch nett war.
Die Antwortmöglichkeiten lasse ich besser ausgeschaltet. Sie würden sowieso nicht zu einem anständigen Gespräch führen.
Es ist nichts. Kümmer dich nicht darum!

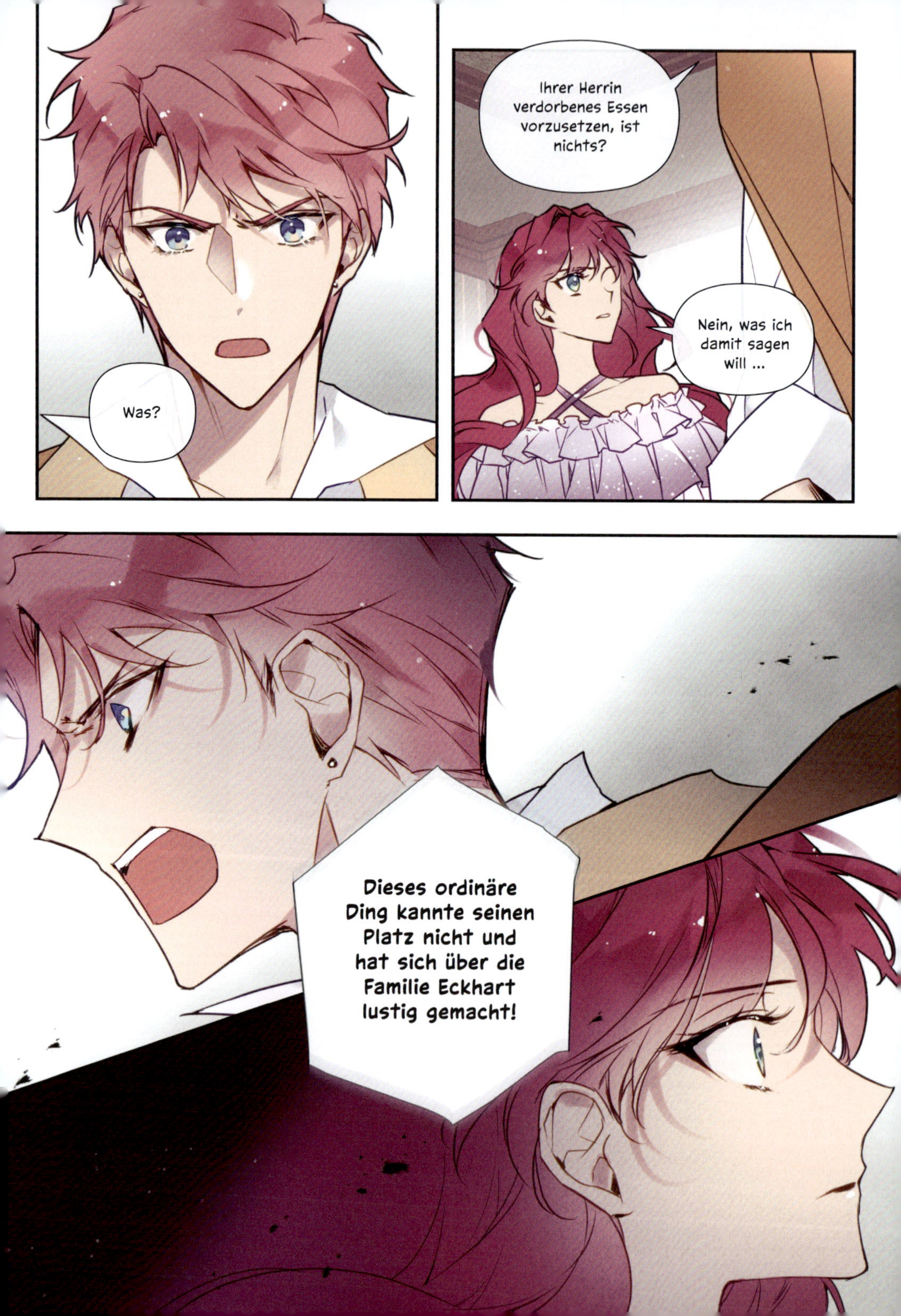
Was?
Ihrer Herrin verdorbenes Essen vorzusetzen, ist nichts?
Nein, was ich damit sagen will ...
Dieses ordinäre Ding kannte seinen Platz nicht und hat sich über die Familie Eckhart lustig gemacht!

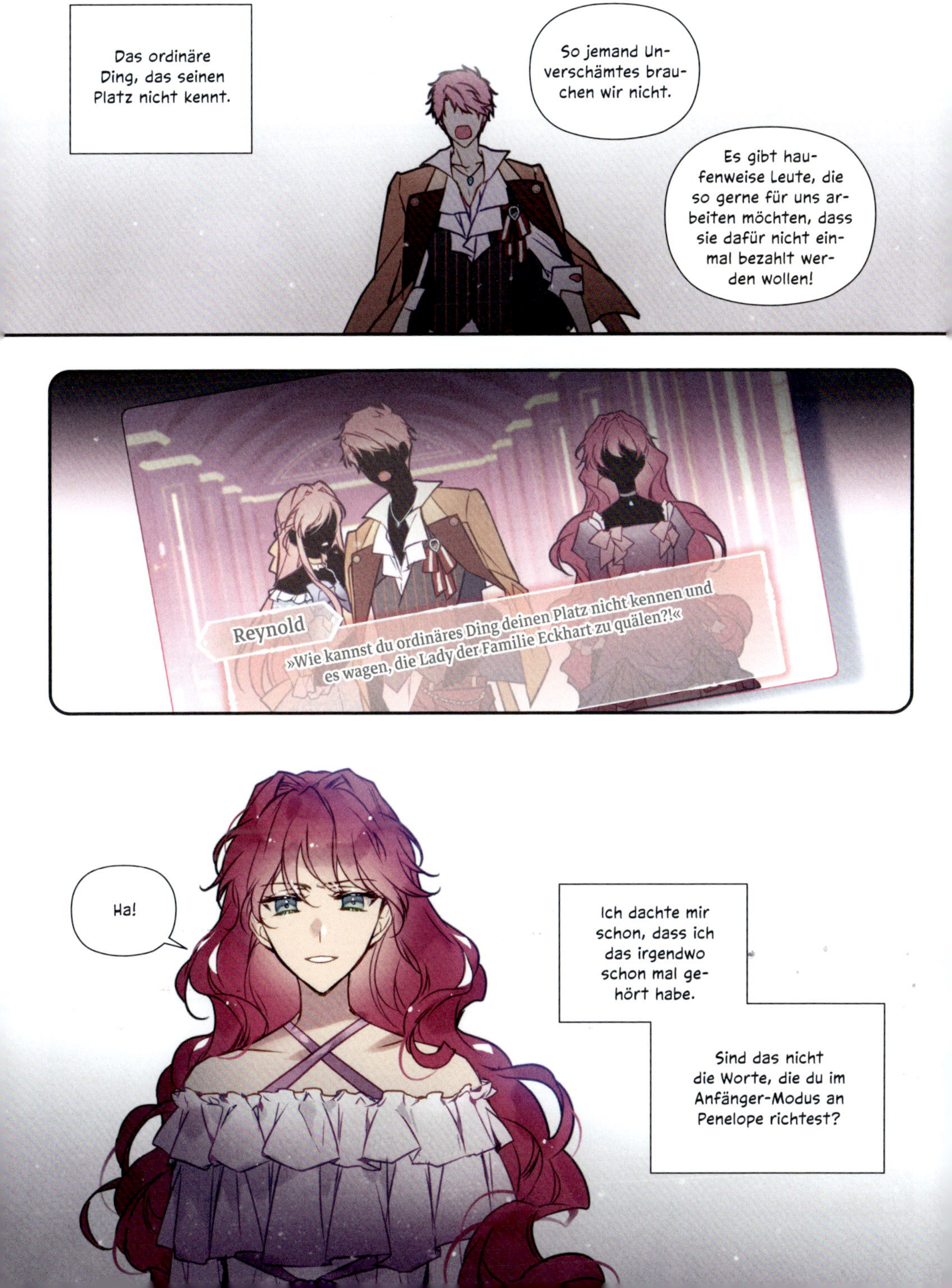

Das ordinäre Ding, das seinen Platz nicht kennt.
So jemand Unverschämtes brauchen wir nicht.
Es gibt haufenweise Leute, die so gerne für uns arbeiten möchten, dass sie dafür nicht einmal bezahlt werden wollen!
Reynold
»Wie kannst du ordinäres Ding deinen Platz nicht kennen und es wagen, die Lady der Familie Eckhart zu quälen?!«
Ha!
Ich dachte mir schon, dass ich das irgendwo schon mal gehört habe.
Sind das nicht die Worte, die du im Anfänger-Modus an Penelope richtest?

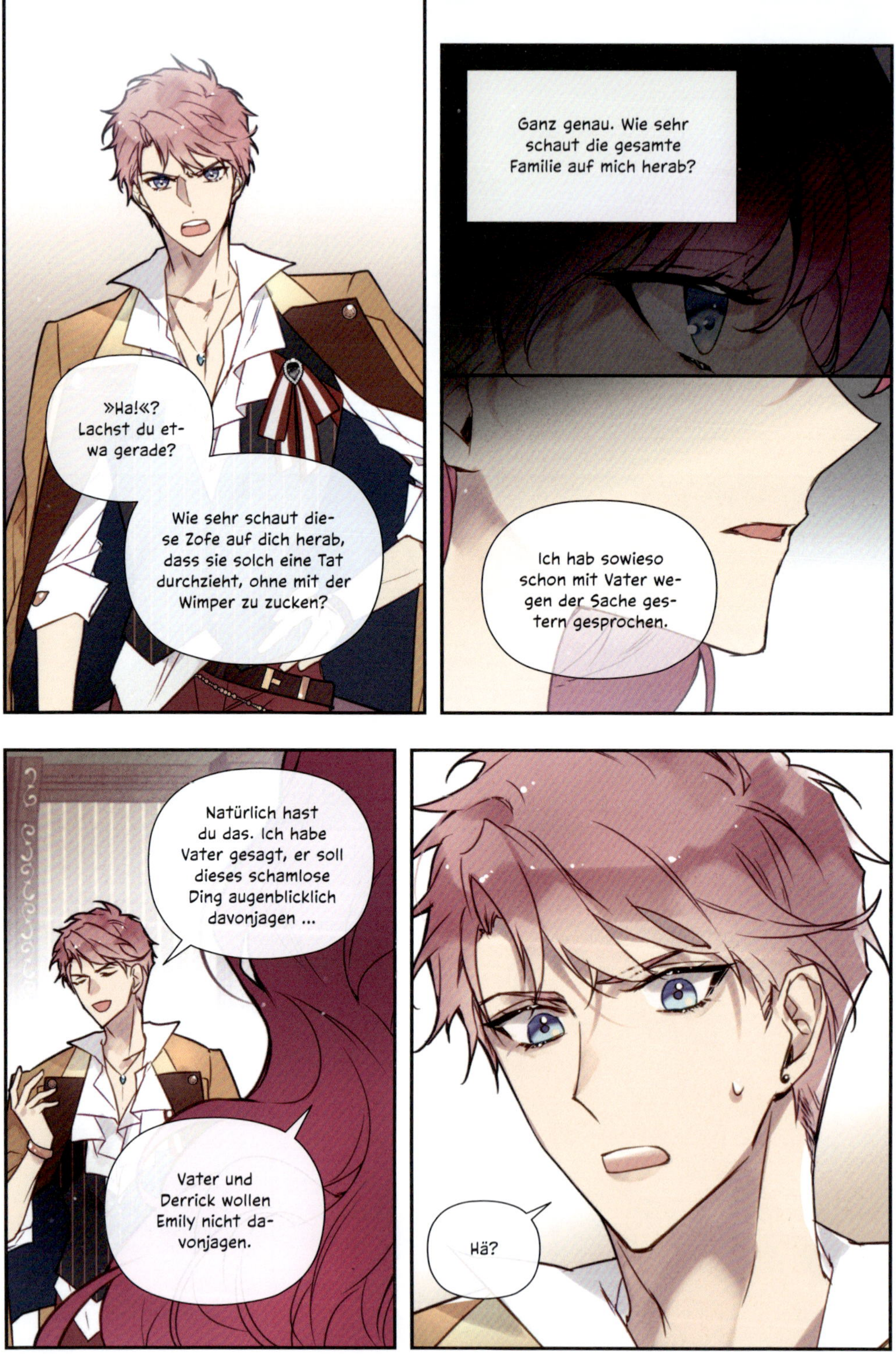
Ganz genau. Wie sehr schaut die gesamte Familie auf mich herab?
»Ha!«? Lachst du etwa gerade?
Wie sehr schaut diese Zofe auf dich herab, dass sie solch eine Tat durchzieht, ohne mit der Wimper zu zucken?
Ich hab sowieso schon mit Vater wegen der Sache gestern gesprochen.
Natürlich hast du das. Ich habe Vater gesagt, er soll dieses schamlose Ding augenblicklich davonjagen ...
Vater und Derrick wollen Emily nicht davonjagen.
Hä?

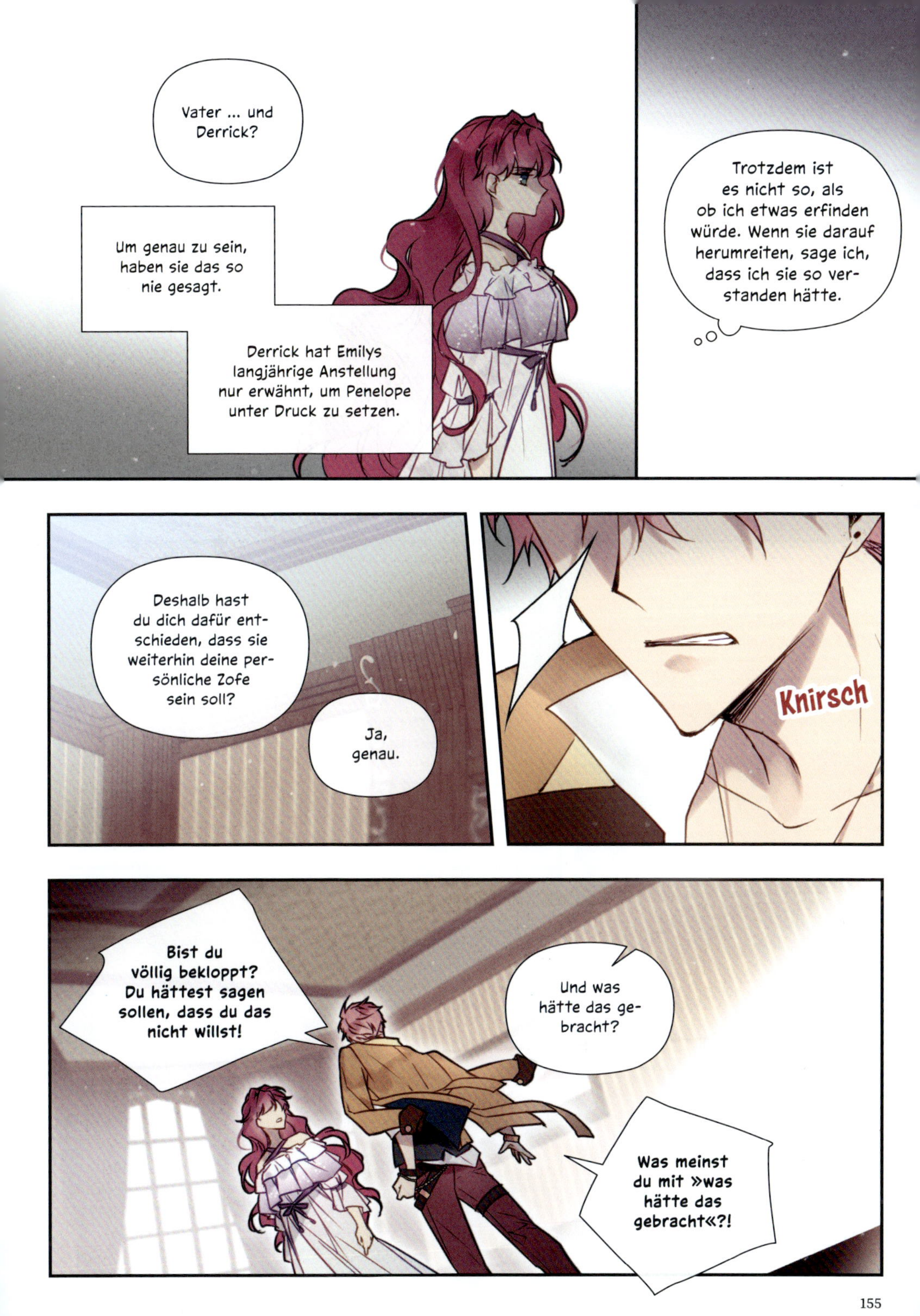
Vater ... und Derrick?
Um genau zu sein, haben sie das so nie gesagt.
Derrick hat Emilys langjährige Anstellung nur erwähnt, um Penelope unter Druck zu setzen.
Trotzdem ist es nicht so, als ob ich etwas erfinden würde. Wenn sie darauf herumreiten, sage ich, dass ich sie so verstanden hätte.
Deshalb hast du dich dafür entschieden, dass sie weiterhin deine persönliche Zofe sein soll?
Ja, genau.
Knirsch
Bist du völlig bekloppt? Du hättest sagen sollen, dass du das nicht willst!
Und was hätte das gebracht?
Was meinst du mit »was hätte das gebracht«?!

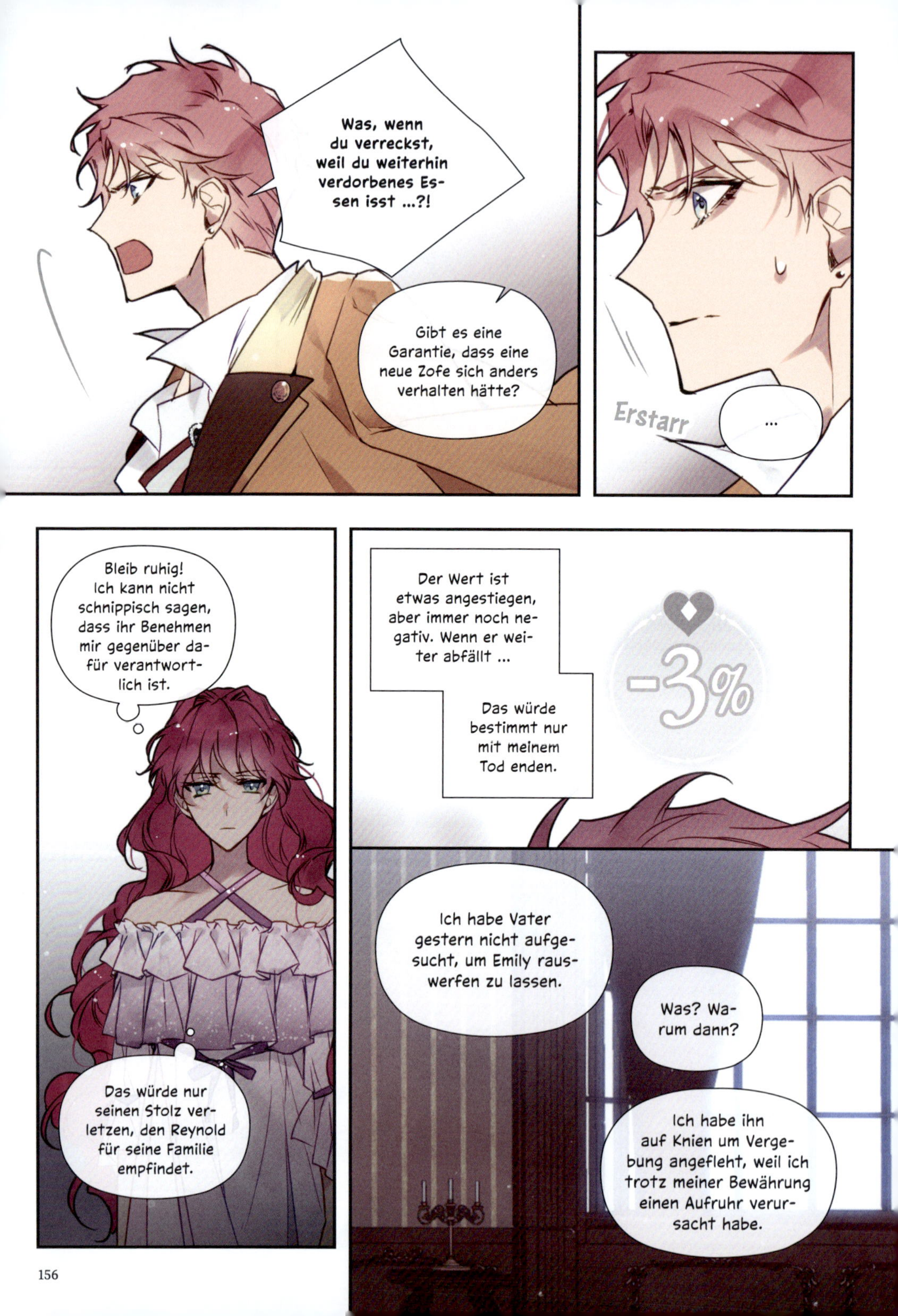
Was, wenn du verreckst, weil du weiterhin verdorbenes Es-sen isst ...?!
Gibt es eine Garantie, dass eine neue Zofe sich anders verhalten hätte?
Erstarr
...
Bleib ruhig! Ich kann nicht schnippisch sagen, dass ihr Benehmen mir gegenüber da-für verantwort-lich ist.
Das würde nur seinen Stolz ver-letzen, den Reynold für seine Familie empfindet.
Der Wert ist etwas angestiegen, aber immer noch ne-gativ. Wenn er wei-ter abfällt ...
Das würde bestimmt nur mit meinem Tod enden.
-3%
Ich habe Vater gestern nicht aufge-sucht, um Emily raus-werfen zu lassen.
Was? Wa-rum dann?
Ich habe ihn auf Knien um Verge-bung angefleht, weil ich trotz meiner Bewährung einen Aufruhr verur-sacht habe.

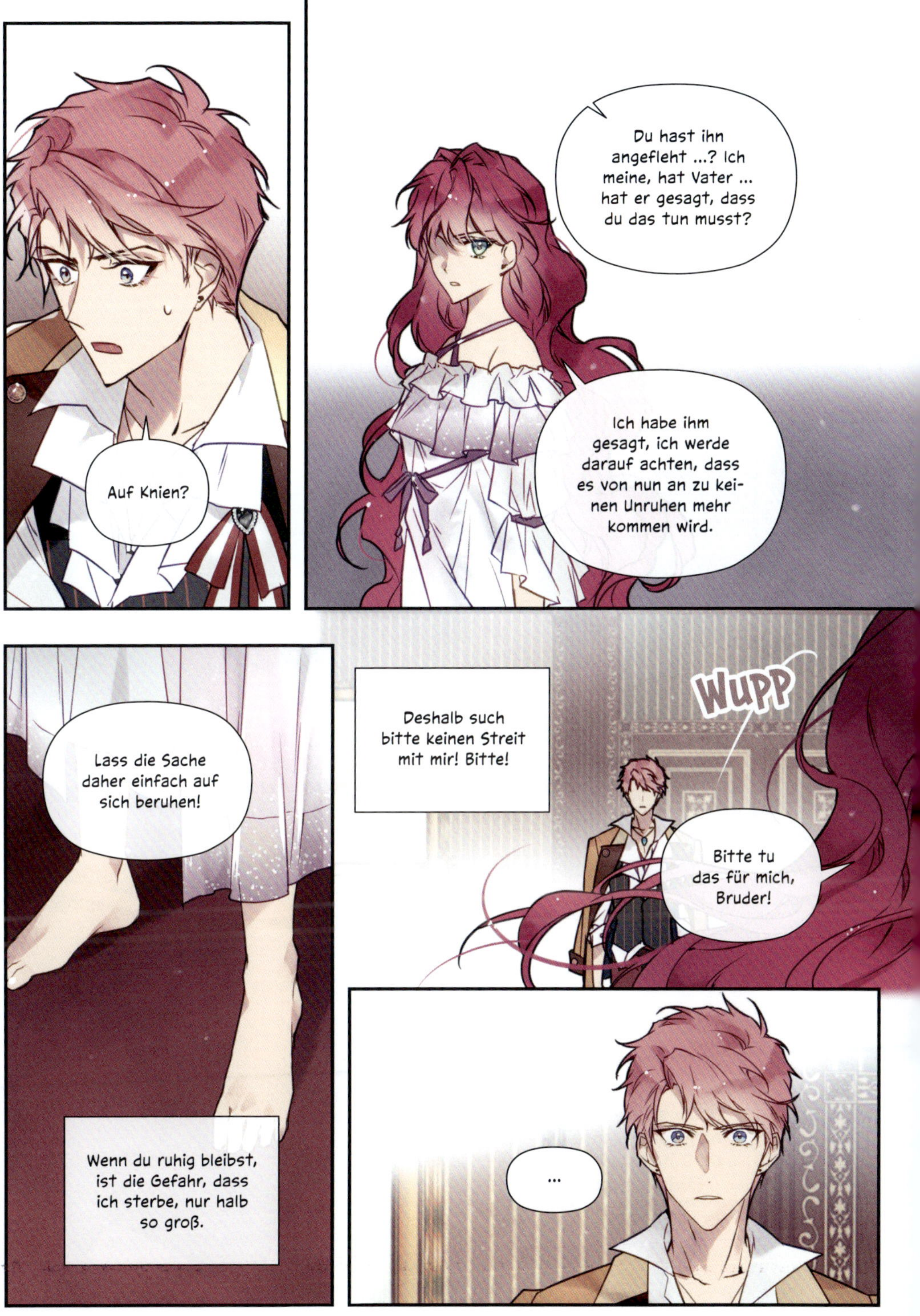
Auf Knien?
Du hast ihn angefleht ...? Ich meine, hat Vater ... hat er gesagt, dass du das tun musst?
Ich habe ihm gesagt, ich werde darauf achten, dass es von nun an zu keinen Unruhen mehr kommen wird.
Lass die Sache daher einfach auf sich beruhen!
Wenn du ruhig bleibst, ist die Gefahr, dass ich sterbe, nur halb so groß.
Deshalb such bitte keinen Streit mit mir! Bitte!
WUPP
Bitte tu das für mich, Bruder!
...

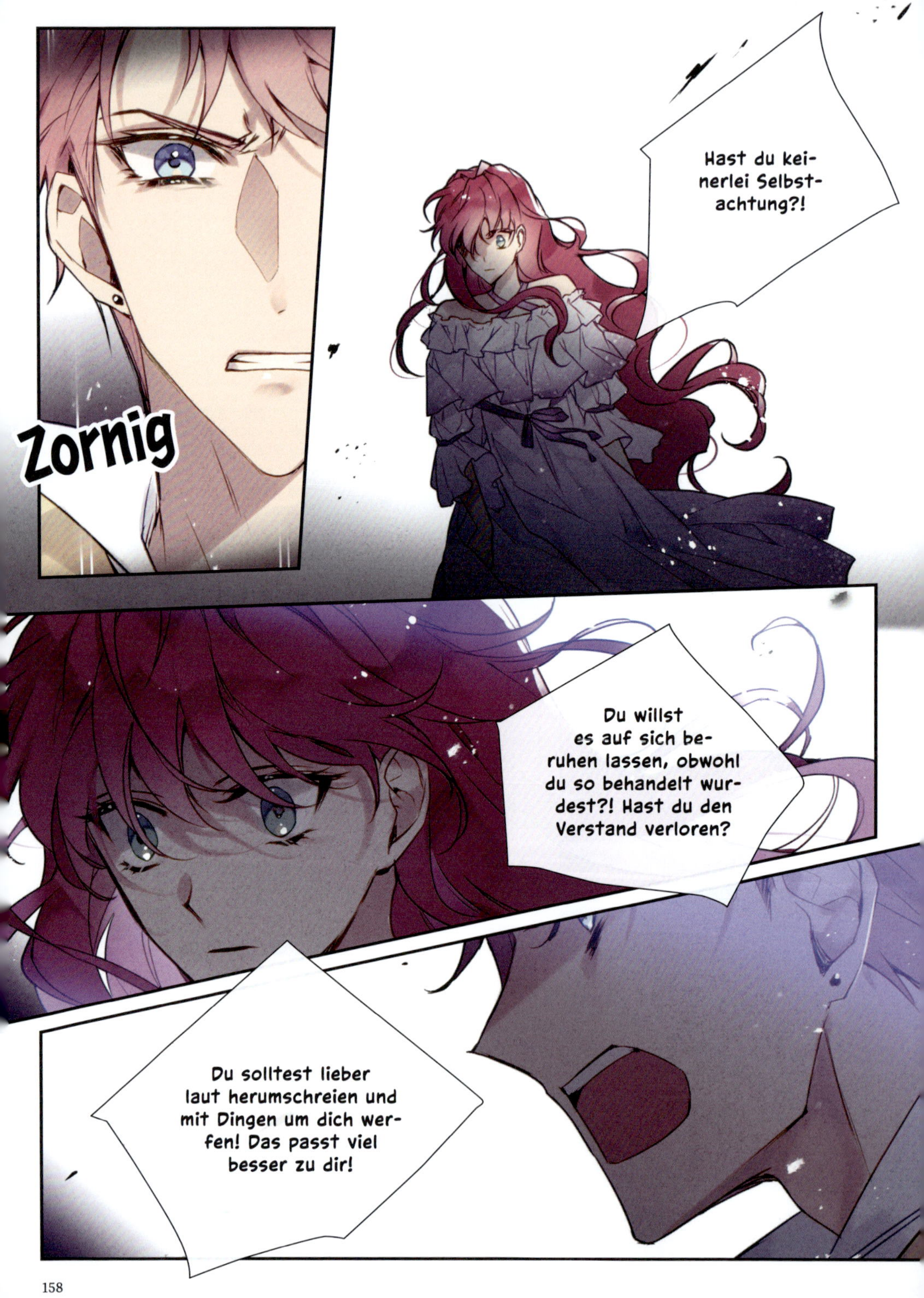
Zornig
Hast du keinerlei Selbstachtung?!
Du willst es auf sich beruhen lassen, obwohl du so behandelt wurdest?! Hast du den Verstand verloren?
Du solltest lieber laut herumschreien und mit Dingen um dich werfen! Das passt viel besser zu dir!

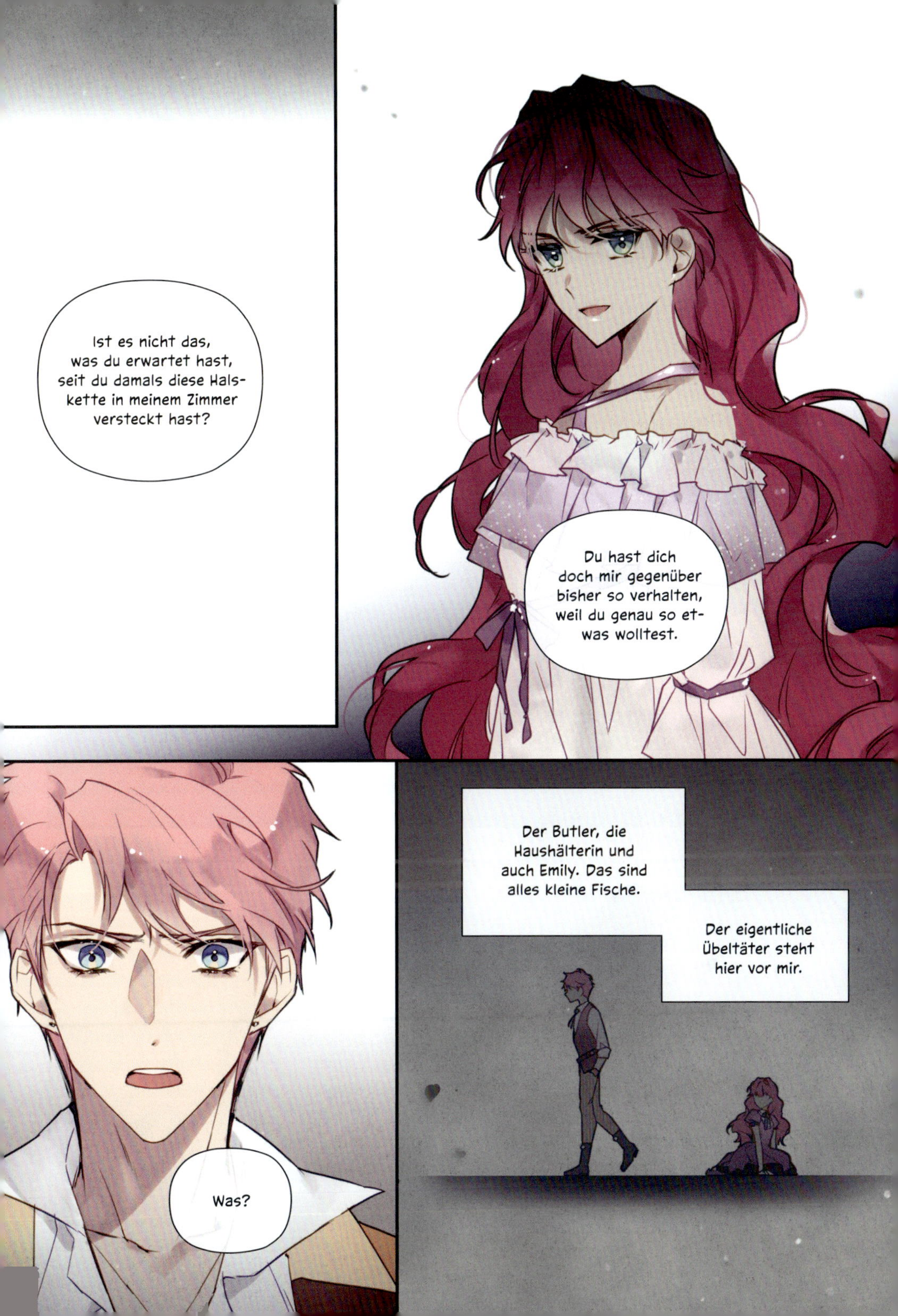
Ist es nicht das, was du erwartet hast, seit du damals diese Halskette in meinem Zimmer versteckt hast?
Du hast dich doch mir gegenüber bisher so verhalten, weil du genau so etwas wolltest.
Der Butler, die Haushälterin und auch Emily. Das sind alles kleine Fische.
Der eigentliche Übeltäter steht hier vor mir.
Was?

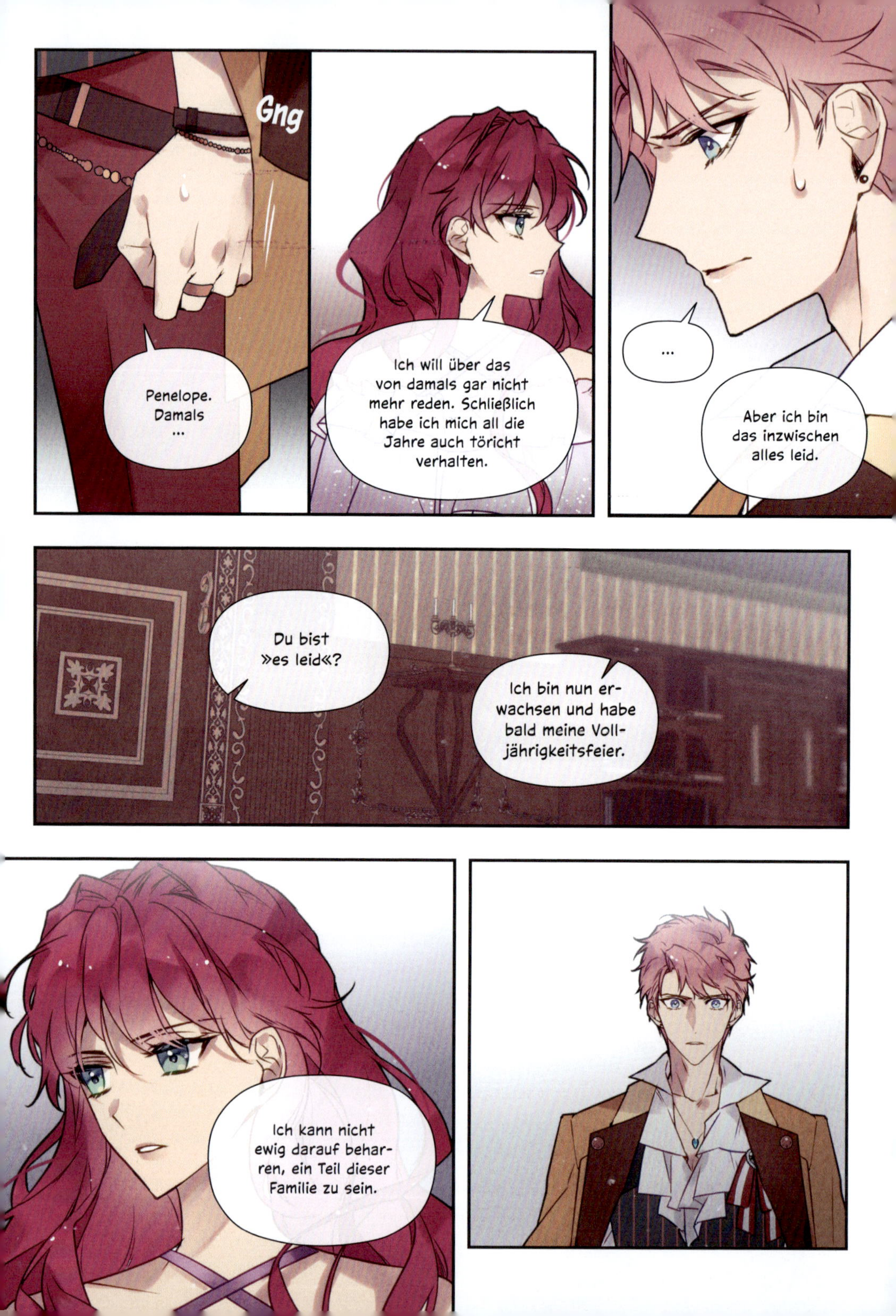
Gng
Penelope. Damals ...
Ich will über das von damals gar nicht mehr reden. Schließlich habe ich mich all die Jahre auch töricht verhalten.
...
Aber ich bin das inzwischen alles leid.
Du bist »es leid«?
Ich bin nun erwachsen und habe bald meine Volljährigkeitsfeier.
Ich kann nicht ewig darauf beharren, ein Teil dieser Familie zu sein.

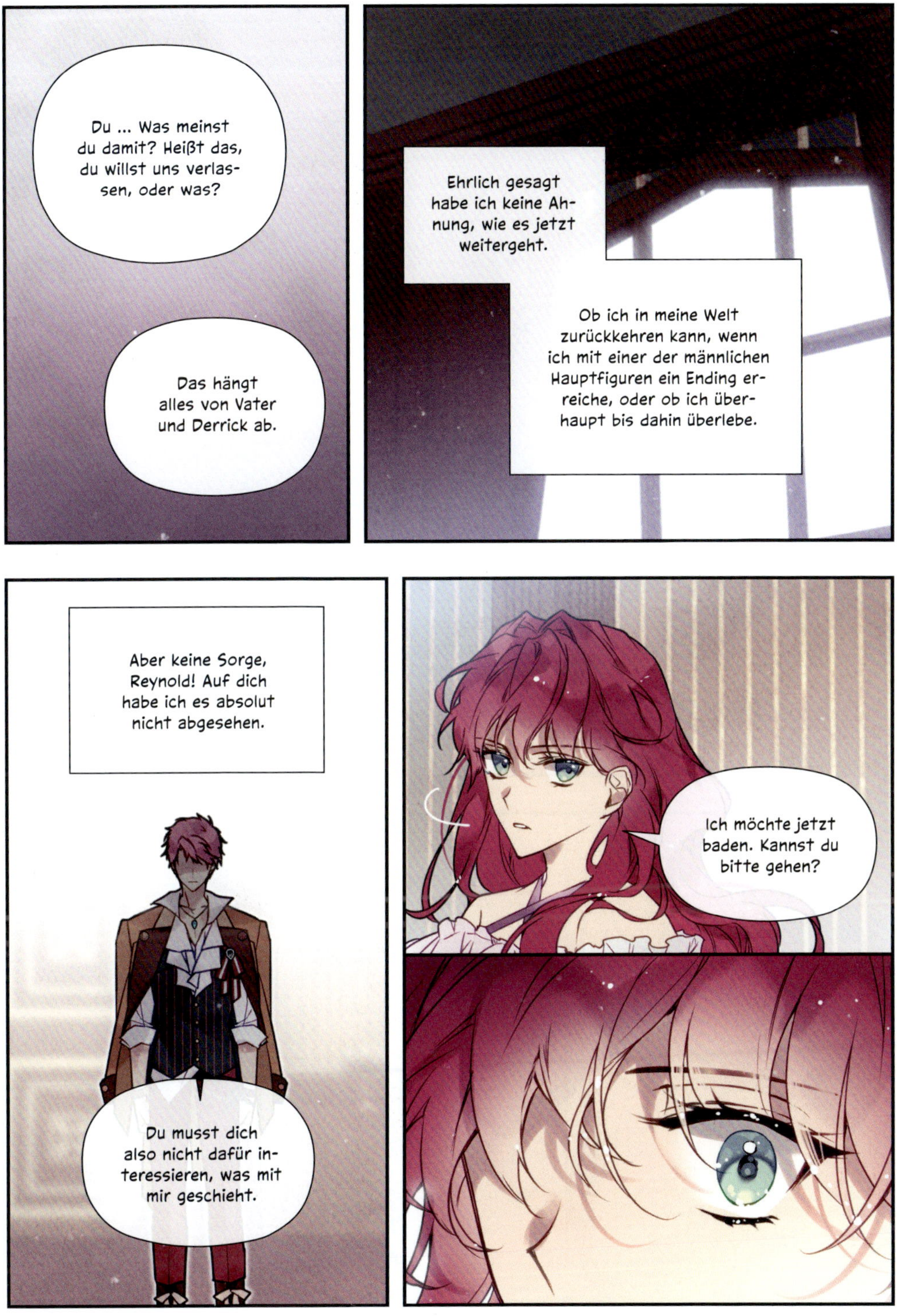

Du ... Was meinst du damit? Heißt das, du willst uns verlassen, oder was?
Das hängt alles von Vater und Derrick ab.
Ehrlich gesagt habe ich keine Ahnung, wie es jetzt weitergeht.
Ob ich in meine Welt zurückkehren kann, wenn ich mit einer der männlichen Hauptfiguren ein Ending erreiche, oder ob ich überhaupt bis dahin überlebe.
Aber keine Sorge, Reynold! Auf dich habe ich es absolut nicht abgesehen.
Du musst dich also nicht dafür interessieren, was mit mir geschieht.
Ich möchte jetzt baden. Kannst du bitte gehen?

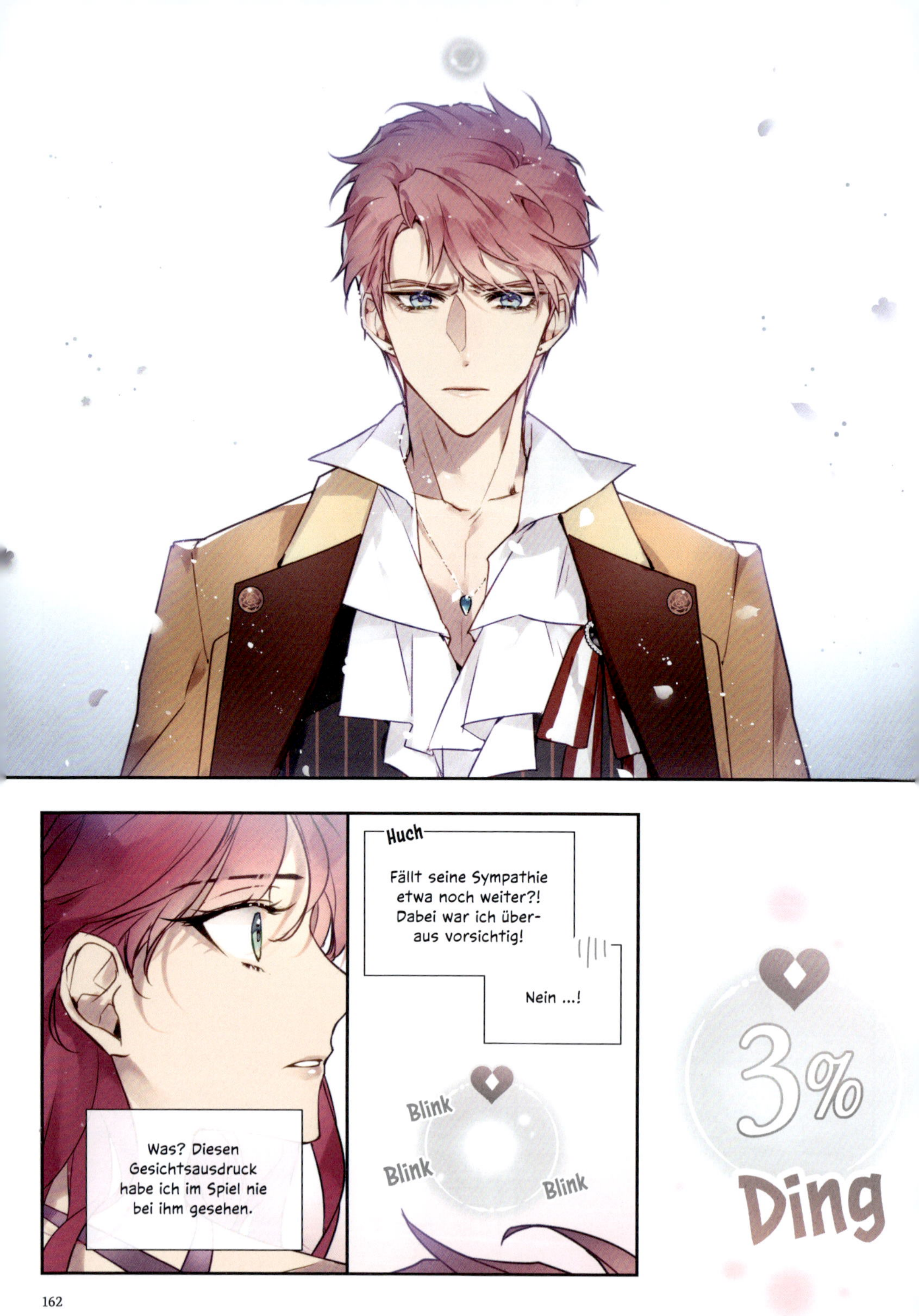
Was? Diesen Gesichtsausdruck habe ich im Spiel nie bei ihm gesehen.
Huch
Fällt seine Sympathie etwa noch weiter?! Dabei war ich überaus vorsichtig!
Nein ...!
Blink
Blink
Blink
3%
Ding

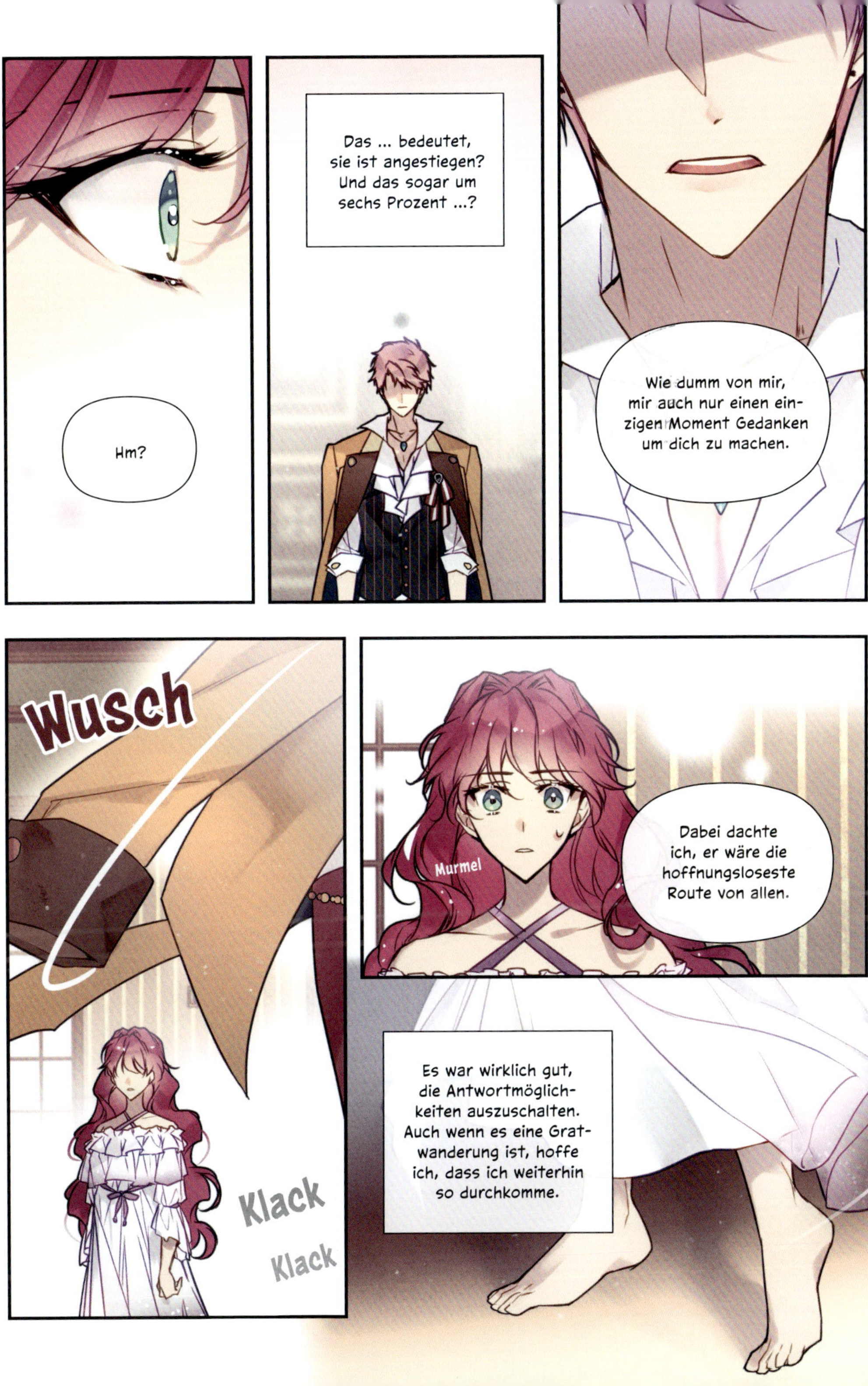
Hm?
Das ... bedeutet, sie ist angestiegen? Und das sogar um sechs Prozent ...?
Wie dumm von mir, mir auch nur einen einzigen Moment Gedanken um dich zu machen.
Wusch
Klack
Klack
Murmel
Dabei dachte ich, er wäre die hoffnungsloseste Route von allen.
Es war wirklich gut, die Antwortmöglichkeiten auszuschalten. Auch wenn es eine Gratwanderung ist, hoffe ich, dass ich weiterhin so durchkomme.

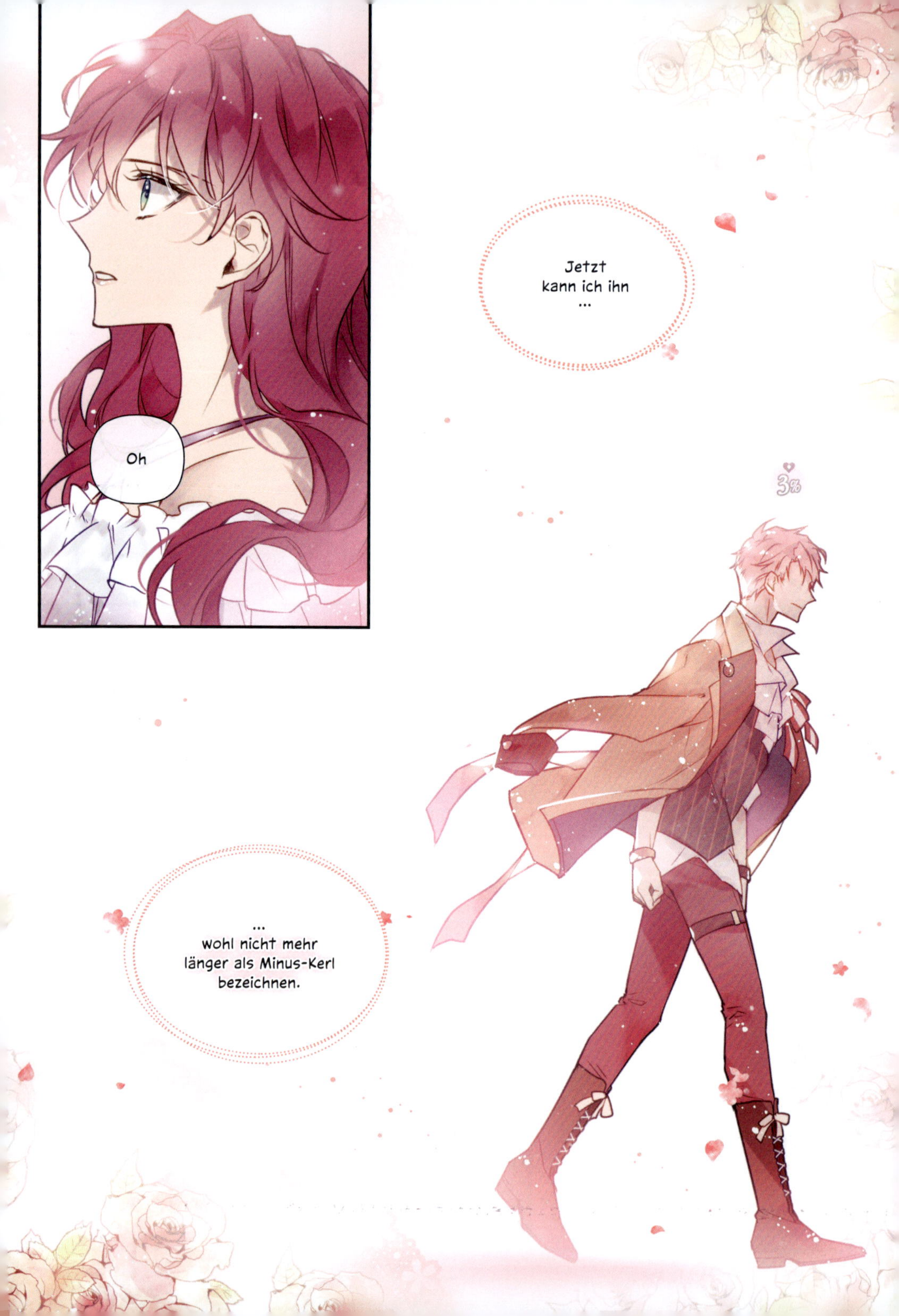
Oh
Jetzt kann ich ihn ...
3%
... wohl nicht mehr länger als Minus-Kerl bezeichnen.

Penelope

Das Böse ist dem Tod geweiht

Kapitel 2

Die Resettaste

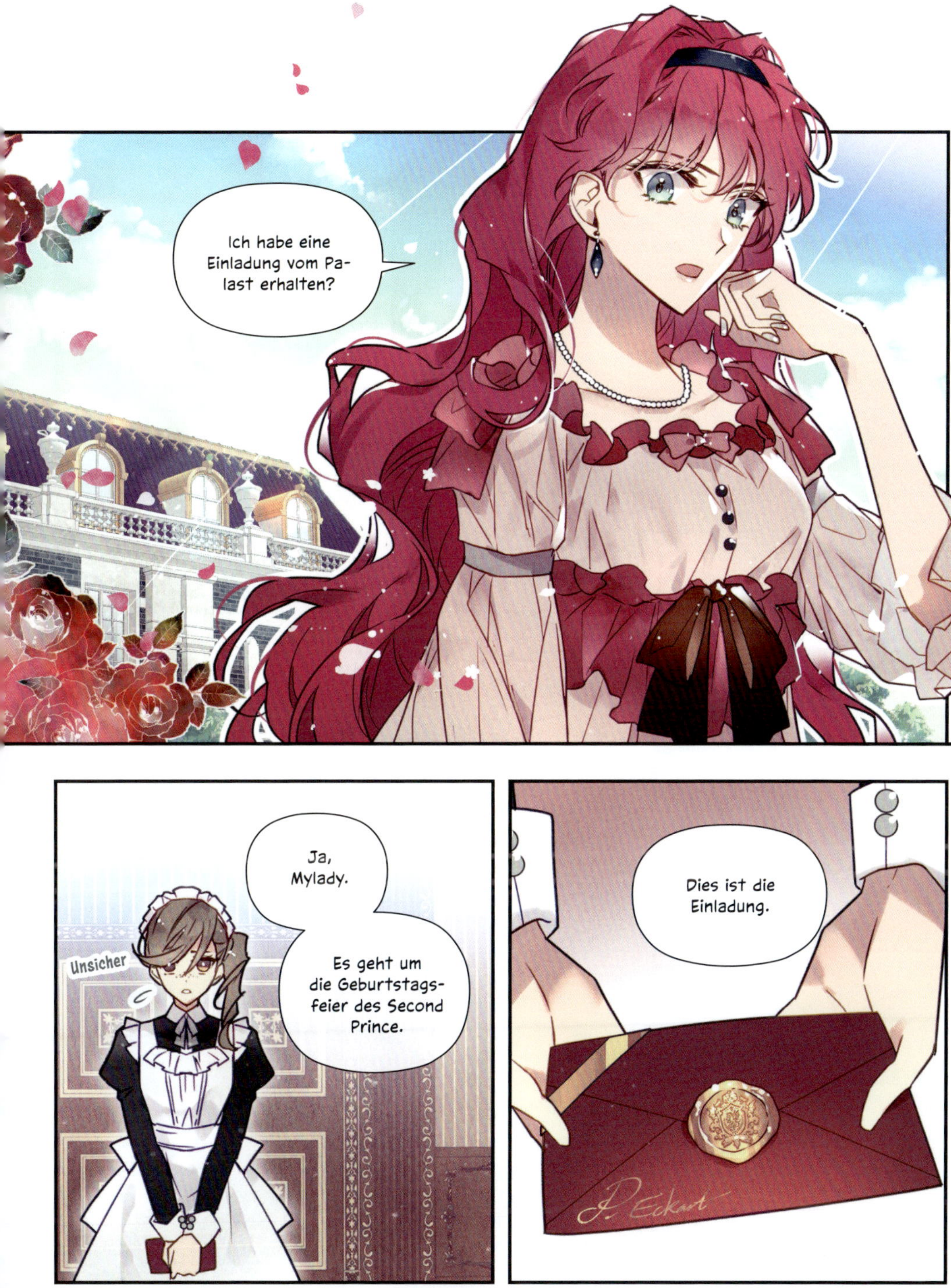
Ich habe eine Einladung vom Palast erhalten?
Ja, Mylady.
Es geht um die Geburtstagsfeier des Second Prince.
Unsicher
Dies ist die Einladung.
J. Eckart

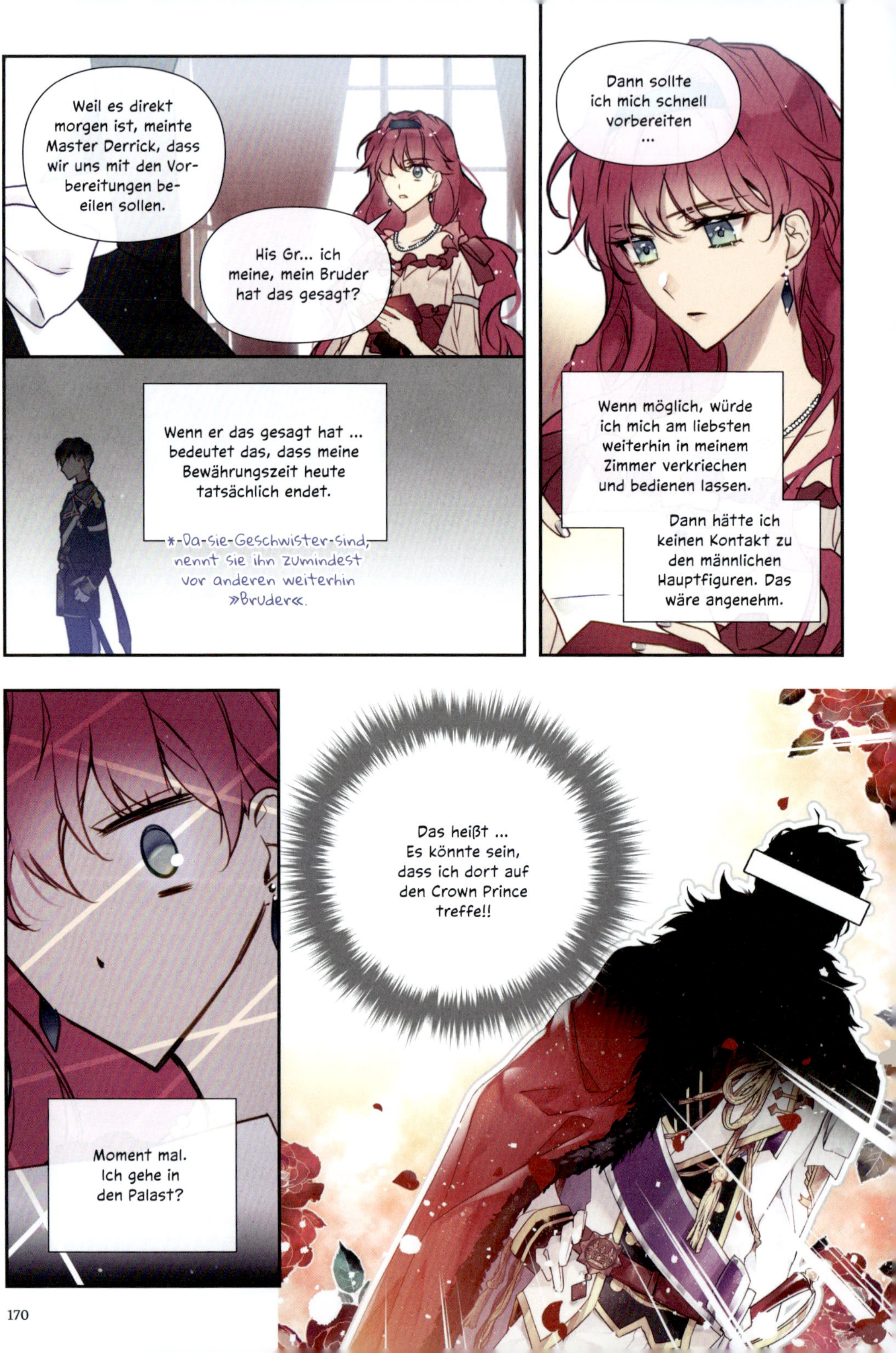
Weil es direkt morgen ist, meinte Master Derrick, dass wir uns mit den Vorbereitungen beeilen sollen.
His Gr... ich meine, mein Bruder hat das gesagt?
Wenn er das gesagt hat ... bedeutet das, dass meine Bewährungszeit heute tatsächlich endet.
*Da sie Geschwister sind, nennt sie ihn zumindest vor anderen weiterhin »Bruder«.
Dann sollte ich mich schnell vorbereiten ...
Wenn möglich, würde ich mich am liebsten weiterhin in meinem Zimmer verkriechen und bedienen lassen.
Dann hätte ich keinen Kontakt zu den männlichen Hauptfiguren. Das wäre angenehm.
Moment mal. Ich gehe in den Palast?
Das heißt ... Es könnte sein, dass ich dort auf den Crown Prince treffe!!

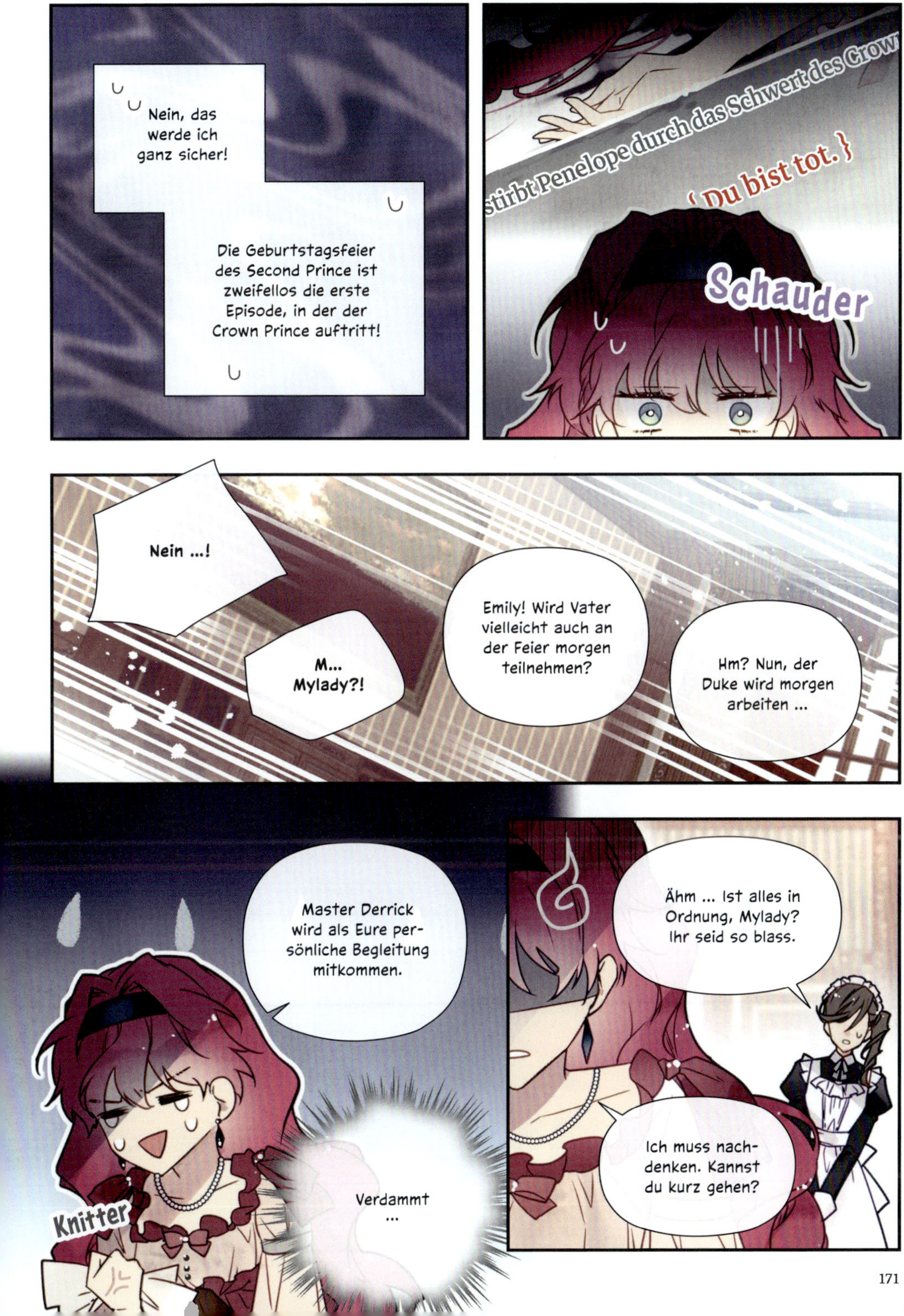
Nein, das werde ich ganz sicher!
Die Geburtstagsfeier des Second Prince ist zweifellos die erste Episode, in der der Crown Prince auftritt!
stirbt Penelope durch das Schwert des Crow
{ Du bist tot. }
Schauder
Nein ...!
M... Mylady?!
Emily! Wird Vater vielleicht auch an der Feier morgen teilnehmen?
Hm? Nun, der Duke wird morgen arbeiten ...
Master Derrick wird als Eure persönliche Begleitung mitkommen.
Knitter
Verdammt ...
Ähm ... Ist alles in Ordnung, Mylady? Ihr seid so blass.
Ich muss nachdenken. Kannst du kurz gehen?

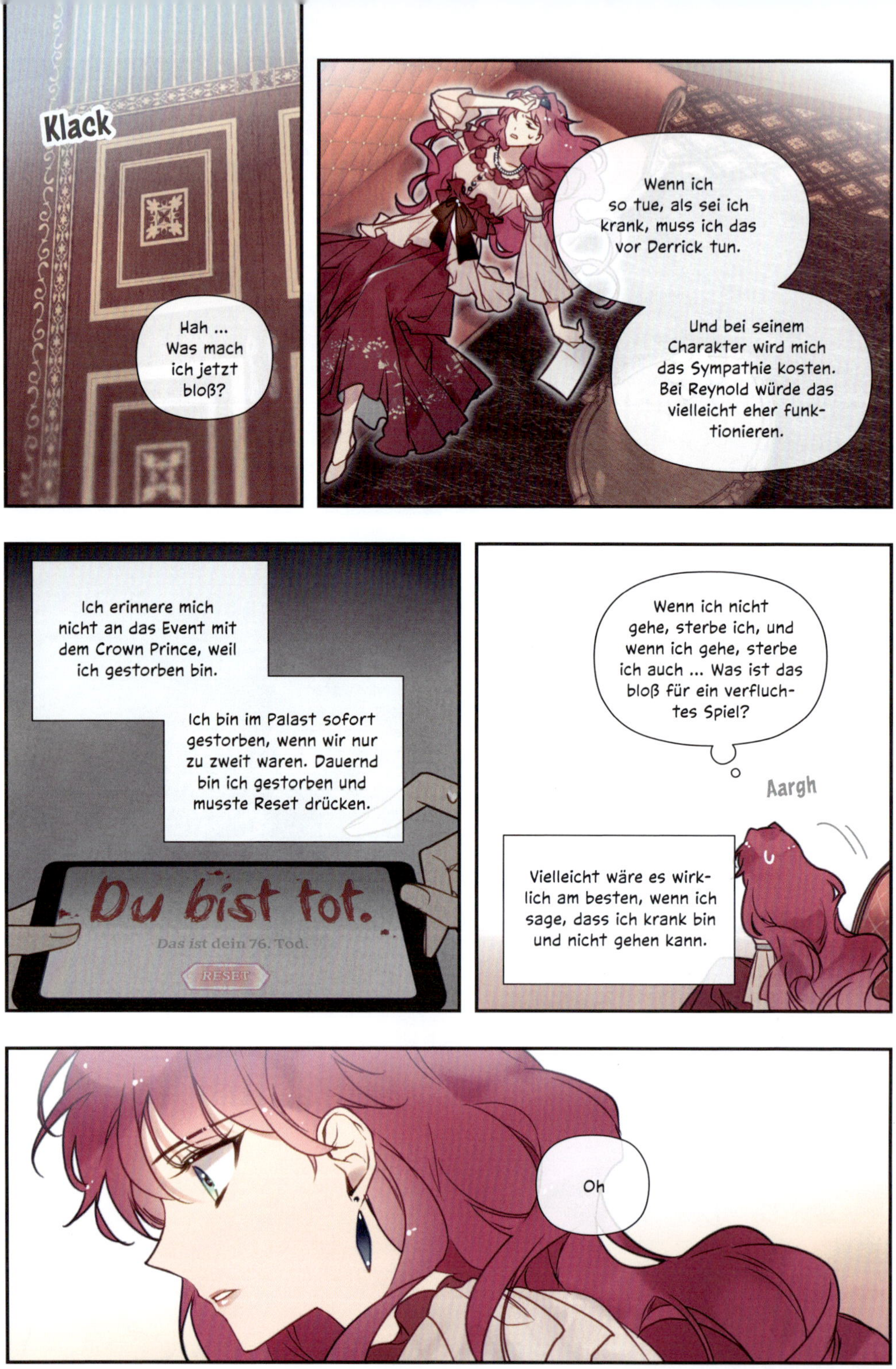
Klack
Hah ... Was mach ich jetzt bloß?
Wenn ich so tue, als sei ich krank, muss ich das vor Derrick tun.
Und bei seinem Charakter wird mich das Sympathie kosten. Bei Reynold würde das vielleicht eher funktionieren.
Ich erinnere mich nicht an das Event mit dem Crown Prince, weil ich gestorben bin.
Ich bin im Palast sofort gestorben, wenn wir nur zu zweit waren. Dauernd bin ich gestorben und musste Reset drücken.
Du bist tot.
Das ist dein 76. Tod.
RESET
Wenn ich nicht gehe, sterbe ich, und wenn ich gehe, sterbe ich auch ... Was ist das bloß für ein verfluchtes Spiel?
Aargh
Vielleicht wäre es wirklich am besten, wenn ich sage, dass ich krank bin und nicht gehen kann.
Oh

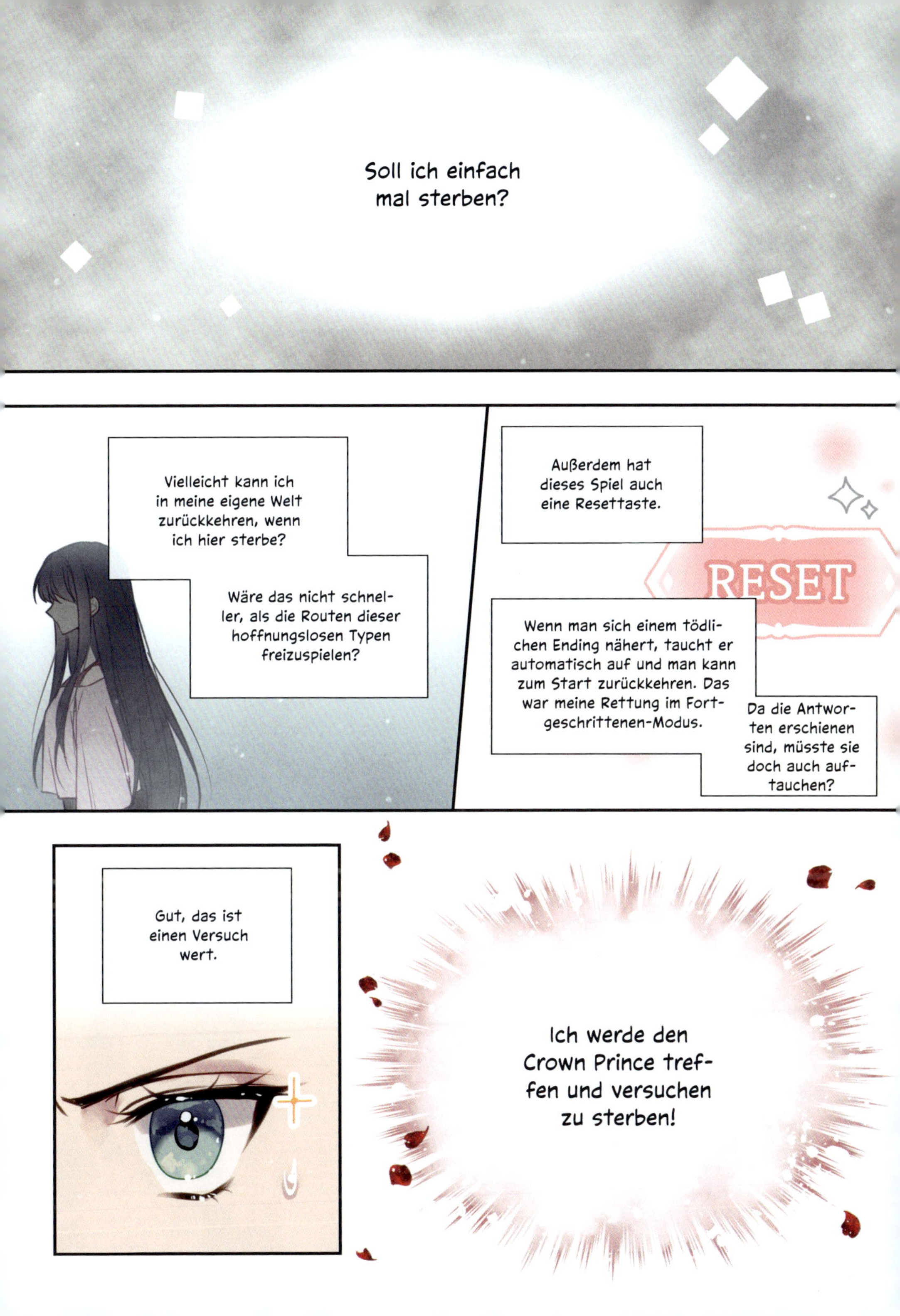

Soll ich einfach mal sterben?
Vielleicht kann ich in meine eigene Welt zurückkehren, wenn ich hier sterbe?
Wäre das nicht schneller, als die Routen dieser hoffnungslosen Typen freizuspielen?
Außerdem hat dieses Spiel auch eine Resettaste.
RESET
Wenn man sich einem tödlichen Ending nähert, taucht er automatisch auf und man kann zum Start zurückkehren. Das war meine Rettung im Fortgeschrittenen-Modus.
Da die Antworten erschienen sind, müsste sie doch auch auftauchen?
Gut, das ist einen Versuch wert.
Ich werde den Crown Prince treffen und versuchen zu sterben!

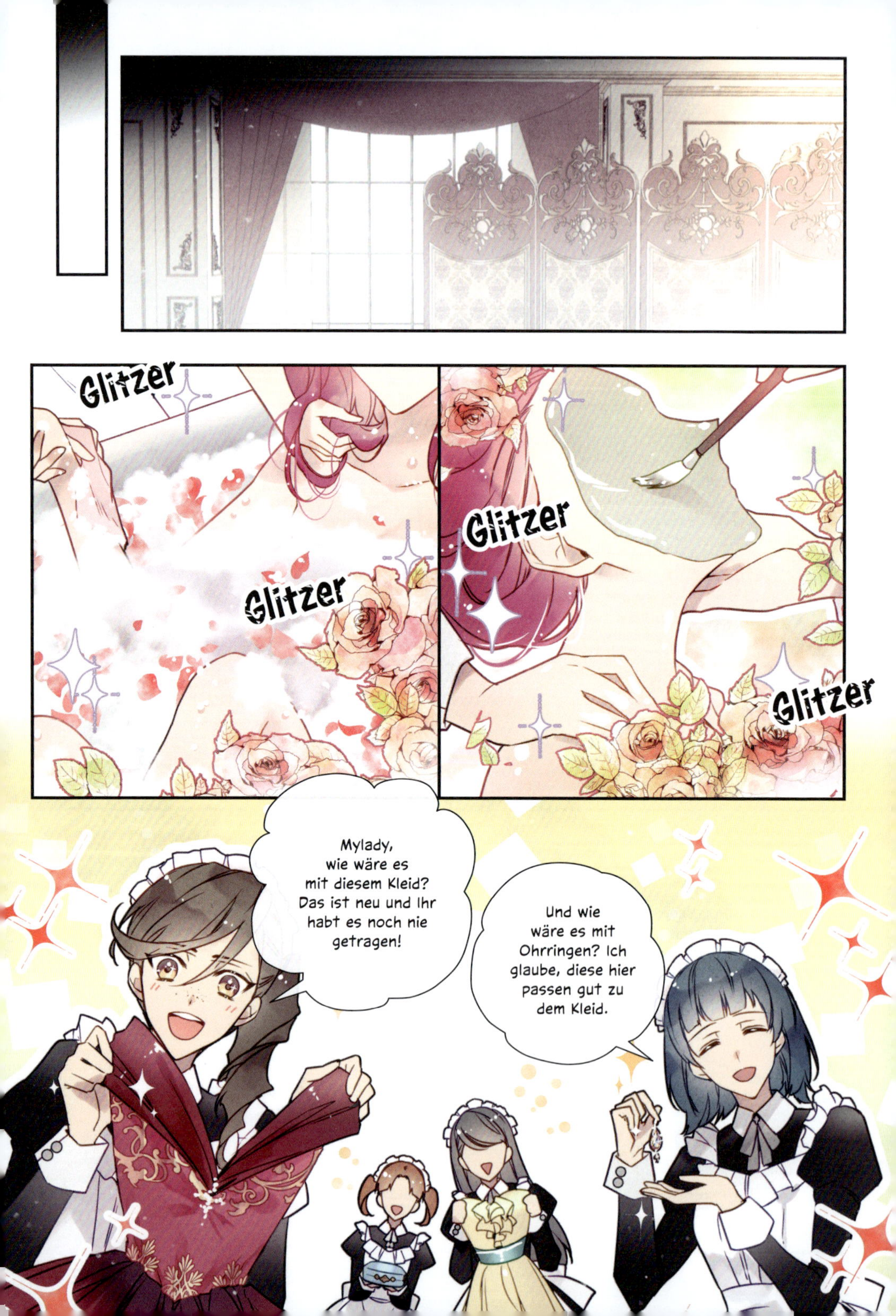
Glitzer
Glitzer
Glitzer
Glitzer
Mylady, wie wäre es mit diesem Kleid? Das ist neu und Ihr habt es noch nie getragen!
Und wie wäre es mit Ohrringen? Ich glaube, diese hier passen gut zu dem Kleid.

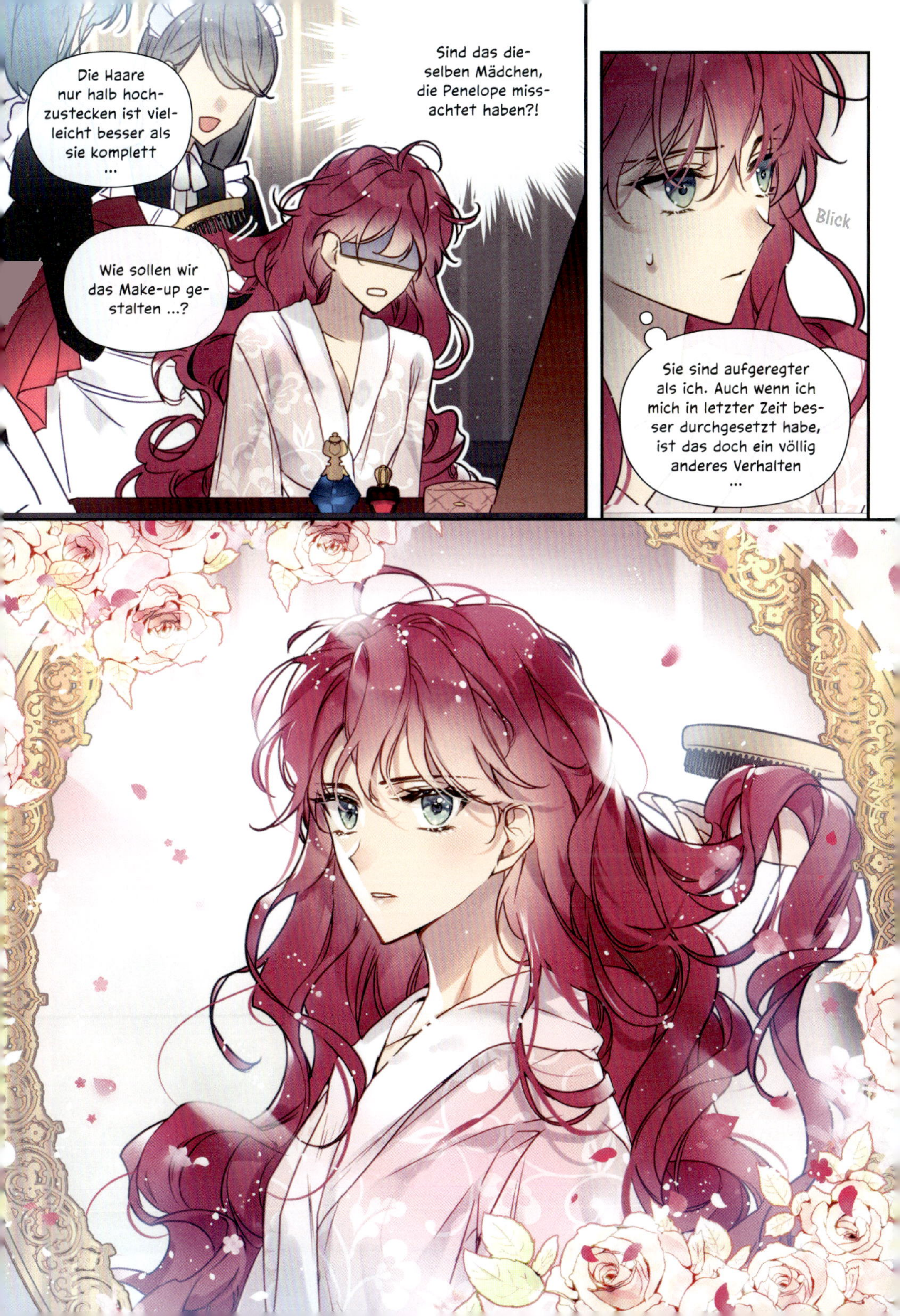
Die Haare nur halb hoch-zustecken ist viel-leicht besser als sie komplett ...
Wie sollen wir das Make-up ge-stalten ...?
Sind das die-selben Mädchen, die Penelope miss-achtet haben?!
Blick
Sie sind aufgeregter als ich. Auch wenn ich mich in letzter Zeit bes-ser durchgesetzt habe, ist das doch ein völlig anderes Verhalten ...

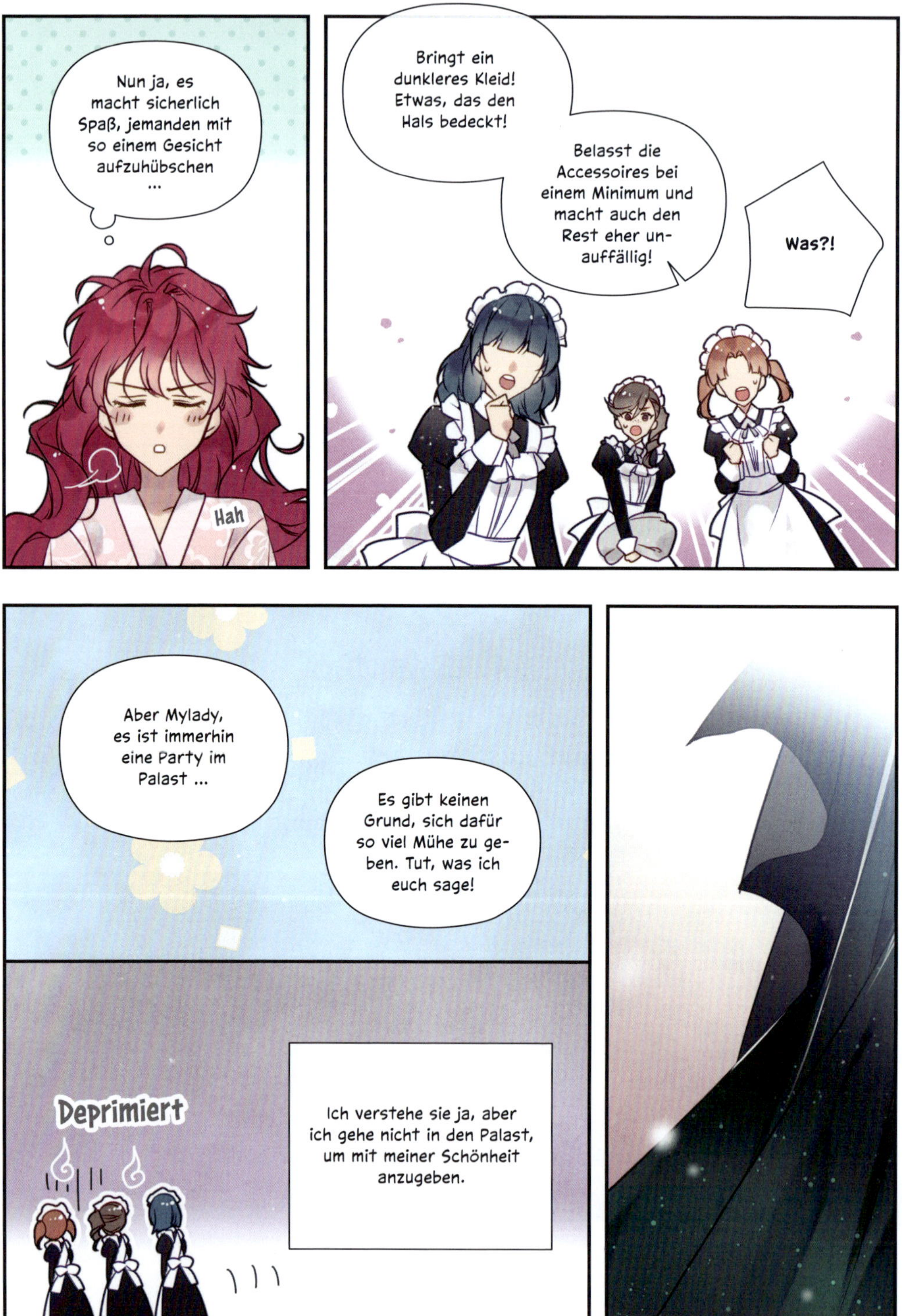
Nun ja, es macht sicherlich Spaß, jemanden mit so einem Gesicht aufzuhübschen ...
Hah
Bringt ein dunkleres Kleid! Etwas, das den Hals bedeckt!
Belasst die Accessoires bei einem Minimum und macht auch den Rest eher unauffällig!
Was?!
Aber Mylady, es ist immerhin eine Party im Palast ...
Es gibt keinen Grund, sich dafür so viel Mühe zu geben. Tut, was ich euch sage!
Deprimiert
Ich verstehe sie ja, aber ich gehe nicht in den Palast, um mit meiner Schönheit anzugeben.

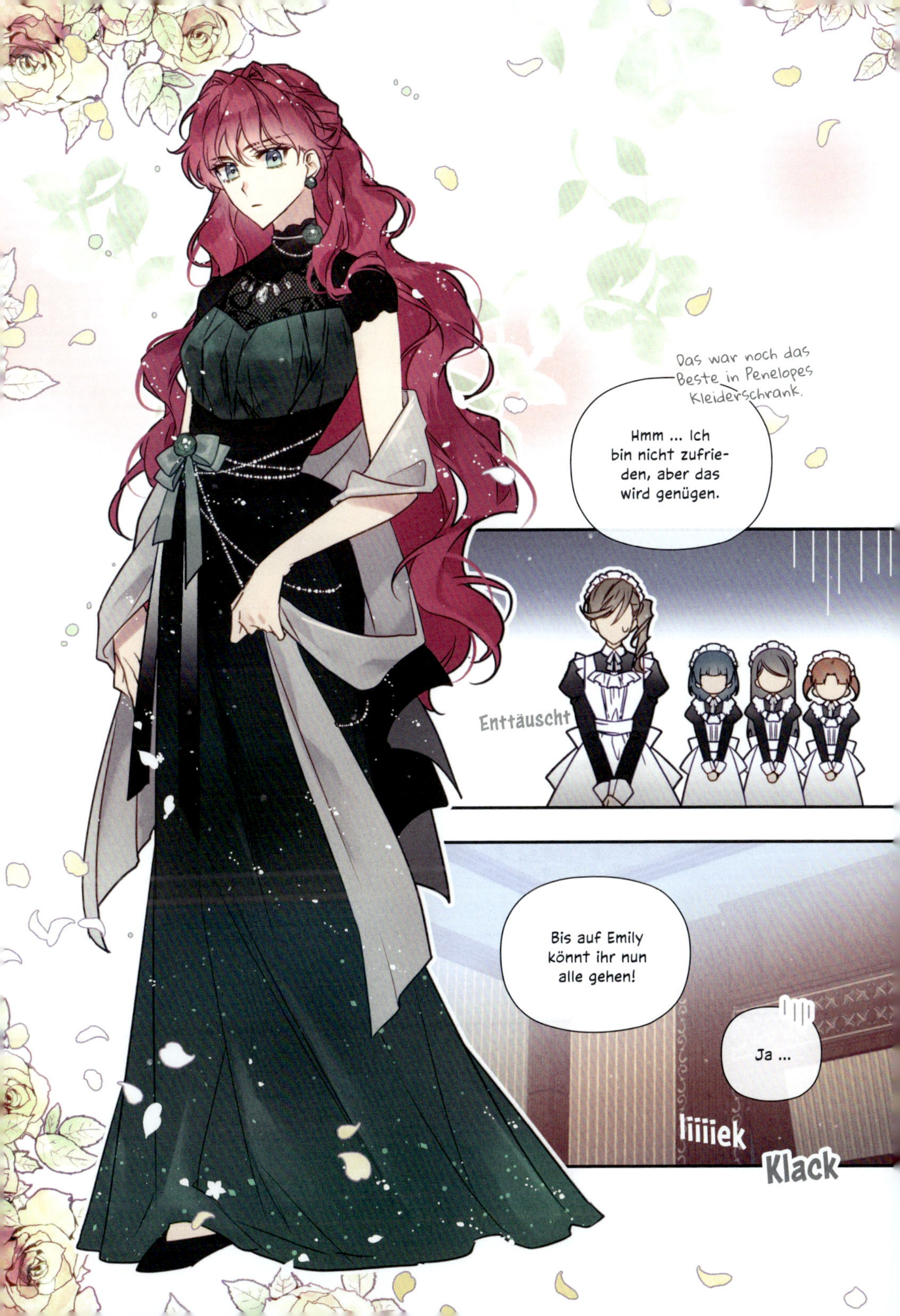
Das war noch das Beste in Penelopes Kleiderschrank.
Hmm ... Ich bin nicht zufrieden, aber das wird genügen.
Enttäuscht
Bis auf Emily könnt ihr nun alle gehen!
Ja ...
Iiiiiek
Klack

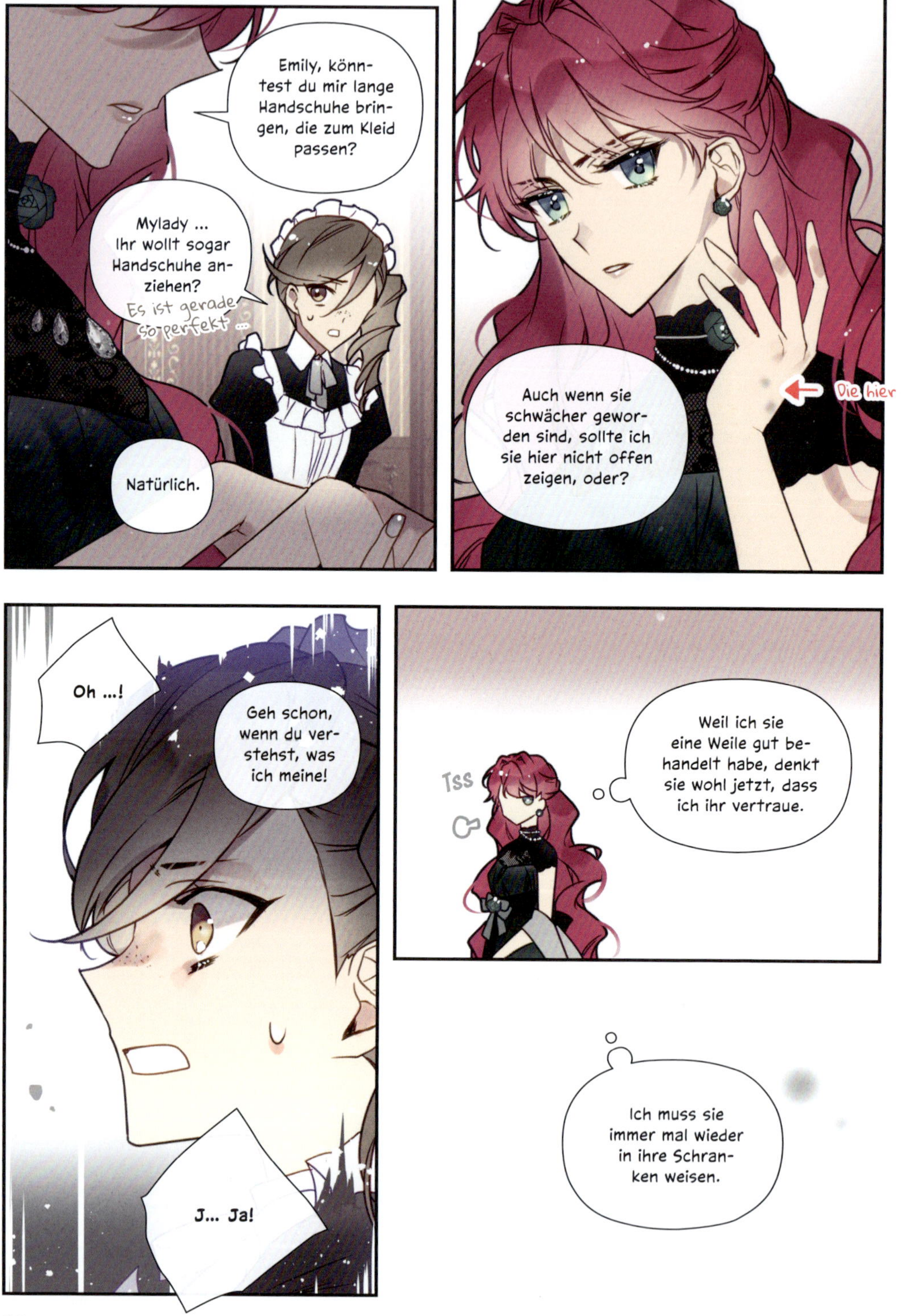
Emily, könntest du mir lange Handschuhe bringen, die zum Kleid passen?
Mylady ... Ihr wollt sogar Handschuhe anziehen?
Es ist gerade so perfekt ...
Natürlich.
Auch wenn sie schwächer geworden sind, sollte ich sie hier nicht offen zeigen, oder?
Die hier
Oh ...!
Geh schon, wenn du verstehst, was ich meine!
J... Ja!
Tss
Weil ich sie eine Weile gut behandelt habe, denkt sie wohl jetzt, dass ich ihr vertraue.
Ich muss sie immer mal wieder in ihre Schranken weisen.

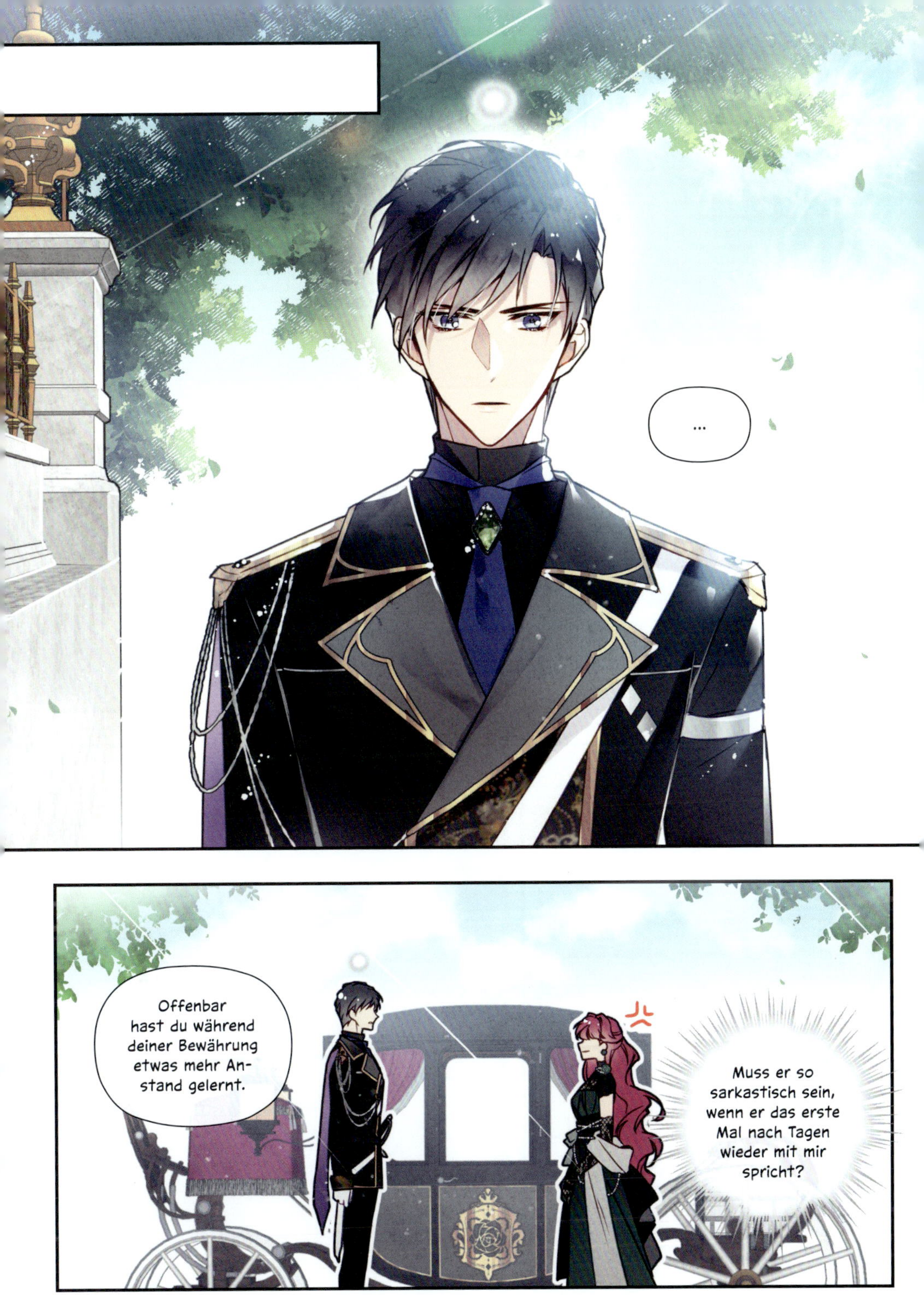
...
Offenbar hast du während deiner Bewährung etwas mehr Anstand gelernt.
Muss er so sarkastisch sein, wenn er das erste Mal nach Tagen wieder mit mir spricht?

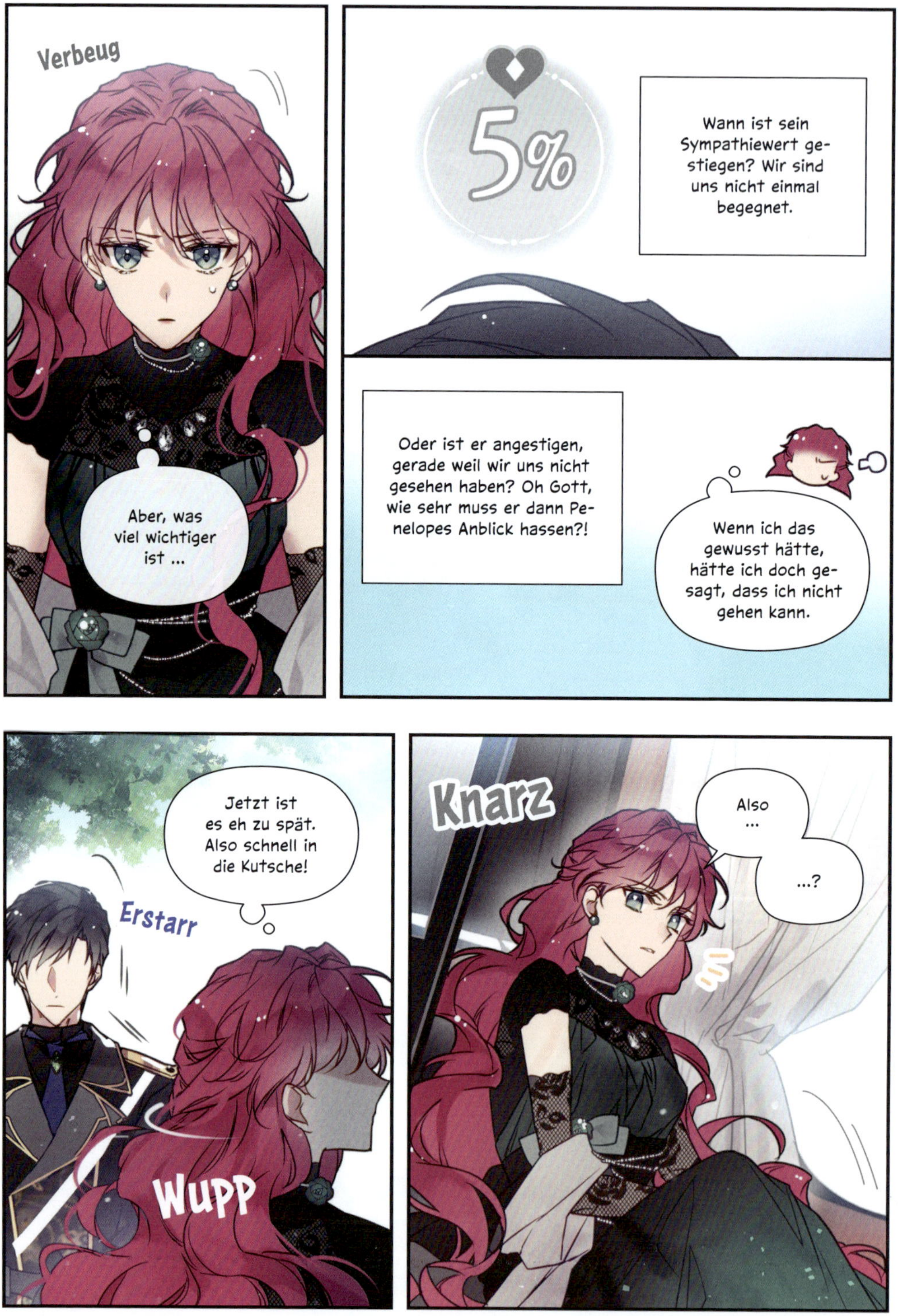
Verbeug
Aber, was viel wichtiger ist ...
5%
Wann ist sein Sympathiewert gestiegen? Wir sind uns nicht einmal begegnet.
Oder ist er angestigen, gerade weil wir uns nicht gesehen haben? Oh Gott, wie sehr muss er dann Penelopes Anblick hassen?!
Wenn ich das gewusst hätte, hätte ich doch gesagt, dass ich nicht gehen kann.
Jetzt ist es eh zu spät. Also schnell in die Kutsche!
Erstarr
Wupp
Knarz
Also ...
...?

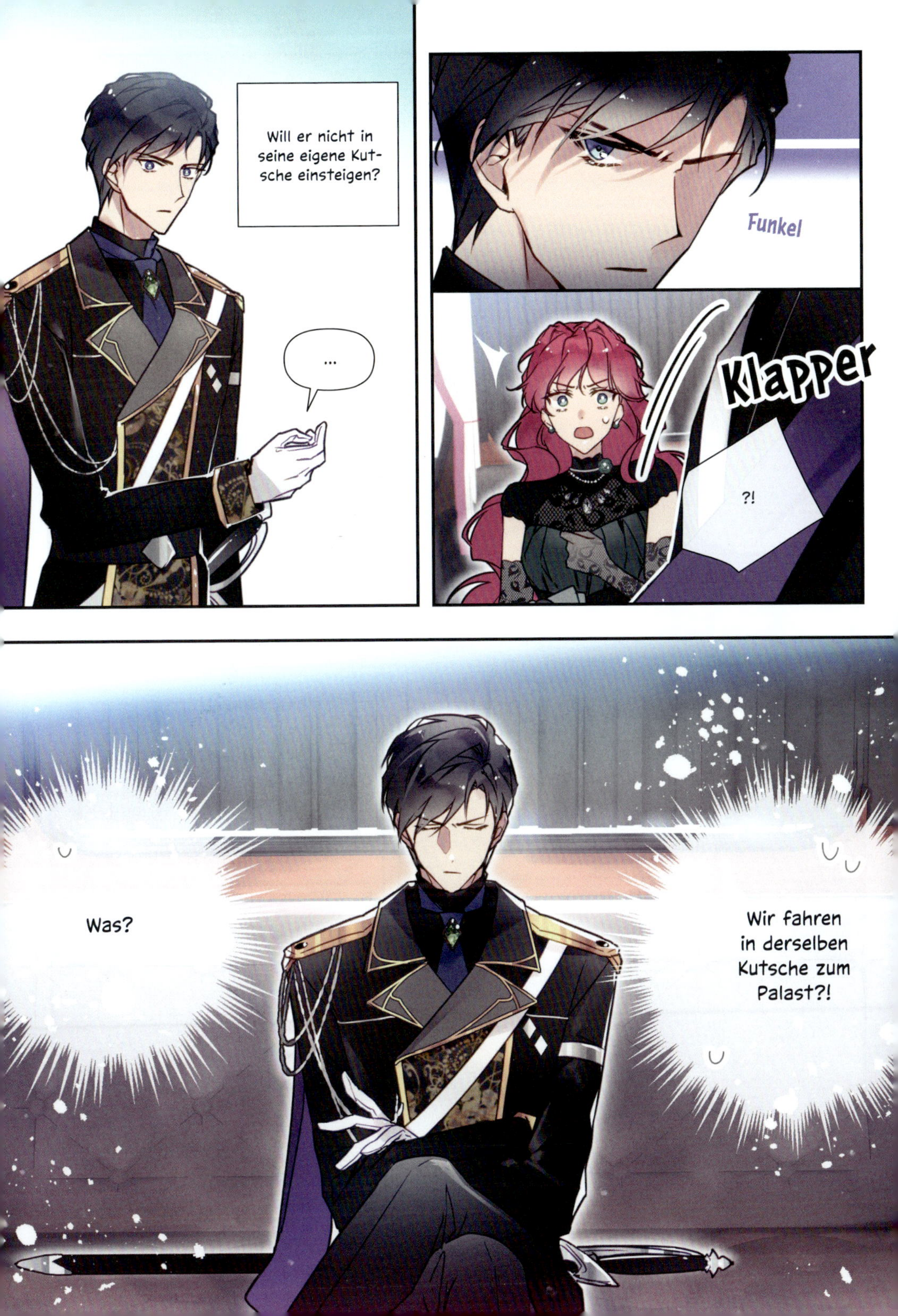
Will er nicht in seine eigene Kutsche einsteigen?
...
Funkel
Klapper
?!
Was?
Wir fahren in derselben Kutsche zum Palast?!

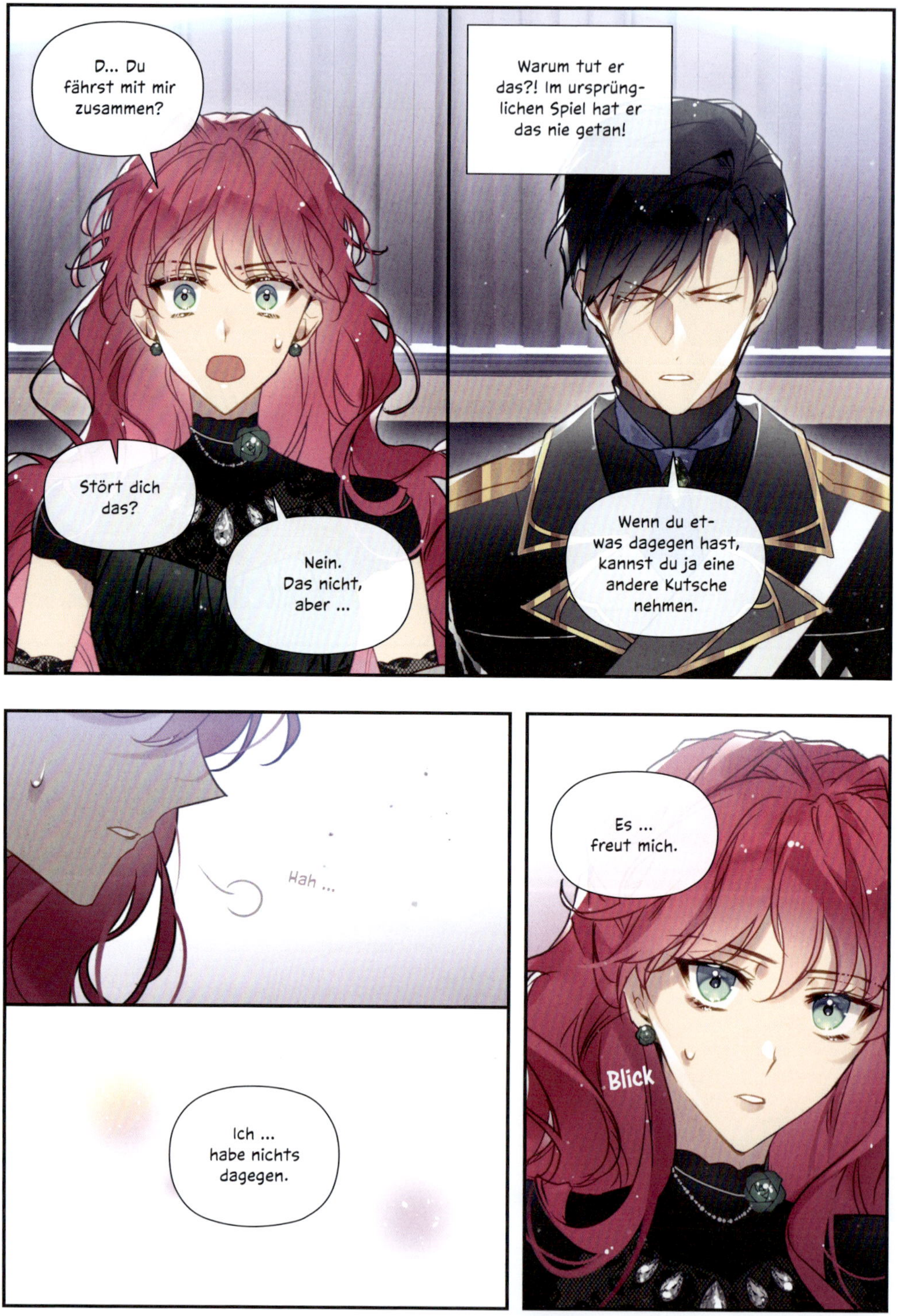
D... Du fährst mit mir zusammen?
Warum tut er das?! Im ursprünglichen Spiel hat er das nie getan!
Stört dich das?
Nein. Das nicht, aber ...
Wenn du etwas dagegen hast, kannst du ja eine andere Kutsche nehmen.
Hah ...
Es ... freut mich.
Ich ... habe nichts dagegen.
Blick

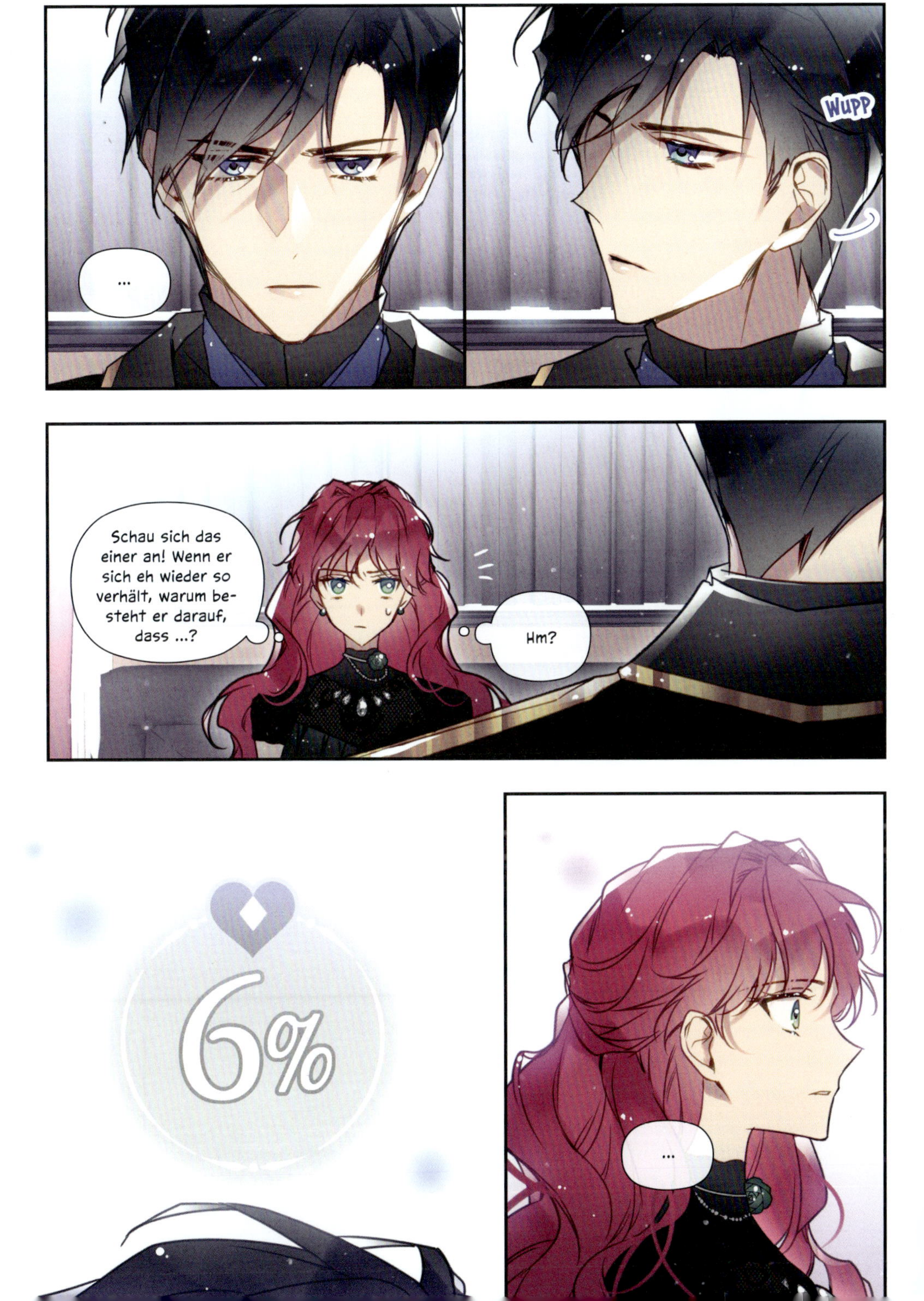
...
WUPP
Schau sich das einer an! Wenn er sich eh wieder so verhält, warum besteht er darauf, dass ...?
Hm?
6%
...

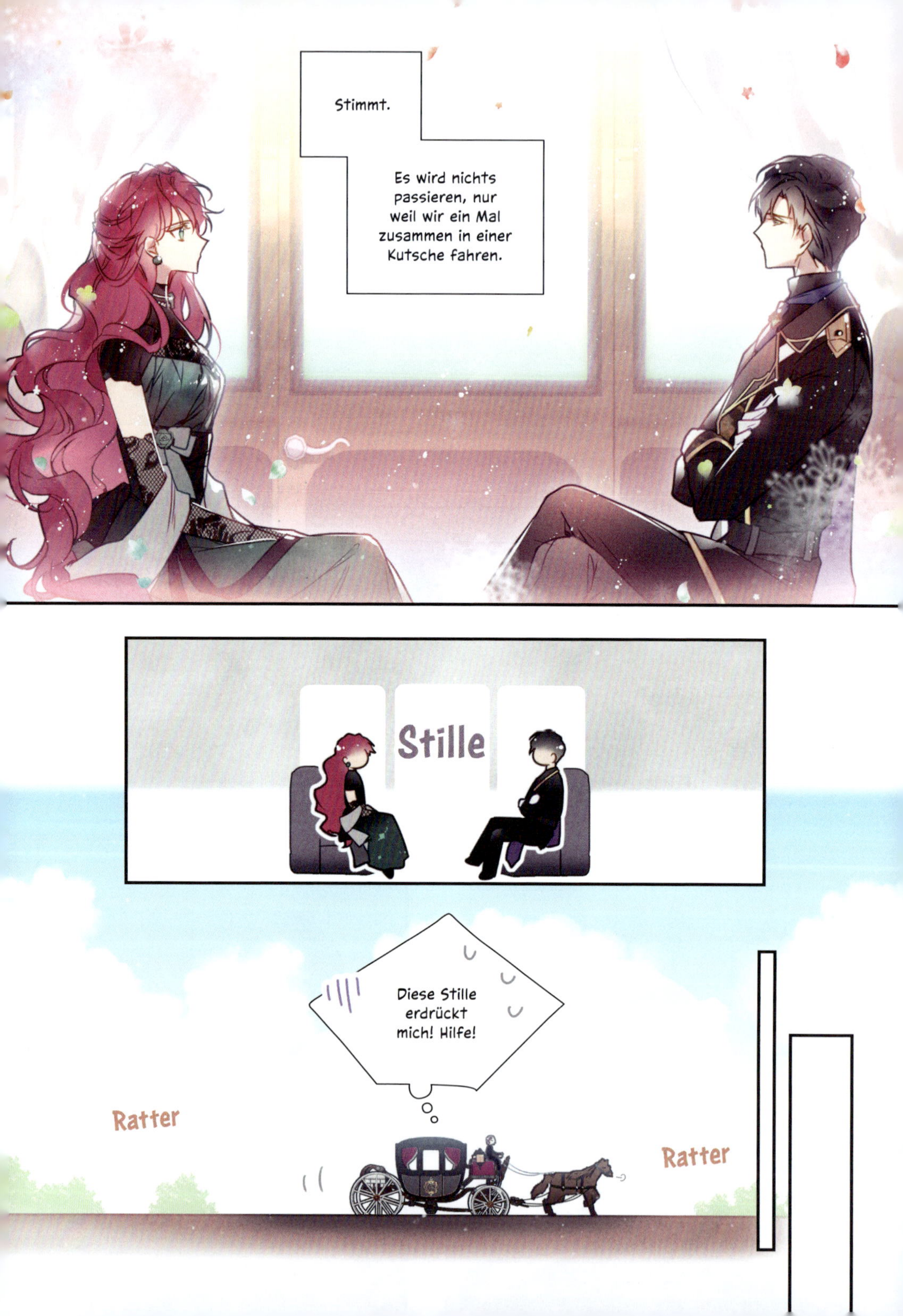
Stimmt.
Es wird nichts passieren, nur weil wir ein Mal zusammen in einer Kutsche fahren.
Stille
Diese Stille erdrückt mich! Hilfe!
Ratter
Ratter

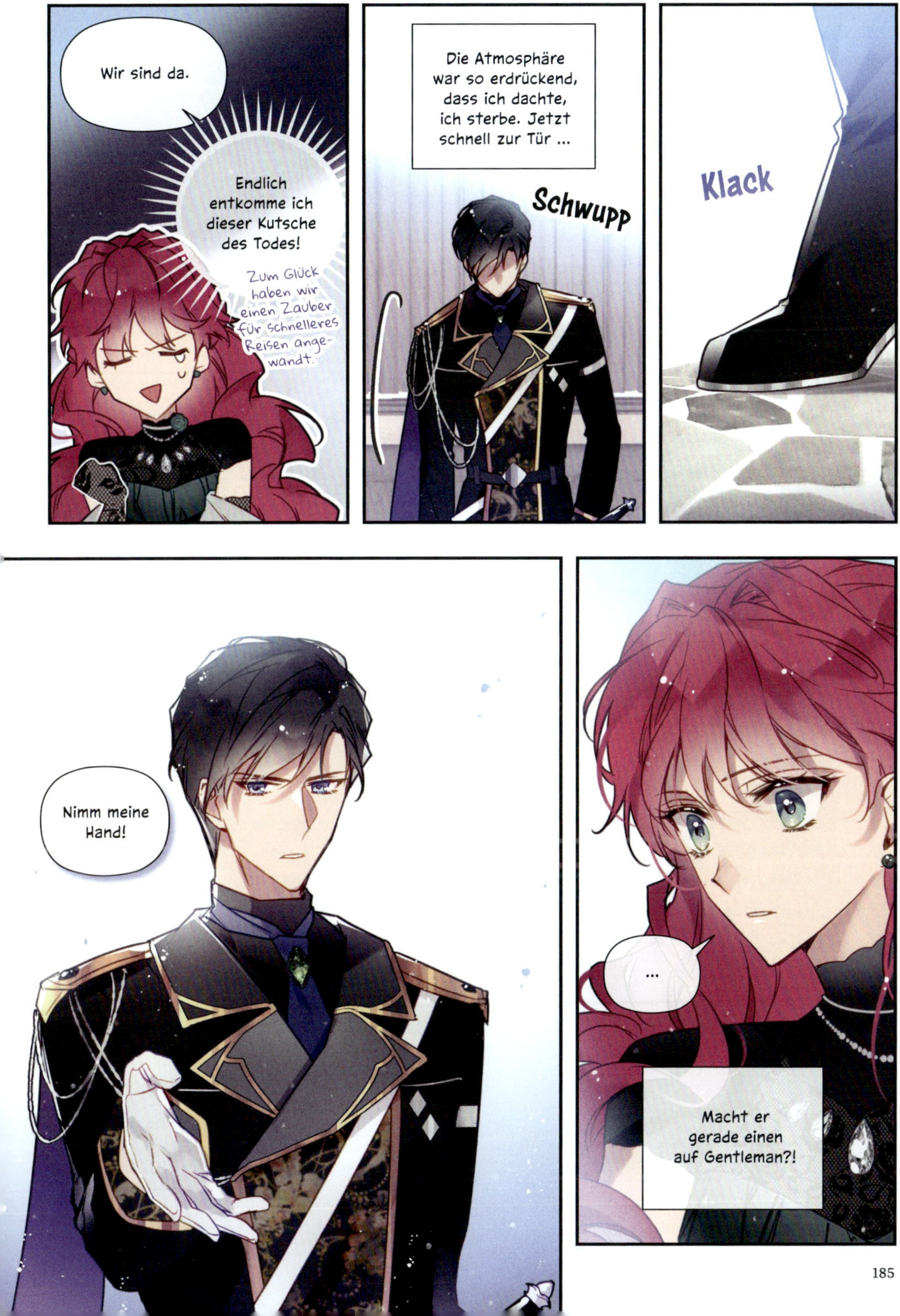
Wir sind da.
Endlich entkomme ich dieser Kutsche des Todes!
Zum Glück haben wir einen Zauber für schnelleres Reisen angewandt.
Die Atmosphäre war so erdrückend, dass ich dachte, ich sterbe. Jetzt schnell zur Tür ...
Schwupp
Klack
Nimm meine Hand!
...
Macht er gerade einen auf Gentleman?!

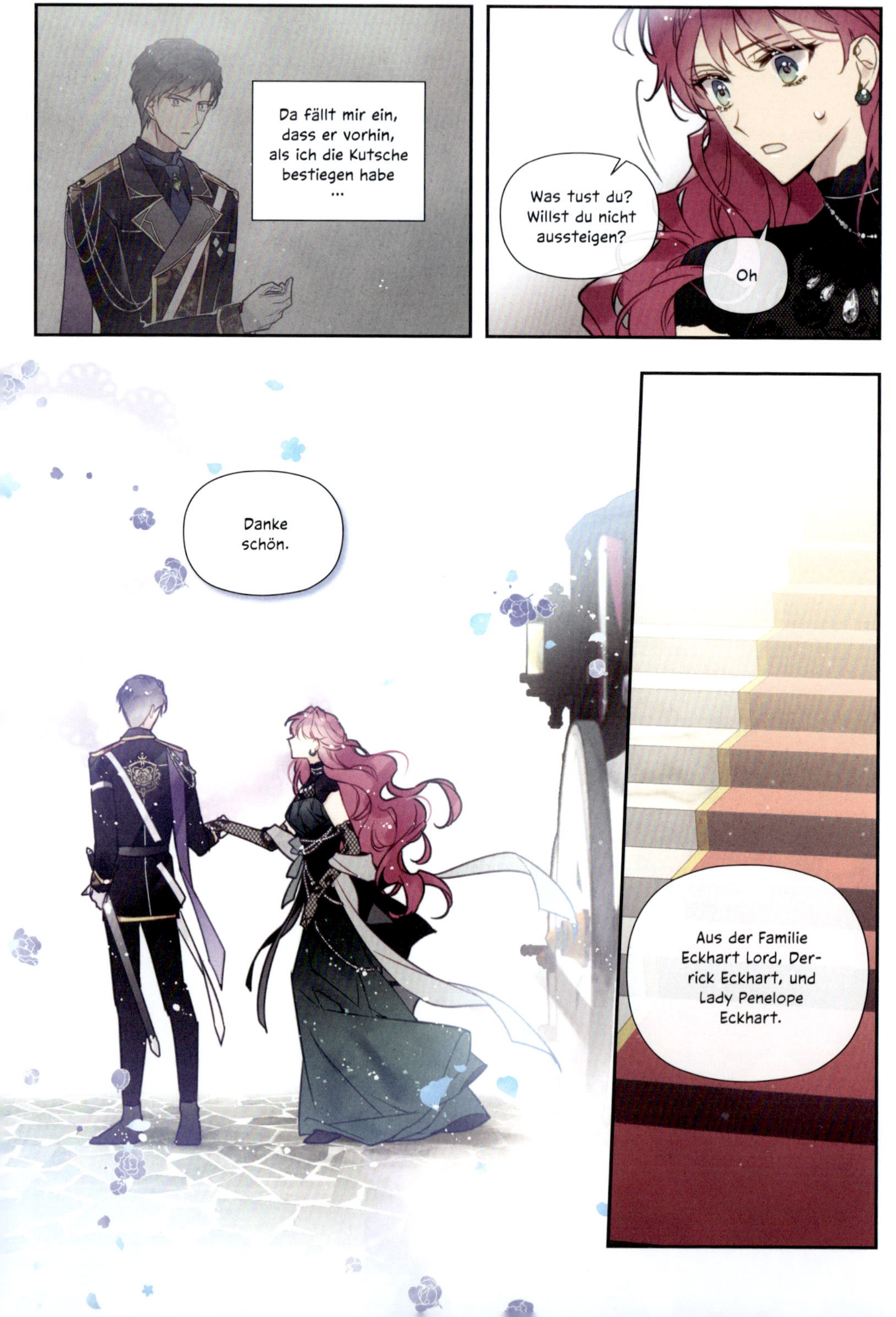
Da fällt mir ein, dass er vorhin, als ich die Kutsche bestiegen habe ...
Was tust du? Willst du nicht aussteigen?
Oh
Danke schön.
Aus der Familie Eckhart Lord, Der-rick Eckhart, und Lady Penelope Eckhart.

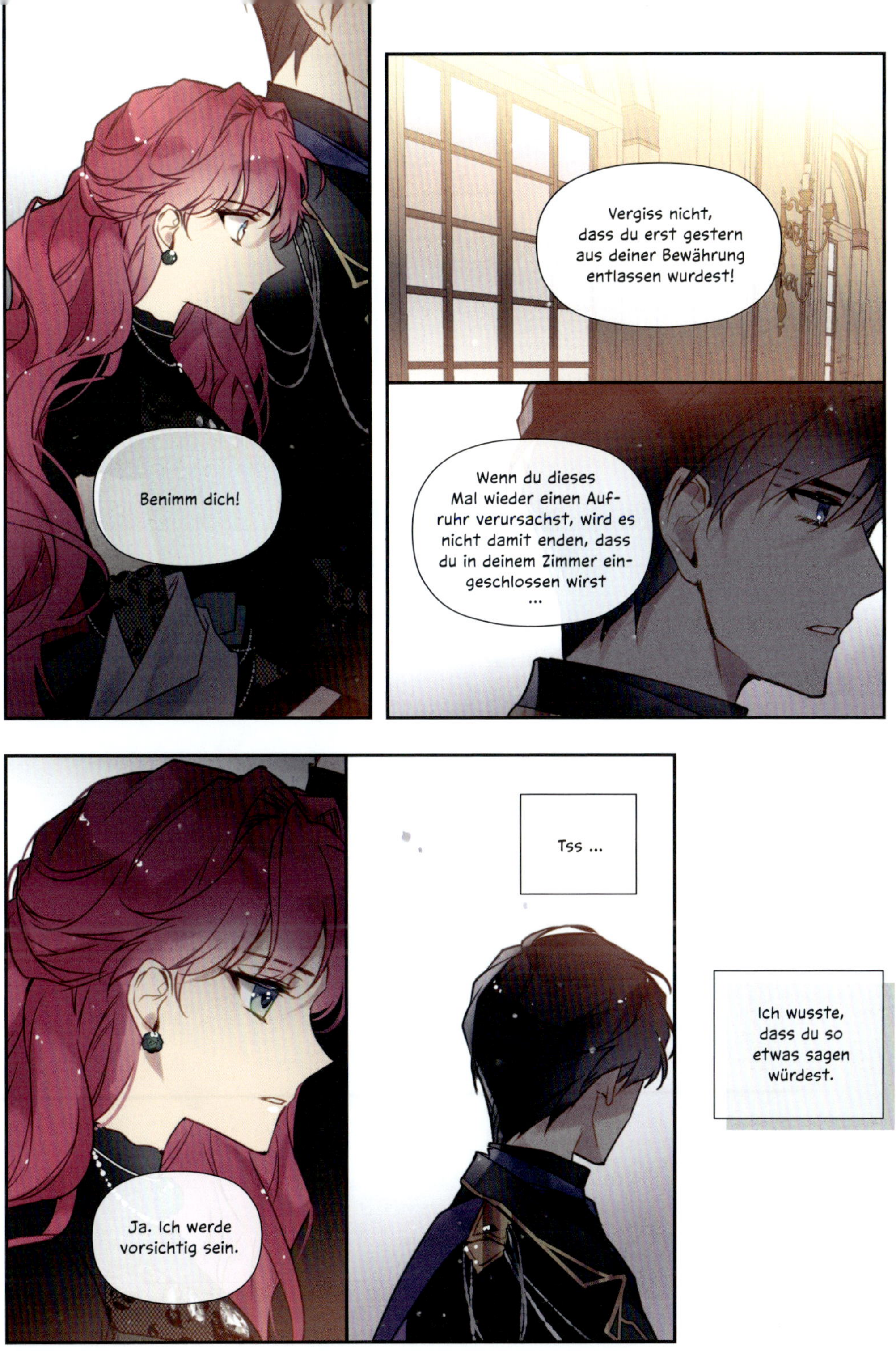
Vergiss nicht, dass du erst gestern aus deiner Bewährung entlassen wurdest!
Benimm dich!
Wenn du dieses Mal wieder einen Aufruhr verursachst, wird es nicht damit enden, dass du in deinem Zimmer eingeschlossen wirst ...
Tss ...
Ja. Ich werde vorsichtig sein.
Ich wusste, dass du so etwas sagen würdest.

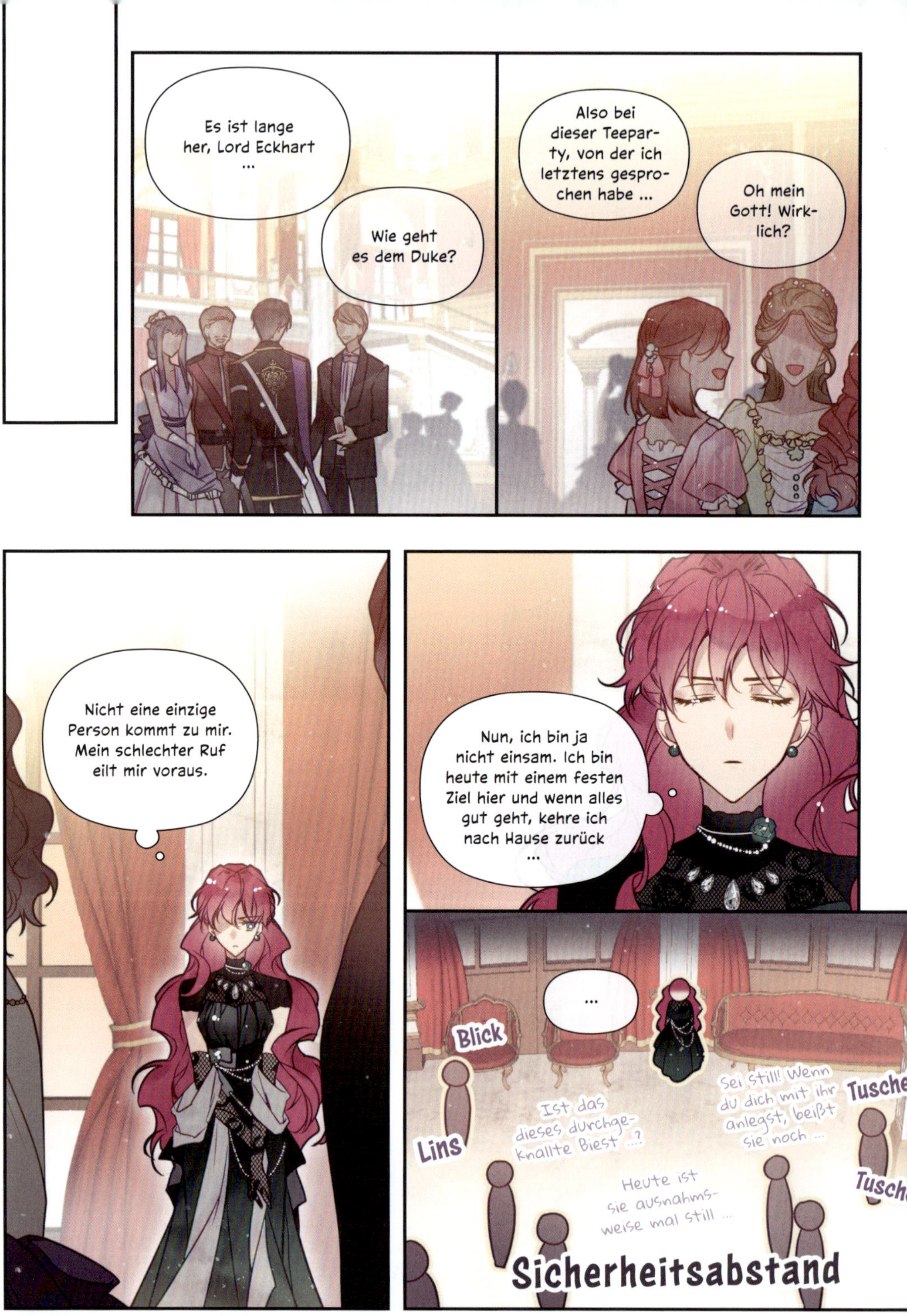
Es ist lange her, Lord Eckhart ...
Wie geht es dem Duke?
Also bei dieser Teeparty, von der ich letztens gesprochen habe ...
Oh mein Gott! Wirklich?
Nicht eine einzige Person kommt zu mir. Mein schlechter Ruf eilt mir voraus.
Nun, ich bin ja nicht einsam. Ich bin heute mit einem festen Ziel hier und wenn alles gut geht, kehre ich nach Hause zurück ...
...
Blick
Lins
Ist das dieses durchgeknallte Biest ...?
Sei still! Wenn du dich mit ihr anlegst, beißt sie noch ...
Tusche
Tusch
Heute ist sie ausnahmsweise mal still ...
Sicherheitsabstand

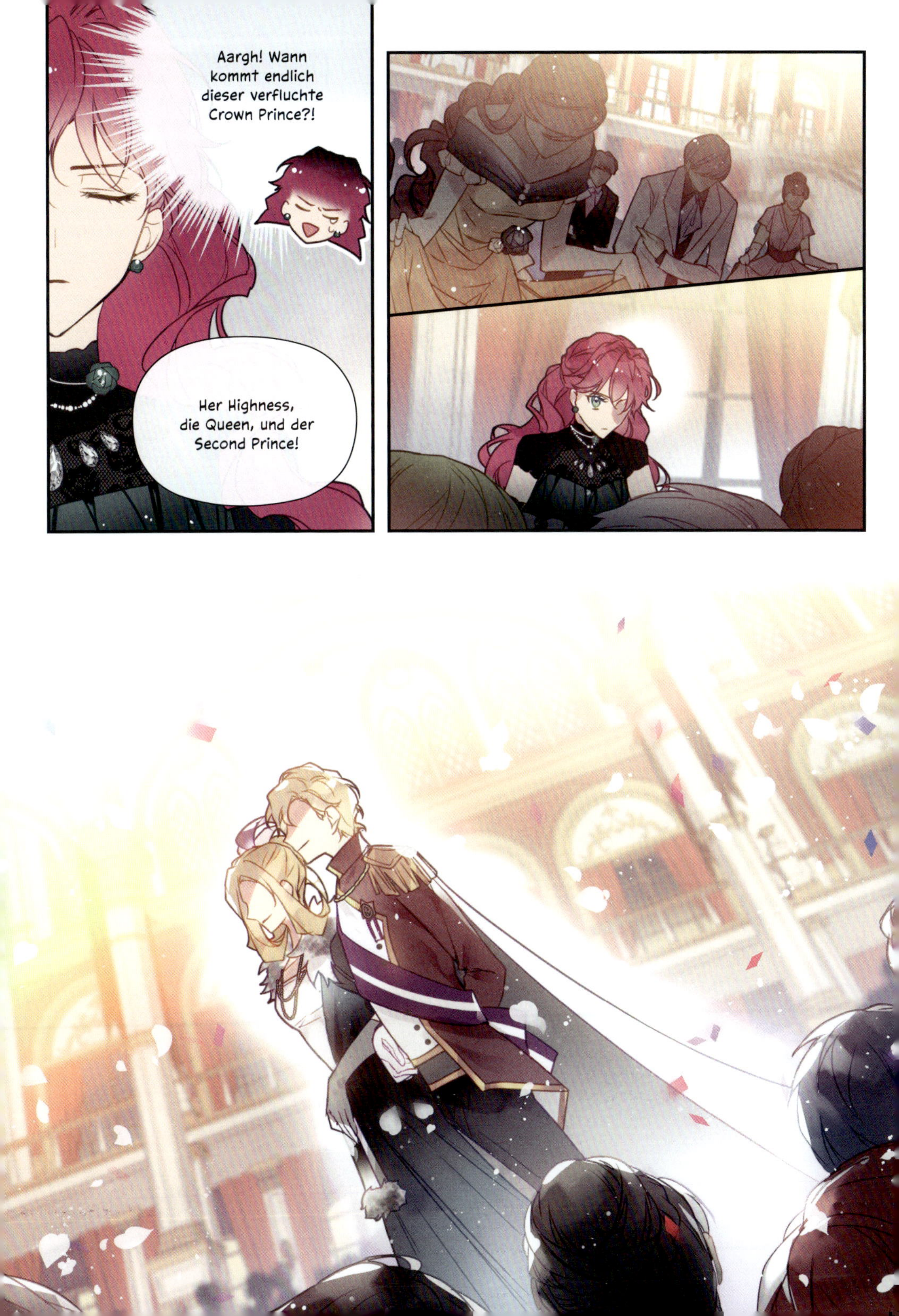

Aargh! Wann kommt endlich dieser verfluchte Crown Prince?!
Her Highness, die Queen, und der Second Prince!

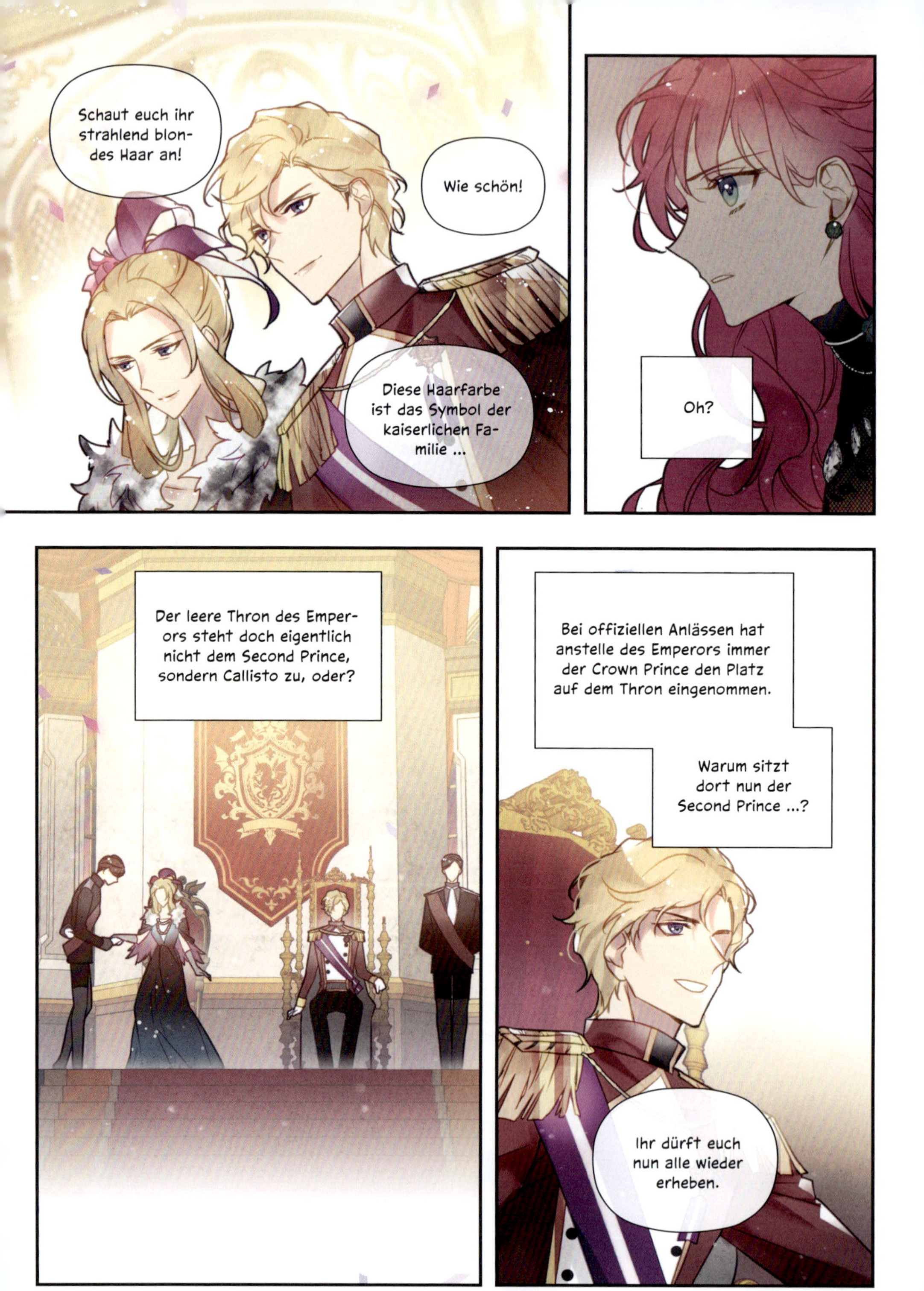
Schaut euch ihr strahlend blon-des Haar an!
Wie schön!
Diese Haarfarbe ist das Symbol der kaiserlichen Fa-milie ...
Oh?
Der leere Thron des Emper-ors steht doch eigentlich nicht dem Second Prince, sondern Callisto zu, oder?
Bei offiziellen Anlässen hat anstelle des Emperors immer der Crown Prince den Platz auf dem Thron eingenommen.
Warum sitzt dort nun der Second Prince ...?
Ihr dürft euch nun alle wieder erheben.

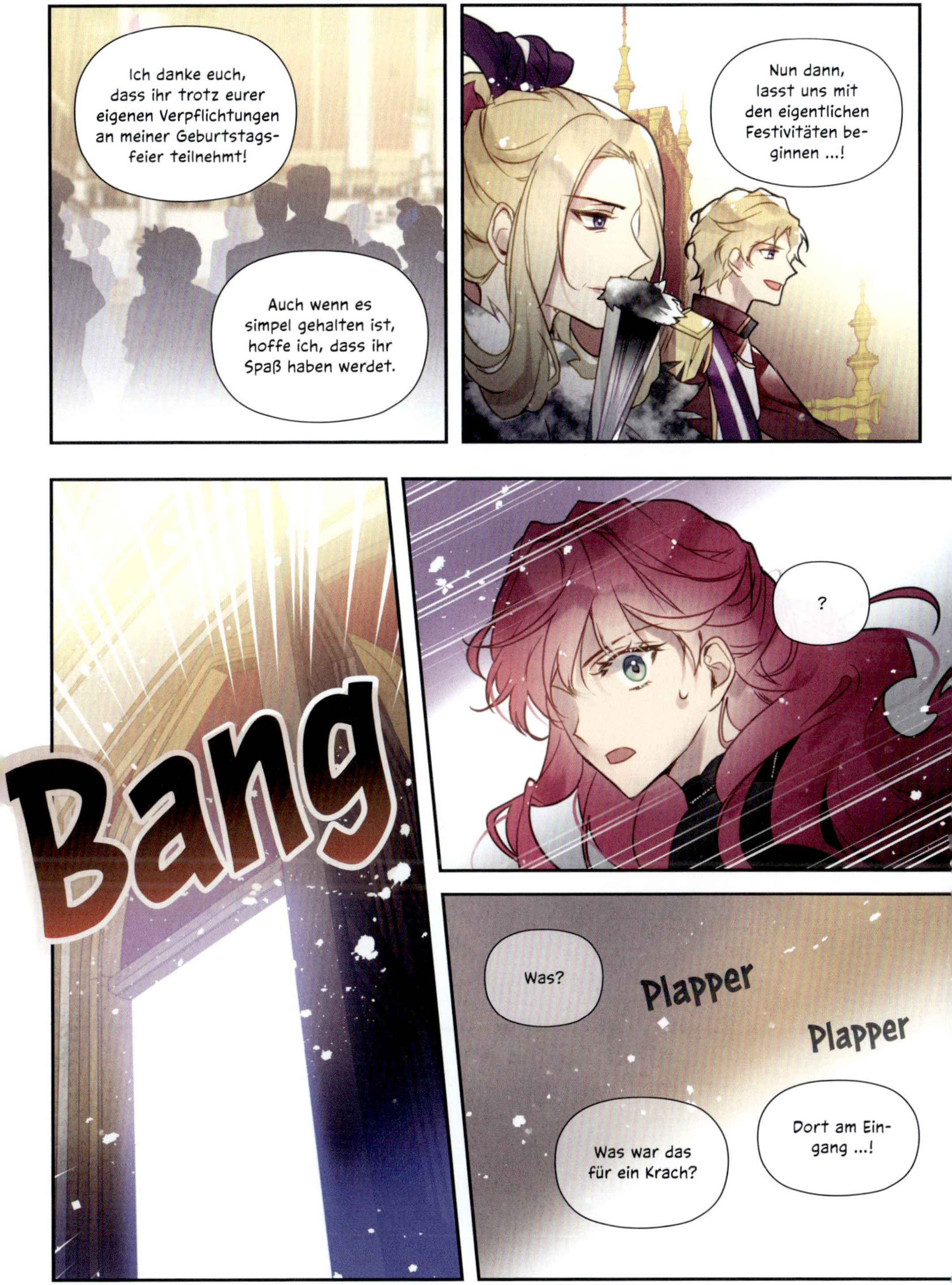
Ich danke euch, dass ihr trotz eurer eigenen Verpflichtungen an meiner Geburtstags-feier teilnehmt!
Auch wenn es simpel gehalten ist, hoffe ich, dass ihr Spaß haben werdet.
Nun dann, lasst uns mit den eigentlichen Festivitäten be-ginnen ...!
Bang
?
Was?
Plapper
Plapper
Dort am Ein-gang ...!
Was war das für ein Krach?

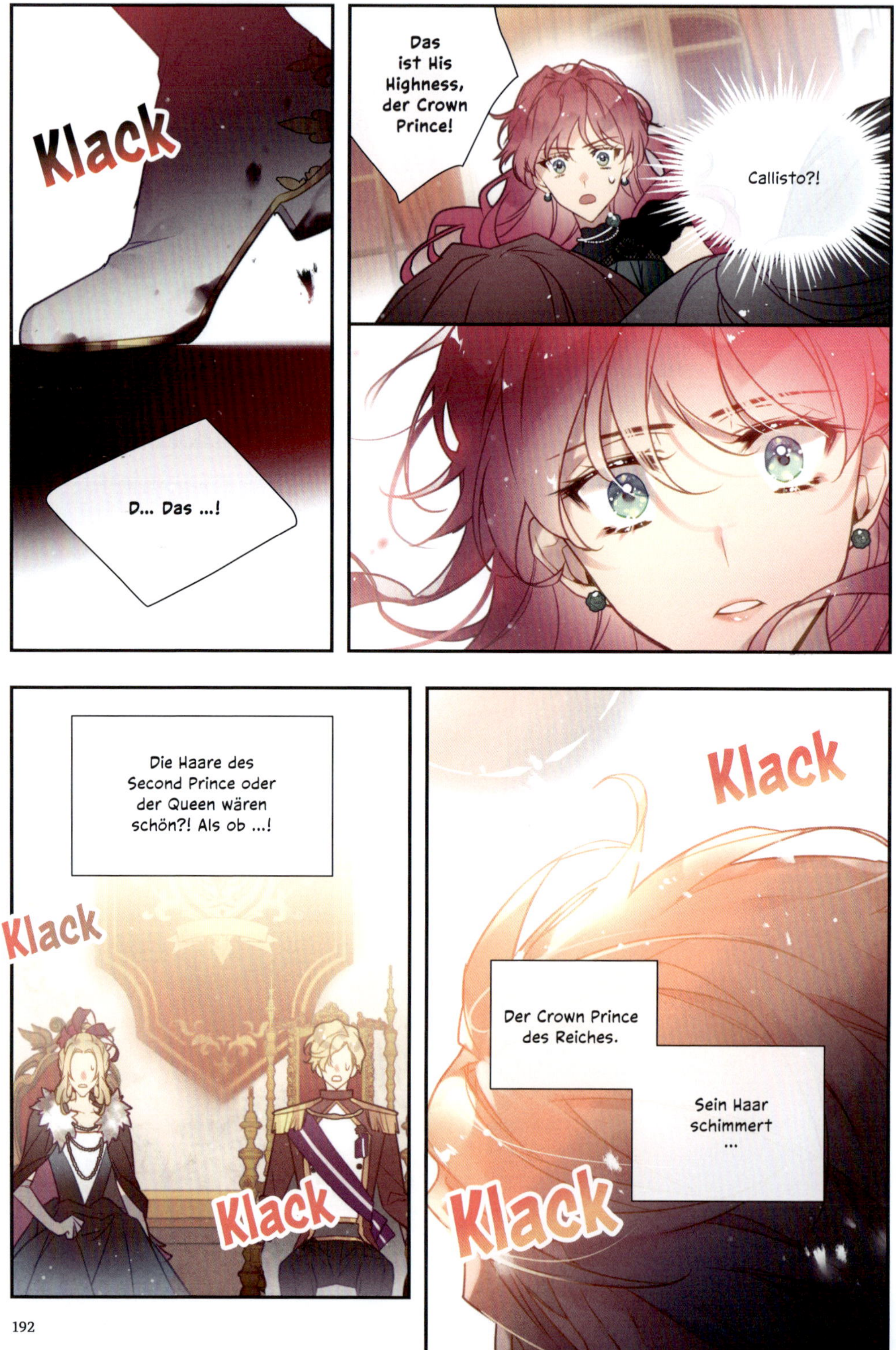
Klack
D... Das ...!
Das ist His Highness, der Crown Prince!
Callisto?!
Die Haare des Second Prince oder der Queen wären schön?! Als ob ...!
Klack
Klack
Klack
Der Crown Prince des Reiches.
Sein Haar schimmert ...
Klack

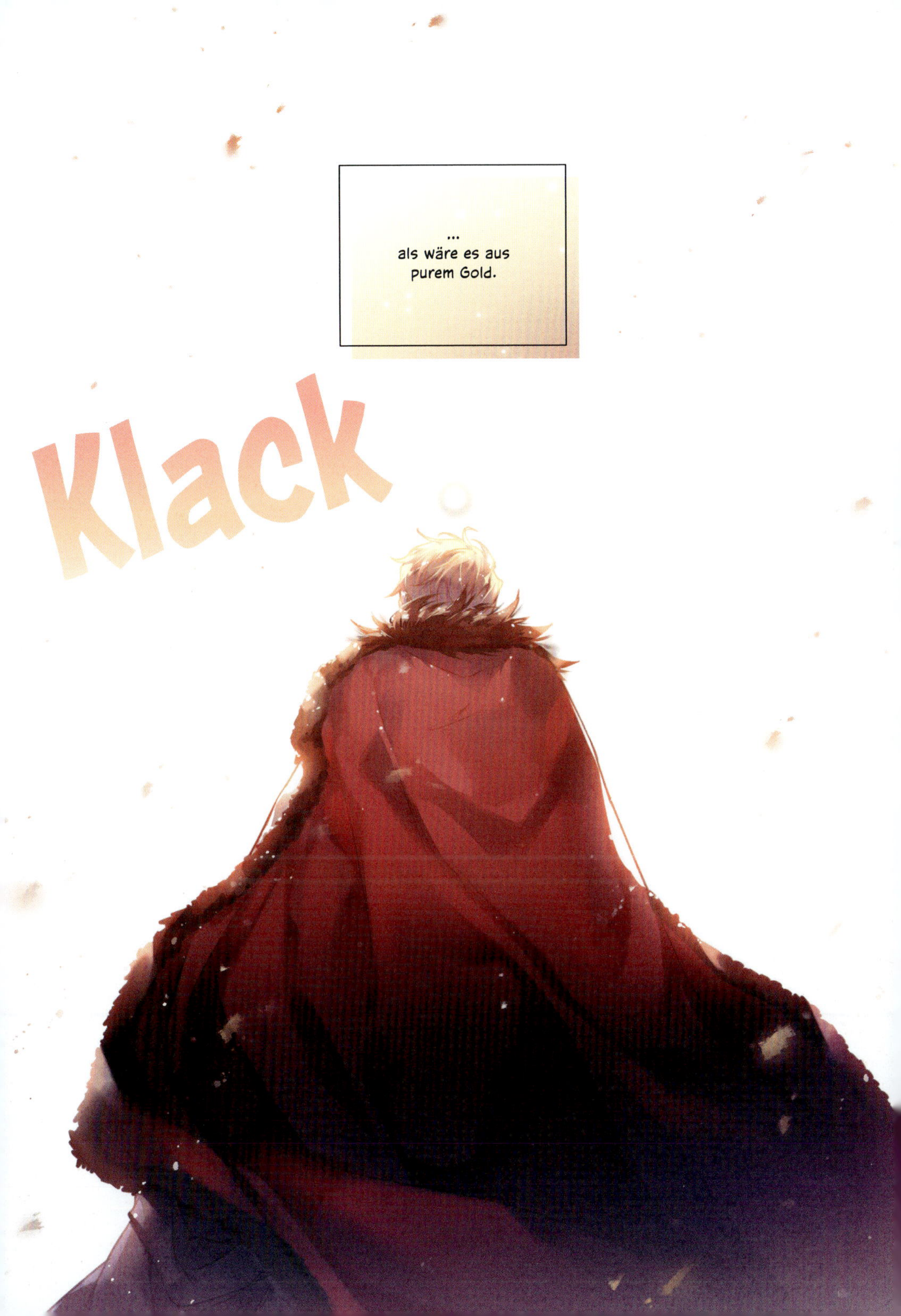
...
als wäre es aus
purem Gold.
Klack

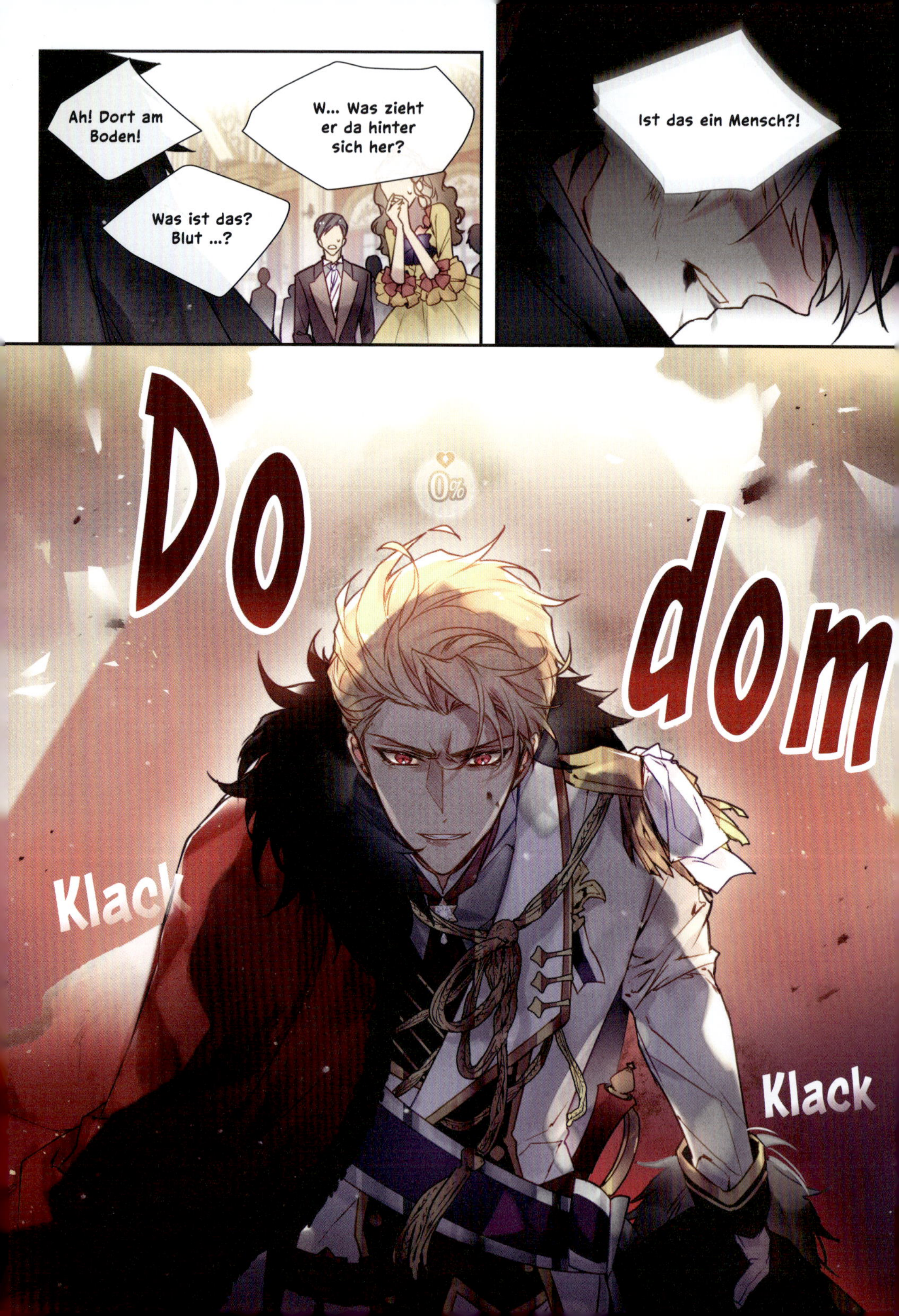
Ah! Dort am Boden!
W... Was zieht er da hinter sich her?
Was ist das? Blut ...?
Ist das ein Mensch?!
0%
Do dom
Klack
Klack

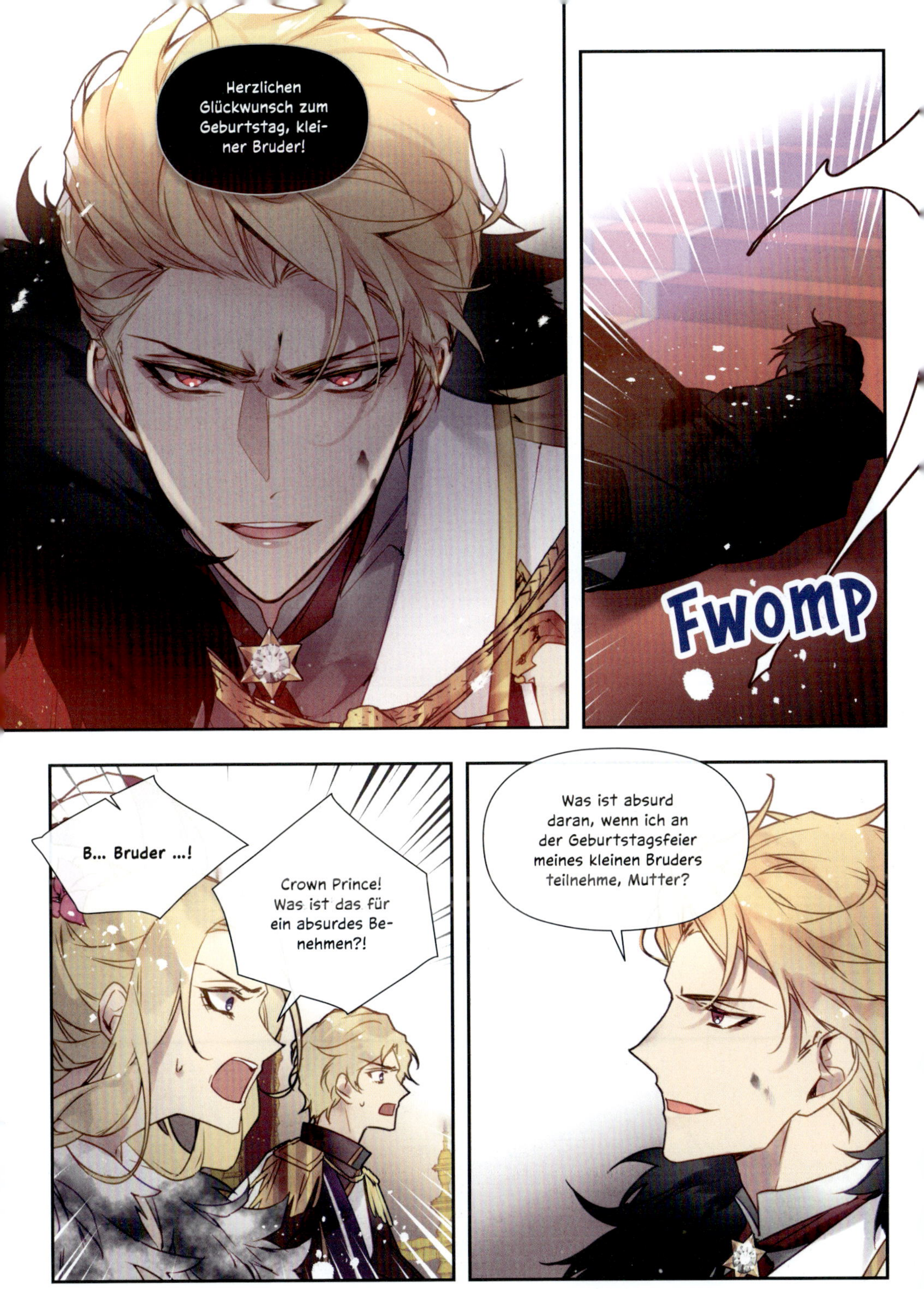
Herzlichen Glückwunsch zum Geburtstag, kleiner Bruder!
Fwomp
B... Bruder ...!
Crown Prince! Was ist das für ein absurdes Benehmen?!
Was ist absurd daran, wenn ich an der Geburtstagsfeier meines kleinen Bruders teilnehme, Mutter?

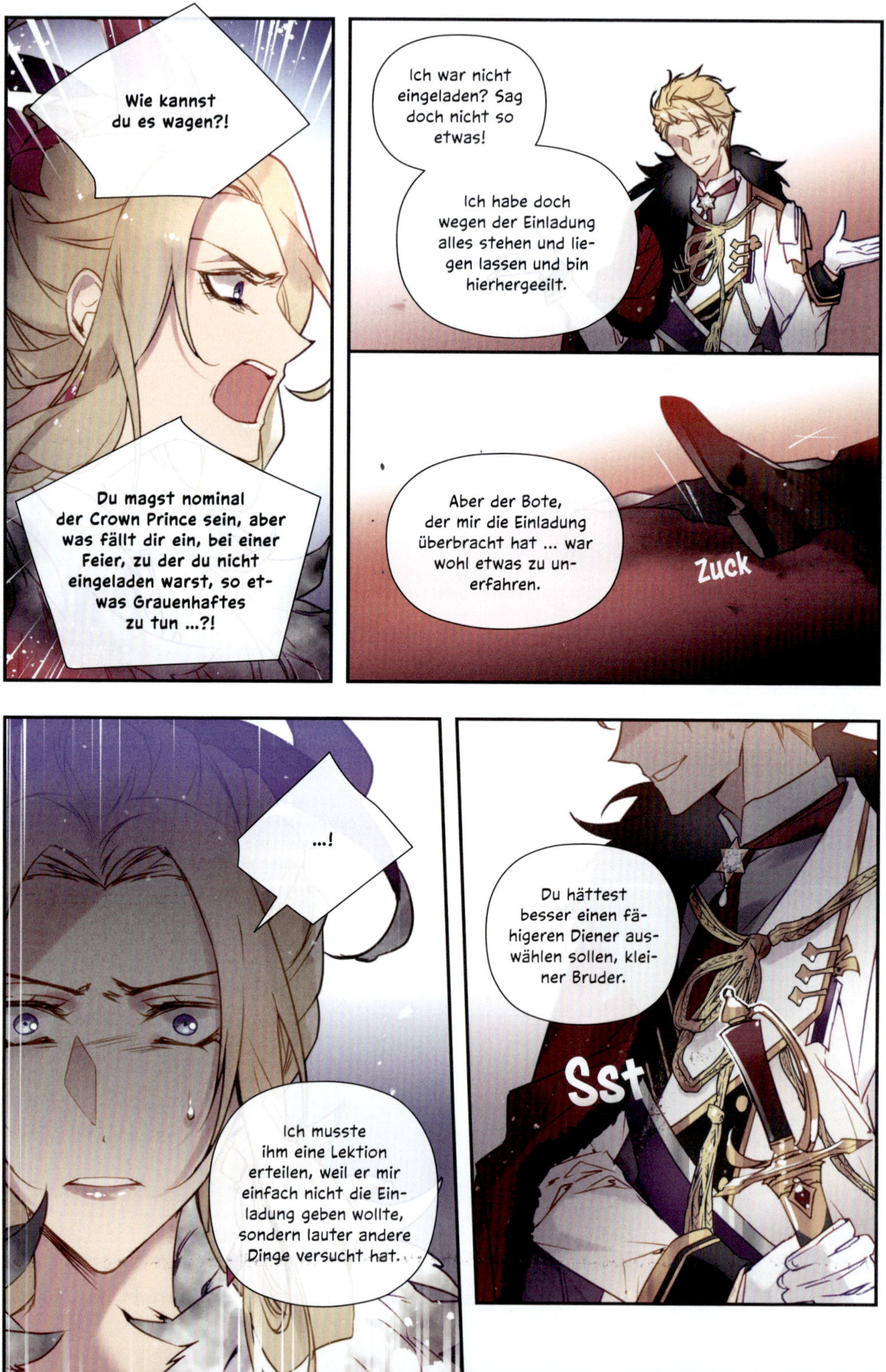

Wie kannst du es wagen?!
Du magst nominal der Crown Prince sein, aber was fällt dir ein, bei einer Feier, zu der du nicht eingeladen warst, so etwas Grauenhaftes zu tun ...?!
Ich war nicht eingeladen? Sag doch nicht so etwas!
Ich habe doch wegen der Einladung alles stehen und liegen lassen und bin hierhergeeilt.
Aber der Bote, der mir die Einladung überbracht hat ... war wohl etwas zu unerfahren.
Zuck
...!
Ich musste ihm eine Lektion erteilen, weil er mir einfach nicht die Einladung geben wollte, sondern lauter andere Dinge versucht hat.
Du hättest besser einen fähigeren Diener auswählen sollen, kleiner Bruder.
Sst

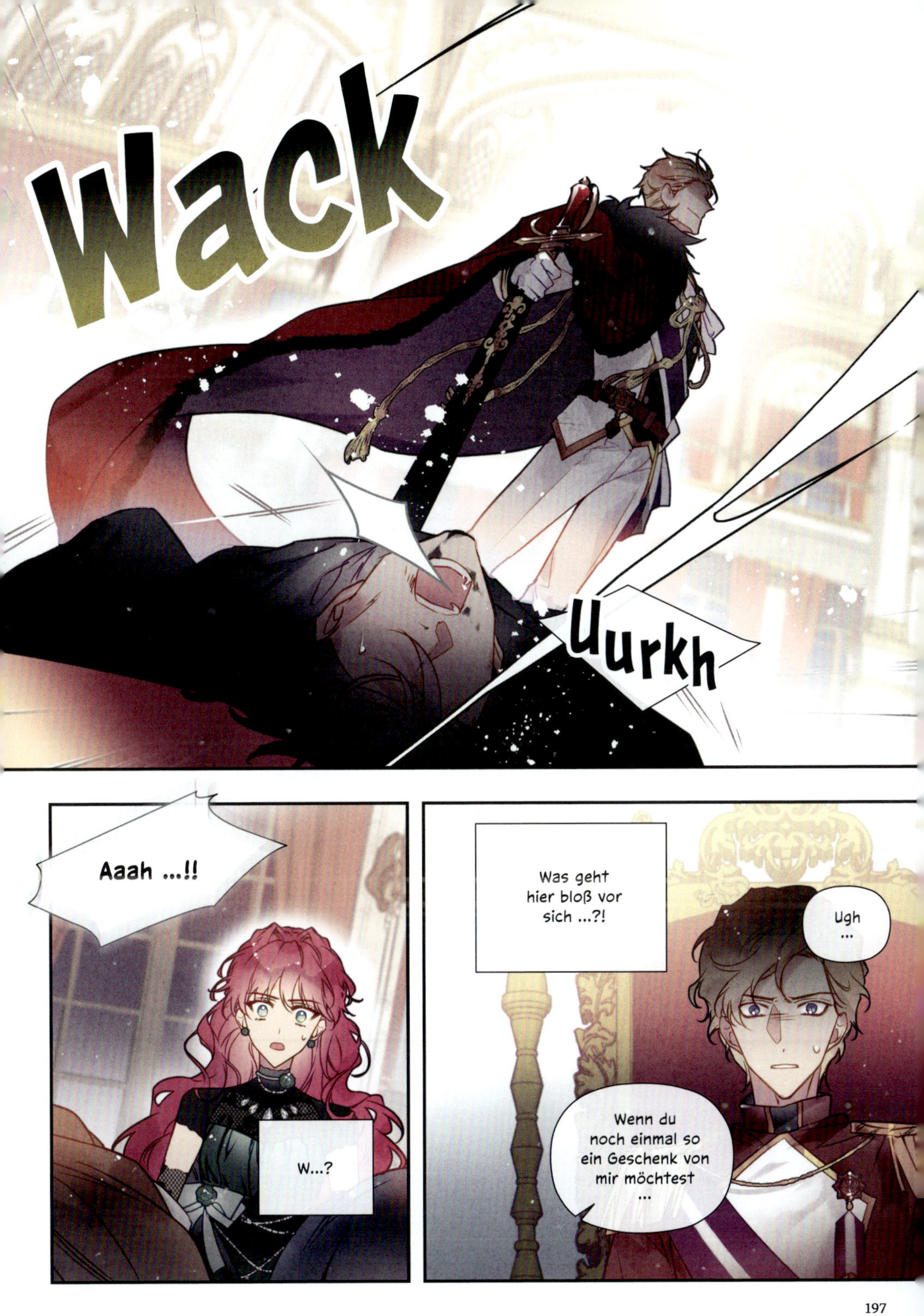
Wack
Uurkh
Aaah ...!!
W...?
Was geht hier bloß vor sich ...?!
Ugh ...
Wenn du noch einmal so ein Geschenk von mir möchtest ...

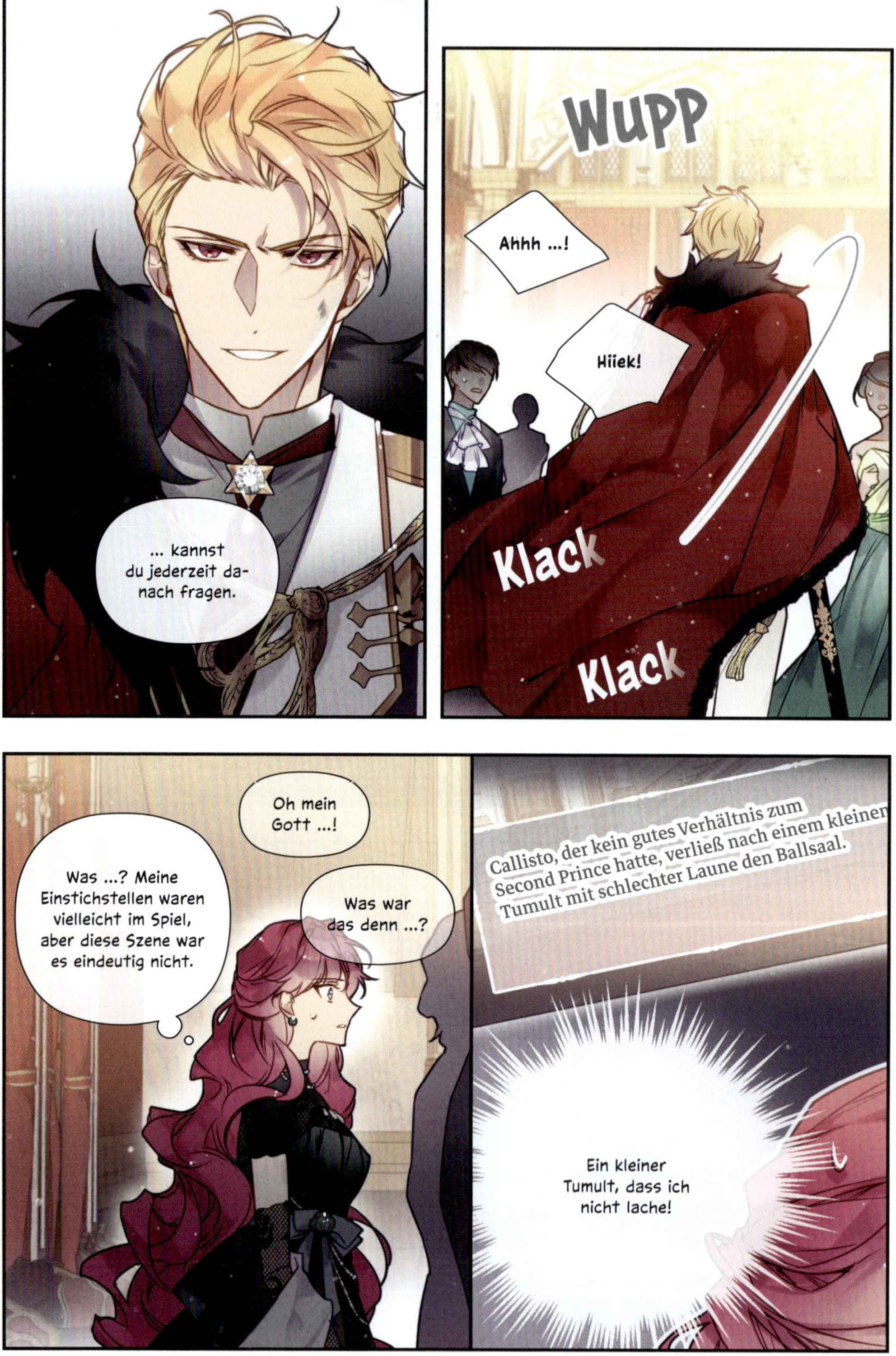

... kannst du jederzeit danach fragen.
WUPP
Ahhh ...!
Hiiek!
Klack
Klack
Was ...? Meine Einstichstellen waren vielleicht im Spiel, aber diese Szene war es eindeutig nicht.
Oh mein Gott ...!
Was war das denn ...?
Callisto, der kein gutes Verhältnis zum Second Prince hatte, verließ nach einem kleinen Tumult mit schlechter Laune den Ballsaal.
Ein kleiner Tumult, dass ich nicht lache!

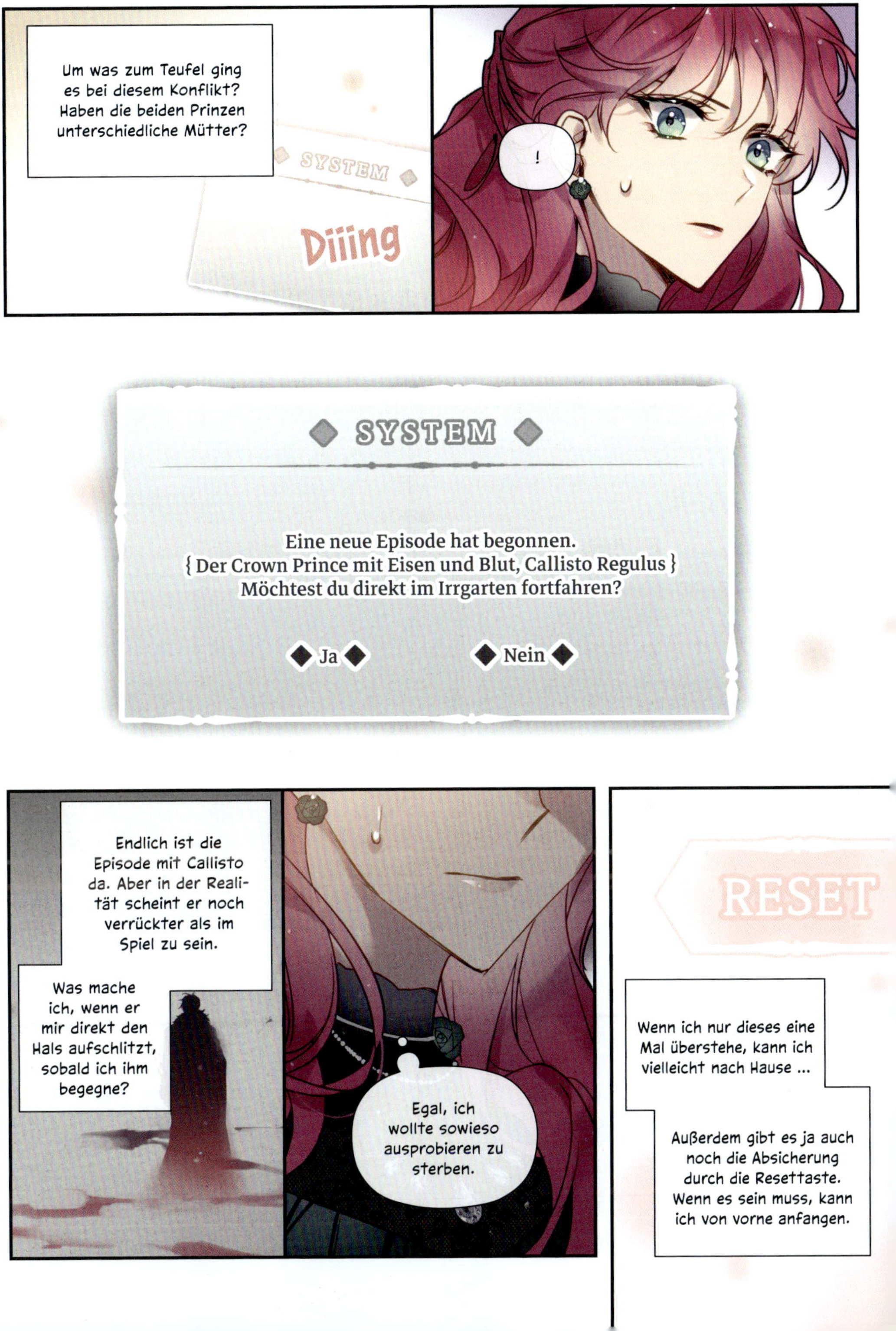
Um was zum Teufel ging es bei diesem Konflikt? Haben die beiden Prinzen unterschiedliche Mütter?
SYSTEM
Diiing
!
SYSTEM
Eine neue Episode hat begonnen.
{ Der Crown Prince mit Eisen und Blut, Callisto Regulus }
Möchtest du direkt im Irrgarten fortfahren?
Ja
Nein
Endlich ist die Episode mit Callisto da. Aber in der Realität scheint er noch verrückter als im Spiel zu sein.
Was mache ich, wenn er mir direkt den Hals aufschlitzt, sobald ich ihm begegne?
Egal, ich wollte sowieso ausprobieren zu sterben.
RESET
Wenn ich nur dieses eine Mal überstehe, kann ich vielleicht nach Hause …
Außerdem gibt es ja auch noch die Absicherung durch die Resettaste. Wenn es sein muss, kann ich von vorne anfangen.

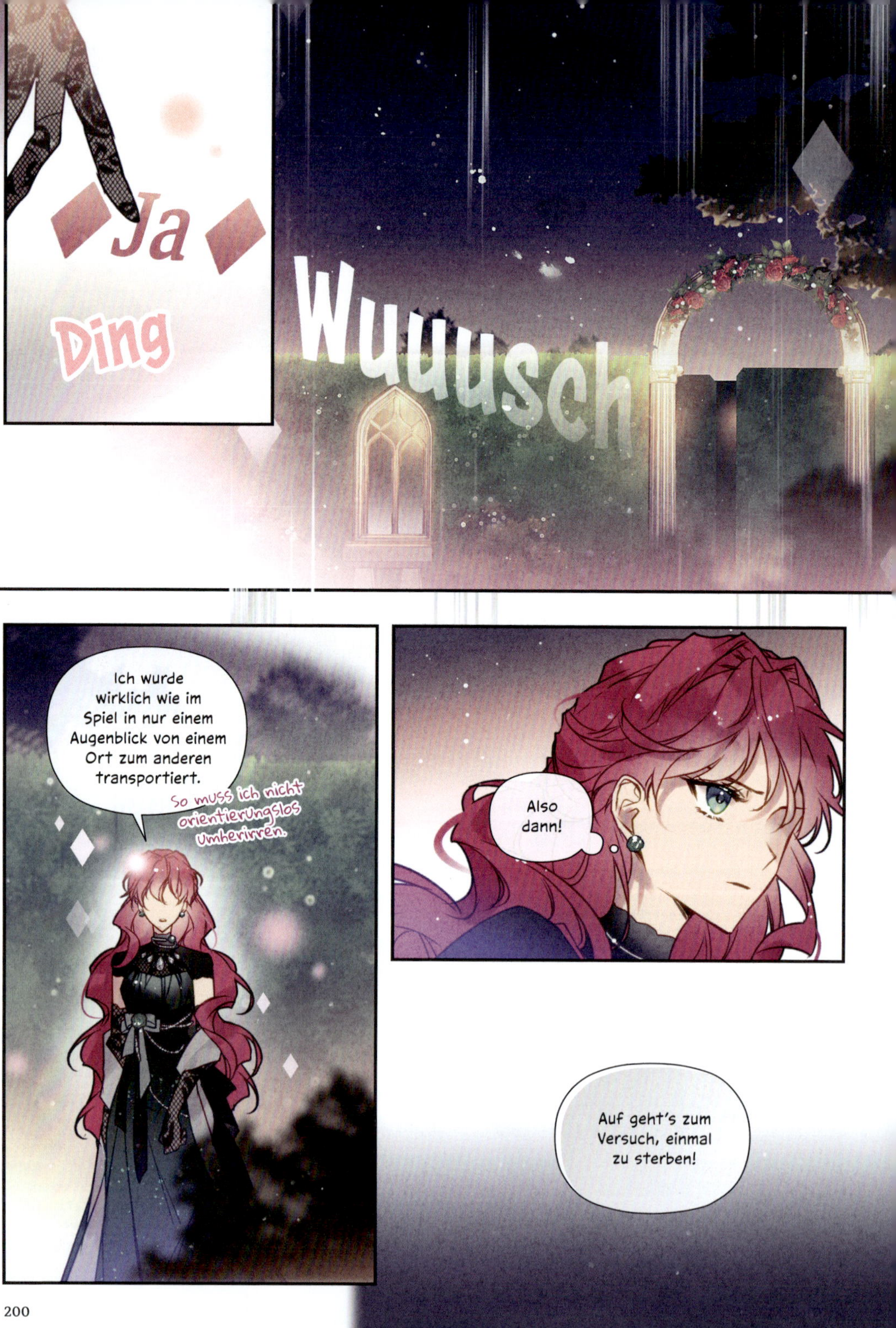
Ja
Ding
Wuuusch
Ich wurde wirklich wie im Spiel in nur einem Augenblick von einem Ort zum anderen transportiert.
So muss ich nicht orientierungslos umherirren.
Also dann!
Auf geht's zum Versuch, einmal zu sterben!

Penelope

Das Böse ist dem Tod geweiht

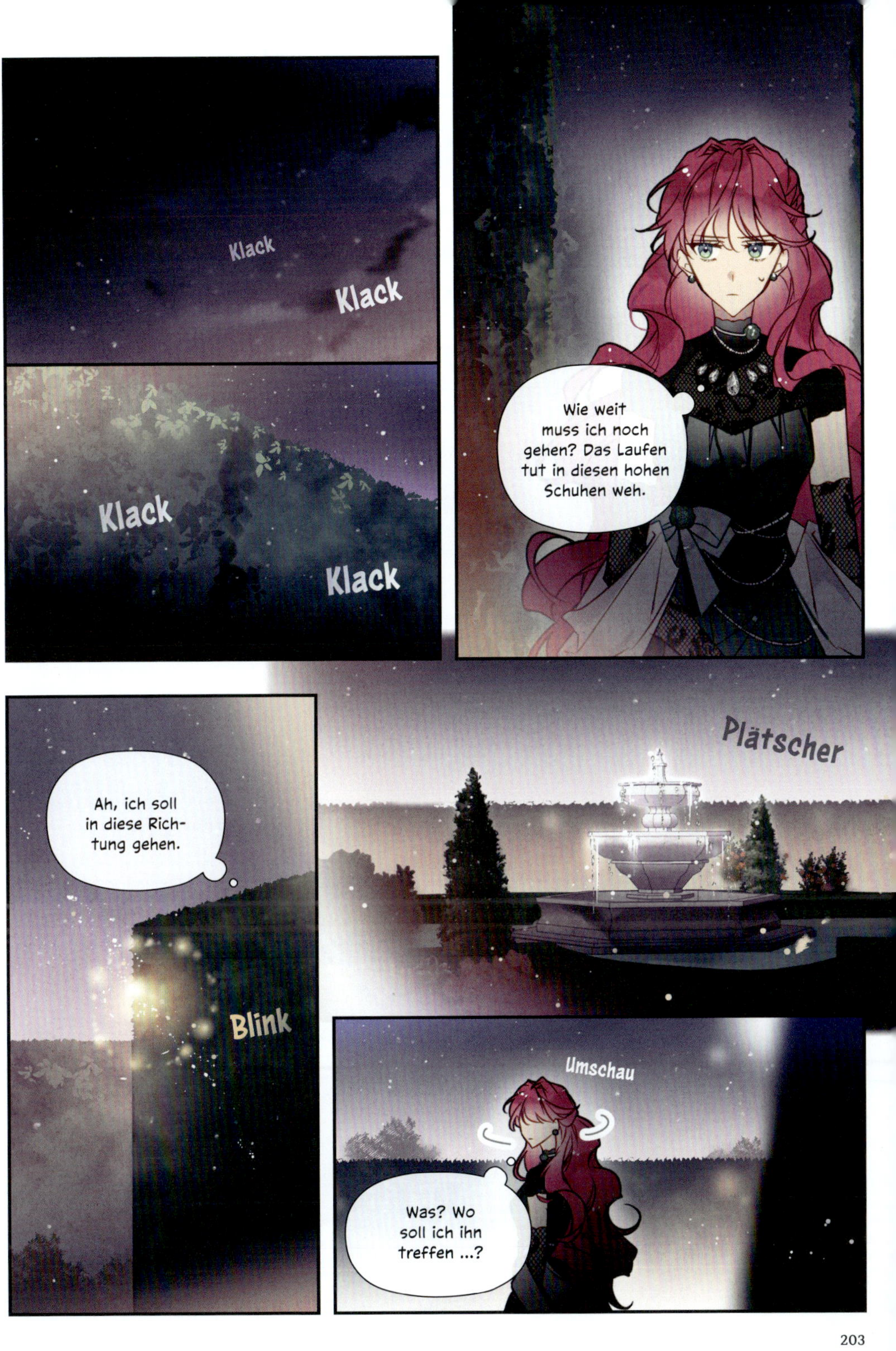
Klack
Klack
Klack
Klack
Wie weit muss ich noch gehen? Das Laufen tut in diesen hohen Schuhen weh.
Ah, ich soll in diese Richtung gehen.
Blink
Plätscher
Umschau
Was? Wo soll ich ihn treffen ...?

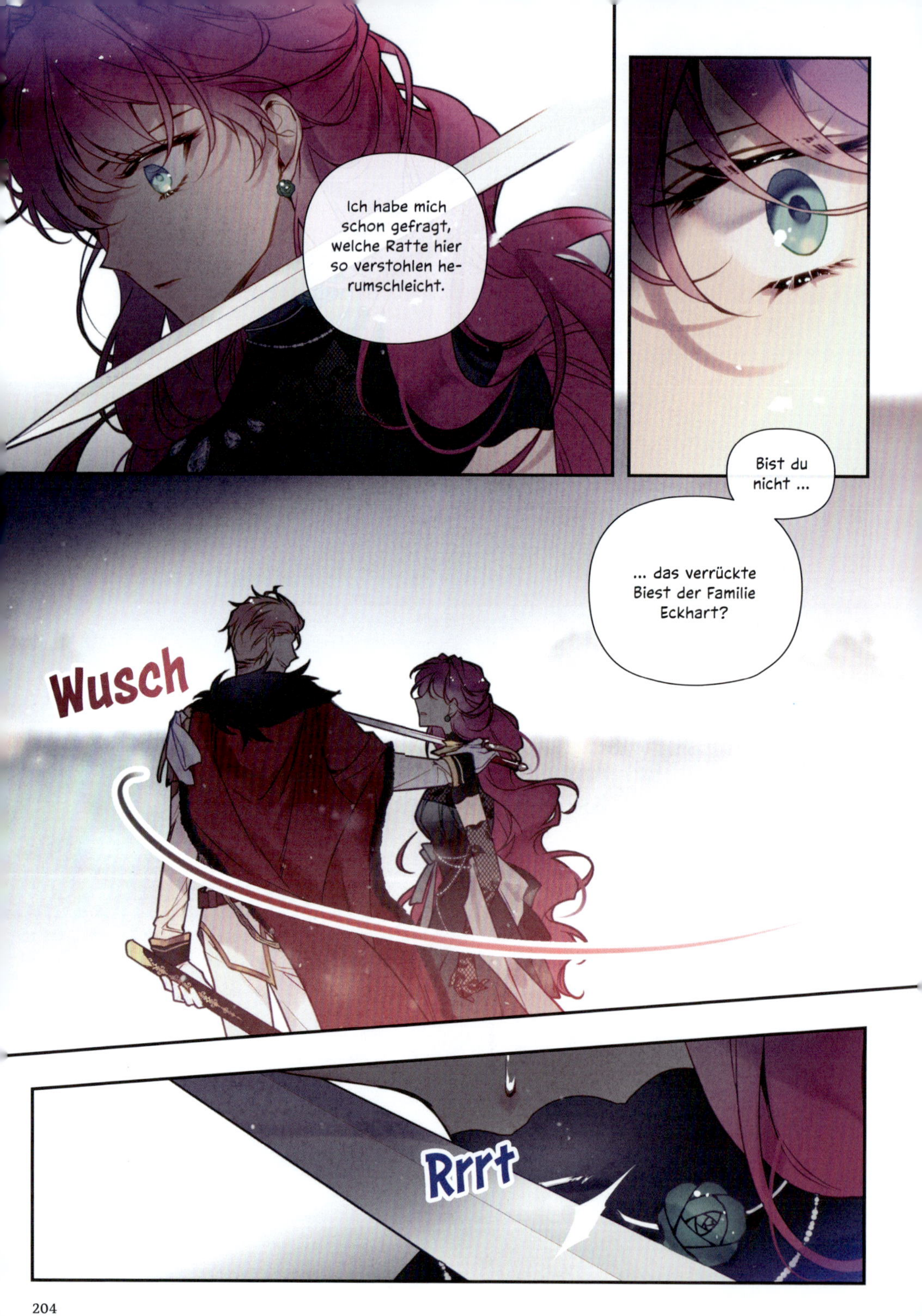

Ich habe mich schon gefragt, welche Ratte hier so verstohlen herumschleicht.
Bist du nicht ...
... das verrückte Biest der Familie Eckhart?
Wusch
Rrrt

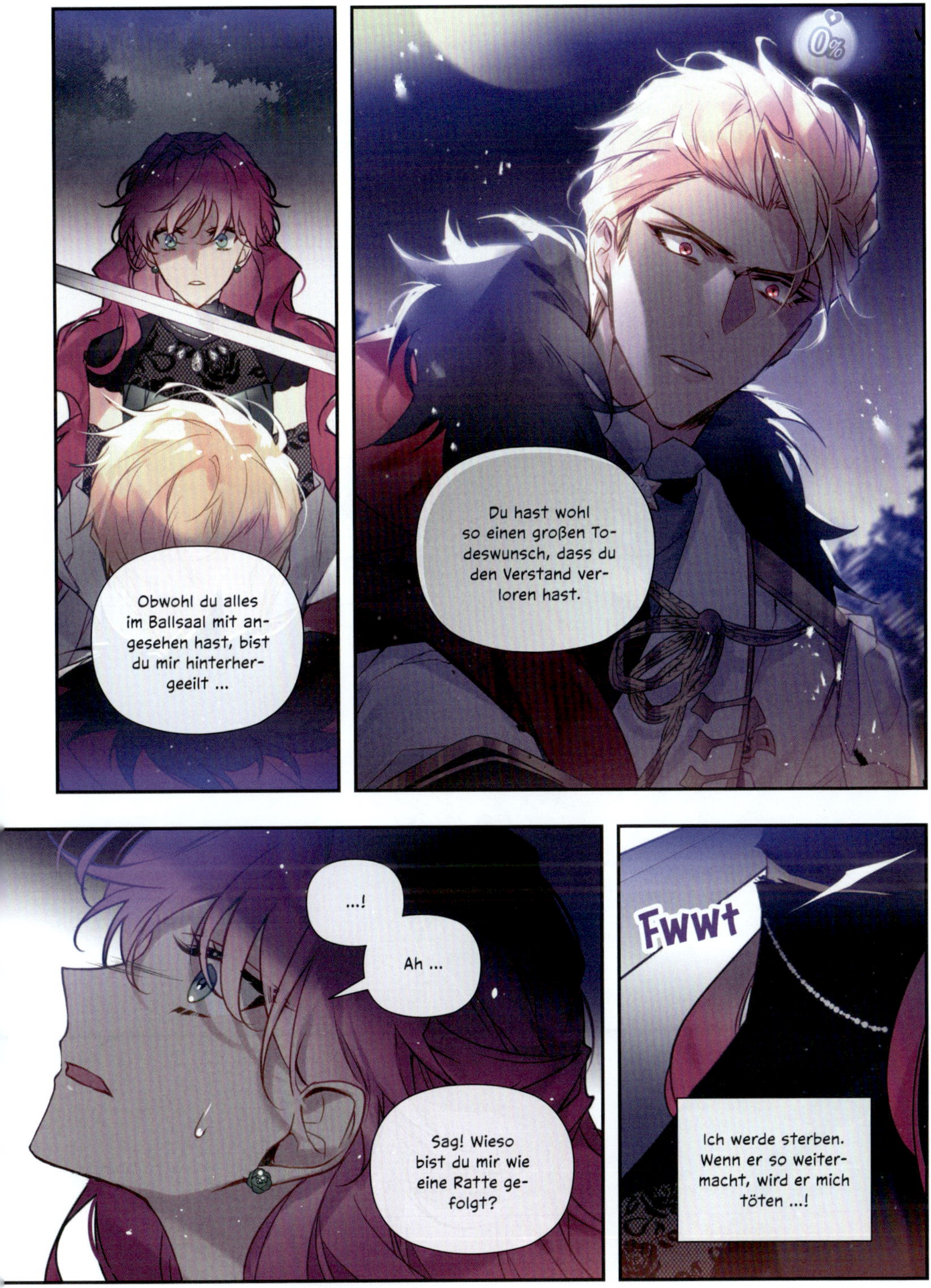
Obwohl du alles im Ballsaal mit angesehen hast, bist du mir hinterhergeilt ...
Du hast wohl so einen großen Todeswunsch, dass du den Verstand verloren hast.
0%
...!
Ah ...
Sag! Wieso bist du mir wie eine Ratte gefolgt?
Fwwt
Ich werde sterben. Wenn er so weitermacht, wird er mich töten ...!

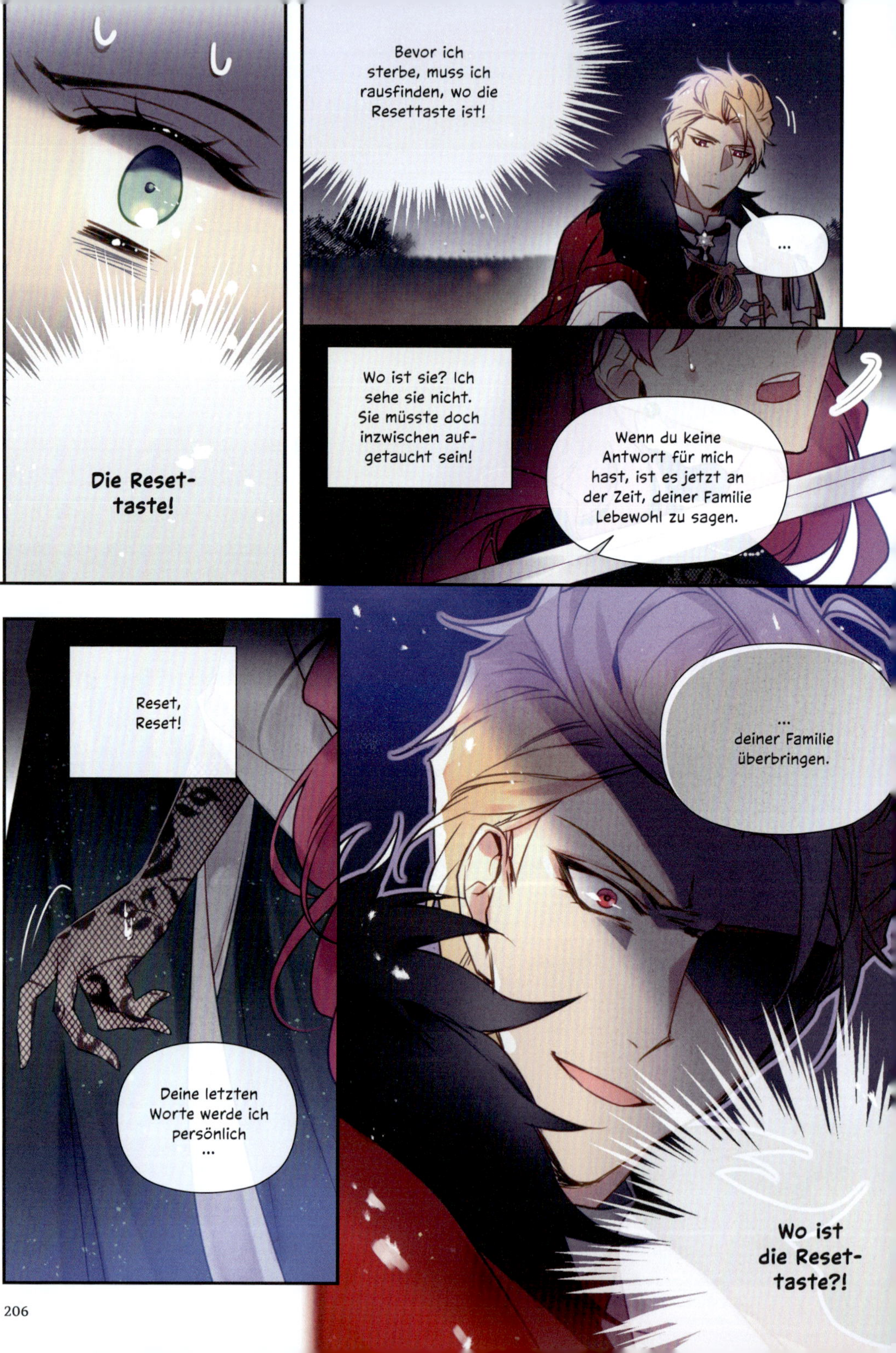

Die Reset-
taste!
Bevor ich sterbe, muss ich rausfinden, wo die Resettaste ist!
...
Wo ist sie? Ich sehe sie nicht. Sie müsste doch inzwischen auf-
getaucht sein!
Wenn du keine Antwort für mich hast, ist es jetzt an der Zeit, deiner Familie Lebewohl zu sagen.
Reset, Reset!
Deine letzten Worte werde ich persönlich ...
... deiner Familie überbringen.
Wo ist die Reset-
taste?!

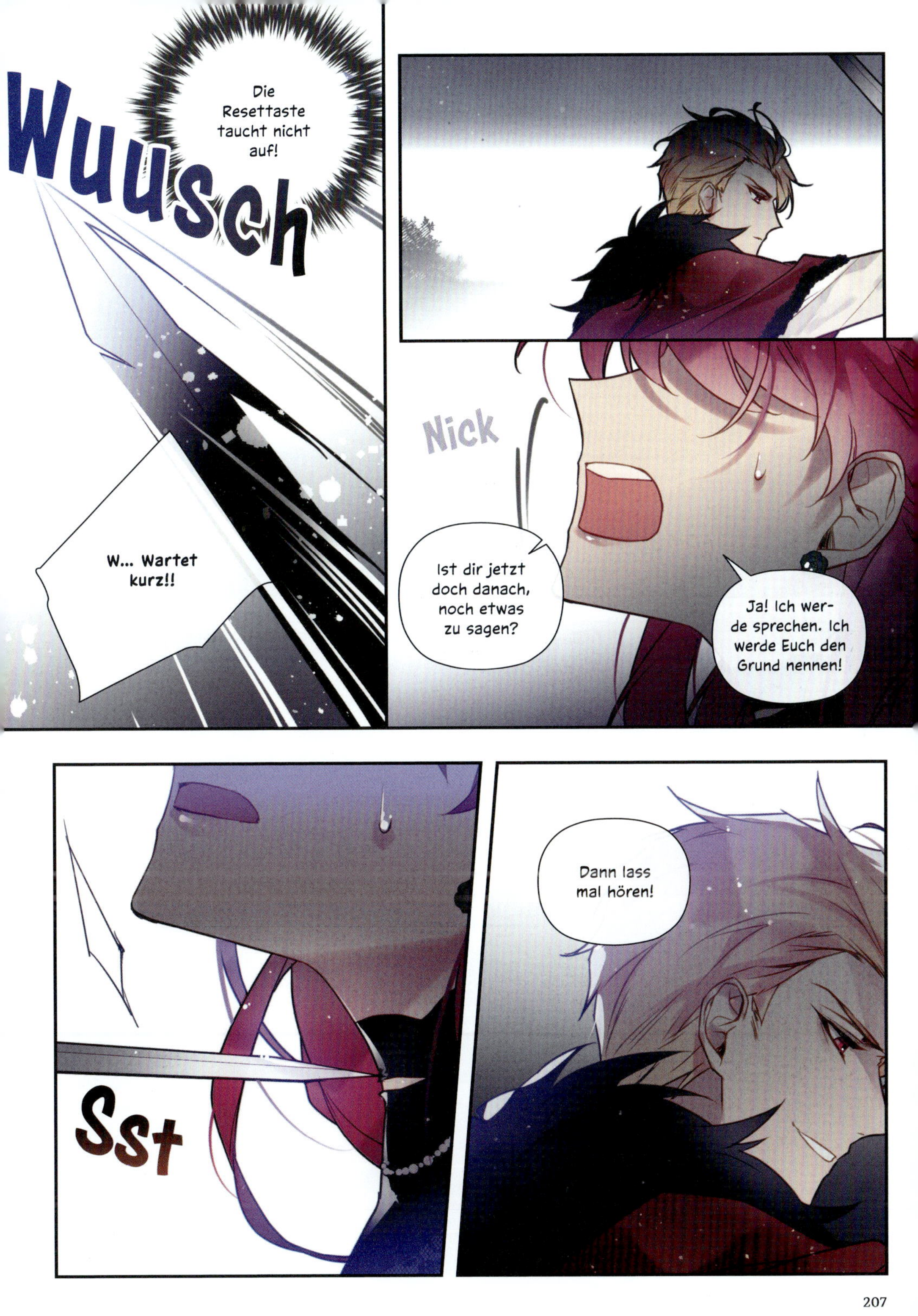
Die Resettaste taucht nicht auf!
Wuusch
W... Wartet kurz!!
Nick
Ist dir jetzt doch danach, noch etwas zu sagen?
Ja! Ich werde sprechen. Ich werde Euch den Grund nennen!
Sst
Dann lass mal hören!

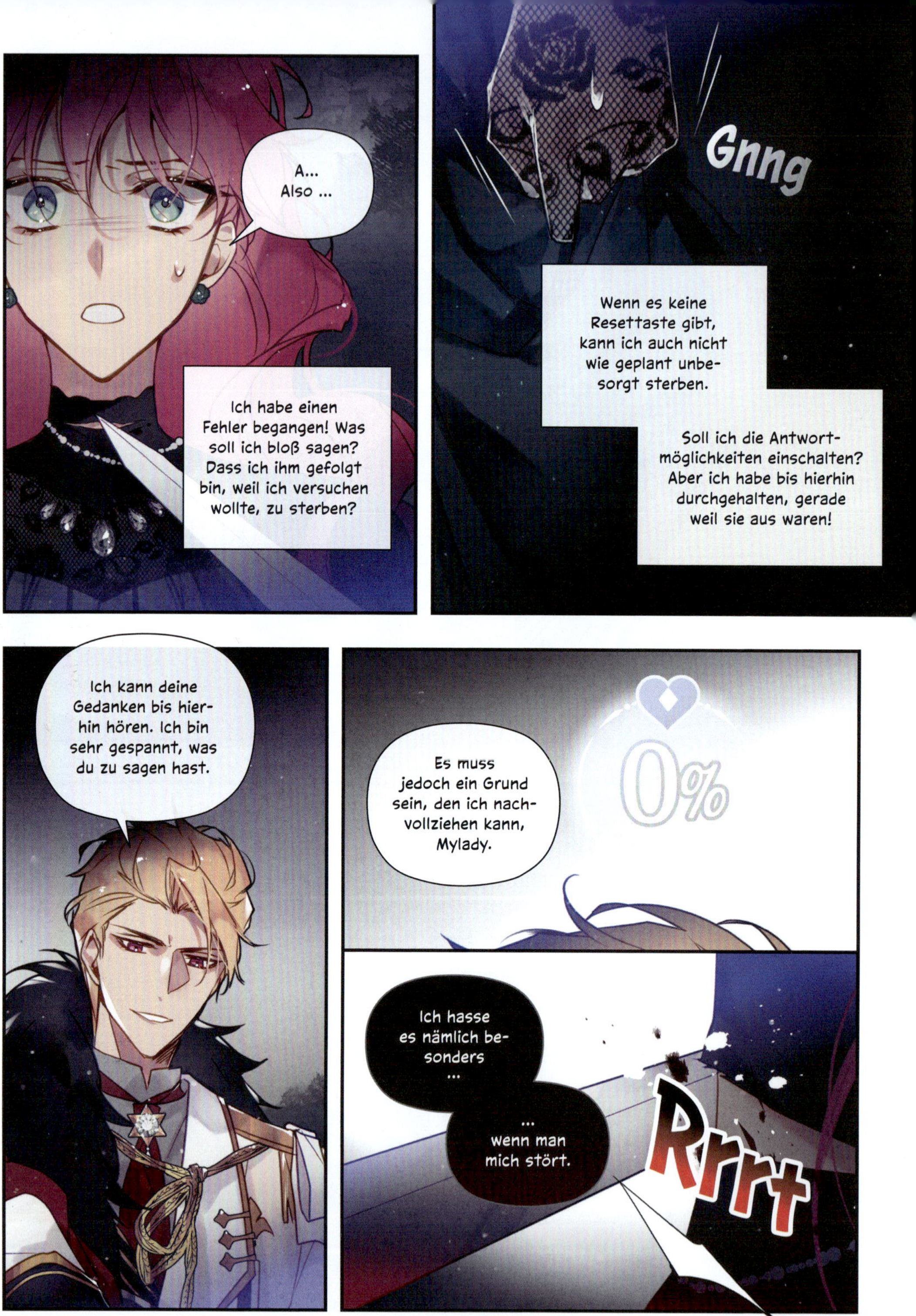
A...
Also ...
Ich habe einen Fehler begangen! Was soll ich bloß sagen? Dass ich ihm gefolgt bin, weil ich versuchen wollte, zu sterben?
Gnng
Wenn es keine Resettaste gibt, kann ich auch nicht wie geplant unbesorgt sterben.
Soll ich die Antwortmöglichkeiten einschalten? Aber ich habe bis hierhin durchgehalten, gerade weil sie aus waren!
Ich kann deine Gedanken bis hierhin hören. Ich bin sehr gespannt, was du zu sagen hast.
0%
Es muss jedoch ein Grund sein, den ich nachvollziehen kann, Mylady.
Ich hasse es nämlich besonders ...
... wenn man mich stört.
Rrrt

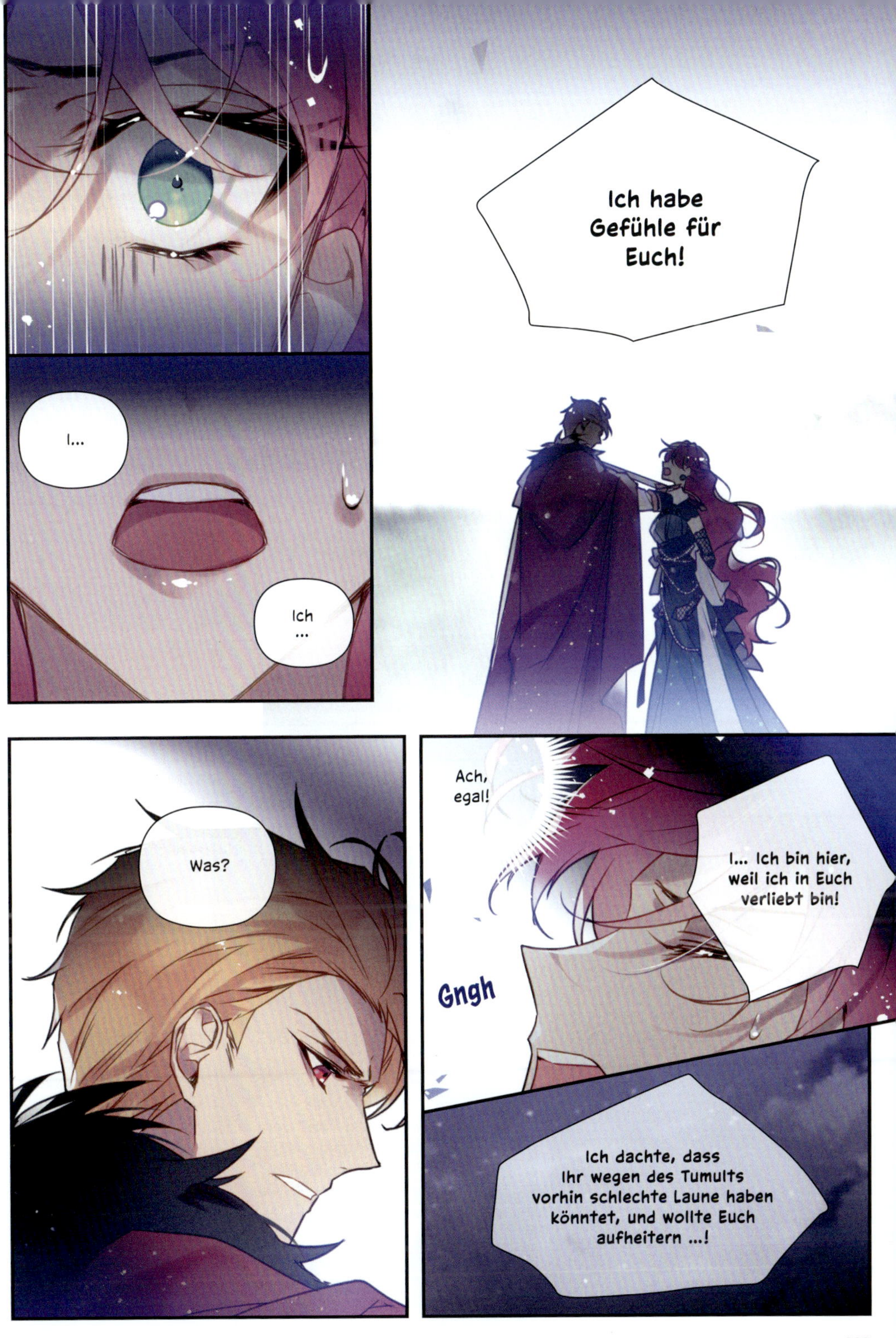
Ich habe Gefühle für Euch!
I...
Ich ...
Was?
Ach, egal!
I... Ich bin hier, weil ich in Euch verliebt bin!
Gngh
Ich dachte, dass Ihr wegen des Tumults vorhin schlechte Laune haben könntet, und wollte Euch aufheitern ...!

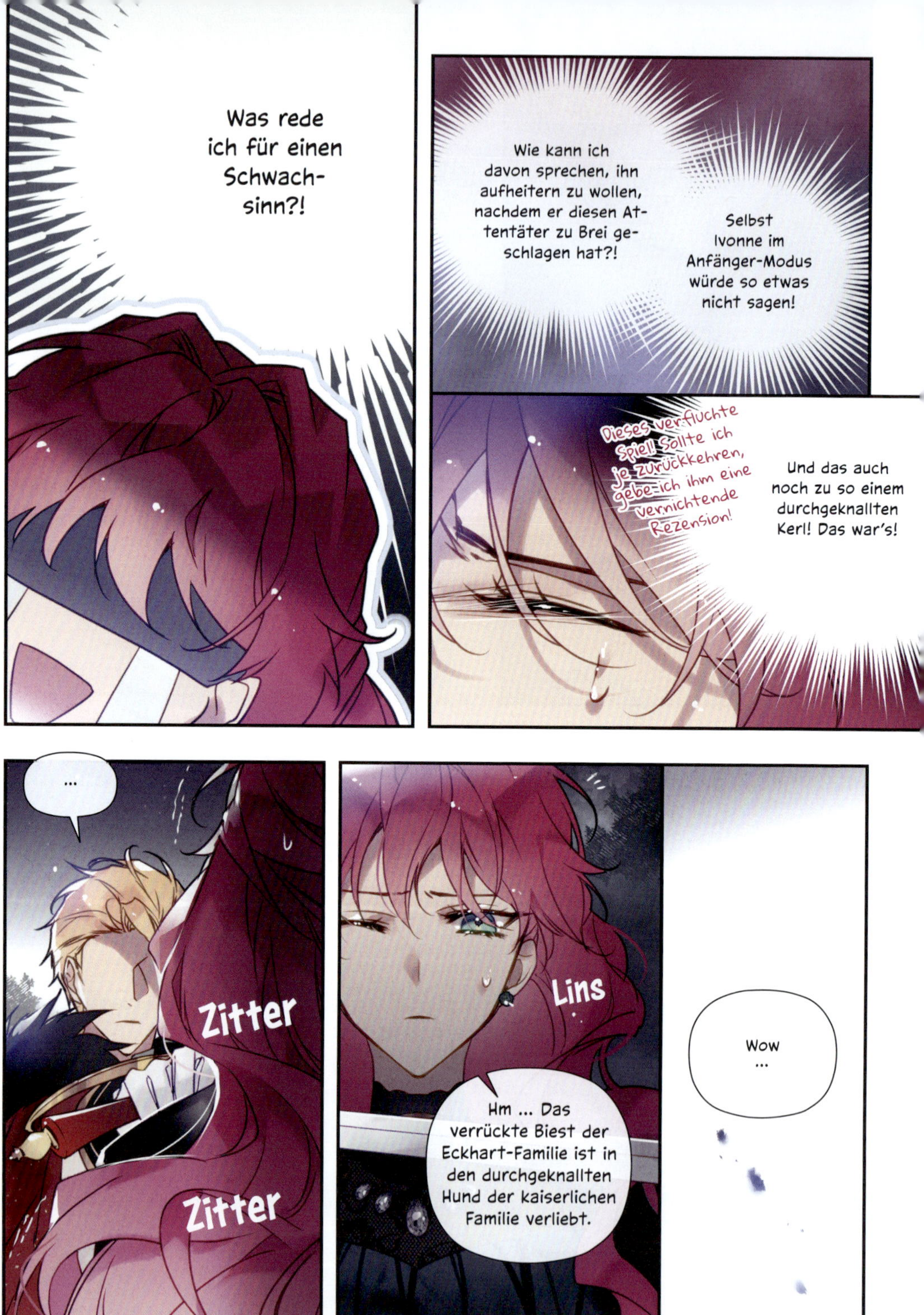
Was rede ich für einen Schwach-sinn?!
Wie kann ich davon sprechen, ihn aufheitern zu wollen, nachdem er diesen Attentäter zu Brei geschlagen hat?!
Selbst Ivonne im Anfänger-Modus würde so etwas nicht sagen!
Dieses verfluchte Spiel! Sollte ich je zurückkehren, gebe ich ihm eine vernichtende Rezension!
Und das auch noch zu so einem durchgeknallten Kerl! Das war's!
...
Zitter
Zitter
Lins
Hm ... Das verrückte Biest der Eckhart-Familie ist in den durchgeknallten Hund der kaiserlichen Familie verliebt.
Wow ...

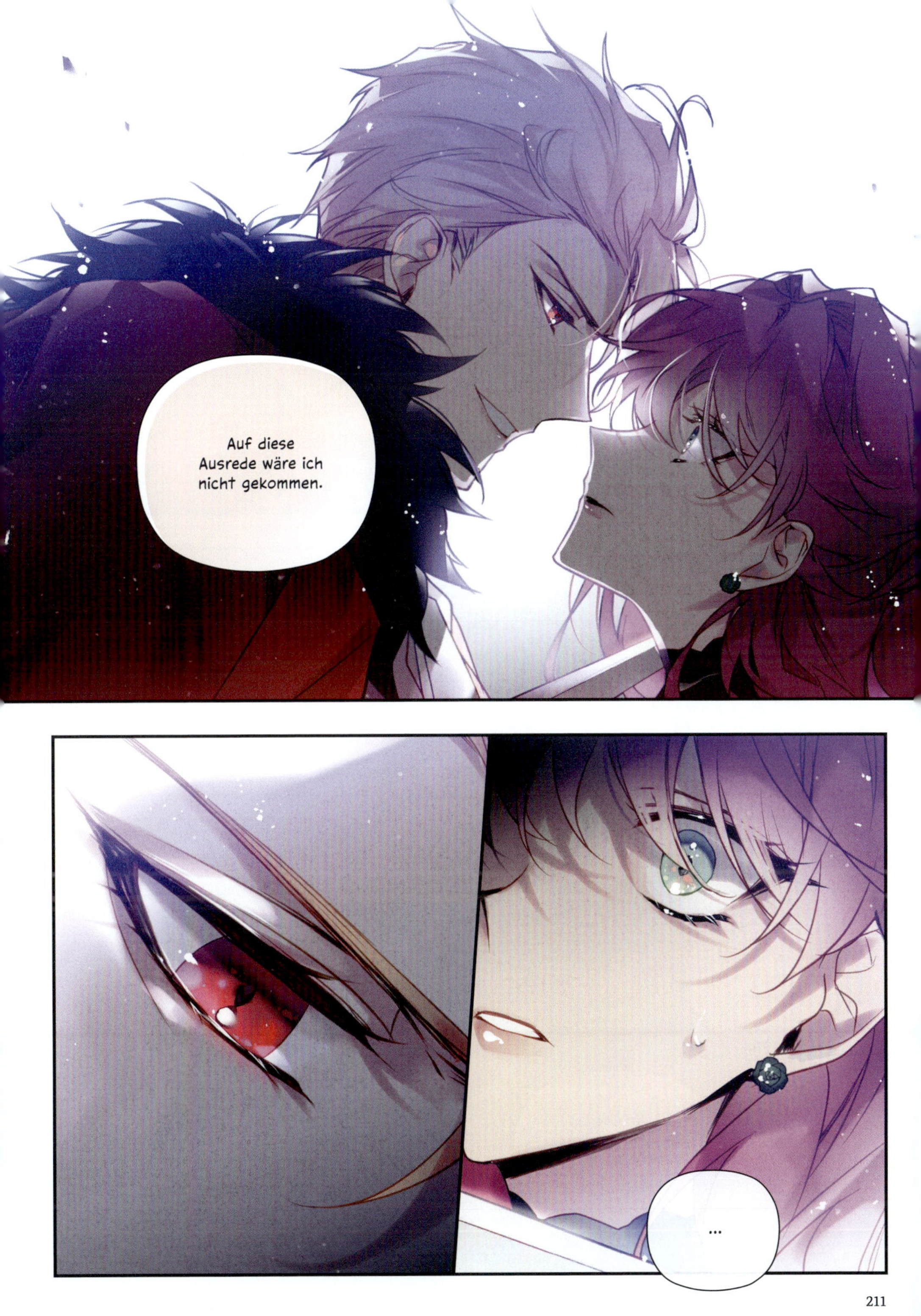
Auf diese Ausrede wäre ich nicht gekommen.
...

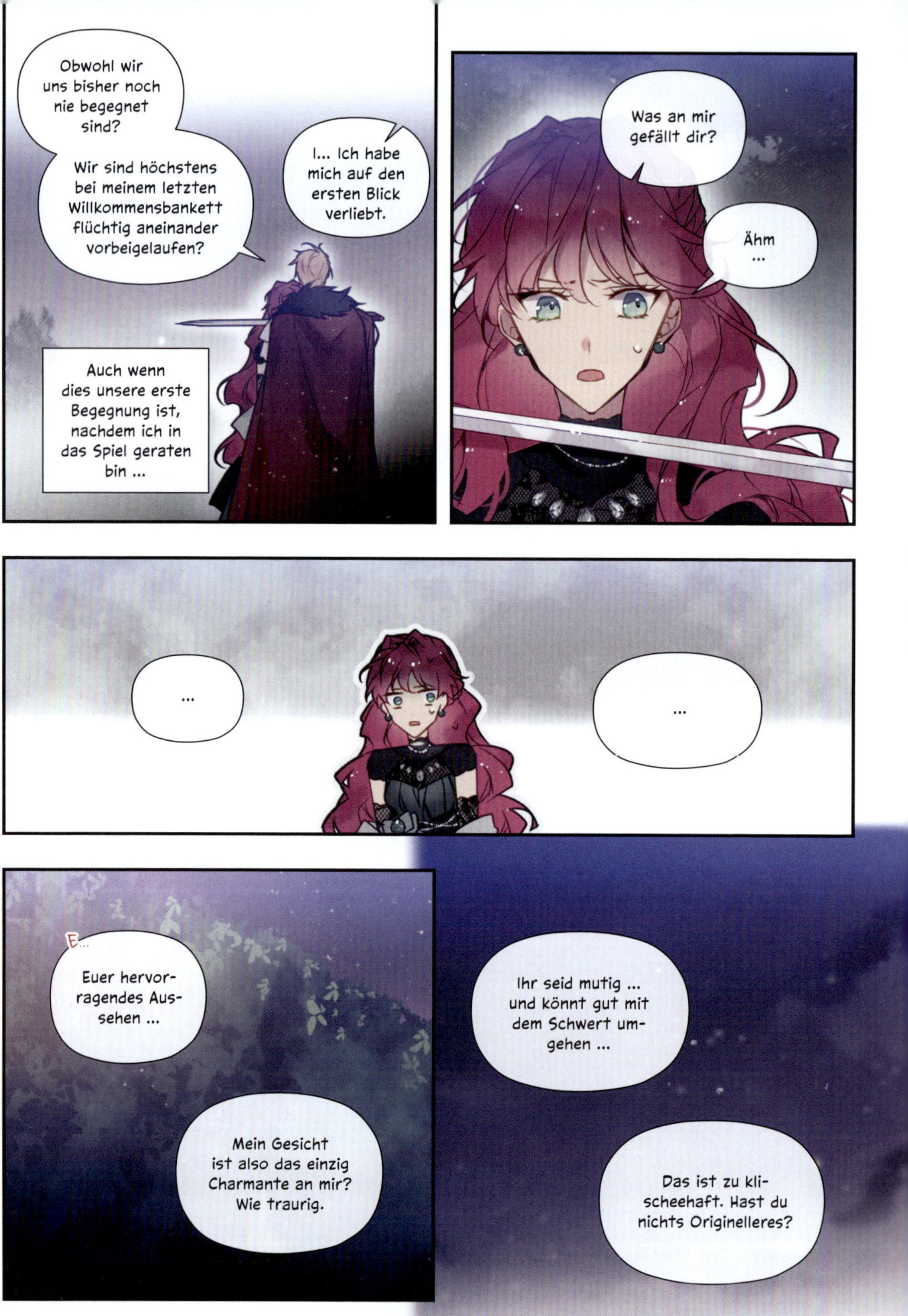
Obwohl wir uns bisher noch nie begegnet sind?
Wir sind höchstens bei meinem letzten Willkommensbankett flüchtig aneinander vorbeigelaufen?
I... Ich habe mich auf den ersten Blick verliebt.
Auch wenn dies unsere erste Begegnung ist, nachdem ich in das Spiel geraten bin ...
Was an mir gefällt dir?
Ähm ...
...
...
E...
Euer hervorragendes Aussehen ...
Ihr seid mutig ... und könnt gut mit dem Schwert umgehen ...
Mein Gesicht ist also das einzig Charmante an mir? Wie traurig.
Das ist zu klischeehaft. Hast du nichts Originelleres?

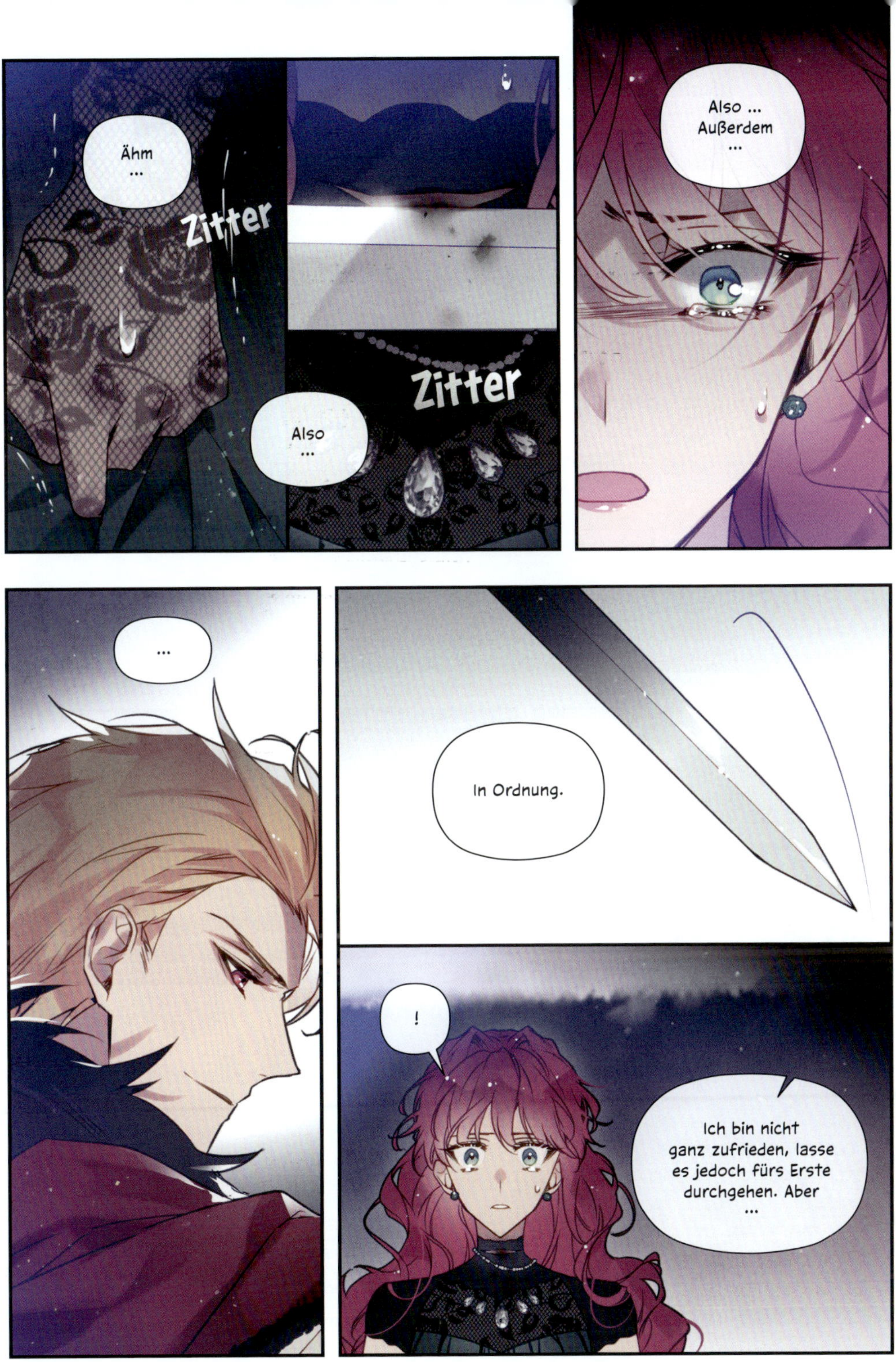

Ähm
...
Zitter
Zitter
Also
...
Also ...
Außerdem
...
...
In Ordnung.
!
Ich bin nicht
ganz zufrieden, lasse
es jedoch fürs Erste
durchgehen. Aber
...

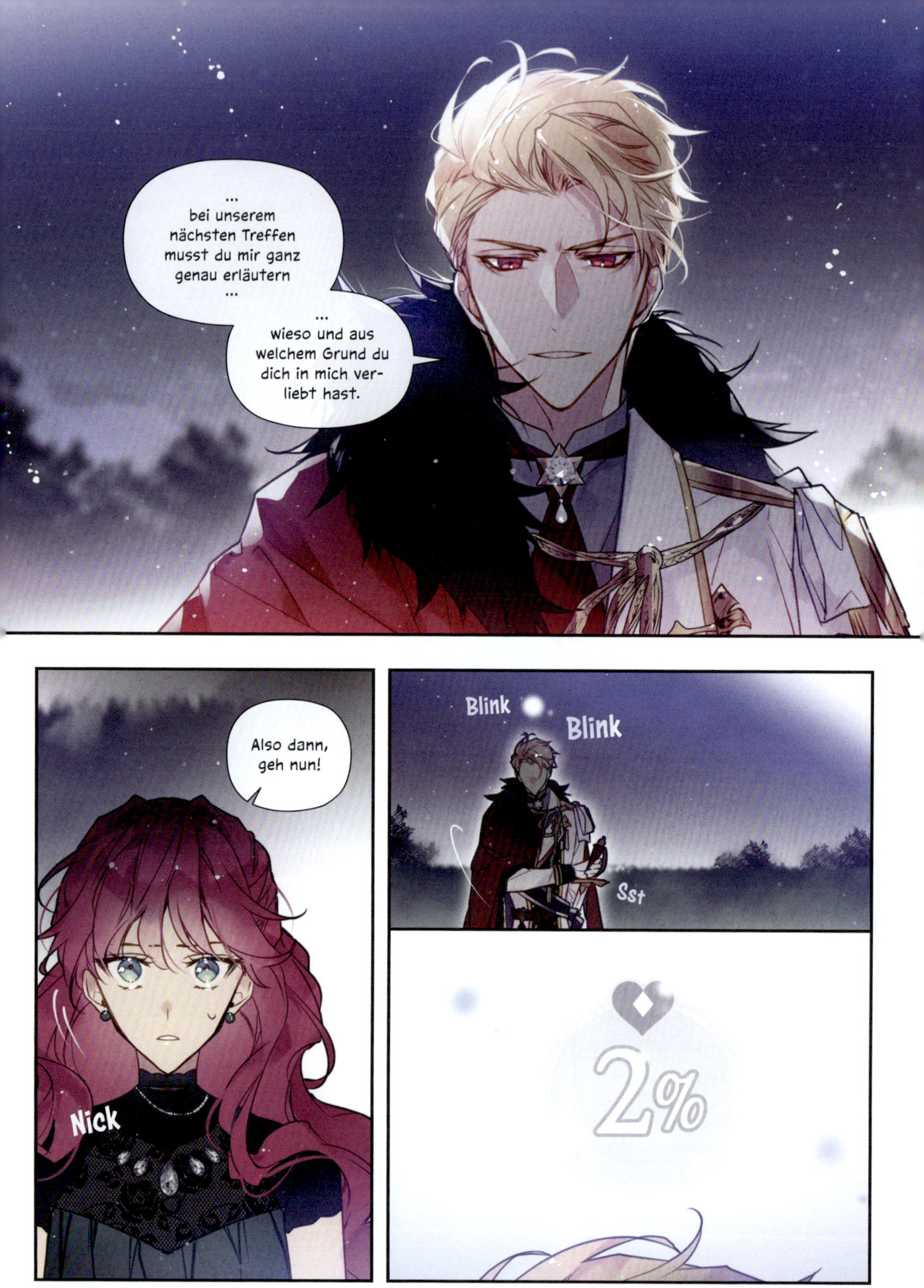
... bei unserem nächsten Treffen musst du mir ganz genau erläutern ...
... wieso und aus welchem Grund du dich in mich ver- liebt hast.
Also dann, geh nun!
Nick
Blink
Blink
Sst
2%

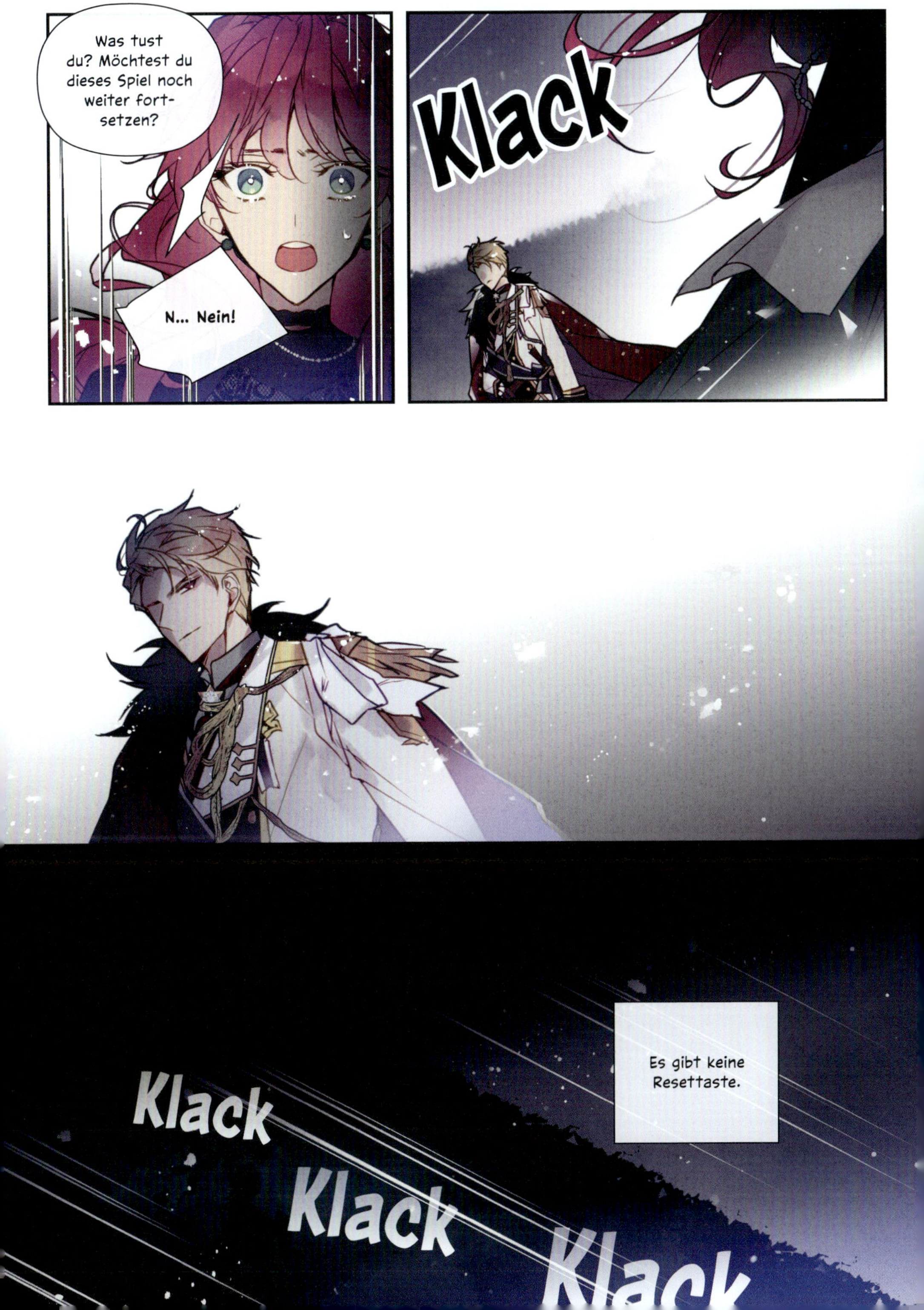
Was tust du? Möchtest du dieses Spiel noch weiter fort-setzen?
N... Nein!
Klack
Es gibt keine Resettaste.
Klack
Klack
Klack

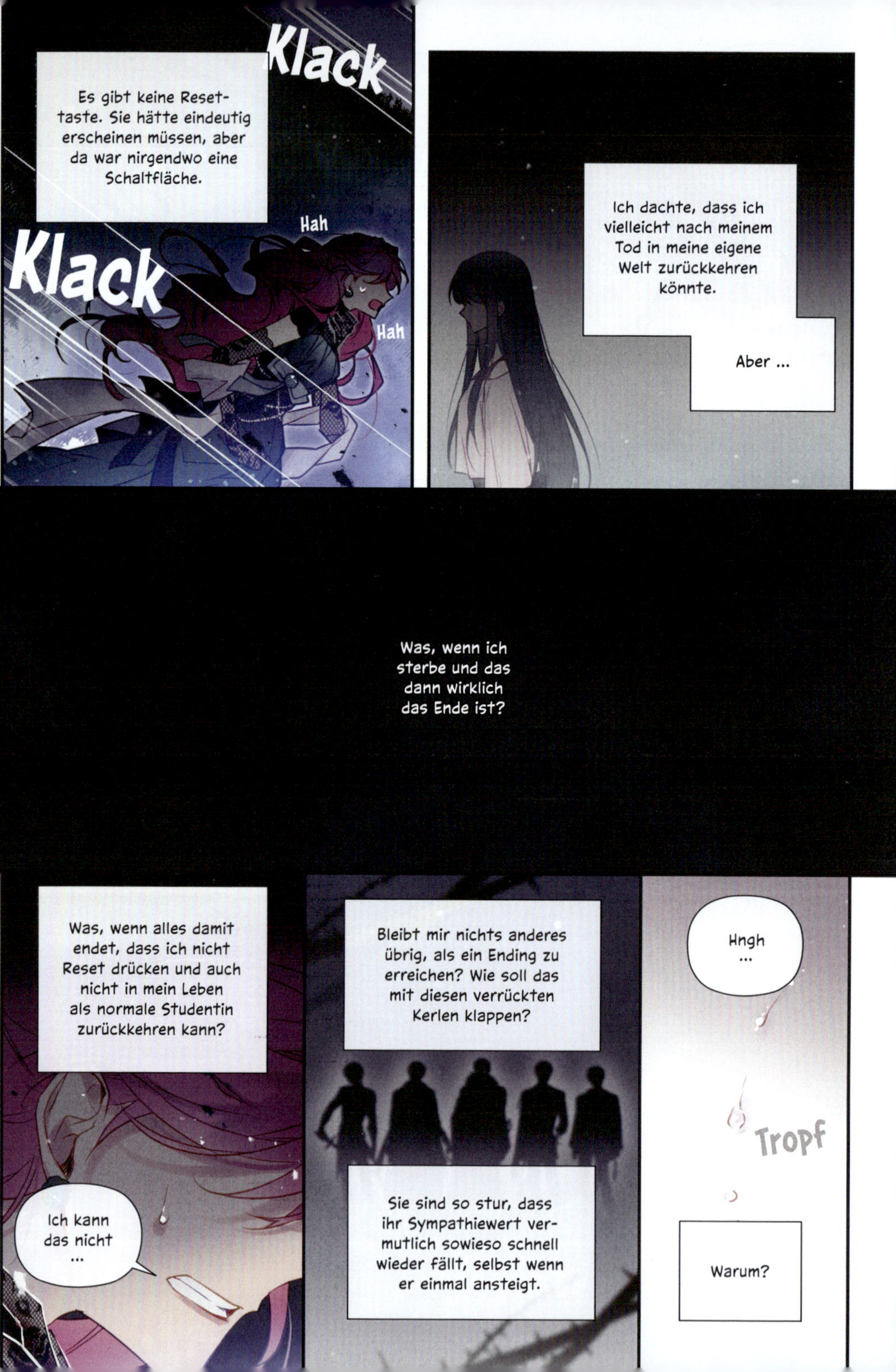
Es gibt keine Resettaste. Sie hätte eindeutig erscheinen müssen, aber da war nirgendwo eine Schaltfläche.
Klack
Klack
Hah
Hah
Ich dachte, dass ich vielleicht nach meinem Tod in meine eigene Welt zurückkehren könnte.
Aber ...
Was, wenn ich sterbe und das dann wirklich das Ende ist?
Was, wenn alles damit endet, dass ich nicht Reset drücken und auch nicht in mein Leben als normale Studentin zurückkehren kann?
Ich kann das nicht ...
Bleibt mir nichts anderes übrig, als ein Ending zu erreichen? Wie soll das mit diesen verrückten Kerlen klappen?
Sie sind so stur, dass ihr Sympathiewert vermutlich sowieso schnell wieder fällt, selbst wenn er einmal ansteigt.
Hngh ...
Tropf
Warum?

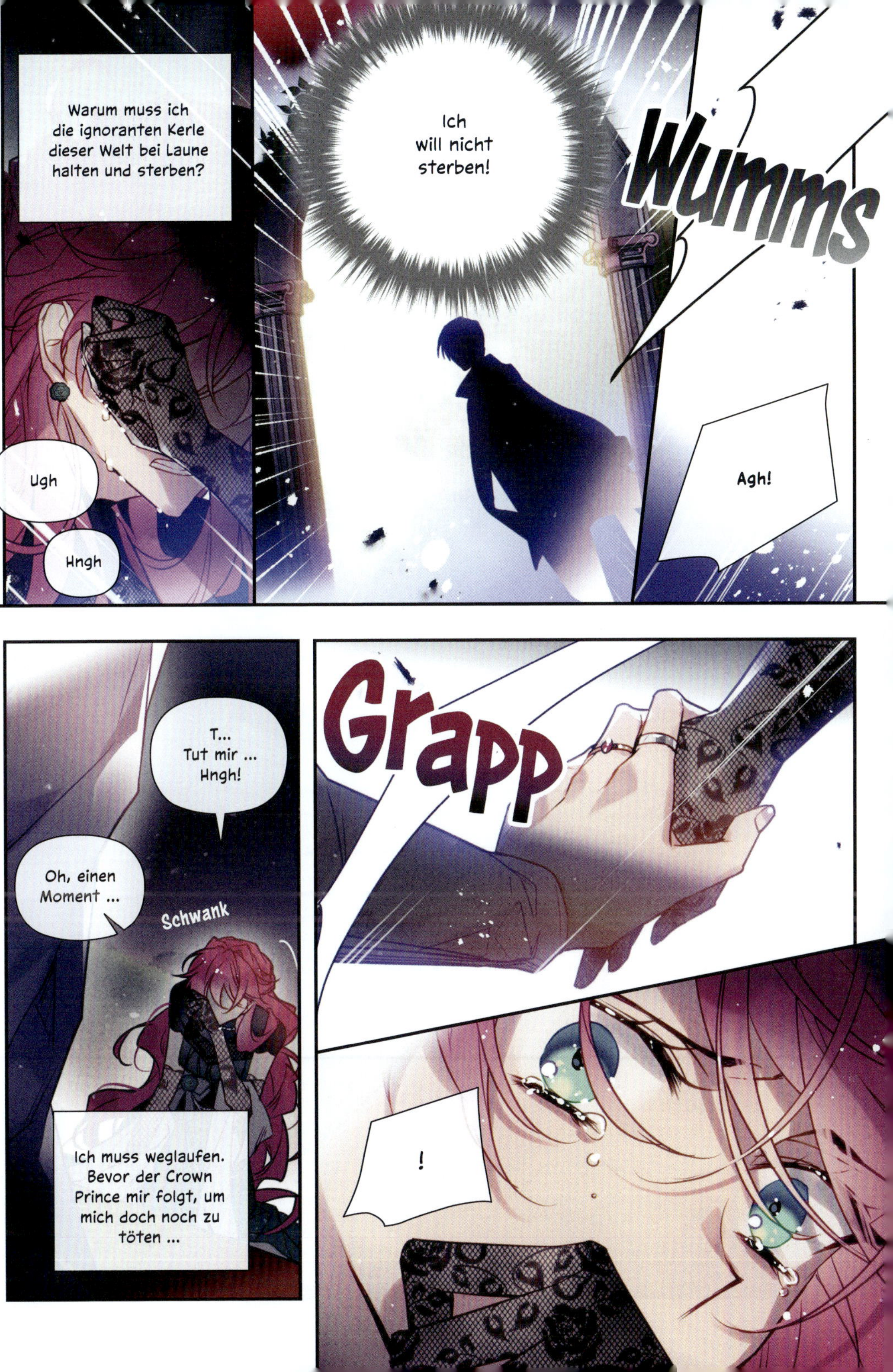
Warum muss ich die ignoranten Kerle dieser Welt bei Laune halten und sterben?
Ugh
Hngh
Ich will nicht sterben!
Wumms
Agh!
T... Tut mir ... Hngh!
Oh, einen Moment ...
Schwank
Ich muss weglaufen. Bevor der Crown Prince mir folgt, um mich doch noch zu töten ...
Grapp
!

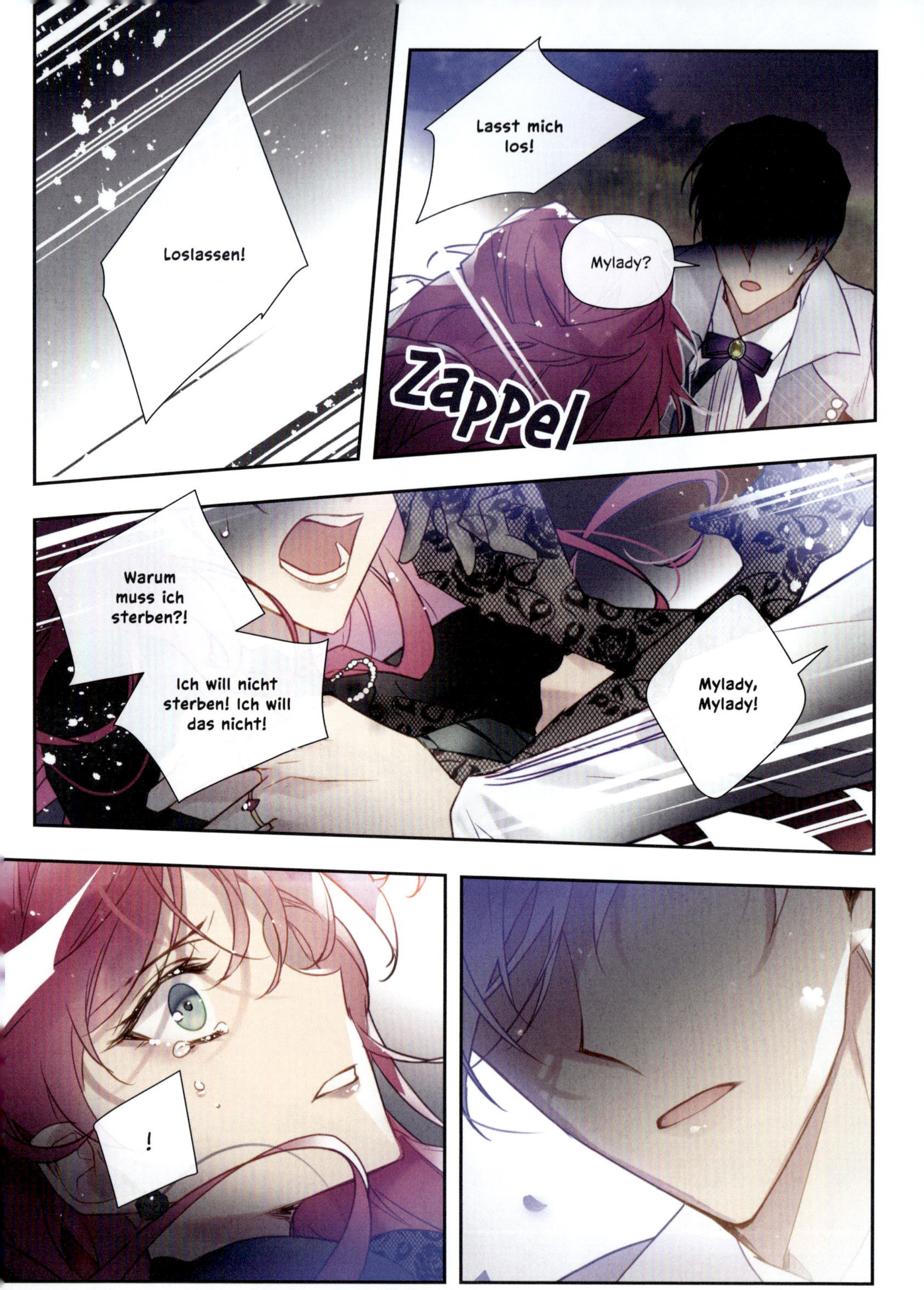
Loslassen!
Lasst mich los!
Mylady?
Zappel
Warum muss ich sterben?!
Ich will nicht sterben! Ich will das nicht!
Mylady, Mylady!
!

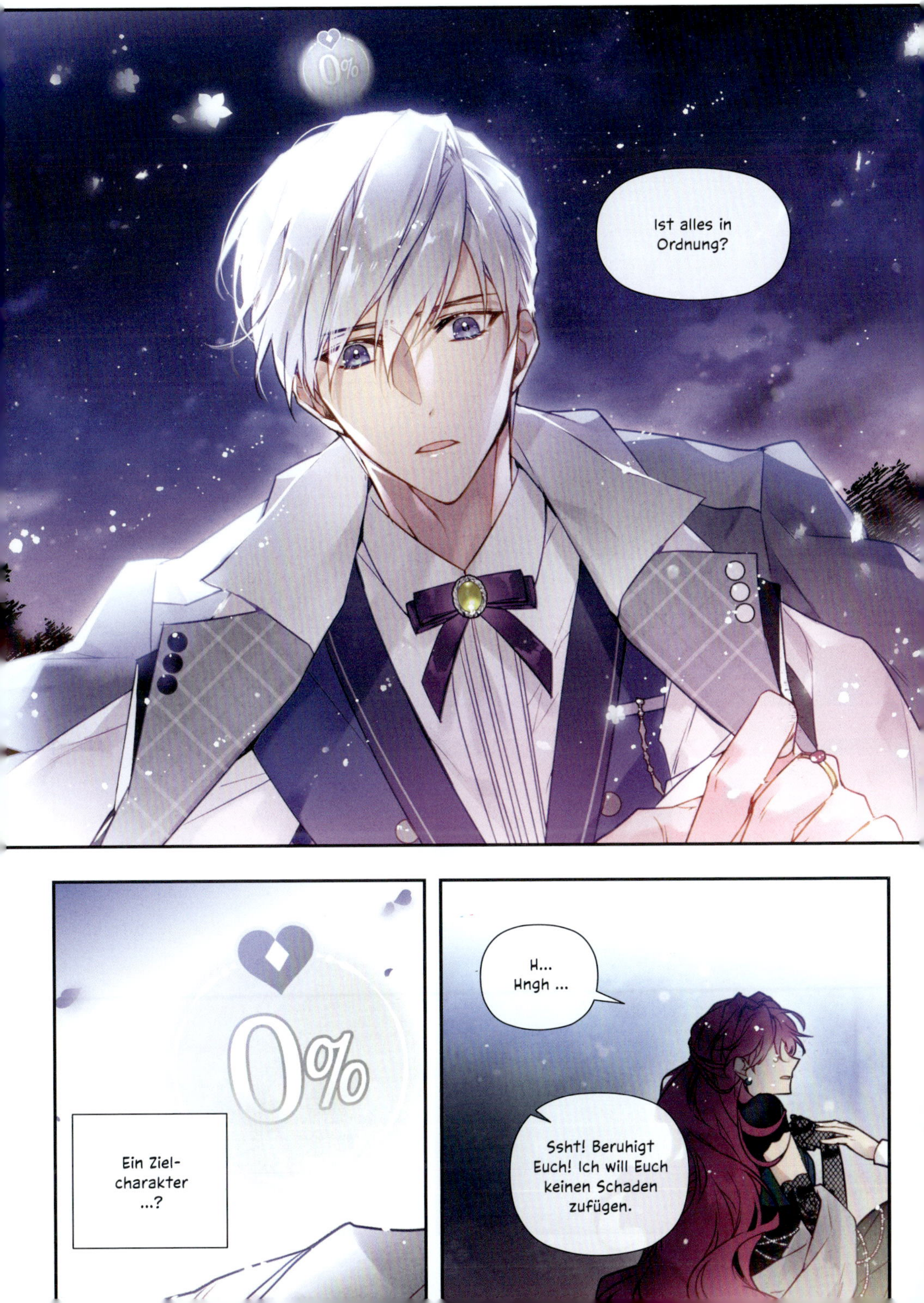
0%
Ist alles in Ordnung?
0%
Ein Ziel-charakter …?
H… Hngh …
Ssht! Beruhigt Euch! Ich will Euch keinen Schaden zufügen.

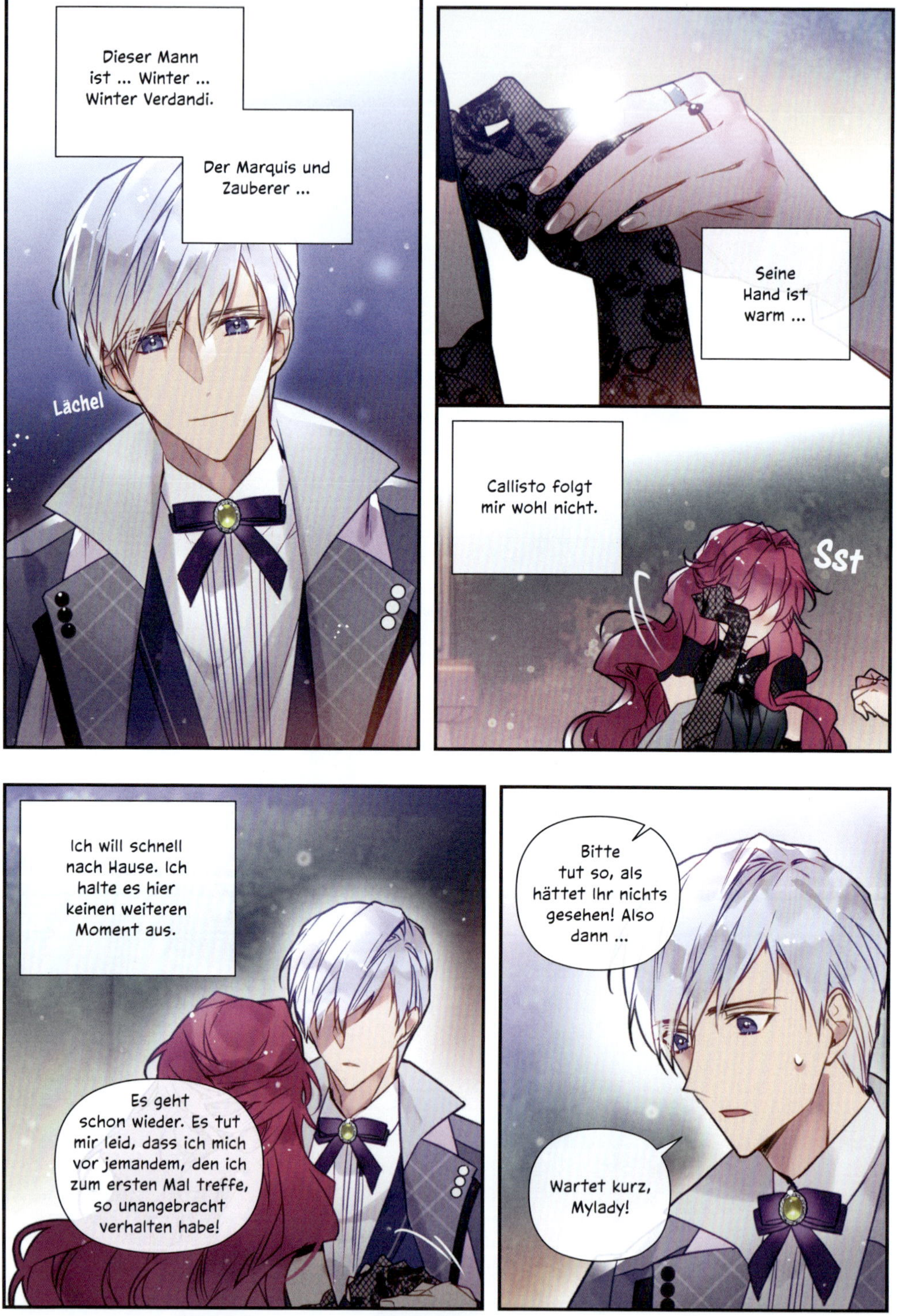
Dieser Mann ist ... Winter ... Winter Verdandi.
Der Marquis und Zauberer ...
Lächel
Seine Hand ist warm ...
Callisto folgt mir wohl nicht.
Sst
Ich will schnell nach Hause. Ich halte es hier keinen weiteren Moment aus.
Es geht schon wieder. Es tut mir leid, dass ich mich vor jemandem, den ich zum ersten Mal treffe, so unangebracht verhalten habe!
Bitte tut so, als hättet Ihr nichts gesehen! Also dann ...
Wartet kurz, Mylady!

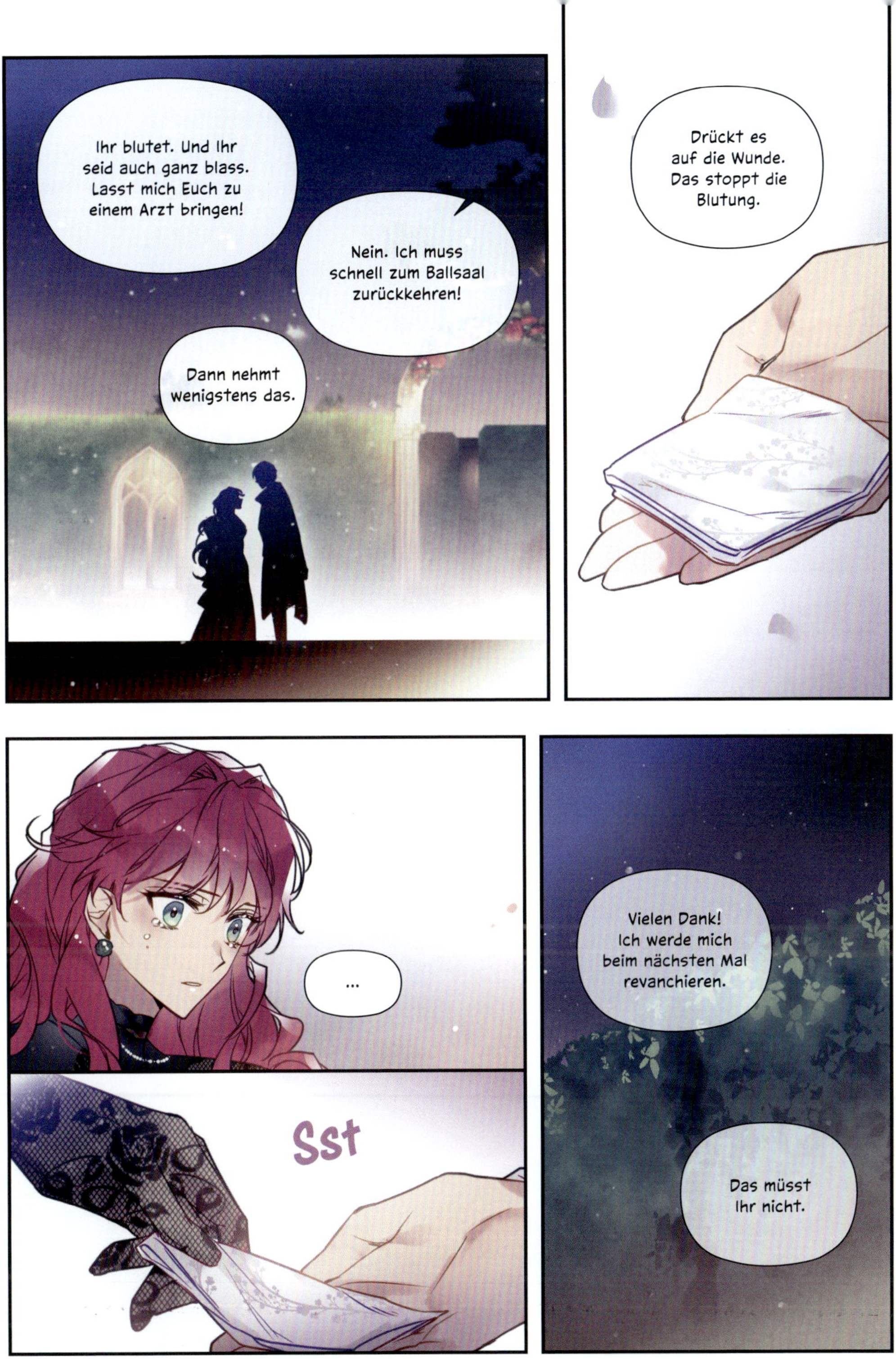
Ihr blutet. Und Ihr seid auch ganz blass. Lasst mich Euch zu einem Arzt bringen!
Nein. Ich muss schnell zum Ballsaal zurückkehren!
Dann nehmt wenigstens das.
Drückt es auf die Wunde. Das stoppt die Blutung.
...
Sst
Vielen Dank! Ich werde mich beim nächsten Mal revanchieren.
Das müsst Ihr nicht.

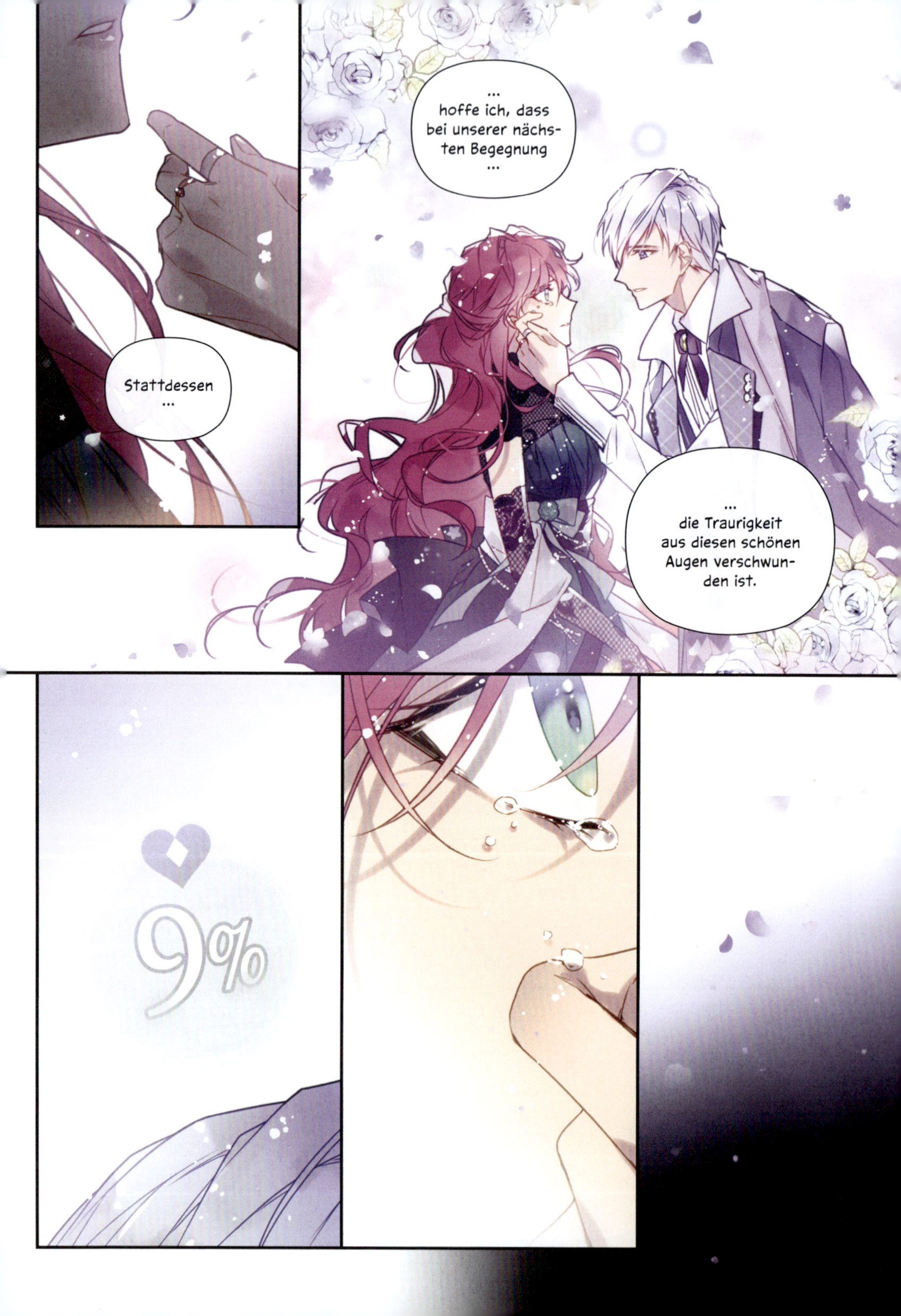
Stattdessen ...
... hoffe ich, dass bei unserer nächs-ten Begegnung ...
... die Traurigkeit aus diesen schönen Augen verschwun-den ist.
9%

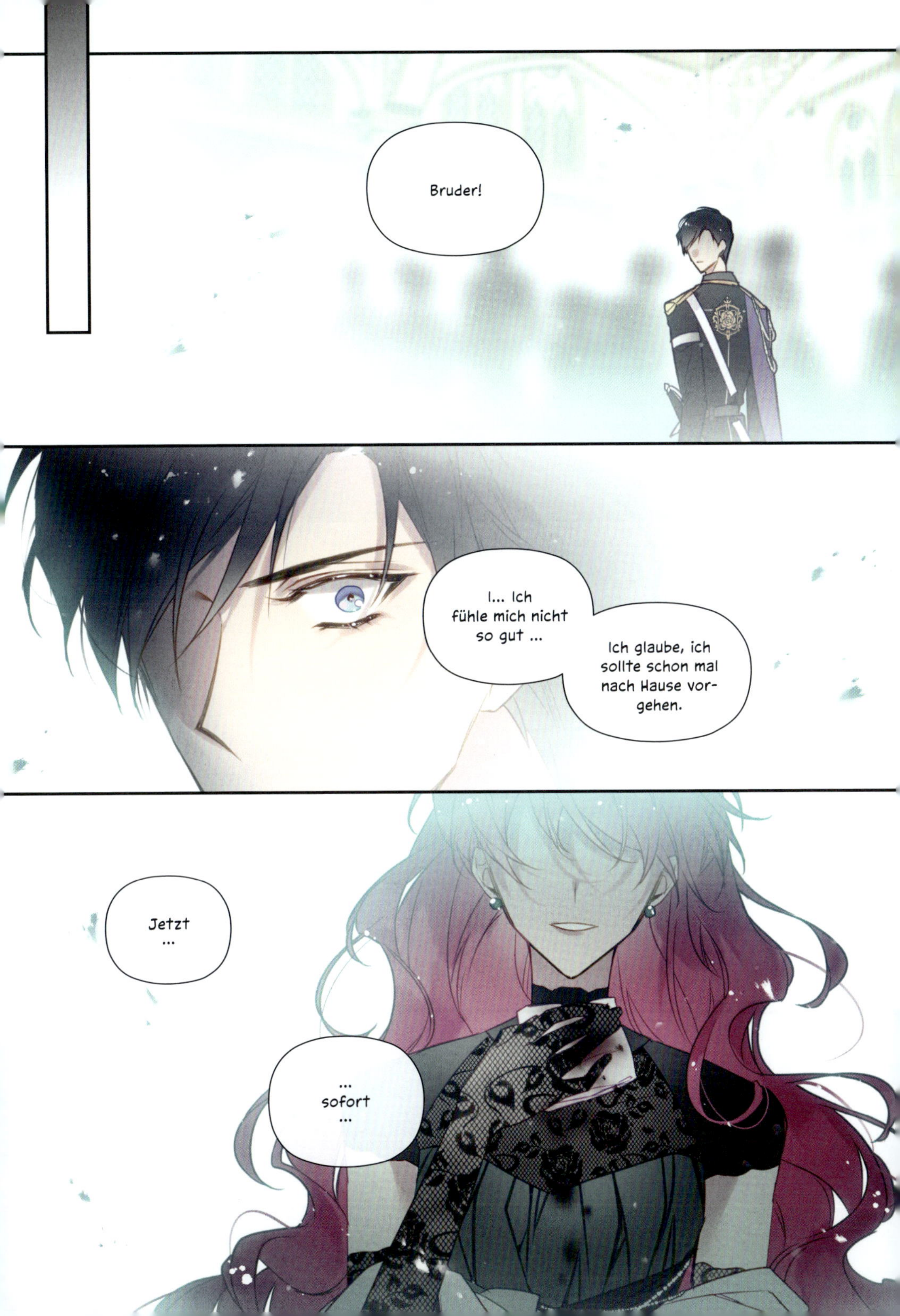
Bruder!
I... Ich fühle mich nicht so gut ...
Ich glaube, ich sollte schon mal nach Hause vor-gehen.
Jetzt ...
... sofort ...

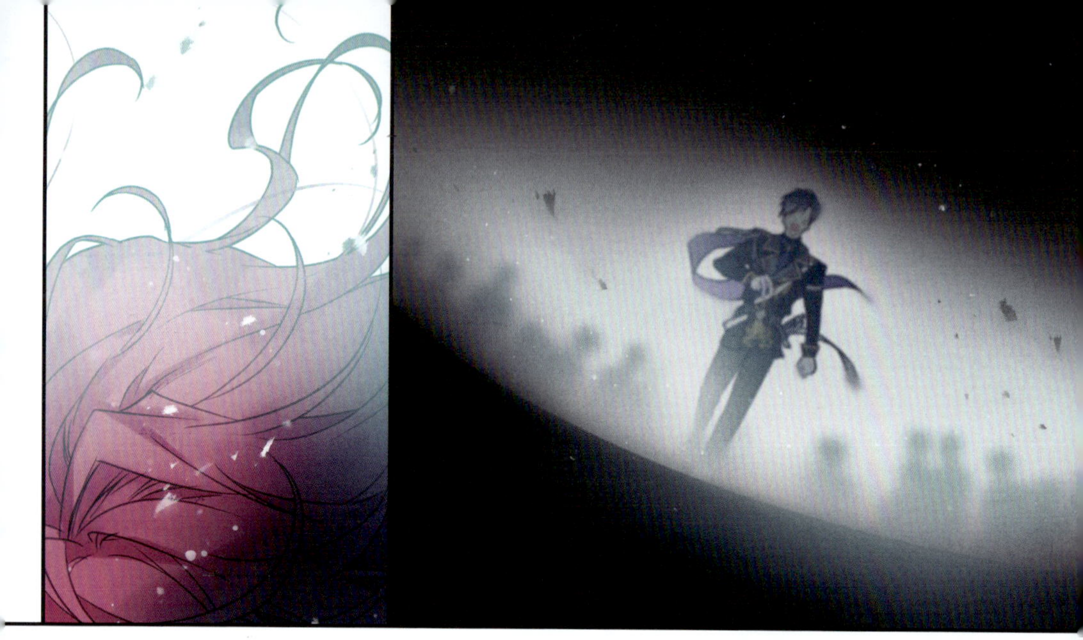

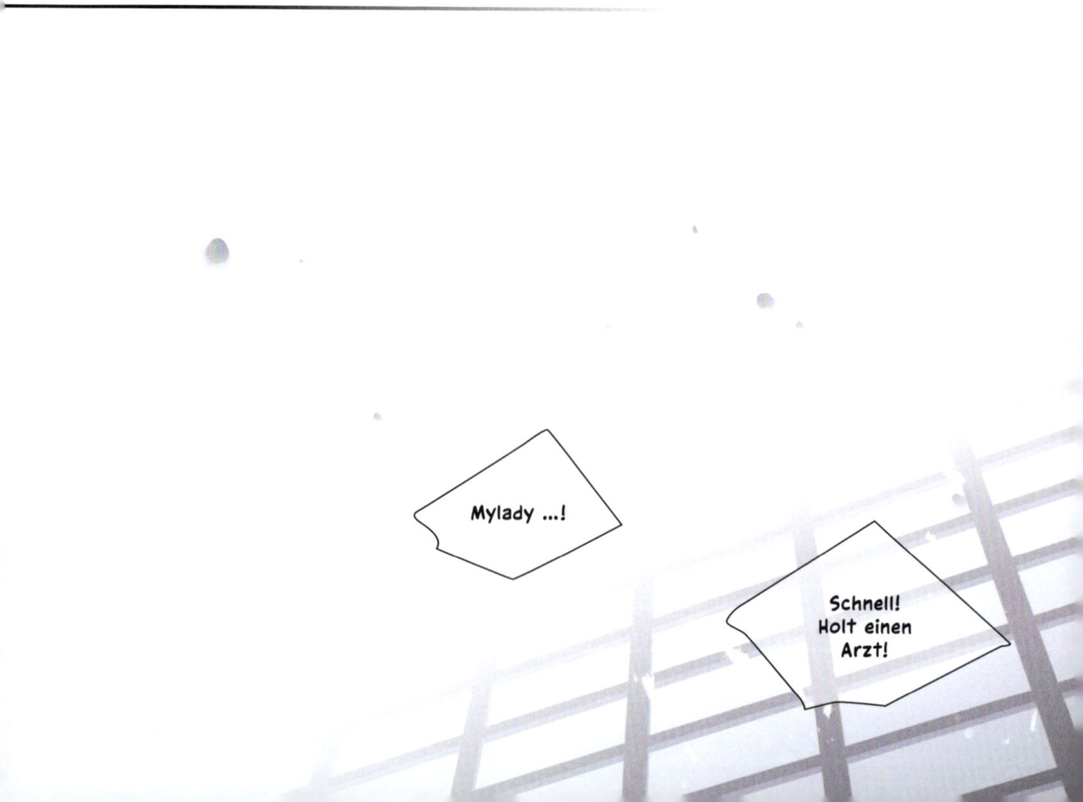
Mylady ...!
Schnell! Holt einen Arzt!

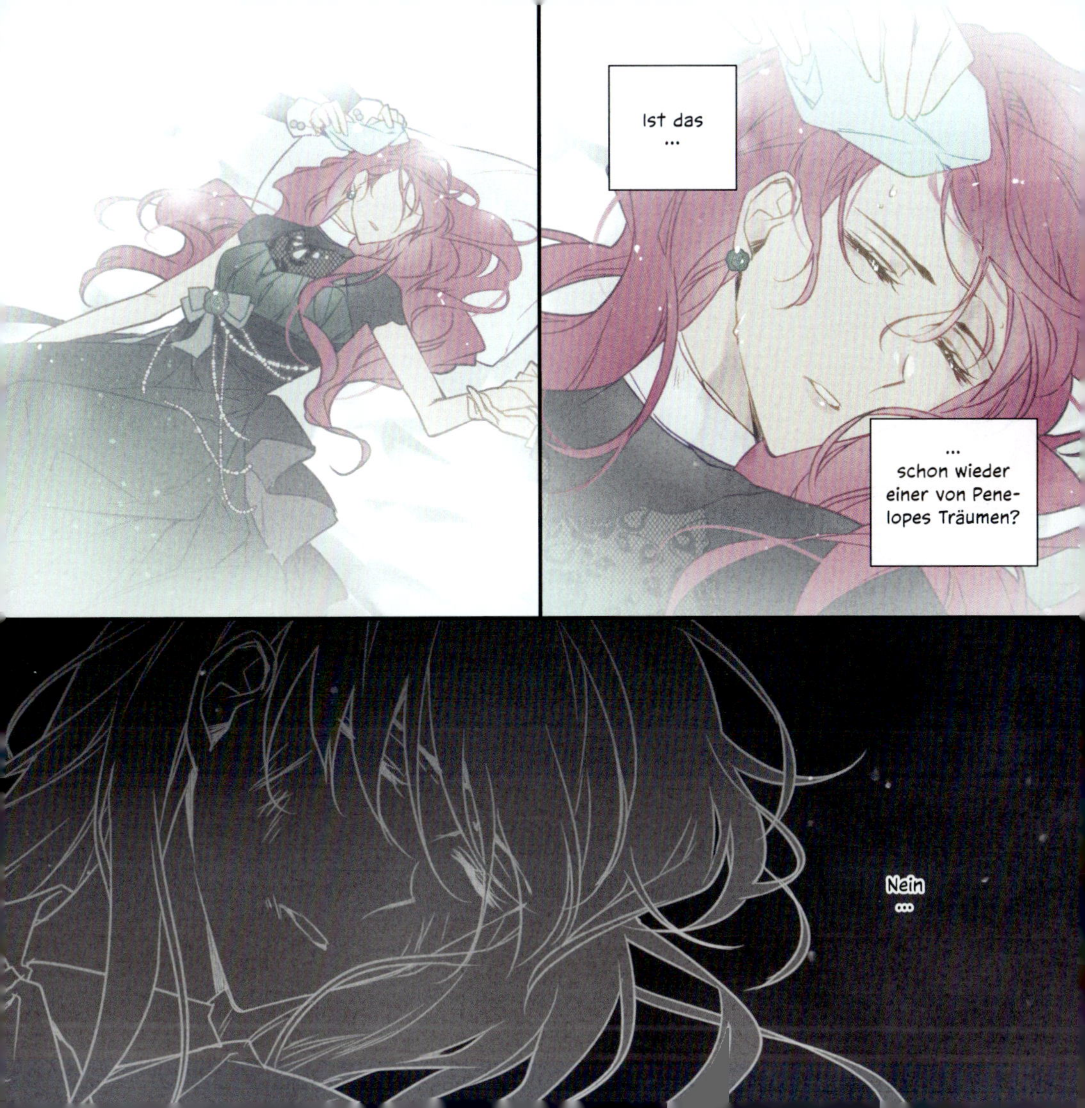
Ist das
...
...
schon wieder
einer von Pene-
lopes Träumen?
Nein
...

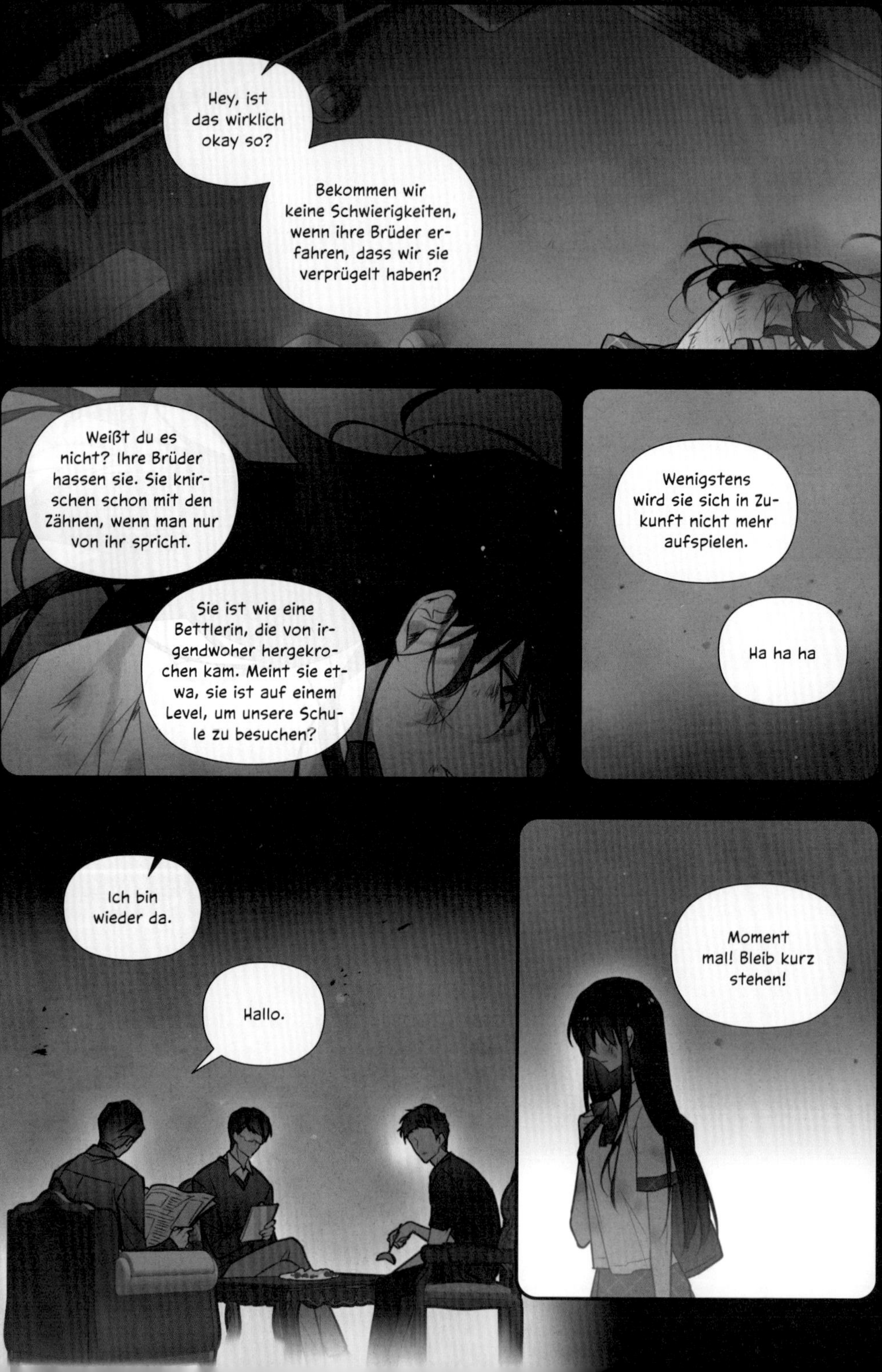

Hey, ist das wirklich okay so?
Bekommen wir keine Schwierigkeiten, wenn ihre Brüder erfahren, dass wir sie verprügelt haben?
Weißt du es nicht? Ihre Brüder hassen sie. Sie knirschen schon mit den Zähnen, wenn man nur von ihr spricht.
Sie ist wie eine Bettlerin, die von irgendwoher hergekrochen kam. Meint sie etwa, sie ist auf einem Level, um unsere Schule zu besuchen?
Wenigstens wird sie sich in Zukunft nicht mehr aufspielen.
Ha ha ha
Ich bin wieder da.
Hallo.
Moment mal! Bleib kurz stehen!

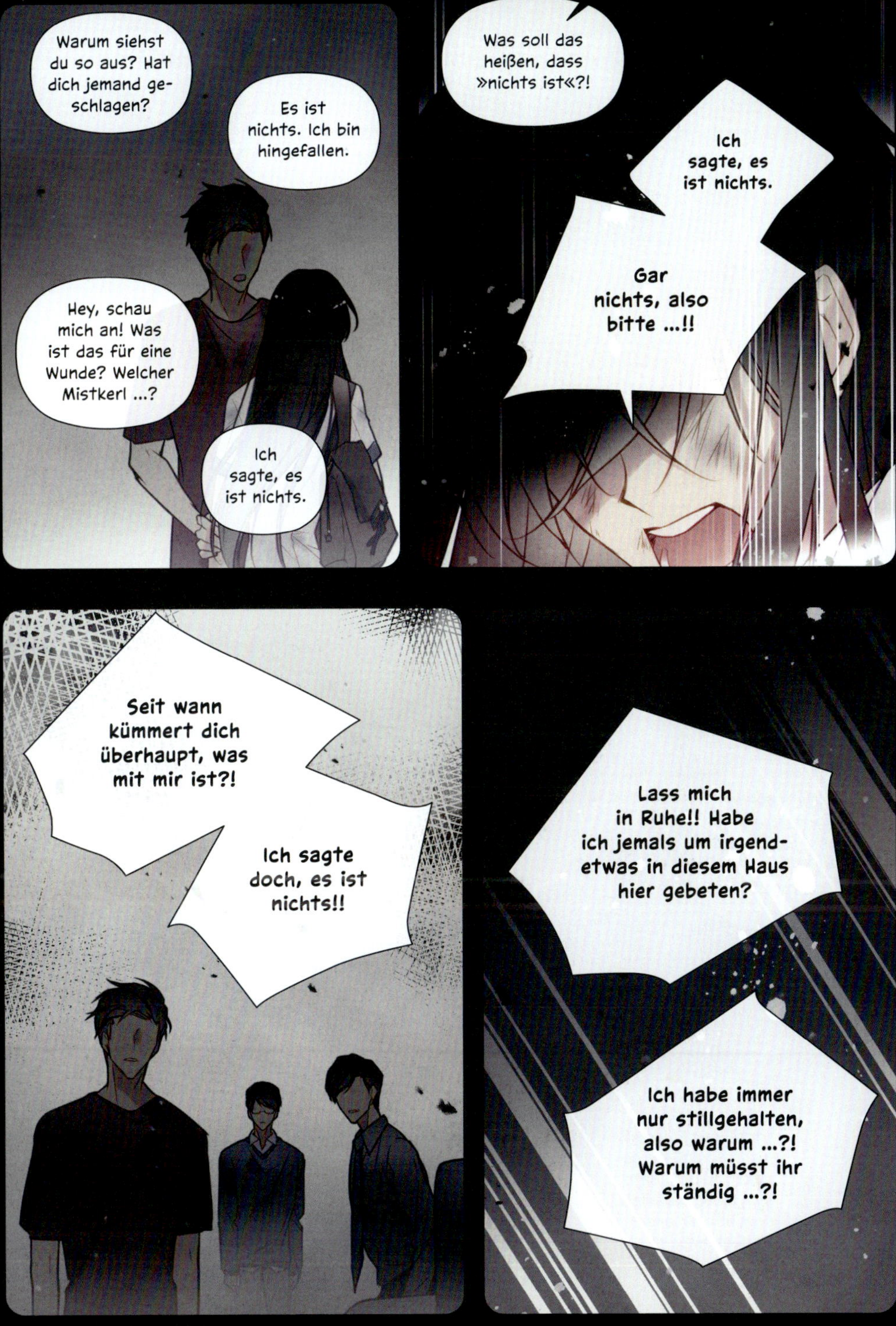
Warum siehst du so aus? Hat dich jemand ge-schlagen?
Es ist nichts. Ich bin hingefallen.
Hey, schau mich an! Was ist das für eine Wunde? Welcher Mistkerl ...?
Ich sagte, es ist nichts.
Was soll das heißen, dass »nichts ist«?!
Ich sagte, es ist nichts.
Gar nichts, also bitte ...!!
Seit wann kümmert dich überhaupt, was mit mir ist?!
Ich sagte doch, es ist nichts!!
Lass mich in Ruhe!! Habe ich jemals um irgend-etwas in diesem Haus hier gebeten?
Ich habe immer nur stillgehalten, also warum ...?! Warum müsst ihr ständig ...?!

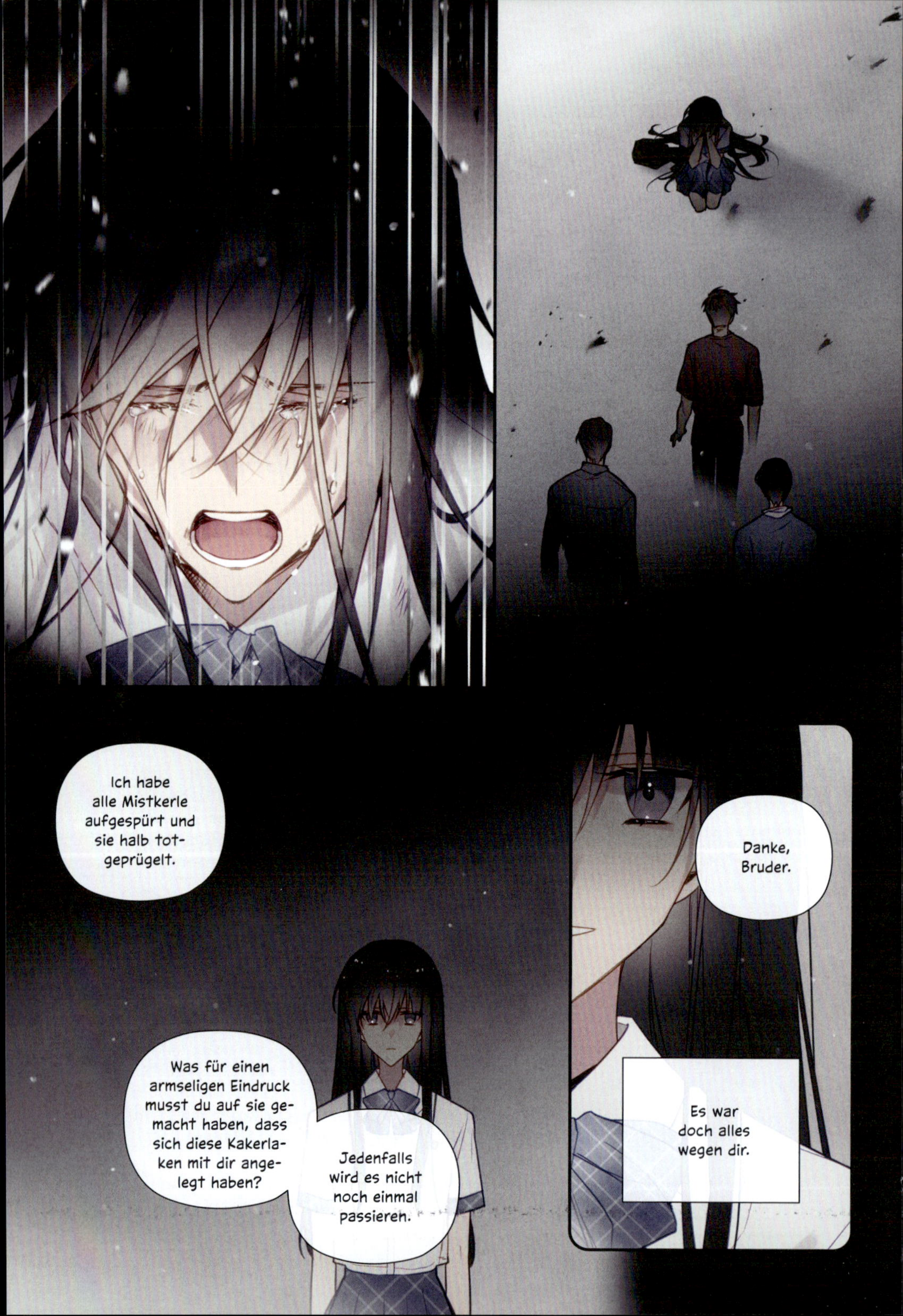
Ich habe alle Mistkerle aufgespürt und sie halb tot-geprügelt.
Danke, Bruder.
Was für einen armseligen Eindruck musst du auf sie gemacht haben, dass sich diese Kakerlaken mit dir angelegt haben?
Jedenfalls wird es nicht noch einmal passieren.
Es war doch alles wegen dir.

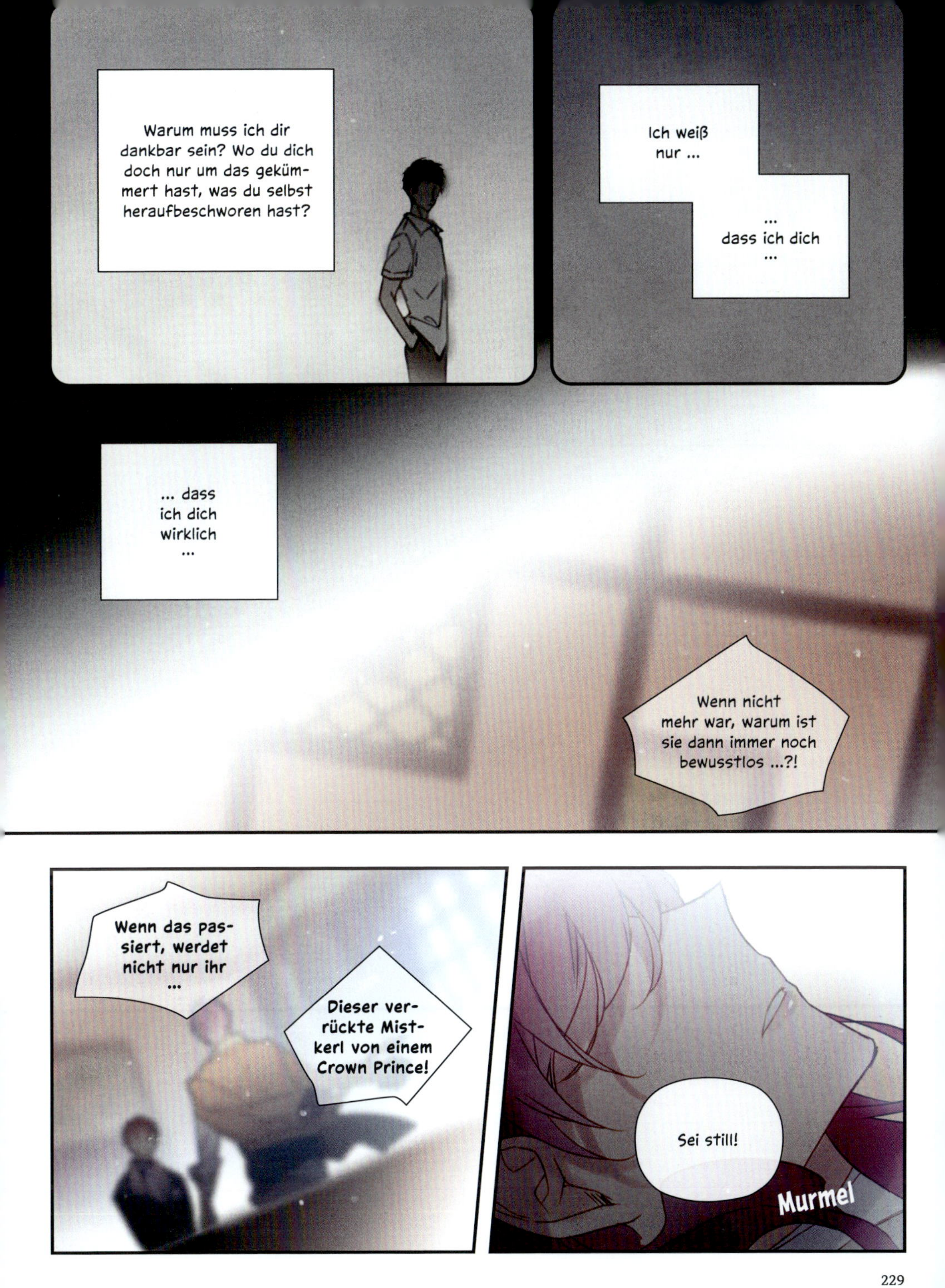
Warum muss ich dir dankbar sein? Wo du dich doch nur um das gekümmert hast, was du selbst heraufbeschworen hast?
Ich weiß nur ...
... dass ich dich ...
... dass ich dich wirklich ...
Wenn nicht mehr war, warum ist sie dann immer noch bewusstlos ...?!
Wenn das passiert, werdet nicht nur ihr ...
Dieser verrückte Mistkerl von einem Crown Prince!
Sei still!
Murmel

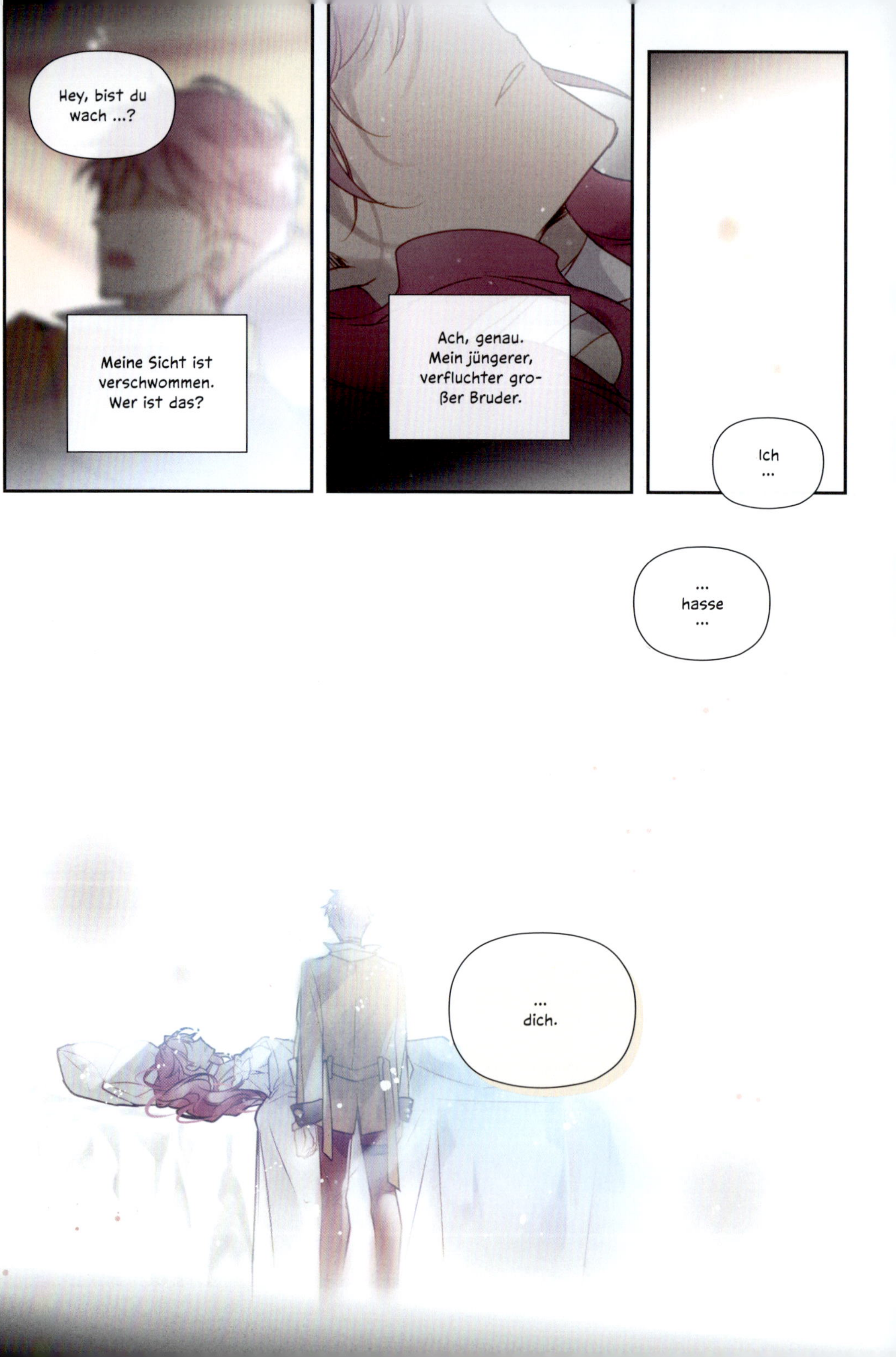
Hey, bist du wach ...?
Meine Sicht ist verschwommen. Wer ist das?
Ach, genau. Mein jüngerer, verfluchter gro-ßer Bruder.
Ich ...
... hasse ...
... dich.

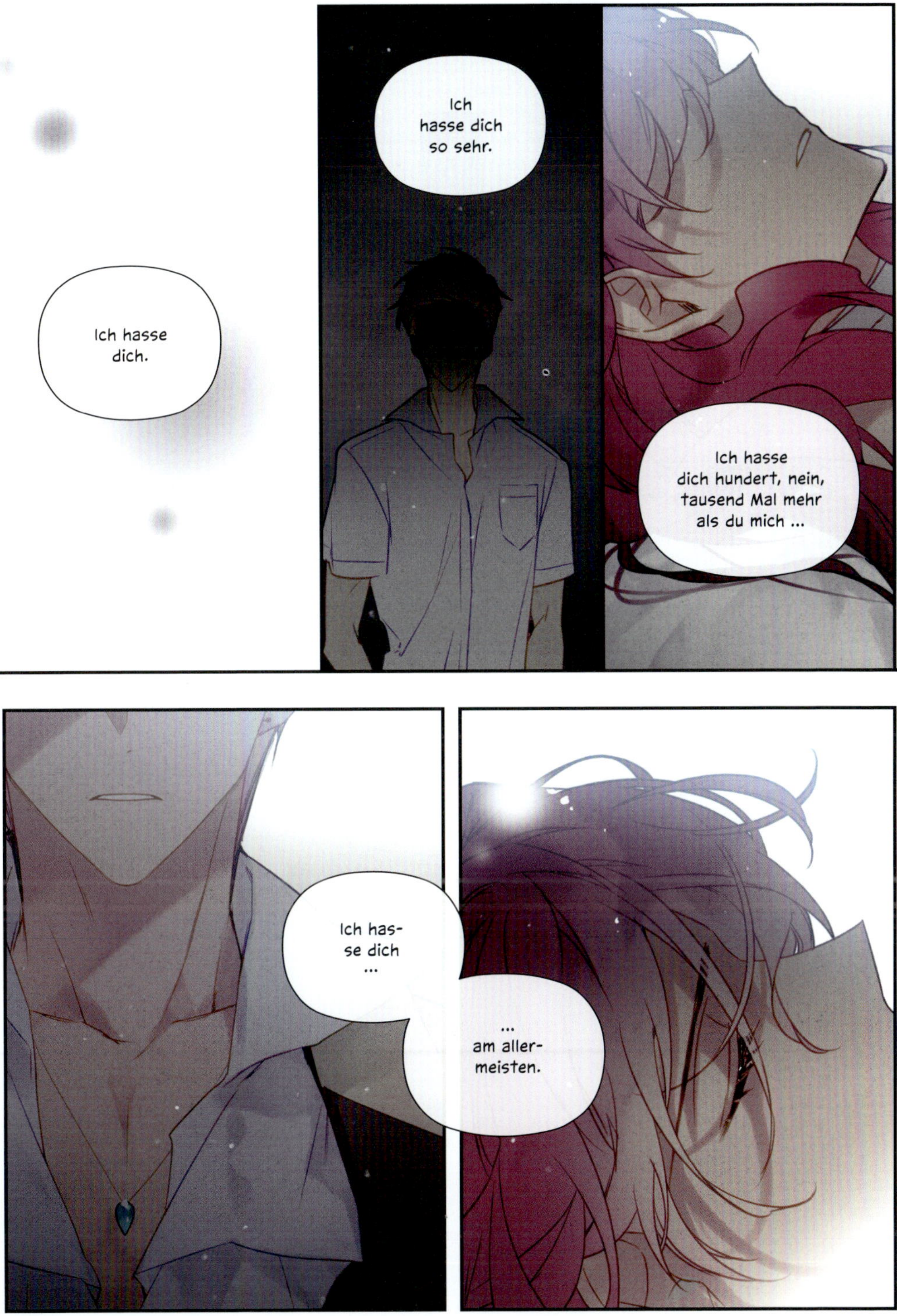
Ich hasse dich so sehr.
Ich hasse dich.
Ich hasse dich hundert, nein, tausend Mal mehr als du mich ...
Ich has-se dich ...
... am aller-meisten.

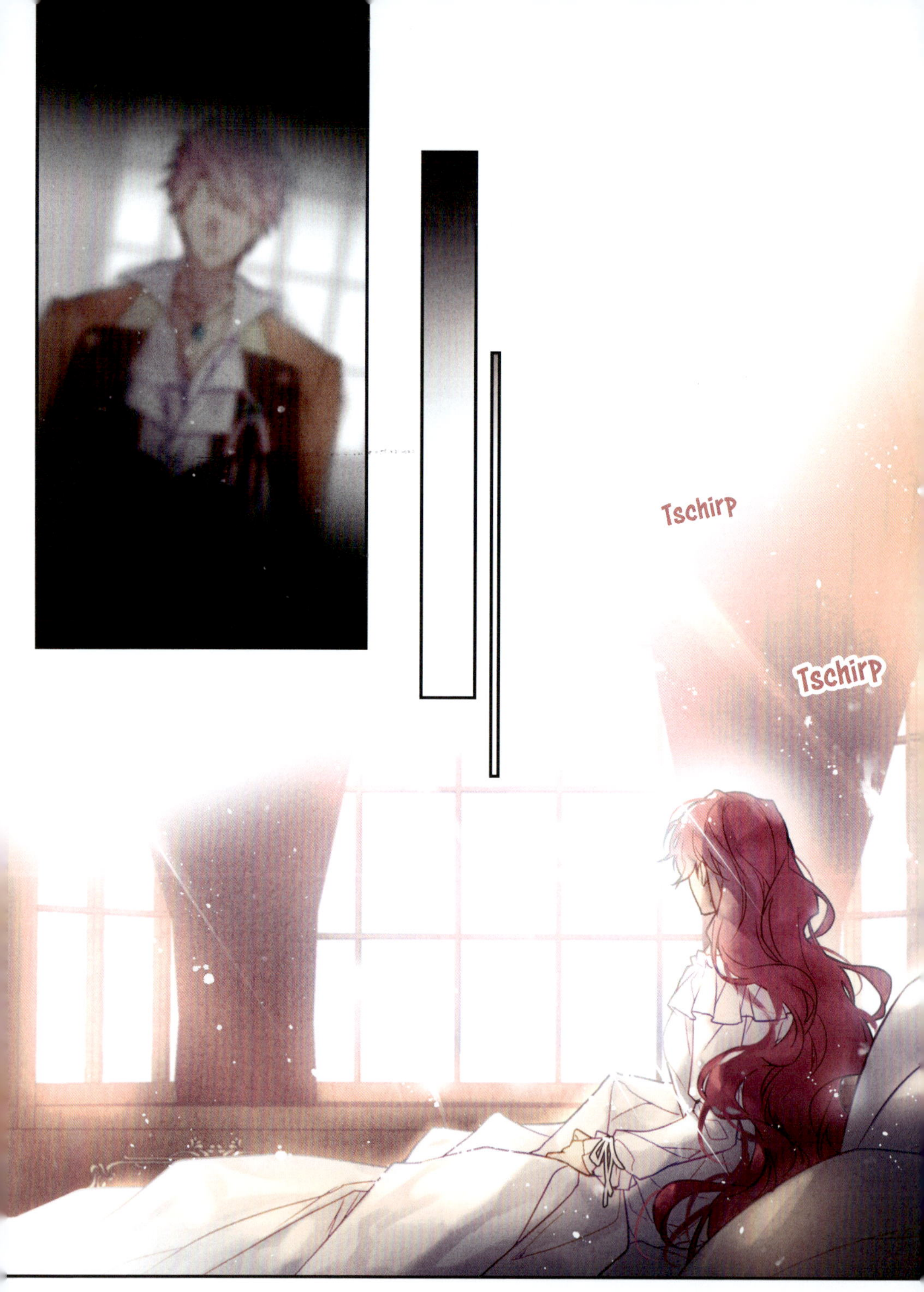
Tschirp
Tschirp

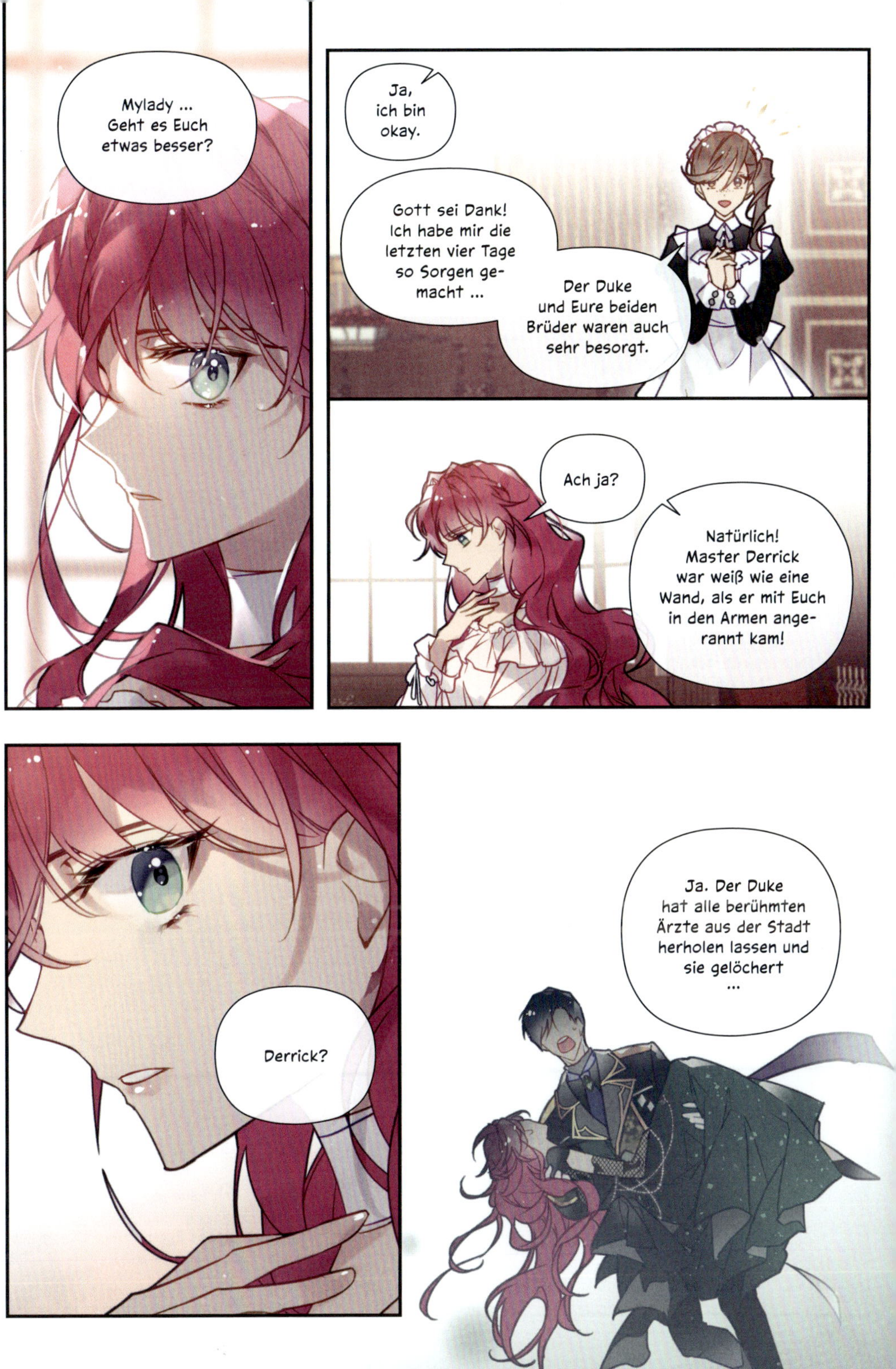
Mylady ... Geht es Euch etwas besser?
Ja, ich bin okay.
Gott sei Dank! Ich habe mir die letzten vier Tage so Sorgen gemacht ...
Der Duke und Eure beiden Brüder waren auch sehr besorgt.
Ach ja?
Natürlich! Master Derrick war weiß wie eine Wand, als er mit Euch in den Armen angerannt kam!
Derrick?
Ja. Der Duke hat alle berühmten Ärzte aus der Stadt herholen lassen und sie gelöchert ...

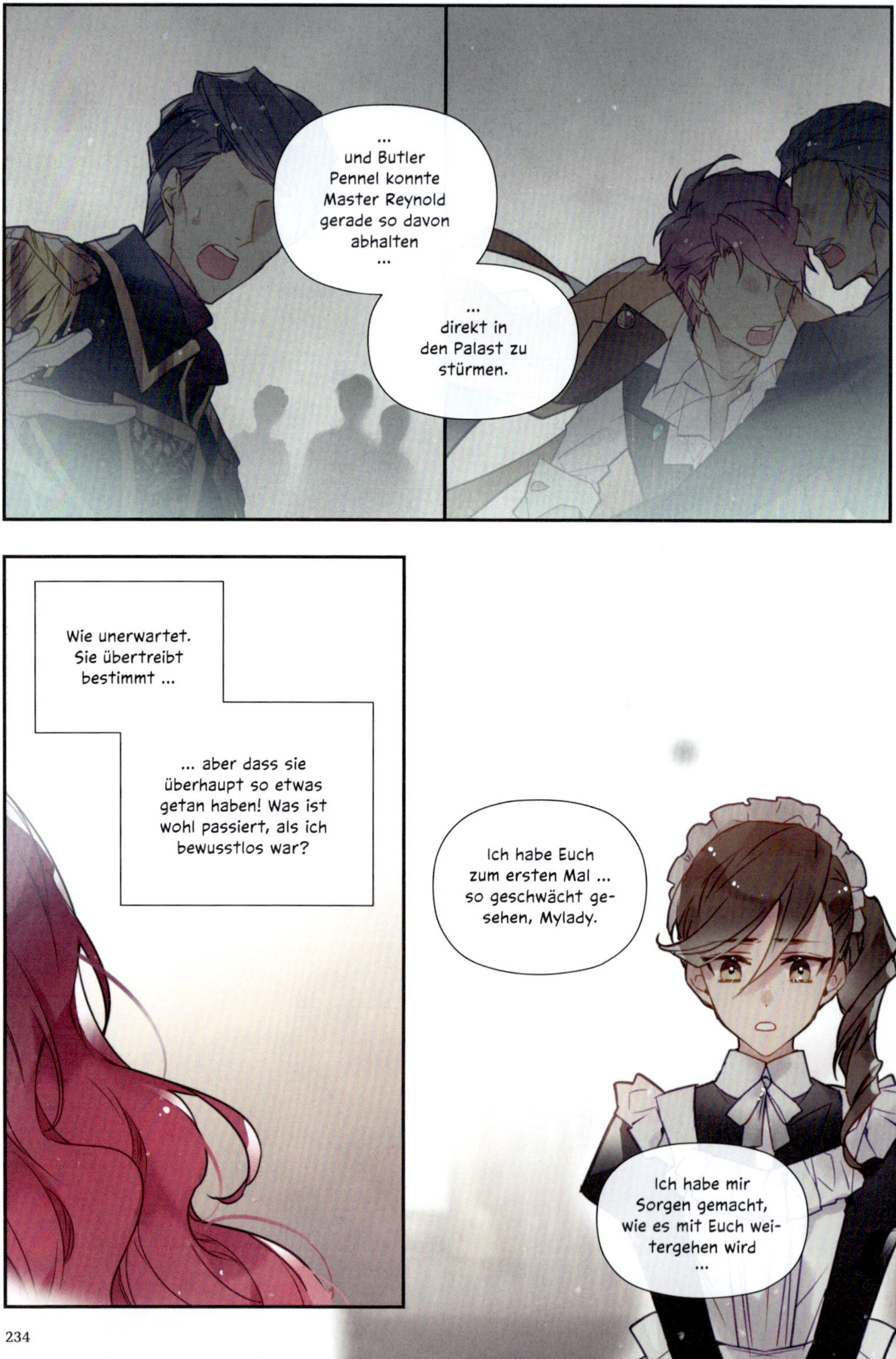
...
und Butler Pennel konnte Master Reynold gerade so davon abhalten
...
...
direkt in den Palast zu stürmen.
Wie unerwartet. Sie übertreibt bestimmt ...
... aber dass sie überhaupt so etwas getan haben! Was ist wohl passiert, als ich bewusstlos war?
Ich habe Euch zum ersten Mal ... so geschwächt gesehen, Mylady.
Ich habe mir Sorgen gemacht, wie es mit Euch weitergehen wird
...

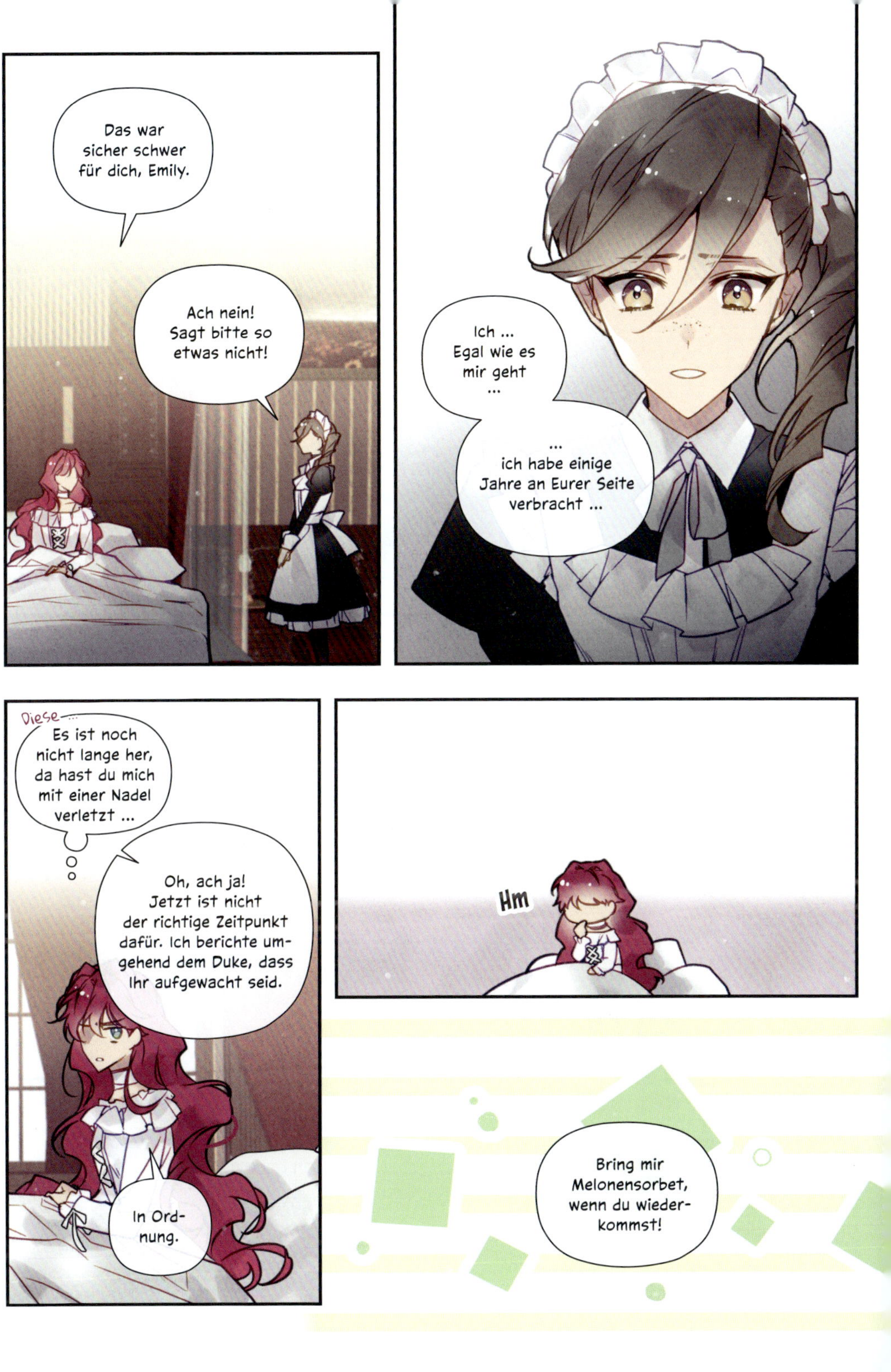
Das war sicher schwer für dich, Emily.
Ach nein! Sagt bitte so etwas nicht!
Ich ... Egal wie es mir geht ...
... ich habe einige Jahre an Eurer Seite verbracht ...
Diese ...
Es ist noch nicht lange her, da hast du mich mit einer Nadel verletzt ...
Oh, ach ja! Jetzt ist nicht der richtige Zeitpunkt dafür. Ich berichte umgehend dem Duke, dass Ihr aufgewacht seid.
In Ordnung.
Hm
Bring mir Melonensorbet, wenn du wiederkommst!

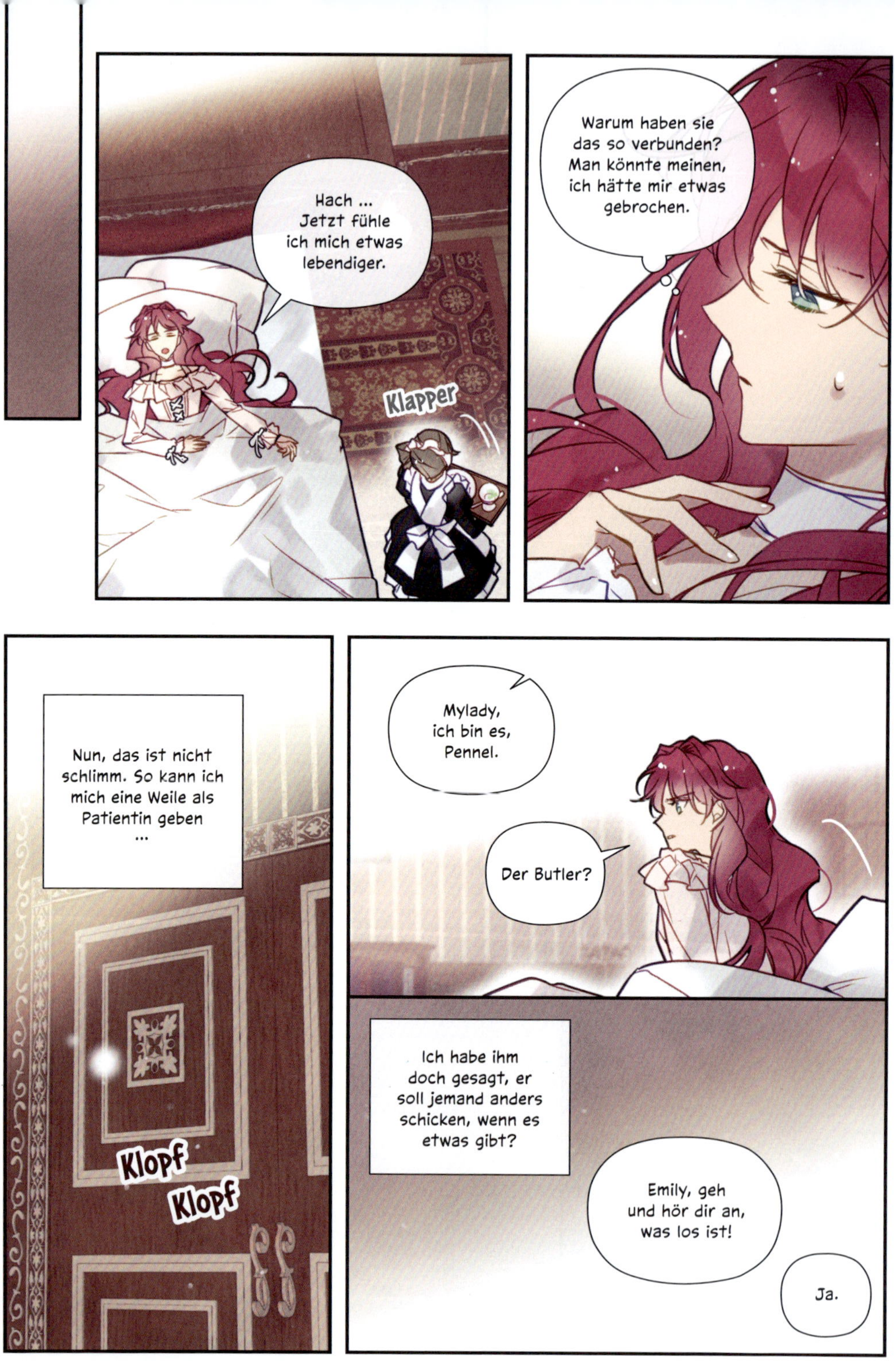
Hach ...
Jetzt fühle ich mich etwas lebendiger.
Klapper
Warum haben sie das so verbunden? Man könnte meinen, ich hätte mir etwas gebrochen.
Nun, das ist nicht schlimm. So kann ich mich eine Weile als Patientin geben ...
Klopf
Klopf
Mylady, ich bin es, Pennel.
Der Butler?
Ich habe ihm doch gesagt, er soll jemand anders schicken, wenn es etwas gibt?
Emily, geh und hör dir an, was los ist!
Ja.

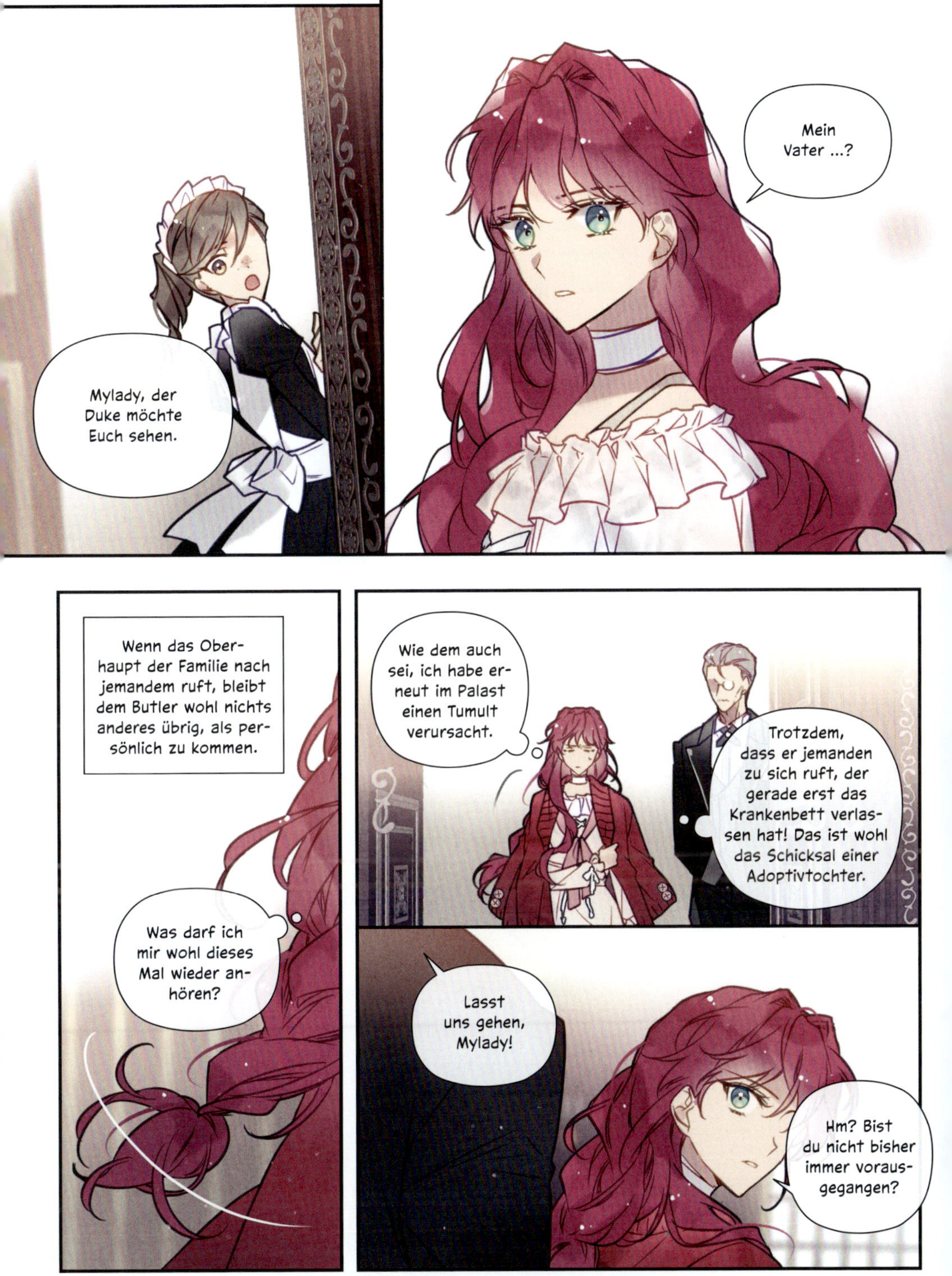
Mylady, der Duke möchte Euch sehen.
Mein Vater ...?
Wenn das Oberhaupt der Familie nach jemandem ruft, bleibt dem Butler wohl nichts anderes übrig, als persönlich zu kommen.
Was darf ich mir wohl dieses Mal wieder anhören?
Wie dem auch sei, ich habe erneut im Palast einen Tumult verursacht.
Trotzdem, dass er jemanden zu sich ruft, der gerade erst das Krankenbett verlassen hat! Das ist wohl das Schicksal einer Adoptivtochter.
Lasst uns gehen, Mylady!
Hm? Bist du nicht bisher immer vorausgegangen?

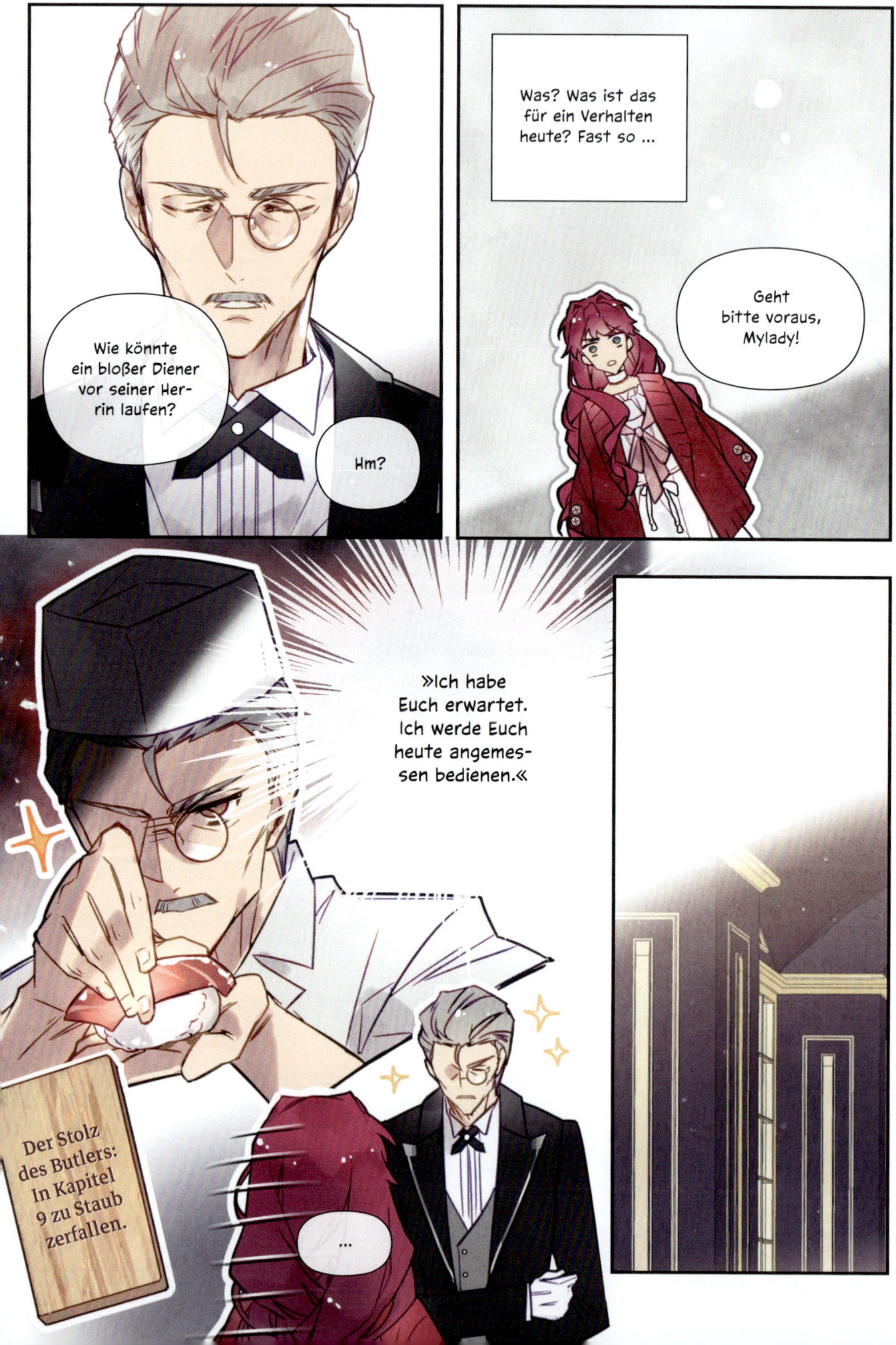

Wie könnte ein bloßer Diener vor seiner Herrin laufen?
Hm?
Was? Was ist das für ein Verhalten heute? Fast so ...
Geht bitte voraus, Mylady!
»Ich habe Euch erwartet. Ich werde Euch heute angemessen bedienen.«
Der Stolz des Butlers: In Kapitel 9 zu Staub zerfallen.
...

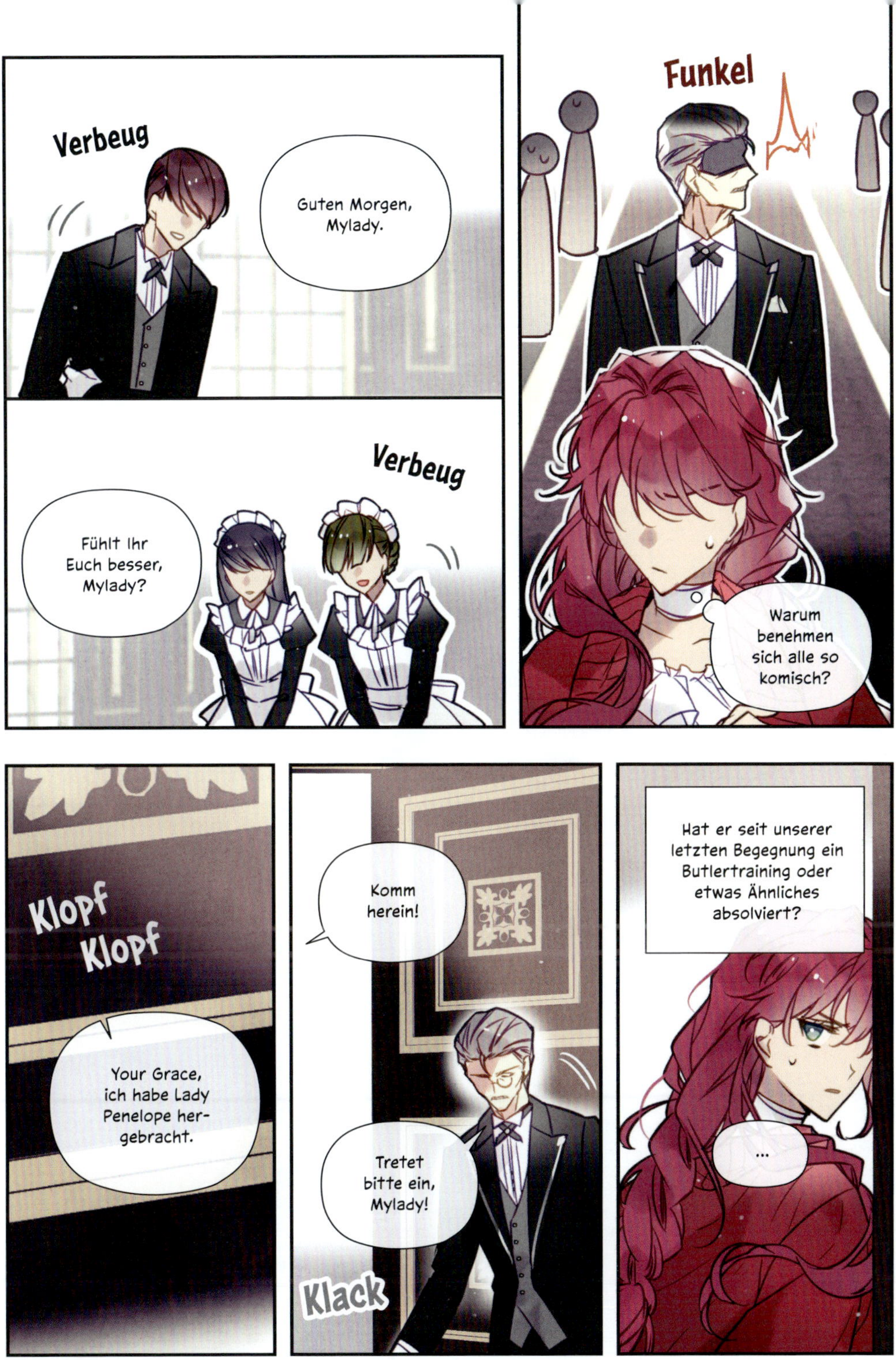

Verbeug
Guten Morgen, Mylady.
Verbeug
Fühlt Ihr Euch besser, Mylady?
Funkel
Warum benehmen sich alle so komisch?
Klopf Klopf
Your Grace, ich habe Lady Penelope her-gebracht.
Komm herein!
Tretet bitte ein, Mylady!
Klack
Hat er seit unserer letzten Begegnung ein Butlertraining oder etwas Ähnliches absolviert?
...

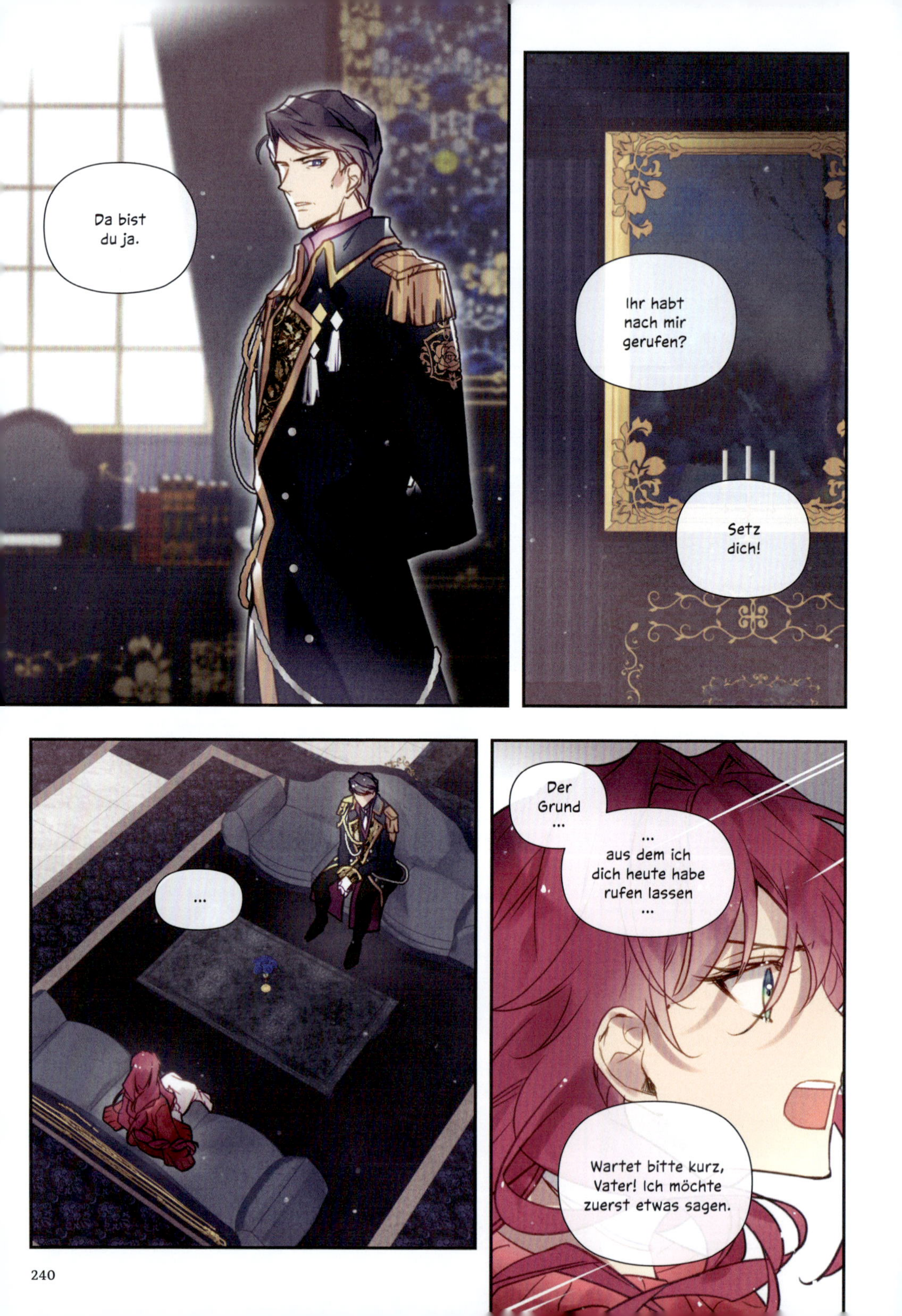
Da bist du ja.
Ihr habt nach mir gerufen?
Setz dich!
...
Der Grund ...
... aus dem ich dich heute habe rufen lassen ...
Wartet bitte kurz, Vater! Ich möchte zuerst etwas sagen.

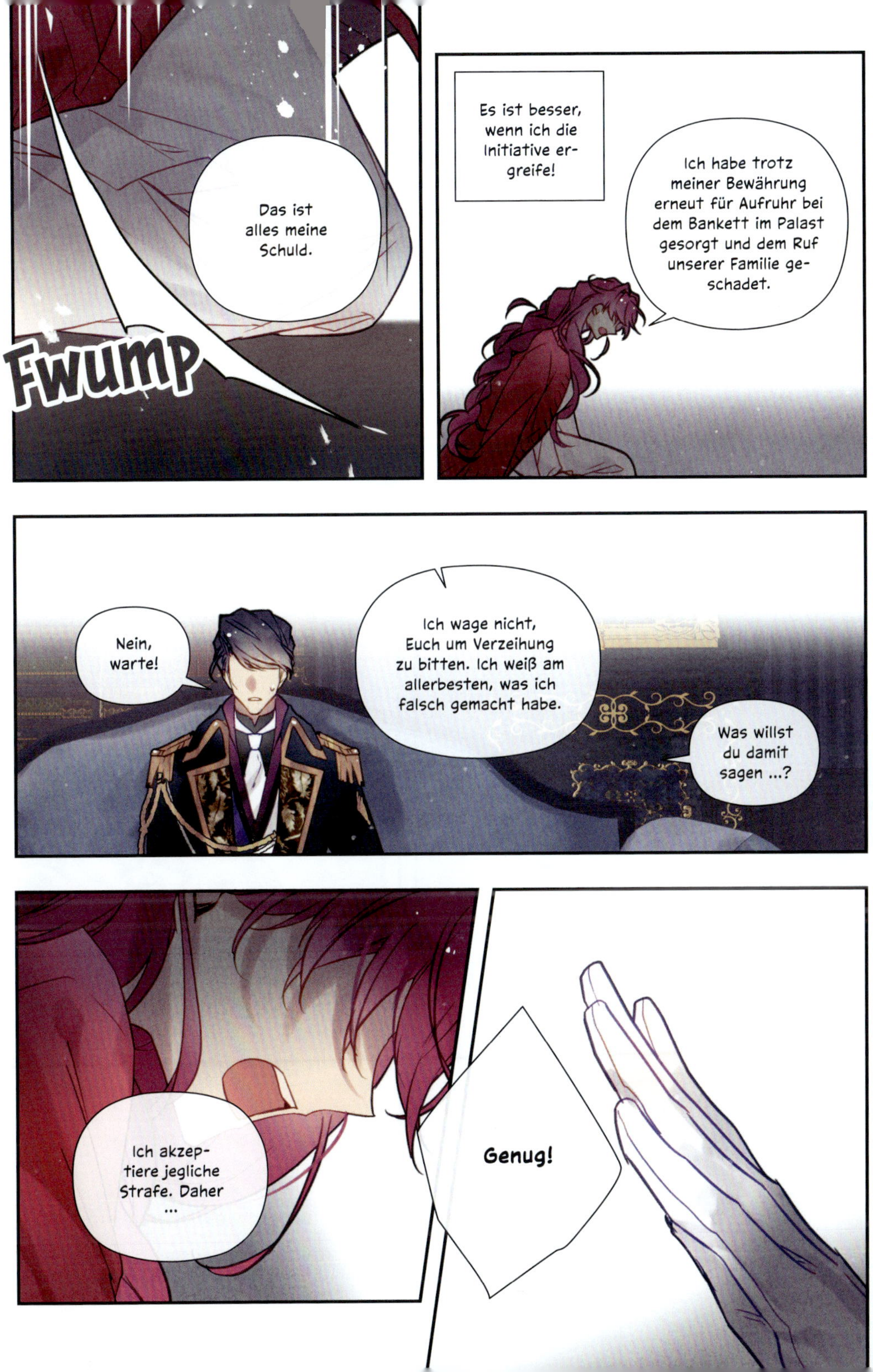
Das ist alles meine Schuld.
Fwump
Es ist besser, wenn ich die Initiative ergreife!
Ich habe trotz meiner Bewährung erneut für Aufruhr bei dem Bankett im Palast gesorgt und dem Ruf unserer Familie geschadet.
Nein, warte!
Ich wage nicht, Euch um Verzeihung zu bitten. Ich weiß am allerbesten, was ich falsch gemacht habe.
Was willst du damit sagen ...?
Ich akzeptiere jegliche Strafe. Daher ...
Genug!

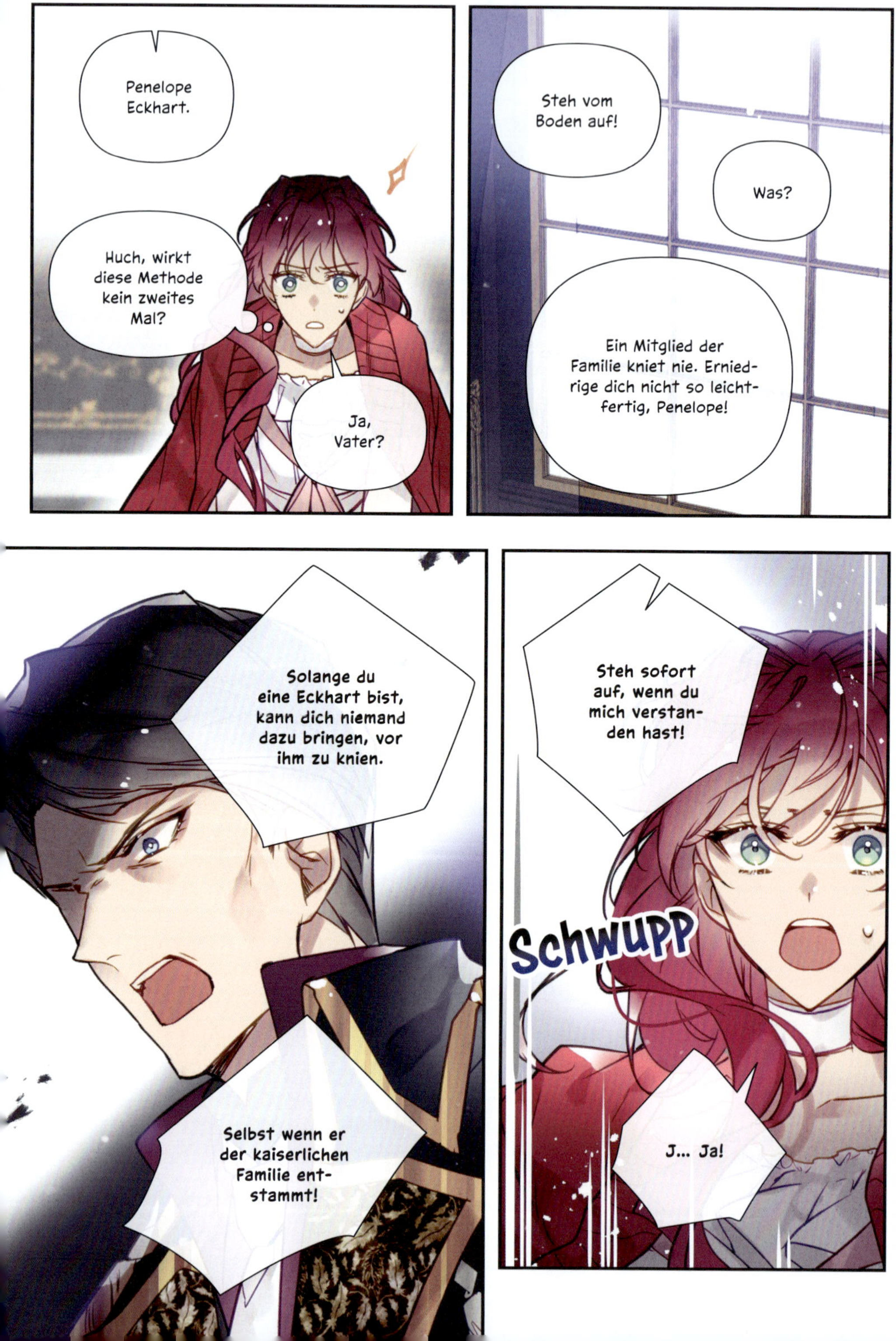
Penelope Eckhart.
Huch, wirkt diese Methode kein zweites Mal?
Ja, Vater?
Steh vom Boden auf!
Was?
Ein Mitglied der Familie kniet nie. Erniedrige dich nicht so leichtfertig, Penelope!
Solange du eine Eckhart bist, kann dich niemand dazu bringen, vor ihm zu knien.
Selbst wenn er der kaiserlichen Familie entstammt!
Steh sofort auf, wenn du mich verstanden hast!
Schwupp
J... Ja!

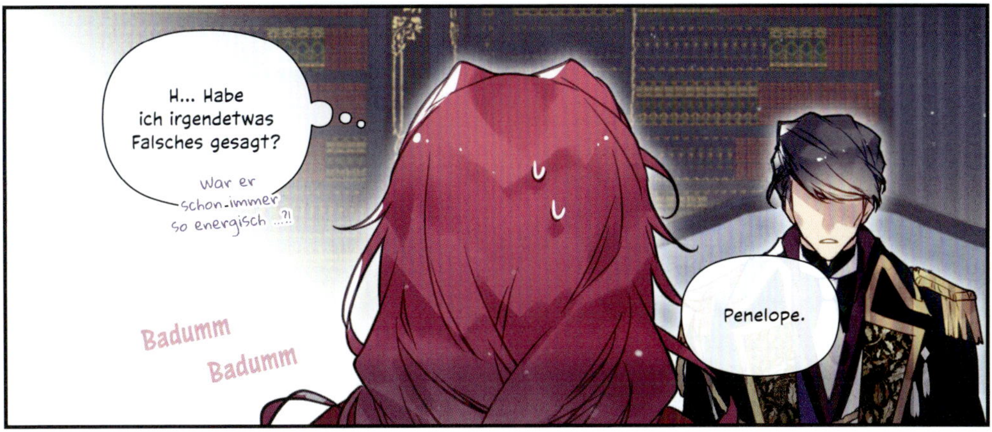
H... Habe ich irgendetwas Falsches gesagt?
War er schon immer so energisch ...?!
Badumm
Badumm
Penelope.

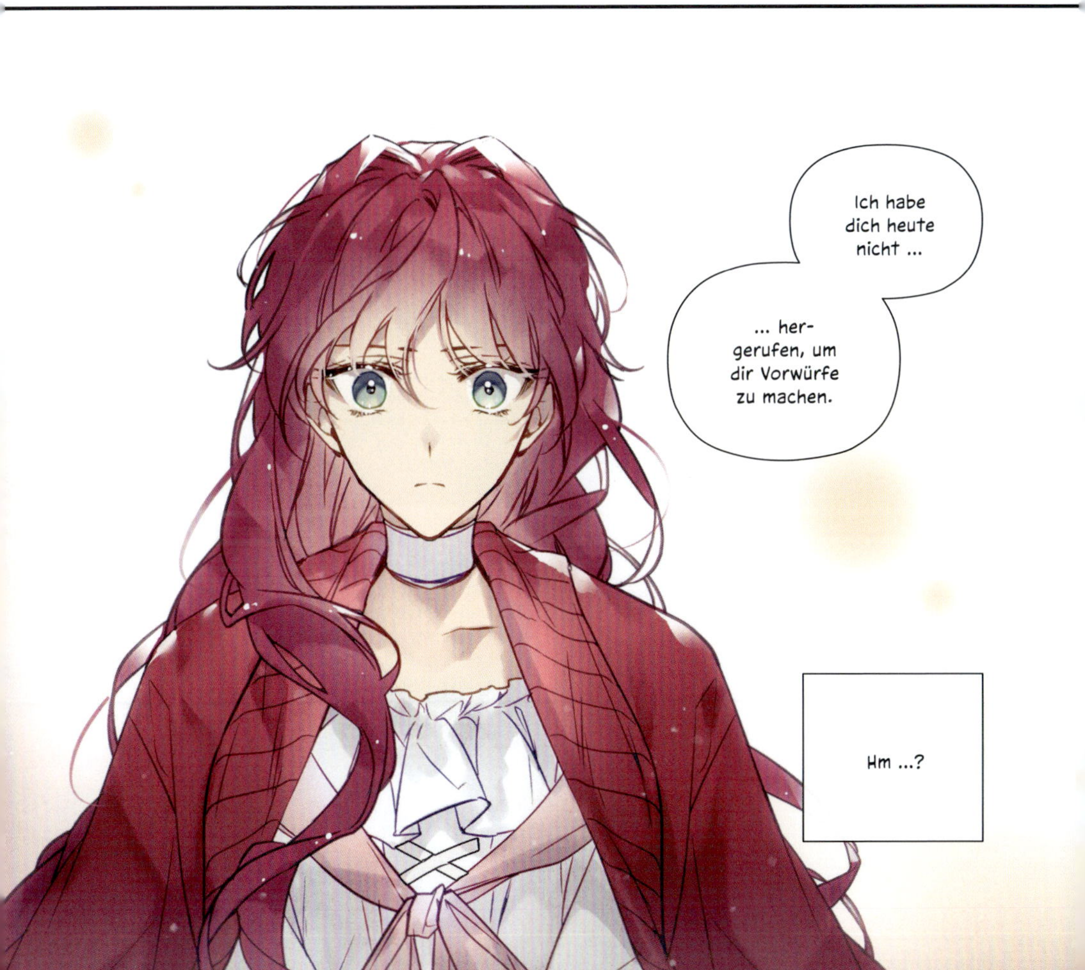
Ich habe dich heute nicht ...
... her- gerufen, um dir Vorwürfe zu machen.
Hm ...?

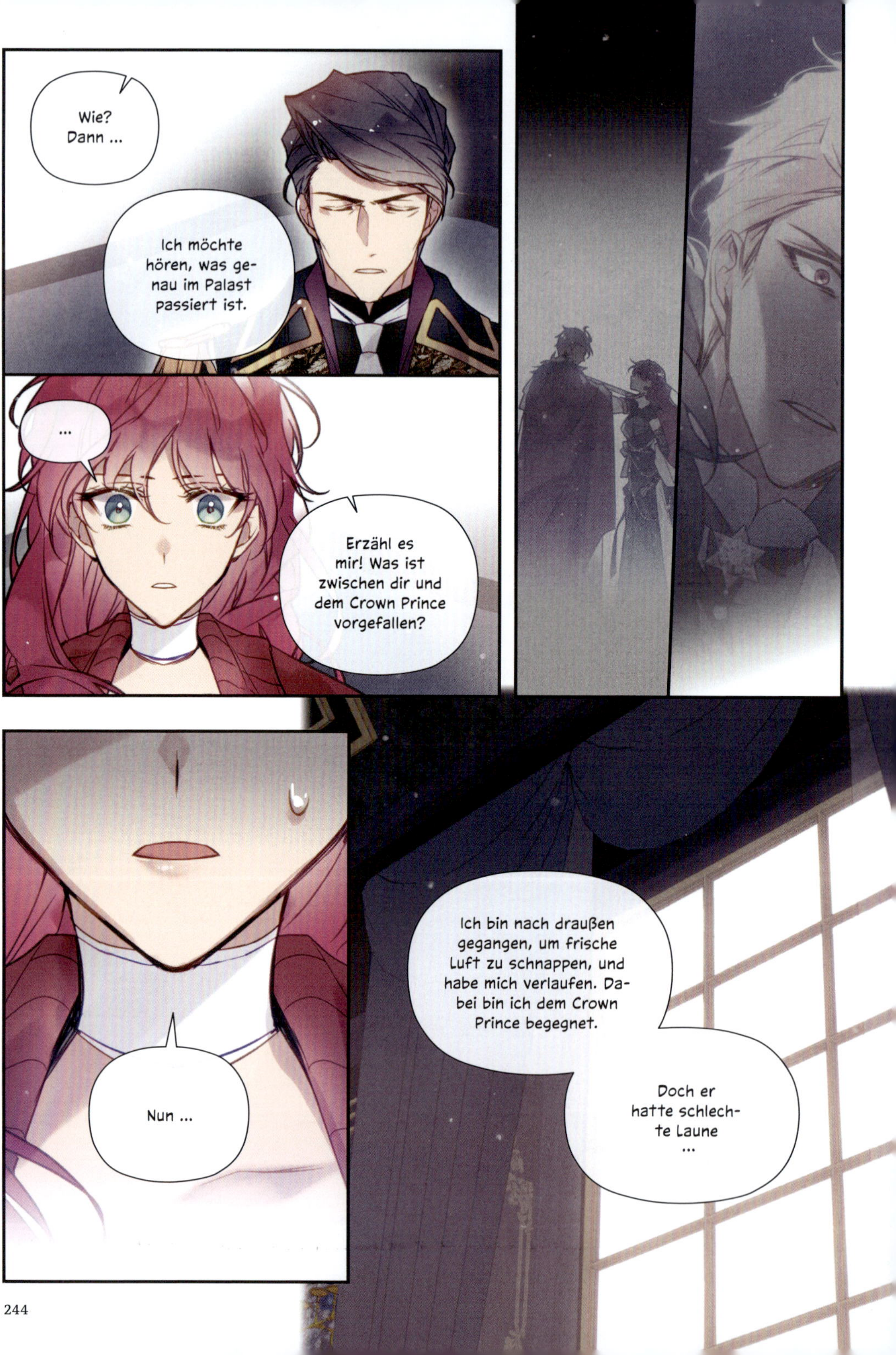

Wie? Dann ...
Ich möchte hören, was genau im Palast passiert ist.
...
Erzähl es mir! Was ist zwischen dir und dem Crown Prince vorgefallen?
Nun ...
Ich bin nach draußen gegangen, um frische Luft zu schnappen, und habe mich verlaufen. Dabei bin ich dem Crown Prince begegnet.
Doch er hatte schlechte Laune ...

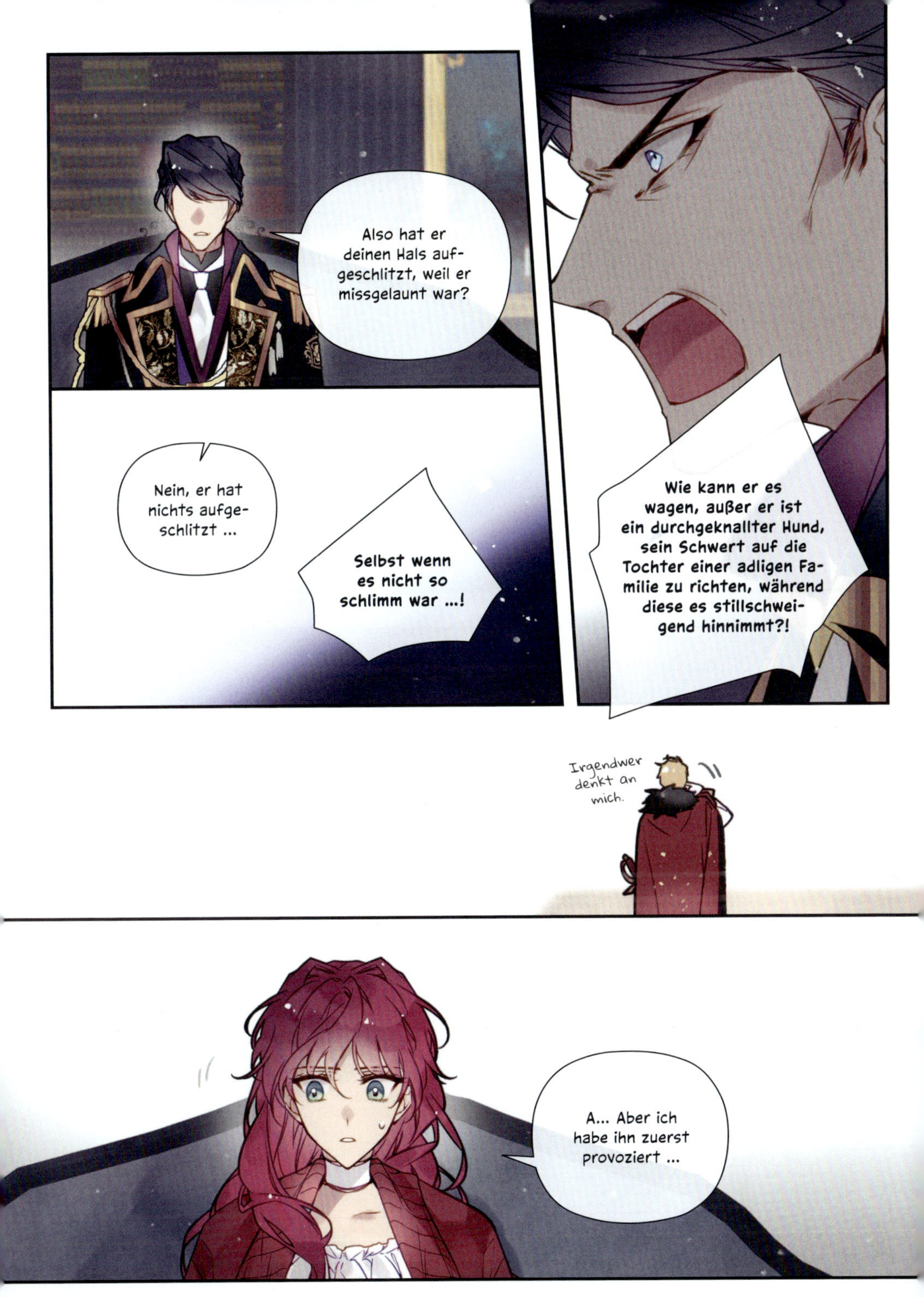
Also hat er deinen Hals aufgeschlitzt, weil er missgelaunt war?
Nein, er hat nichts aufgeschlitzt ...
Selbst wenn es nicht so schlimm war ...!
Wie kann er es wagen, außer er ist ein durchgeknallter Hund, sein Schwert auf die Tochter einer adligen Familie zu richten, während diese es stillschweigend hinnimmt?!
Irgendwer denkt an mich.
A... Aber ich habe ihn zuerst provoziert ...

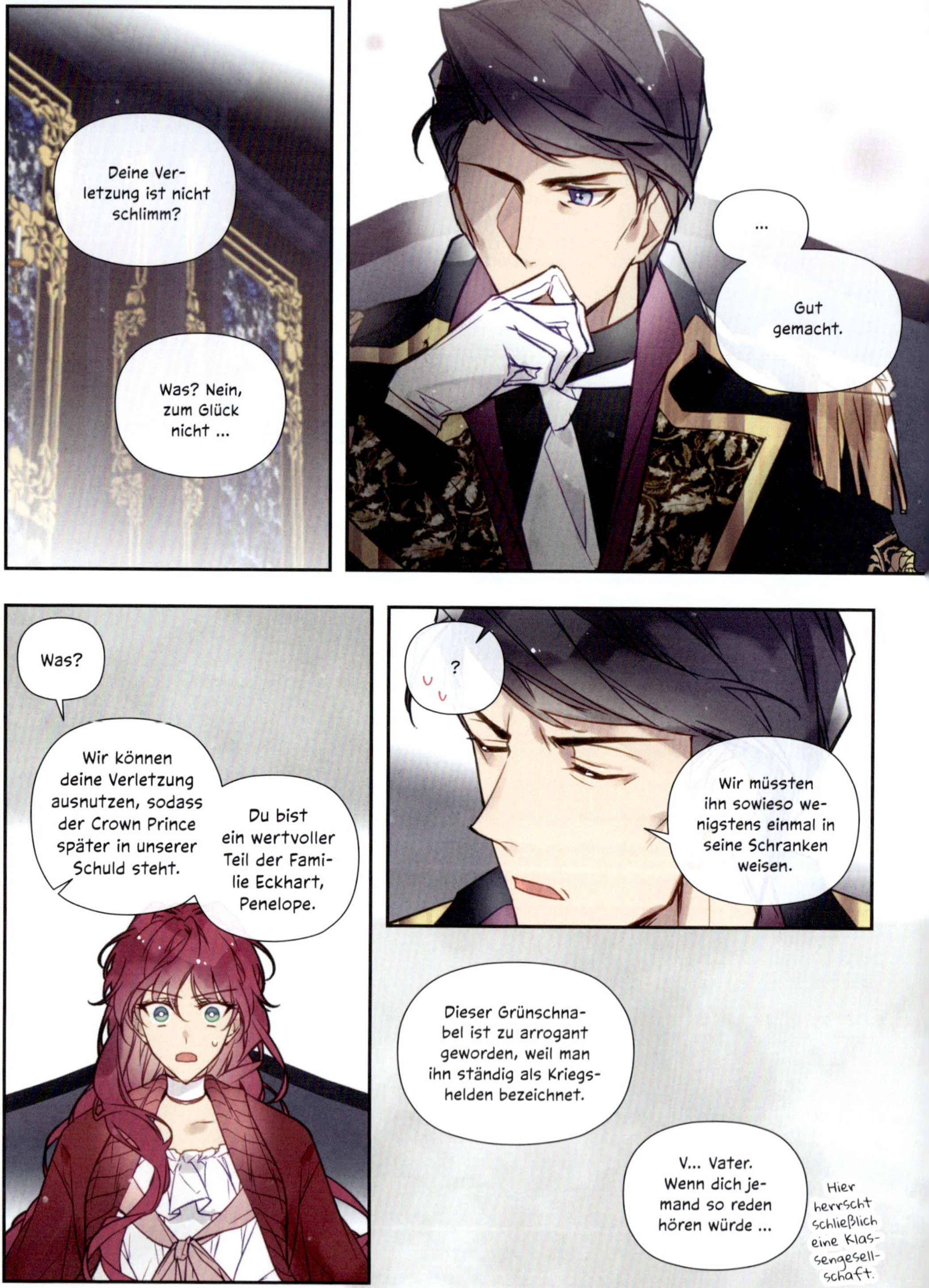
Deine Verletzung ist nicht schlimm?
Was? Nein, zum Glück nicht ...
...
Gut gemacht.
Was?
Wir können deine Verletzung ausnutzen, sodass der Crown Prince später in unserer Schuld steht.
Du bist ein wertvoller Teil der Familie Eckhart, Penelope.
?
Wir müssten ihn sowieso wenigstens einmal in seine Schranken weisen.
Dieser Grünschnabel ist zu arrogant geworden, weil man ihn ständig als Kriegshelden bezeichnet.
V... Vater. Wenn dich jemand so reden hören würde ...
Hier herrscht schließlich eine Klassengesellschaft.

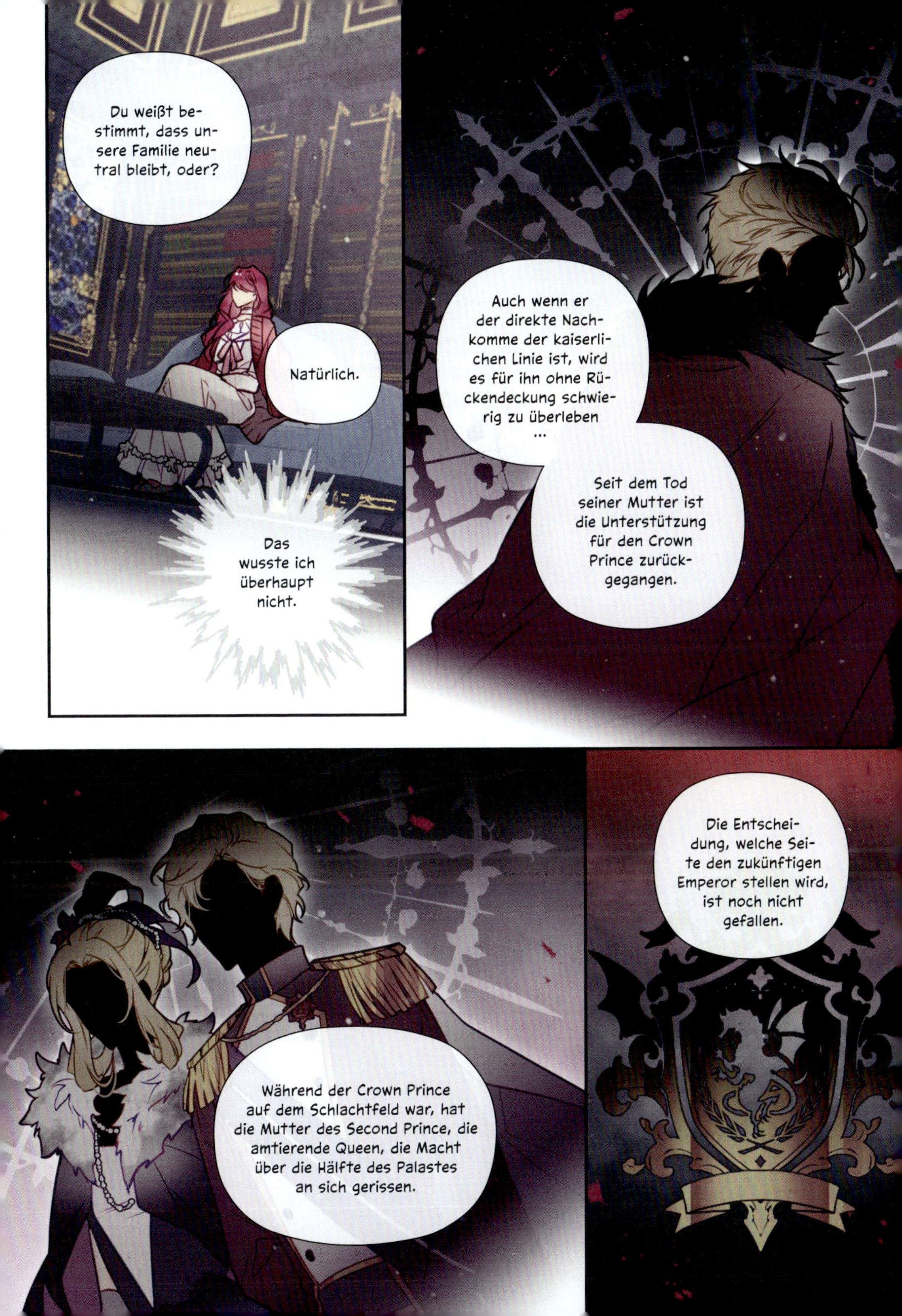
Du weißt bestimmt, dass unsere Familie neutral bleibt, oder?
Natürlich.
Das wusste ich überhaupt nicht.
Auch wenn er der direkte Nachkomme der kaiserlichen Linie ist, wird es für ihn ohne Rückendeckung schwierig zu überleben …
Seit dem Tod seiner Mutter ist die Unterstützung für den Crown Prince zurückgegangen.
Während der Crown Prince auf dem Schlachtfeld war, hat die Mutter des Second Prince, die amtierende Queen, die Macht über die Hälfte des Palastes an sich gerissen.
Die Entscheidung, welche Seite den zukünftigen Emperor stellen wird, ist noch nicht gefallen.

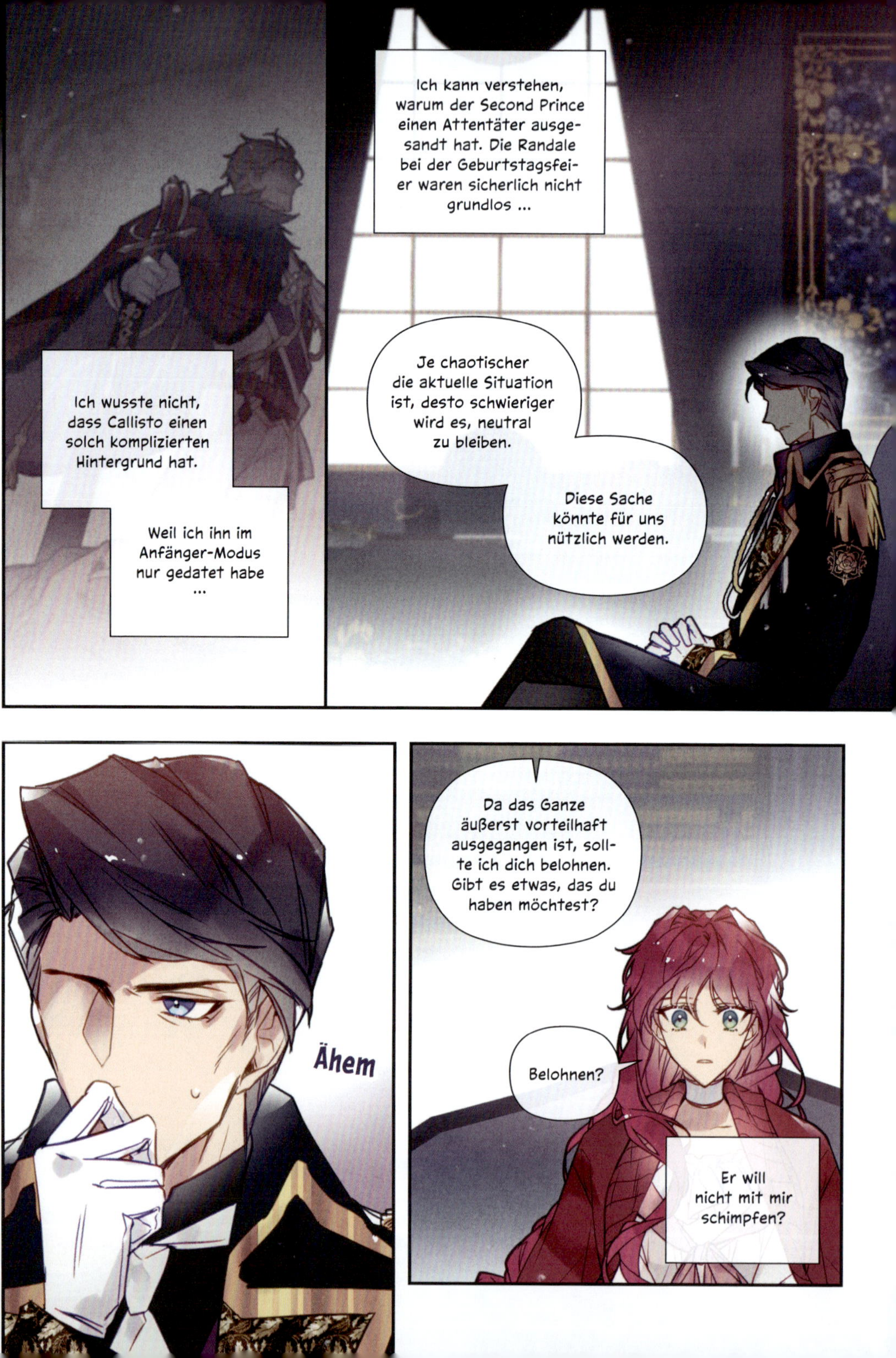
Ich kann verstehen, warum der Second Prince einen Attentäter ausgesandt hat. Die Randale bei der Geburtstagsfeier waren sicherlich nicht grundlos ...
Ich wusste nicht, dass Callisto einen solch komplizierten Hintergrund hat.
Weil ich ihn im Anfänger-Modus nur gedatet habe ...
Je chaotischer die aktuelle Situation ist, desto schwieriger wird es, neutral zu bleiben.
Diese Sache könnte für uns nützlich werden.
Ähem
Da das Ganze äußerst vorteilhaft ausgegangen ist, sollte ich dich belohnen. Gibt es etwas, das du haben möchtest?
Belohnen?
Er will nicht mit mir schimpfen?

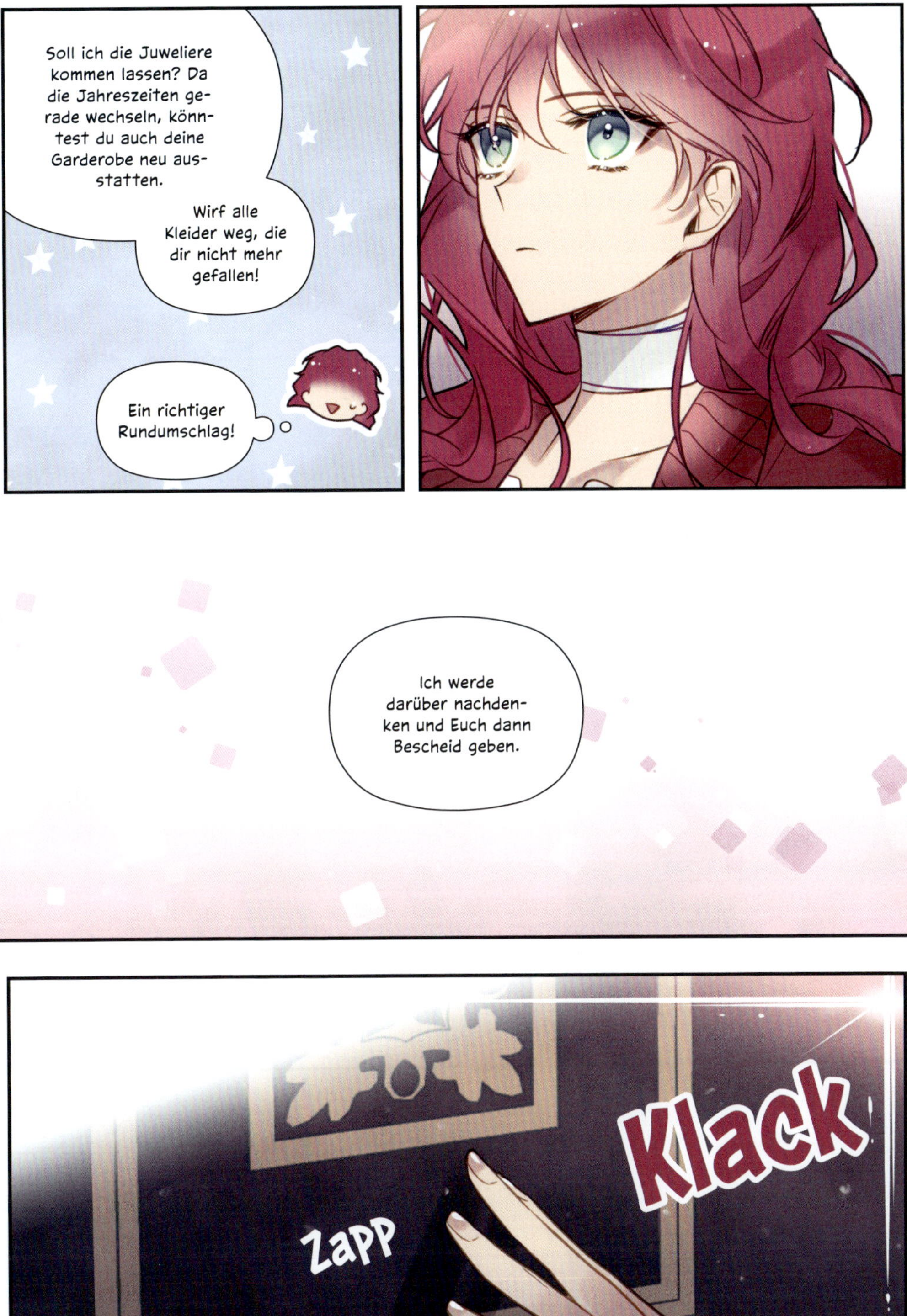
Soll ich die Juweliere kommen lassen? Da die Jahreszeiten gerade wechseln, könntest du auch deine Garderobe neu ausstatten.
Wirf alle Kleider weg, die dir nicht mehr gefallen!
Ein richtiger Rundumschlag!
Ich werde darüber nachdenken und Euch dann Bescheid geben.
Klack
Zapp

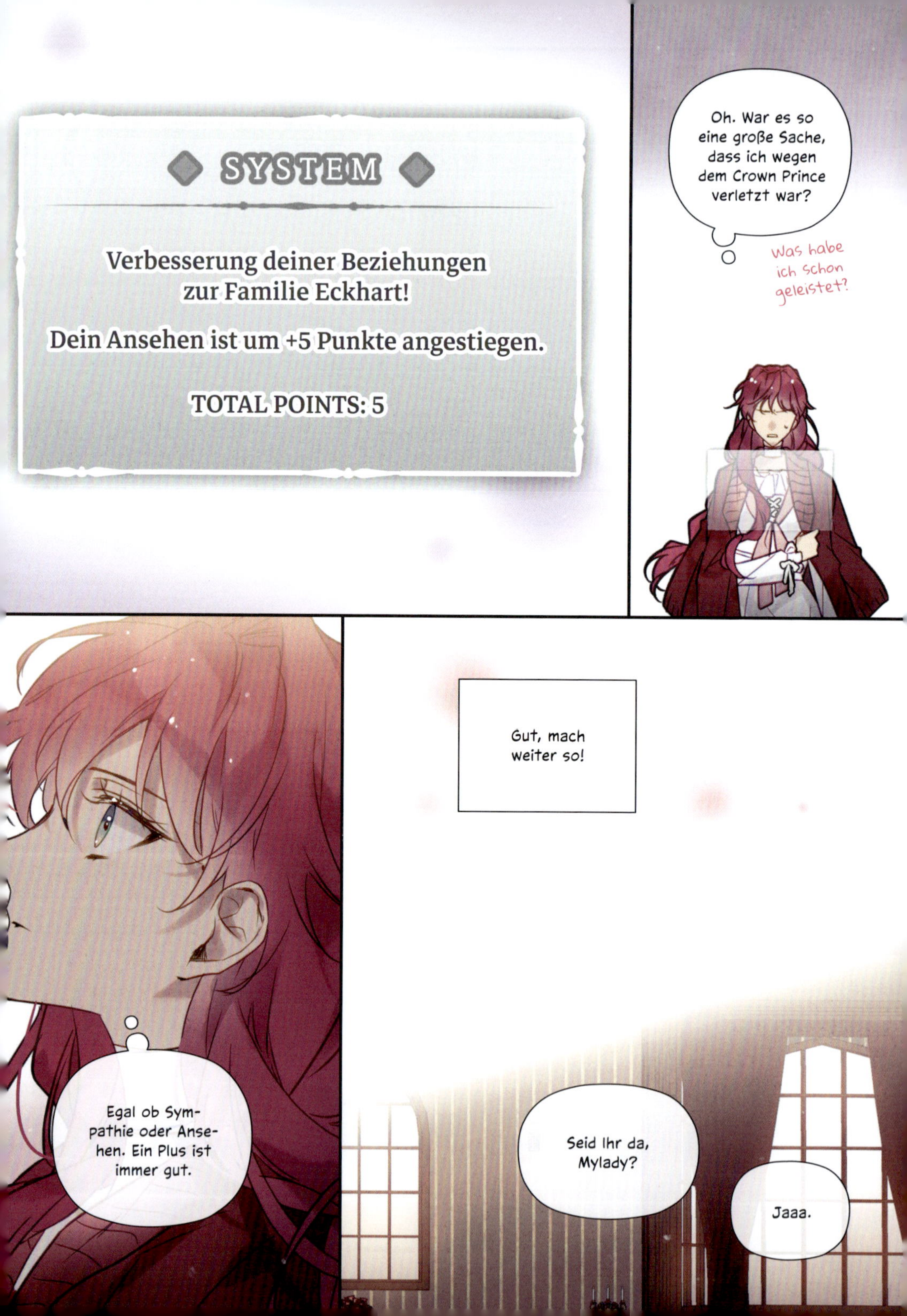
SYSTEM
Verbesserung deiner Beziehungen zur Familie Eckhart!
Dein Ansehen ist um +5 Punkte angestiegen.
TOTAL POINTS: 5
Oh. War es so eine große Sache, dass ich wegen dem Crown Prince verletzt war?
Was habe ich schon geleistet?
Egal ob Sympathie oder Ansehen. Ein Plus ist immer gut.
Gut, mach weiter so!
Seid Ihr da, Mylady?
Jaaa.

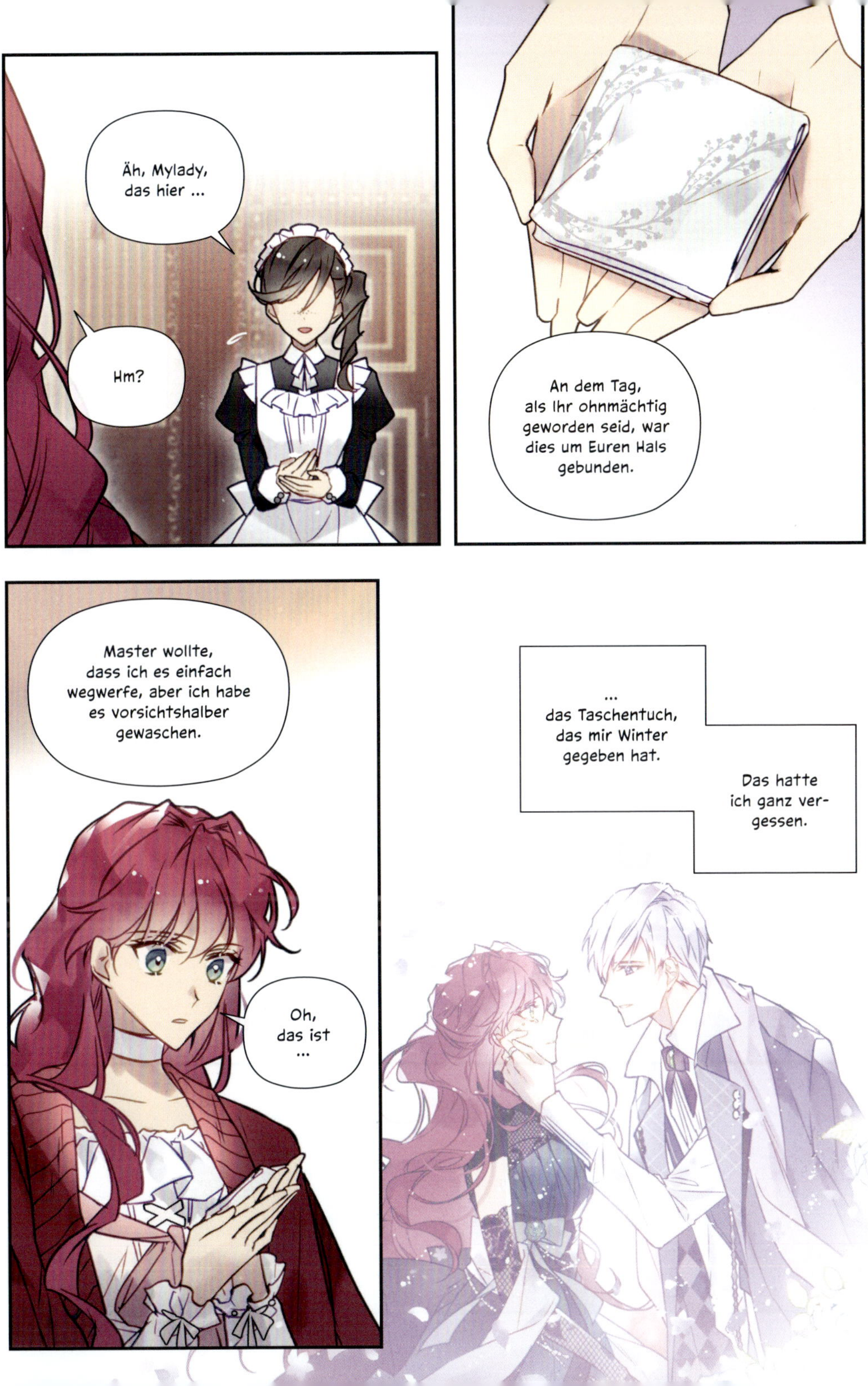
Äh, Mylady, das hier ...
Hm?
An dem Tag, als Ihr ohnmächtig geworden seid, war dies um Euren Hals gebunden.
Master wollte, dass ich es einfach wegwerfe, aber ich habe es vorsichtshalber gewaschen.
Oh, das ist ...
... das Taschentuch, das mir Winter gegeben hat.
Das hatte ich ganz vergessen.

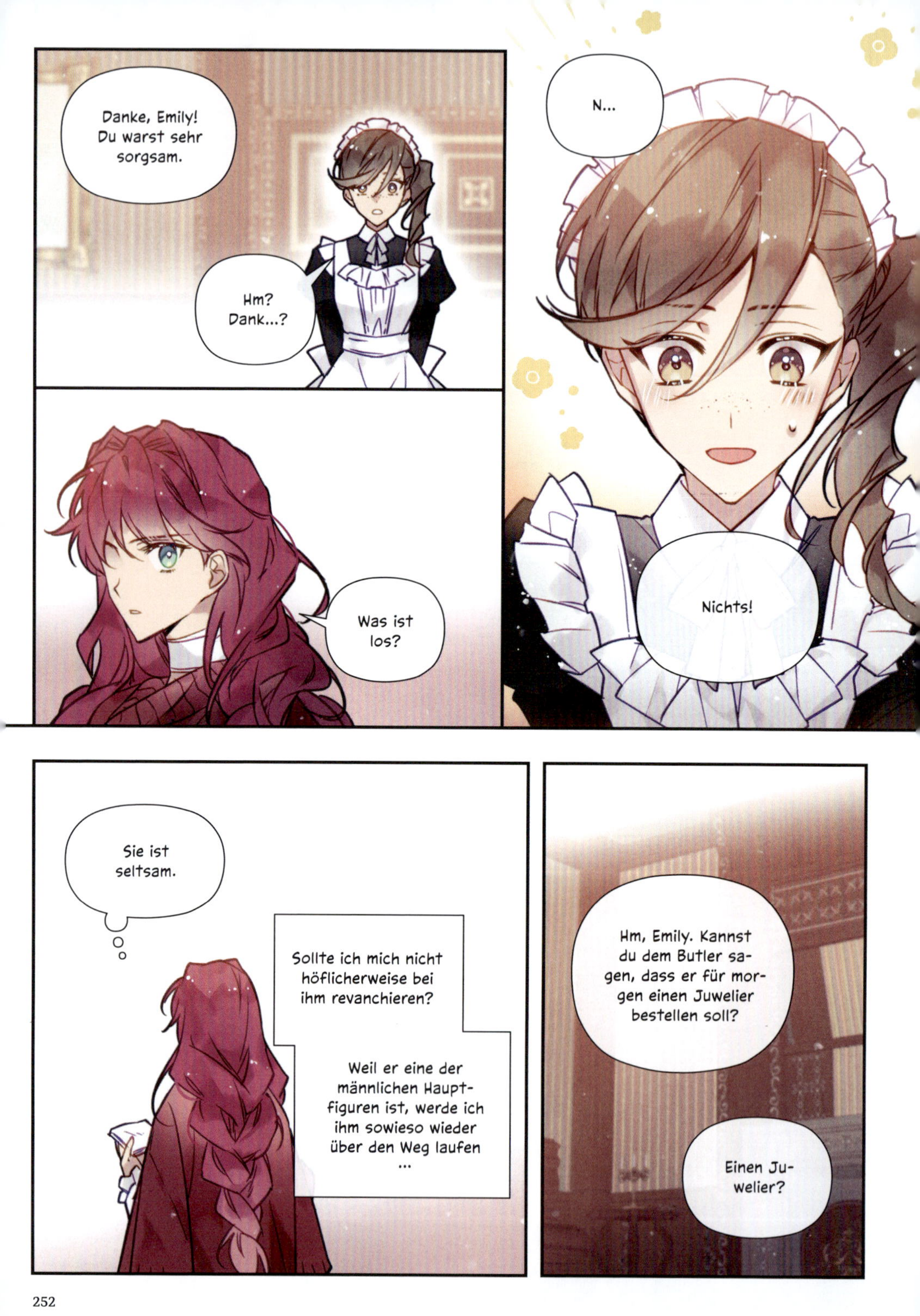
Danke, Emily! Du warst sehr sorgsam.
Hm? Dank...?
N...
Was ist los?
Nichts!
Sie ist seltsam.
Sollte ich mich nicht höflicherweise bei ihm revanchieren?
Weil er eine der männlichen Hauptfiguren ist, werde ich ihm sowieso wieder über den Weg laufen ...
Hm, Emily. Kannst du dem Butler sagen, dass er für morgen einen Juwelier bestellen soll?
Einen Juwelier?

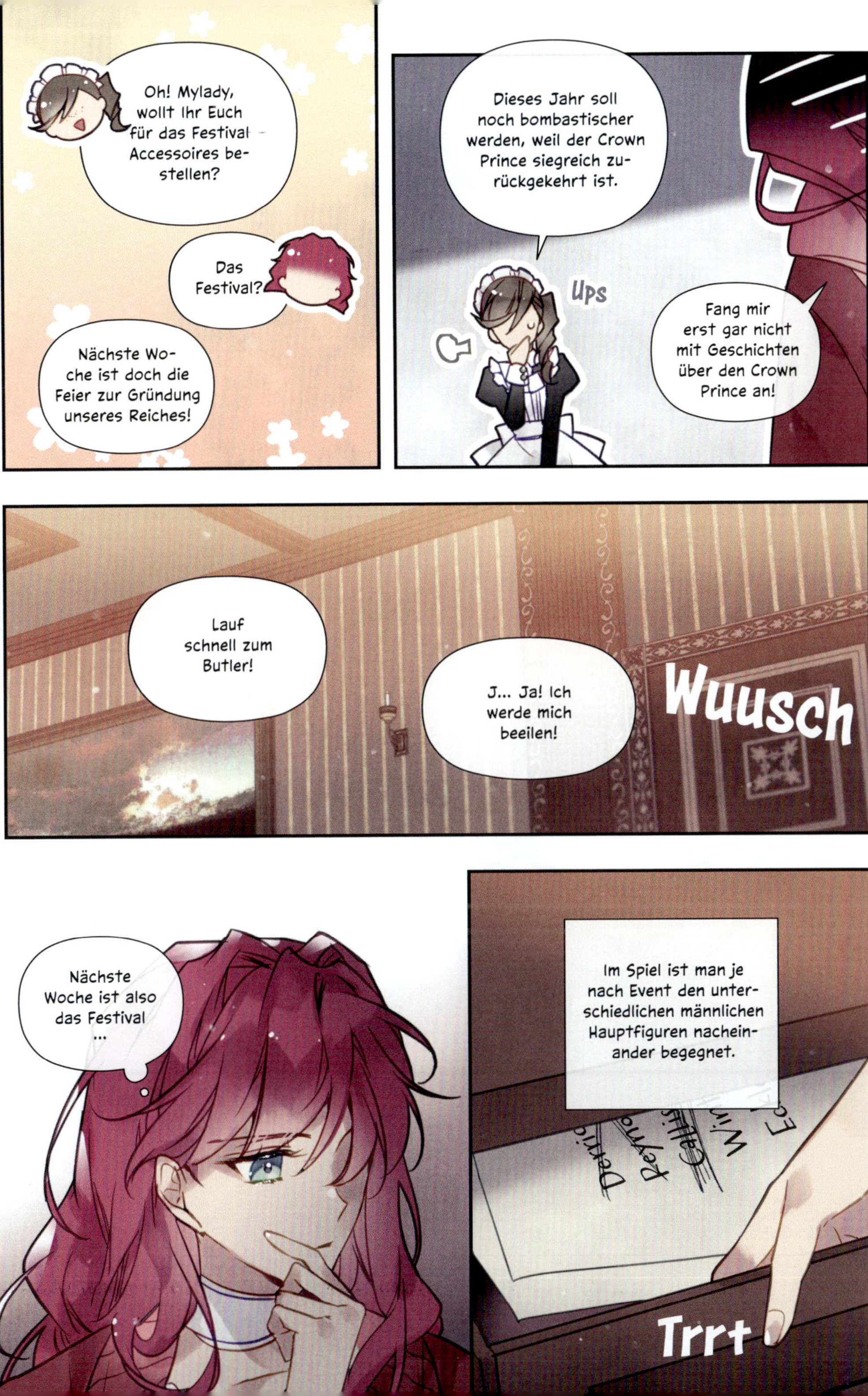

Oh! Mylady, wollt Ihr Euch für das Festival Accessoires bestellen?
Das Festival?
Nächste Woche ist doch die Feier zur Gründung unseres Reiches!
Dieses Jahr soll noch bombastischer werden, weil der Crown Prince siegreich zurückgekehrt ist.
Ups
Fang mir erst gar nicht mit Geschichten über den Crown Prince an!
Lauf schnell zum Butler!
J... Ja! Ich werde mich beeilen!
Wuusch
Nächste Woche ist also das Festival ...
Im Spiel ist man je nach Event den unterschiedlichen männlichen Hauptfiguren nacheinander begegnet.
Trrt

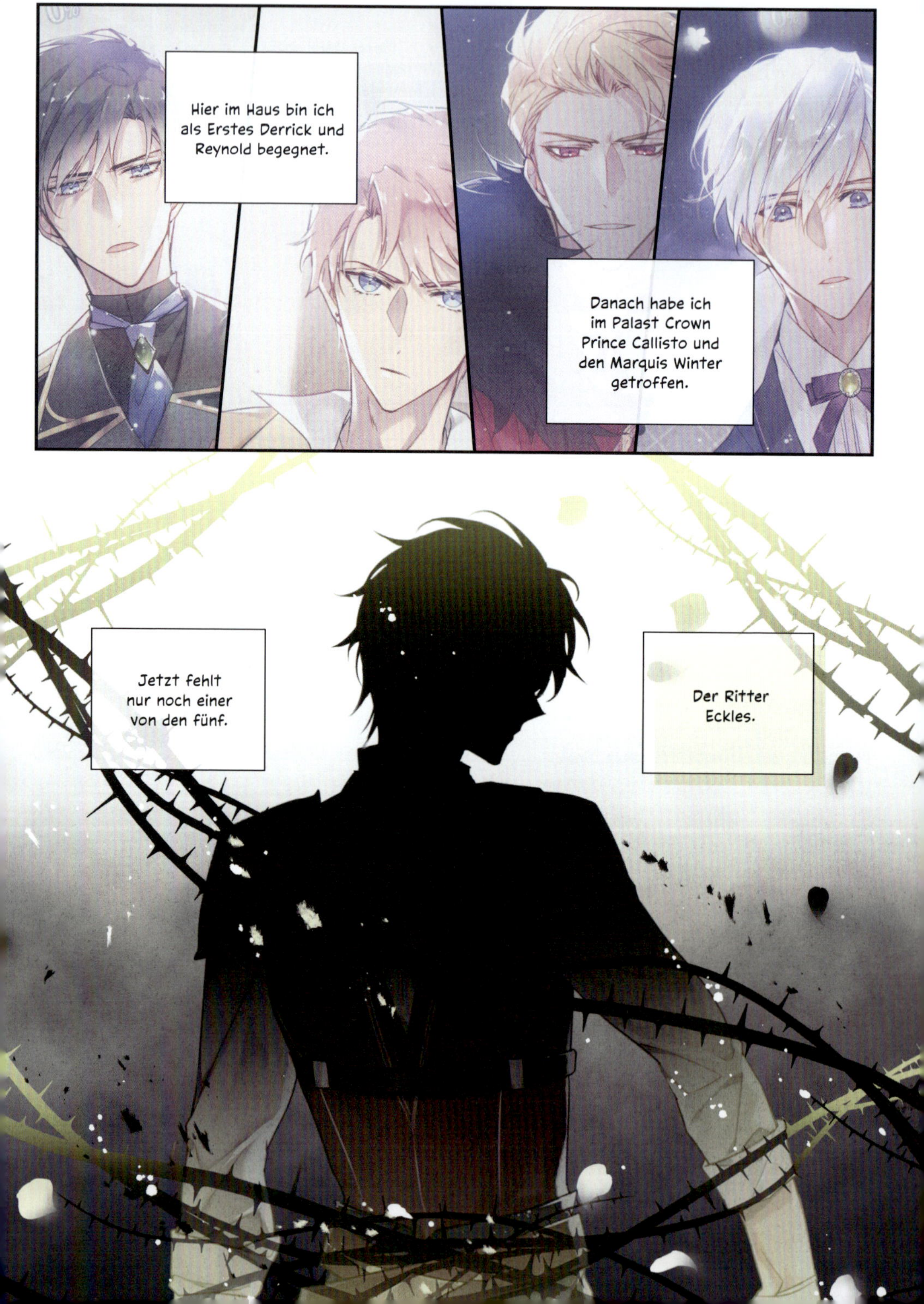
Hier im Haus bin ich als Erstes Derrick und Reynold begegnet.
Danach habe ich im Palast Crown Prince Callisto und den Marquis Winter getroffen.
Jetzt fehlt nur noch einer von den fünf.
Der Ritter Eckles.

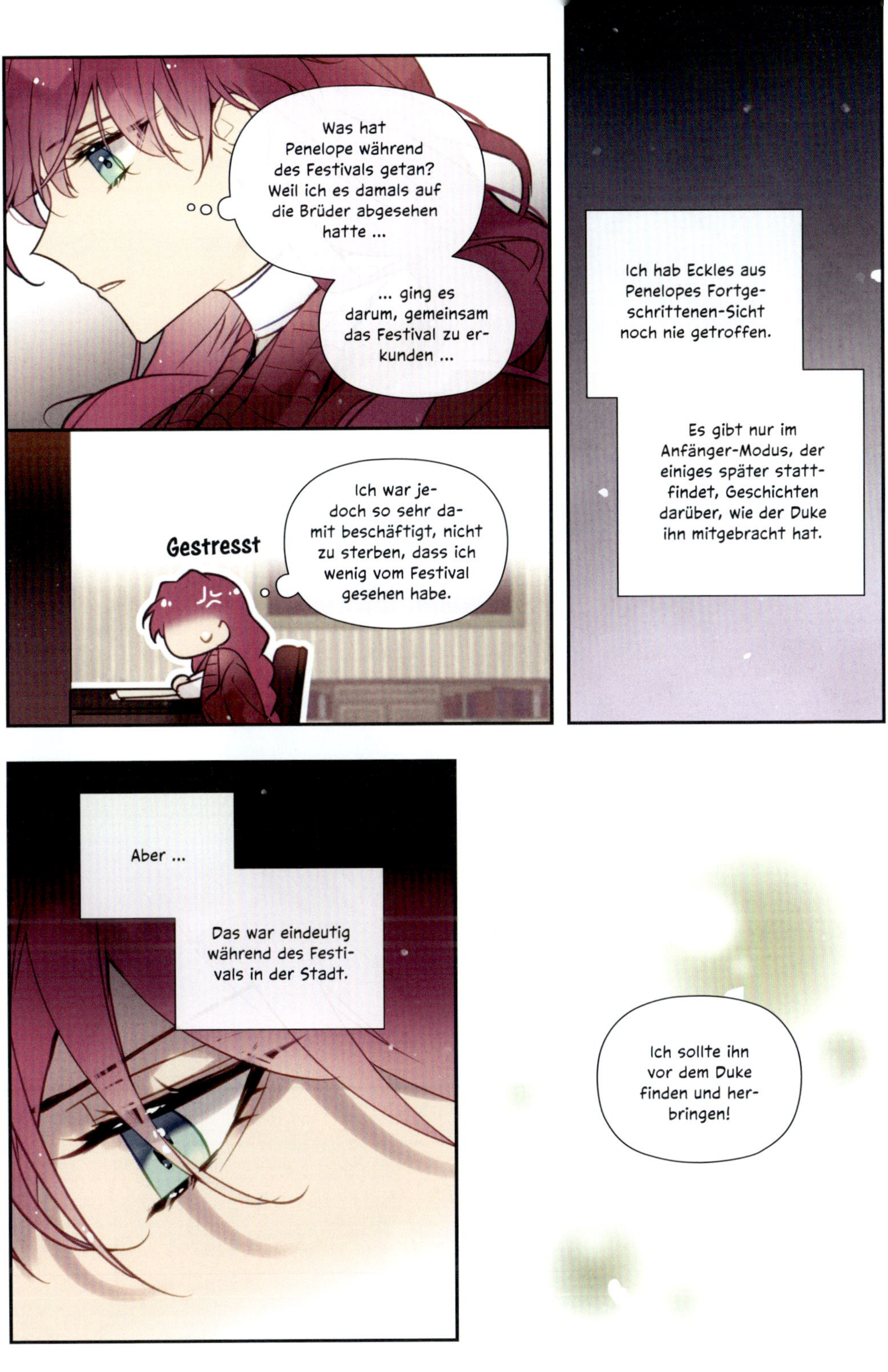
Was hat Penelope während des Festivals getan? Weil ich es damals auf die Brüder abgesehen hatte ...
... ging es darum, gemeinsam das Festival zu erkunden ...
Gestresst
Ich war jedoch so sehr damit beschäftigt, nicht zu sterben, dass ich wenig vom Festival gesehen habe.
Ich hab Eckles aus Penelopes Fortgeschrittenen-Sicht noch nie getroffen.
Es gibt nur im Anfänger-Modus, der einiges später stattfindet, Geschichten darüber, wie der Duke ihn mitgebracht hat.
Aber ...
Das war eindeutig während des Festivals in der Stadt.
Ich sollte ihn vor dem Duke finden und herbringen!

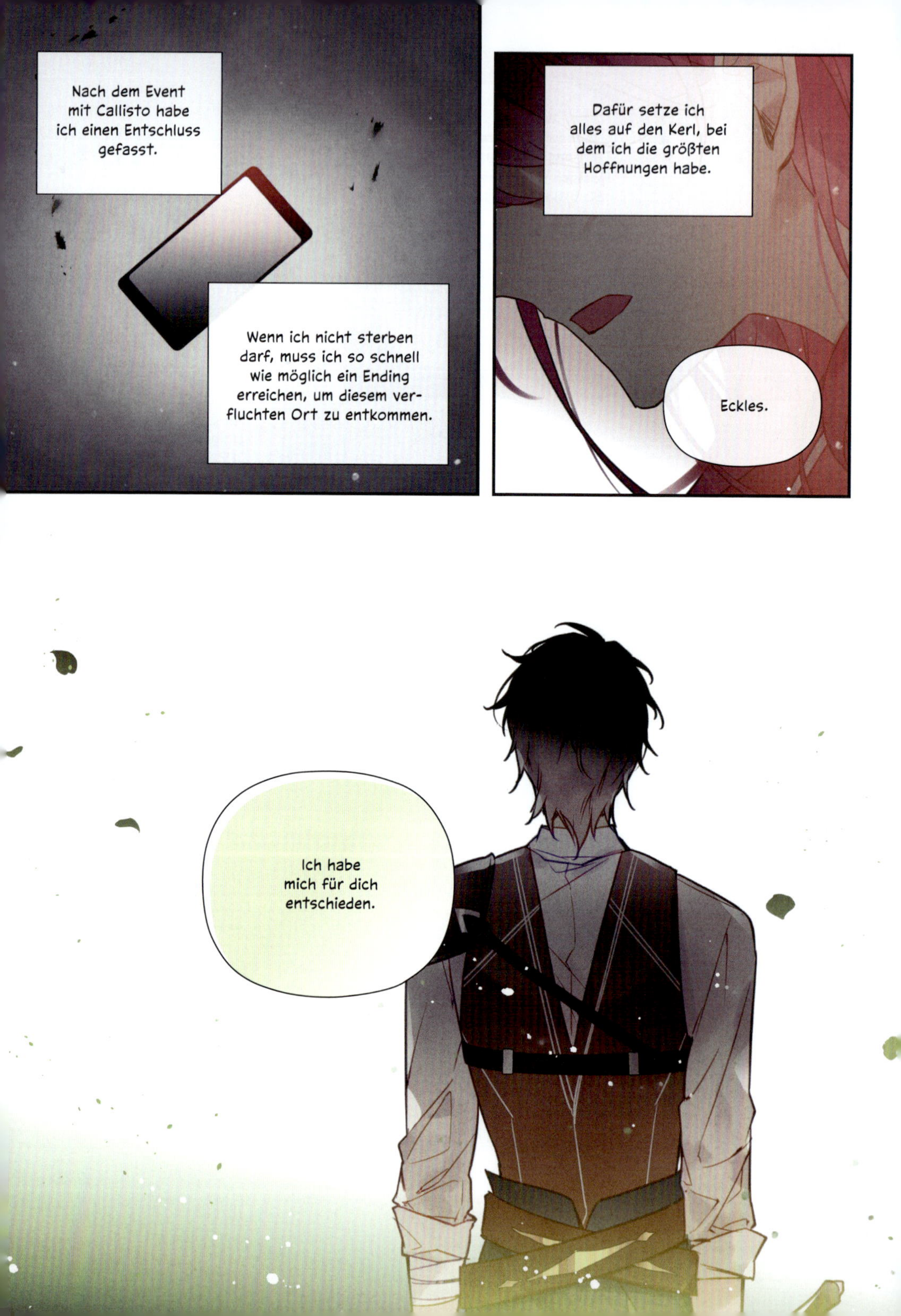
Nach dem Event mit Callisto habe ich einen Entschluss gefasst.
Wenn ich nicht sterben darf, muss ich so schnell wie möglich ein Ending erreichen, um diesem verfluchten Ort zu entkommen.
Dafür setze ich alles auf den Kerl, bei dem ich die größten Hoffnungen habe.
Eckles.
Ich habe mich für dich entschieden.

Penelope
Das Böse ist dem Tod geweiht

Fortsetzung folgt in Band 2

Vorschau für Band 2

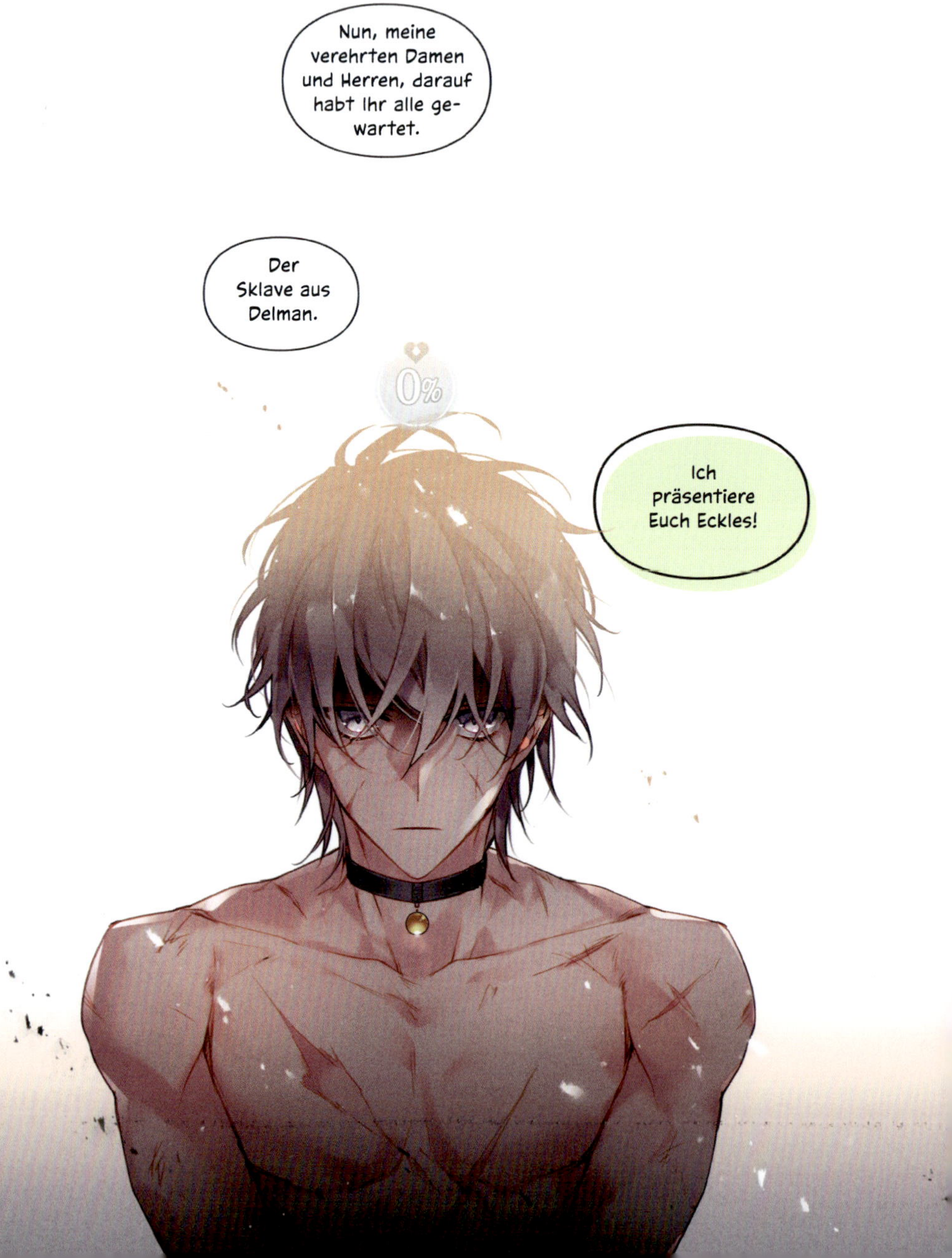

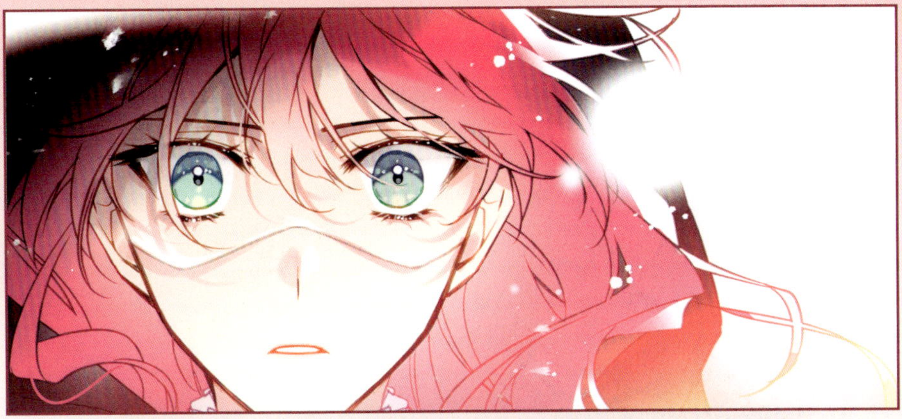

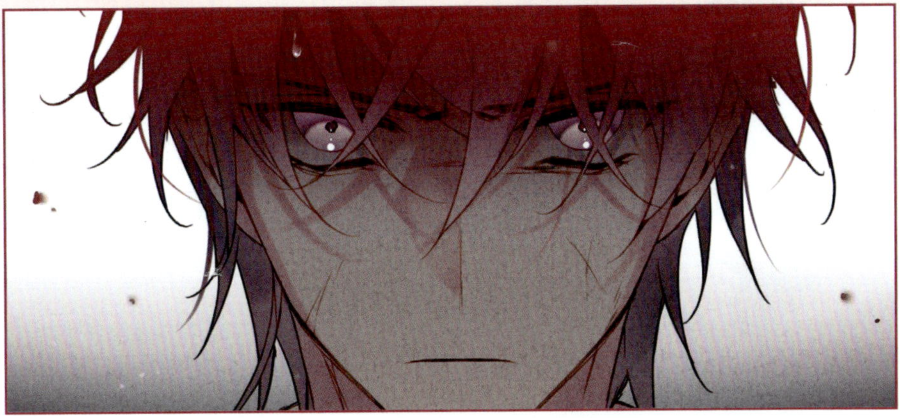

**»Schau genau hin, Eckles!
Das ist das Gesicht deiner Herrin, die dich
für hundert Millionen Goldkronen gekauft hat.«**

Am Abend des Festivals geht Penelope
heimlich aus, um Eckles, den sie sich als mögliches
Ziel auserkoren hat, zu finden.
Doch der Mann, den sie auf dem Sklavenmarkt
antrifft, ist beängstigend brutal und gefährlich …!

Wenn er wollte, könnte er sie mühelos töten.
Kann Penelope ihm vertrauen,
wenn er zahm nur ihr gehorcht?

Seid gespannt auf Band 2!

Romance 13+

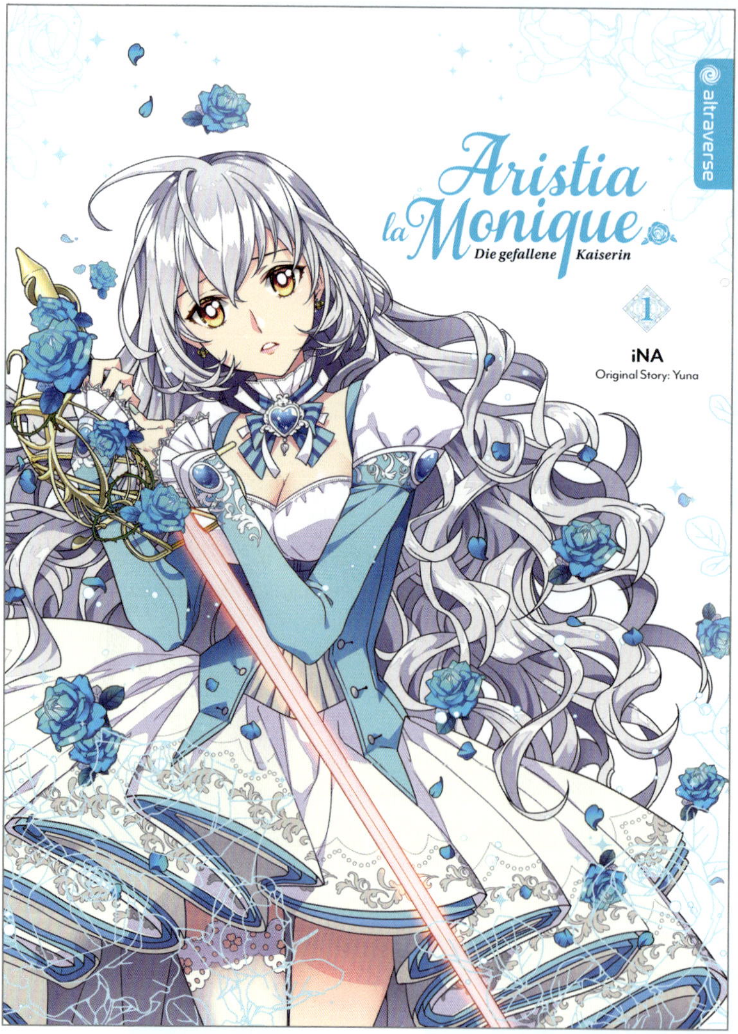

Aristia la Monique – Die gefallene Kaiserin

iNA | Yuna

Seit ihrer Geburt wurde Aristia in dem Glauben erzogen, dass sie eines Tages Kaiserin sein würde. Als wie aus dem Nichts eine geheimnisvolle Frau auftaucht und den Platz an der Seite des Kaisers einnimmt, bricht ihre Welt zusammen. Unfähig, sich in dieses neue Leben zu fügen, erleidet Aristia einen tragischen Tod. Doch sie verschwindet nicht – sondern erwacht sieben Jahre zuvor! Gelingt es ihr dieses Mal, dem Schicksal eine glückliche Wendung zu geben?

Romance 13 +

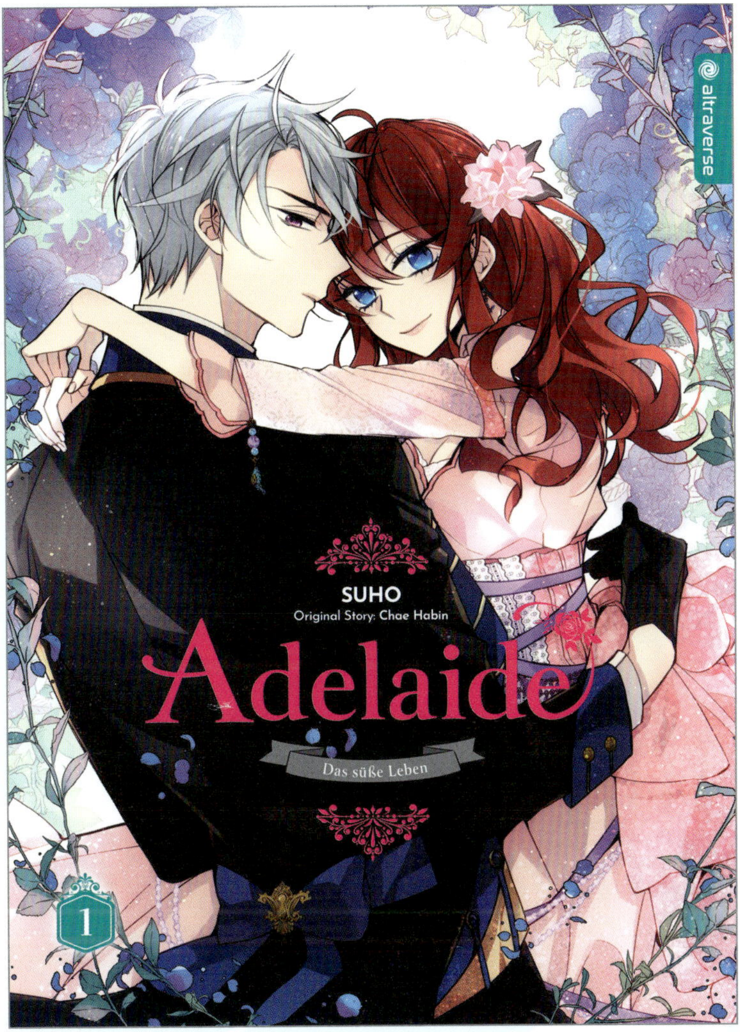

Adelaide – Das süße Leben
SUHO | Chae Habin

Adelaide wurde wiedergeboren und lebt gelangweilt in einer fremden Welt. Ihr neues Dasein als adelige Tochter macht sie nicht besonders glücklich. Als sie 17 Jahre alt ist, erfährt sie vom Auftauchen einer geheimnisvollen Frau und setzt alles daran, diese kennenzulernen. Vielleicht stammt die Frau ja aus ihrer alten Welt, an die sie sich noch bestens erinnert! In der Folge erwarten Adelaide viele Überraschungen und ihr Leben ist plötzlich alles andere als langweilig!

Fantasy 15 +

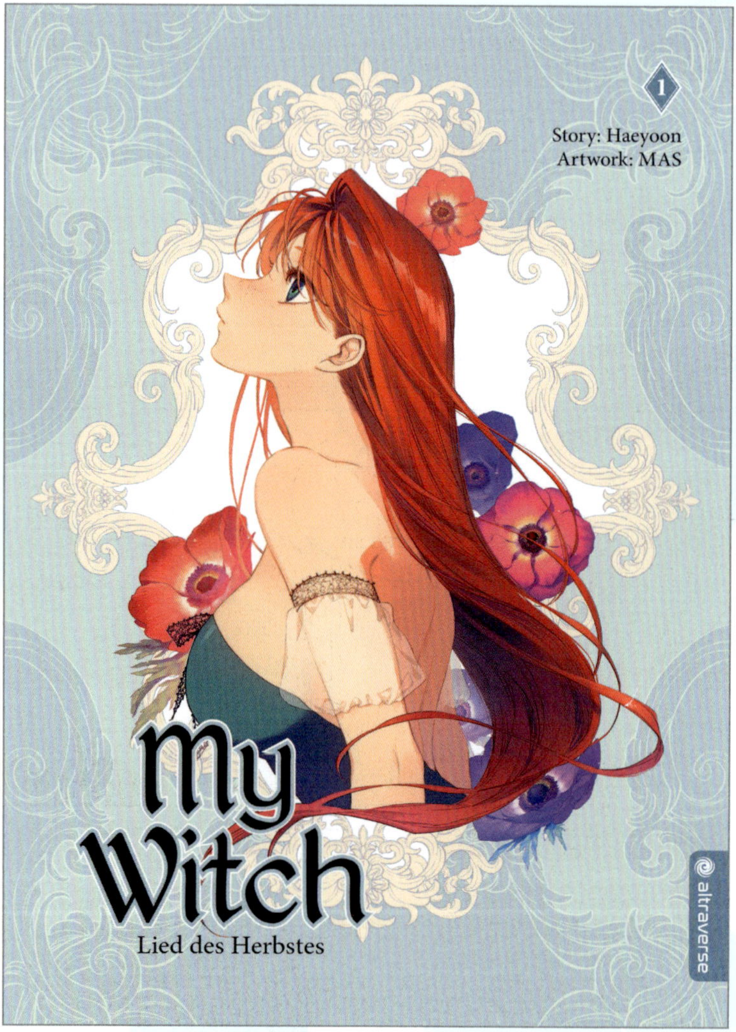

My Witch

Story: Haeyoon | Artwork: MAS

Eine Geschichte über Sein und Schein, Toleranz und Verständnis – und darüber, was Liebe wirklich bedeutet.
Die hübsche Cordelia wird schikaniert und von den Dorfbewohnern für eine Hexe gehalten. Besonders Philippa scheint es auf Cordelia abgesehen zu haben. Sie verstärkt das Misstrauen der Dorfgemeinschaft ihr gegenüber, wo immer sie kann. Colin wiederum mag Cordelia und würde sie gern in Schutz nehmen. Aber er hat auch Angst davor, dass sich der Missmut dann gegen ihn richtet.

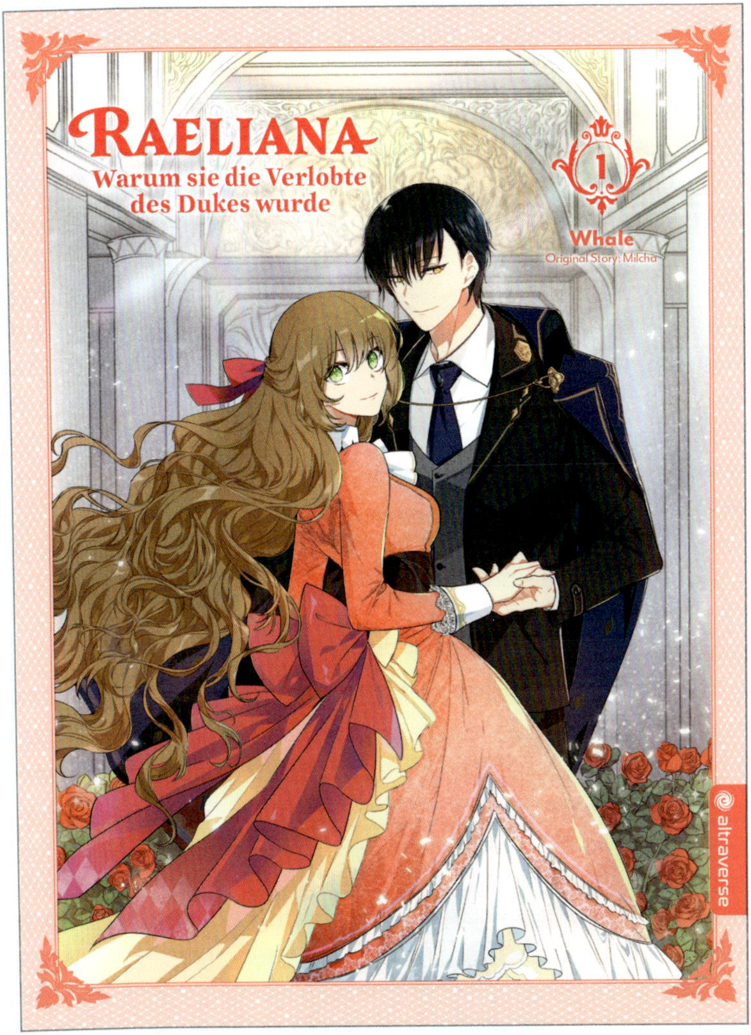

Raeliana – Warum sie die Verlobte des Dukes wurde
Whale | Milcha

Nach ihrem frühen Tod erwacht eine junge Frau als Raeliana McMillan in der fiktiven Welt eines Romans. Doch warum wurde sie ausgerechnet als eine Nebenfigur wiedergeboren, die dazu bestimmt ist, schon bald einem Mordanschlag zum Opfer zu fallen? Erneut jung sterben? Das kommt für Raeliana nicht infrage! Könnte der unergründliche Duke Wynknight der Ausweg sein, nach dem sie sucht, und ihr helfen, die Geschichte umzuschreiben?

altraverse

Deutsche Ausgabe / German Edition

Altraverse GmbH
Ruhrstr. 11 a
22761 Hamburg
kontakt@altraverse.de

Aus dem Koreanischen von Katharina Schmölders

Villains are Destinated To Die vol.1

Redaktion: Denise Cho
Herstellung: Michaela Müller
Lettering: Vibrant Publishing Studio

Druck: Silber Druck oHG
Printed in Germany

ISBN 978-3-7539-1422-0
4. Auflage 2026

www.altraverse.de